한국 생물生物 여성영성의 신학

종교聖 · 여성性 · 정치誠의 한몸짜기

한국 생불生物
여성영성의 신학

종교聖 · 여성性 · 정치誠의 한몸짜기

이은선 지음

도서출판 모시는사람들

1

아주 지리한 작업이었다. 제목을 정하는 일에서부터 그렇게 쉽지 않았다. 2005년경부터 써 온 글들 중에서 보다 신학적인 것들을 모아서 한 권의 책으로 엮어내고자 하면서 여러 가지 제목을 구상해 보았다; "聖·性·誠의 신학 – 생물권 정치학(biosphere politics) 시대의 종교·여성·정치" 또는 "생물권 정치 시대를 위한 종교·여성·정치의 한 몸 짜기", 아니면 "한국적 생물(生物) 여성영성의 신학" 등, 여러 가지 표현들을 생각해 보면서 어떻게 하면 합당한 언어를 얻을 수 있을까 고심했다. 교정을 보는 일도 책 전체를 일관되게 통일시키기 위해서 읽고 또 읽었지만 예전의 경우와는 달리 그렇게 쉽게 마무리되지 않았다. 다 써놓은 글이고, 이미 이전에 여러 기회를 통해서 발표한 글들을 모으는 일인데 왜 이렇게 진척이 안 될까 스스로도 의아해할 정도였지만, 그러한 중에서도 또렷이 떠오르는 생각은 나 자신이 이 저술이 핵심적으로 밝히고자 하는 '생물(生物)여성영성'(woman's spirituality of life-giving)을 잘 살아 내고 있지 못하다는 것이고, 그래서 이렇게 공개적으로 언술하는 일에 두려움을 느끼는 것 같다. 스스로도 잘 의식하지 못하는 심리적인 저항 같은 것일 터이다.

그런 것 같다. 스스로의 모습도 크게 다르지 않지만 오늘 우리 주변을

둘러보면 활기찬 생명의 모습보다는 아프고, 힘들어하고, 지쳐 있고, 그
래서 갈등과 반목과 회한의 모습을 더 많이 본다. 그러나 다시 생각하면
상황이 바로 그렇기 때문에 이 책을 더 엮어내야겠다고 계속한 것인지도
모른다. 우리 삶이 이렇게 지쳐 있고 아파할 때 그 본래의 모습은 그게 아
니라고, 그 원래적 생명의 모습은 자신 안에 "천지의 낳고 살리는 원리와
뿌리"(天地生物之理/心)를 가지고 있어서 자신을 하늘과 땅의 자녀로 알고, 이
세상 모두를 한 식구로 알아서 큰 사랑과 자비의 삶을 살 수 있는 것이라
고 더욱 알리고 싶은 것이다. 그리고 그 본래의 모습으로 우리 모두가 회
복되기를 간구하는 마음일 것이다.

2

　여기서 그렇게 친숙하지 않은 '생물'(生物) 여성영성이라는 단어를 쓴
것은 의도적이다. 책 본문에서 좀 더 상세한 설명을 시도했지만 한국 생
물 여성영성의 신학은 일종의 한국적 에코페미니즘적 시도라고 할까, 한
국 여성들의 오래된 영적 전통 속에서 영글은 '생명' 영성과 '살림' 영성
을 그렇게 표현한 것이다. 그것은 특히 동아시아의 신유교 전통과 대화하
면서 『대학』이나 『중용』 등에서 '물'(物)은 결코 정신이나 인간에 대척해
있는 물질이나 무생명적 대상만을 가리키는 것이 아니라 오히려 그 안에
인간과 물질, 생명과 무생물, 인간적인 일(事)과 세상의 대상들(物)을 모두
포괄하는 훨씬 더 큰 개념인 것에 주목한 것이다. 그리하여 한국 생물 여
성영성이 말하는 '생물'(生物) 개념은 지금까지처럼 무생물에 대한 '살아
있는 것'을 총칭하는 일반적인 개념이 아니라 여기서의 생(生)은 하나의
'동사'(動詞)가 된다. '물(物)을 낳고 살리는' 의미로 이해하고, 이와 동시에
모든 물질이 그 안에 생명을 가지고 있다는, 그래서 '살아 있는 존재'라는

것을 드러내고자 한 것이다. 그런 의미에서 한국 생물 여성영성은 오늘날 기독교의 '생명'(生命)신학이 더 나아가서 만물을 살리는 '생물'(生物)신학이 되어야 한다고 주장한다. 한국 생물 여성영성의 신학은 아직 충분히 전개되지는 않았지만 한국 여성들이 그들의 오래된 종교문화 전통 속에서 참으로 고유하고 풍성하게, 현대에 와서는 기독교와 현대 페미니즘의 영성까지 포괄하여 더욱 진정성 있는 살림의 영성을 일구어냈다고 보고 그것을 오늘 우리 시대, '생물권 정치학'(biosphere politics) 시대에 의미지우고자 하는 것이다.

이전의 『한국 여성조직신학 탐구』(2004년)의 부제가 '聖·性·誠의 여성신학'이었다. 이번에도 그대로 다시 부제로 택했다. 聖·性·誠의 여성신학이 한국 생물 여성영성 신학의 또 다른 이름이라고 할 수 있고, 나의 사고와 염원이 여전히 어떻게 '초월'(聖)과 '여성적 삶'(性)을 관계시키고, 거기서 얻어진 지혜를 다시 더 확장해서 '진실하고 성실한 공적인 삶'(誠)으로 확산시킬 수 있을까 하는 것이었으므로 그렇게 했다. 하지만 그때보다 달라진 것을 들으라면 우리 신뢰의 그루터기를 더욱 더 '이웃의 현존'(公)에서 보고, 바로 우리가 혼자가 아니라 다원의 존재이고, 그들이 거기에 있고, 그래서 우리가 이웃과 친구와 함께 있다는 '공동인간성'(仁)이야말로 우리 존엄과 신뢰의 근거라는 사실을 더욱 알아차린 것이라고나 할까? 그동안 유교적으로 읽어 온 한나 아렌트의 '정치의 약속'(the promise of politics)이 많은 위안이 되었음을 고백한다.

그러나 이와 동시에 또 한 가지 밝히고 싶은 것은 지금까지의 신학적 구상에서 주로 지속성과 인내, 믿음과 같은 영적 '실천'(vita activa)의 덕목으로 풀어온 '성'(誠)을 요즈음 들어서는 더욱 '참'과 '진실', '실제와 일치하는 말' 등, 보다 더 진실성의 '존재'(vita contemplativa)의 언어로 풀어야겠다는 생각을 한다는 것이다. 참을 직시하는 용기, 진실을 보고자 하는 정직성, 그 참과 하나 되고자 하는 결심이 없이는 지속성과 인내가 한갓 맹목의 것이 되기 쉽고, 그런 의미에서 진정한 공동성의 실현은 진실에의 용기와 거기서 나오는 용서와 화해함, 약속을 토대로 이루어지는 것이라는 의미를 더욱 깨달아 가는 것이라고 여기고 싶다. 어느 영화예술가가 말하기를, 우리의 현실보다 더욱 뚜렷하게 우리 삶의 진실을 드러내 주는 영화, 많은 경우 사람들은 영화를 통해서 실제와 진실을 보는 것을 두려워하여 영화를 보지 않고 다시 현실로 돌아가서 안주해 버린다고 하는데, 나의 삶도 지금까지 많은 부분 진실하지 못했고 비겁했음을 본다. 바로 요사이 우리 주변에 〈도가니〉라는 영화가 불러일으키는 파장도 잘 말해 주듯이 현실의 보고 싶지 않은 진실을 밝혀 주는 영화의 실재, 그리고 이웃의 삶을 더욱 정직하게 들여다 보아야겠다고 생각한다.

3

올해 결혼 30년이 되는 해이다. 동반자는 그 일을 서로의 책 출판 기념연을 통해서 같이 축하하자고 한다. 그러나 한편으로 '지금 우리 주변에 이렇게 아파하는 사람들이 많은데, 어떻게 축하의 파티 같은 것을 계속할 수 있을까, 또한 나 스스로도 우리 초대의 손님이 되는 이웃과 만나는 일에서 여전히 어려움이 많은데…' 라고 반문을 한다. 또한 가장 무심하게는 우리를 낳아 주고 키워 주신 엄마가 2006년 여름부터 의식을 놓을 정도로 아파 누워 계신데 무슨 축하의 자리인가 하는 생각도 들었다. 하지만 소중한 동반자의 바람이 그것이고, 이 책에서 '대순'(大舜) 순임금의 '사기종인'(捨己從人, 나를 버리고 남을 따름)의 이야기를 들어서 무엇인가를 말하고자 했다면, 이 경우는 어떻게 해야 하나 하는 생각도 한다. 그렇게 우리 삶은 매번 '판단'이고 '명멸'(明滅)인 것 같다. 다만 여기서 간구할 일은 그 판단이 다시 새로운 '경건'의 실천이고, '창조'(creation)이고, '살림'(life-giving work)이기를 바랄 뿐이다.

감사할 사람들이 많이 있다. 계속 반복되는 수정과 늑장에도 항상 웃는 낯으로 맞아준 〈도서출판 모시는사람들〉의 소경희 편집장님, 그의 시간에도 더욱 더 넉넉함이 허해지기를 기도한다. 여러 경우를 통해서 부족한 글을 발표할 수 있도록 기회를 주신 선생님들, 한국 여성신학회와 여신협, 변선환 아카이브, 기독교학회, 동학학회, 기여민, 기독교사상, 미국 워싱턴의 노영찬 교수님, 김영기 교수님, 김영봉 목사님, 한나 아렌트 학회, 동양철학연구회, 박상증 목사님, 오재식 선생님 등, 오륜(五倫) 속에서 맺어진 모든 분들, 소중한 부모님과 형제자매들, 사랑하는 남편과 아이들, 이 모든 일들을 통틀어서 '천은감사'(天恩感謝)를 외치고 싶다. 지난 3월에 소천하신 유학자 도원(道原) 류승국 선생님은 참으로 유교적으로 그리스도의 삶을 살다 가셨다. "하나님 뜻받아 사람나이다", "하나님 뜻바다 人子로 태여났습니다", "하나님 뜻대로 平生을 사랐습니다"라고 고백하시면서 자신의 삶을 기쁨으로 마무리하고 하늘나라로 가셨다. 다시 한 번 머리 숙여 감사 드리며 선생님의 모습을 떠올려 본다. 이제 마지막으로 지난 2010년 시작된 한국 개신교 갱신운동인 〈생명평화마당, JPL〉이 더욱 힘차게 펼쳐져서, 온 땅에 정의와 평화, 생명이 넘쳐나기를 기원하며 글을 마무리하고자 한다.

2011년 10월 가을에

이은선 모심

차례 한국 생물生物 여성영성의 신학

제2부 性과 여성

제3부 誠과 다중

마무리 : 종교(聖)·여성(性)·정치(誠)의 한몸짜기

부록

제1부 **聖과 초월**

필자는 유사한 맥락에서 특히 『중용』에서 연원하여서 퇴계 선생이 자신의 「성학십도(聖學十圖)」 안의 '인설도'(仁說圖)를 여는 구절로 삼은 "인(仁)이란 천지가 만물을 낳는 마음(天地生物之心)이요 사람이 그것을 얻어서 마음으로 삼은 것(而人之所得以爲心)"이라는 언술에 주목하여, 한국 여성신학의 창조적 영성을 "한국 '생물'(生物) 여성영성"으로 표현하고자 한다. 여기서 '생물'(生物)이라는 개념은 '생명'보다 더 포괄적으로, 소위 물질과 무생물의 영역까지도 모두 포함하여 진정으로 '만물'(物)을 '낳고 살리는'(生) 일을 말해 주는 일로 이해한다. 그것은 자칫 서구적이고 인간 중심적이 될 수 있는 '생명(신)학'의 관점보다 더 포괄적이고 더 구체적으로 인간의 창조적 영성을 지시해 주고, 그리하여 만물을 살리는 뛰어난 살림꾼으로서의 한국 여성들의 창조적 살림 영성을 이 용어로 잘 표현할 수 있다고 보는 것이다.

I. 종교문화적 다원성과 한국 여성신학

1. 21세기 종교문화적 다원성과 한국 여성신학

근대 과학의 세기가 무르익으면서 사람들은 종교적 사고나 삶은 자취를 감출 것이라고 전망했다. 하지만 주변을 둘러보면 오히려 종교는 더욱 부흥하는 것 같고, 요즈음 사람들이 매우 중시하는 정치나 경제에도 종교 내지는 종교적 사고가 끼치는 영향력은 막강하다.

필자가 지난 2008년 봄학기 미국 워싱턴에 가 있는 동안 당시 미국 사회는 대통령 선거를 위한 공화·민주 양당의 후보 선출로 뜨겁게 달구어져 있었다. 거기에는 흑백 간의 인종 문제, 여남의 성(性) 대결, 라틴계와 아시아계의 부각, 기성세대와 젊은 세대 간의 차이, 교육을 받은 그룹과 그렇지 않은 그룹 간의 시각 차이 등, 오늘 우리 시대에 '차이'와 '다름'을 만드는 많은 요소들이 다양하게 녹아 있었다. 정말로 인류가 다원화의 시대에 살고 있다는 것을 실감나게 했다. 21세기 인류 전체의 삶이 미국 정치에 크게 영향을 받는 상황에서 당시 미국 대선에서 공화·민주 양당 간에 가장 큰 이슈가 되었던 것은 이라크 전쟁과 관련한 미군 철수 문제였다. 그런데 주지하다시피 그것은 단순한 군사나 에너지 문제만이 아니라 '종교'의 문제이고, '문명 간의 충돌'의 문제라는 측면을 가졌는데, 그것은 21세기 과학과 세속화가 한껏 무르익은 상황에서도 종교는 여전히 우리들 삶에 근본적인 영향을 미치며 오늘날도 종교의 영향력은 결코 사라지지 않았다는 것을 보여 준다. 오히려 더 많은 사람들에 의해서 보다 일상적으로 광범위하게 종교적 신념이 실행되고 있는 것 같다. 적어도 한국에서는 그렇고 미국에서의 상황도 유사한 것으로 보인다. 그래서 종교와 문화의 다원화 문제는 더욱 더 우리들의 성찰을 요청한다.

이 글은 이러한 상황에서 한국 여성신학자의 한 사람으로서 어떻게 오늘 인류가 당면해 있는 종교·문화적 갈등과 거기에서의 종교·문화적 전체주의 또는 환원주의의 위험을 극복해 낼 수 있을까를 탐색해 보려는 것이다. 이 일에 있어서 필자는 한국 문화가 지금까지 인류의 다양한 종교문화전통들을 경험해 왔고, 오늘날은 서구 문명의 근본적인 받침대인 유대·기독교 문화를 어느 곳에서보다도 활발하게 체화하고 있다는 사실에 주목한다. 그러면서 여기서 인류 동서의 종교문화가 같이 어우러질 수 있는 공존의 지혜가 찾아질 수 있지 않을까 희망해 본다.

여기서 필자가 '여성신학자'라는 것은 또 하나의 특수한 시각을 전제하는 것이다. 그것은 인간 삶에서 수많은 다양성에도 불구하고 기초적으로 보편이 무엇인가 하는 것에 대한 의식을 남성들보다 더 예민하게 가지고 있는 것을 의미한다. 왜냐하면 모든 다양성이 보편적으로 추구하는 것은 결국 인간의 '생명'·'삶'과 관계되는 것이라는 사실을 여성들은 더욱 민감하게 몸으로 느끼기 때문이다. 이와 더불어 지금까지 인류의 종교적 삶에서 남성들이 주도적인 역할을 해 오면서 현재와 같은 전체주의적 갈등이 심화된 것이라고 본다면, 어떻게 그 전체주의적 획일화가 완화되고 치유될 수 있을지를 특히 여성의 시각으로 제안해 보려는 것이다. 처음 페미니즘의 발생 근거가 바로 '다양성'(plurality)에 대한 예민한 자각이었다면—남성의 주류적인 경험과는 다른 여성의 경험에 대한 자각—, 종교·문화적 다원성에 대한 자각도 어느 남성의 그것보다 생생할 수 있고, 그 다양성을 다시 싸매고 엮어 내는 방식에 있어서도 여성신학자의 다름의 경험이 좋은 역할을 할 수 있다고 생각한다. '생명'이란 '살라는 하늘의 명령'(天之生命)이고, 그것이 가장 기초적인 삶의 진리라는 사실을 여성들은 아무리 서로 다른 환경 속에 살더라도 공통적으로 감지하고 있다고 보는 것이다. 인간문화는 이 명령을 실천하는 데 있어서 다양한 길을 가며 서로 나뉘어 있지만, 그 다양성을 장애나 방해로 여길 필요가 없고, 오히려 서로 같은 일을 위해서 돕고 배울 수 있다. 오늘날 인류가 가장 첨예하게 맞닥뜨리고 있는 문제 중 하나인 종교·문화적 다원성에 대해서 한국 여성신학이 어떤 응답을 줄 수 있는지를 특히 그리스도론에 초점을 맞추어서 살펴보려고 한다.

2. 삶에서의 궁극성을 추구하는 종교

우리가 종교인이고 종교를 가지고 있다는 말은 무슨 말인가? '종교'(宗敎)란 단어 그대로 어떤 '최종적인 것', '궁극적인 것', '가장 근본적인 것'(宗)에 대한 '가르침'(敎)을 말한다. 종교를 가지고 있다는 것은 그 궁극적인 것에 대한 가르침을 믿고 있다는 것을 말하고, 그래서 이 세상의 삶에서 궁극적인 것이 무엇인지를 알기 때문에 그 궁극적이고 최종적인 의미와 가치에 따라 삶을 살아가려고 하는 것을 뜻한다.

이렇게 종교는 어떤 궁극적인 것, 최종적인 것, 근본적인 것을 추구하는 것이다. 철학적 형이상학도 같은 것을 추구하지만, 철학자 칼 야스퍼스에 따르면 종교란 그 궁극적인 것에 대한 대답을 지금·여기에 가지고 있다고 여기고 그 대상에 대해 '예배'와 '의식'(儀式, rituall)으로 경배한다.

하지만 철학은 어떤 답을 궁극적인 것으로 여기기보다는 항상 다시 더 궁극적인 것을 찾아가는 '길 위의 행보'이다. 즉 철학은 궁극성의 '계시'나 '각'(覺)을 신뢰하지 않는다.[1]

종교는 이렇게 궁극성에 대한 직접적인 체험을 주장하는 것이므로 그러한 경험을 이야기하는 사람들은 자신들 옆에 더 궁극적이고 최종적인 답을 가지고 있다고 주장하는 사람들을 두기 어려워한다. 그런 경우에는 어떻게든 자신의 답이 상대방의 답보다 더 궁극적이라는 것을 증명하기 위해서 노력하고, 그 노력이 때로는 단순한 언어적 토론이나 담론의 수준을 넘어서 물리적 폭력이나 전쟁, 종족 말살로까지 치닫기도 한다. 우리는 이러한 일들을 지금까지 역사에서 무수히 보아 왔고, 또 오늘날에도 보고 있는데, 특히 사막의 유목민 문명의 토양에서 자라난 종교일수록 이 절대성에 대한 주장이 강하다. 유대교, 기독교, 이슬람교 등이 거기에 속하고, 오늘날 중동에서의 불화가 끊이지 않고 한국 사회에서도 특히 기독교인들이 보여 주는 이웃 종교에 대한 횡포나 억압이 두드러지는 것에서도 잘 볼 수 있다.

그러나 이 궁극성과 절대성의 권리에 대한 주장은 단지 어느 한 특정 종교전통만의 일이 아닌 것 같다. 오히려 그렇게 궁극적이고 최종적인 것을 찾는 것이 종교적 추구의 특징이고, 종교의 자기규정이기 때문이다. 종교인 공동체가 그 추구에서 답을 찾았다고 생각하는 사람들의 모임이라면 오늘날과 같이 차이와 다원성에 대한 인정이 삶의 중요한 덕목이 되는 상황에서도 이 종교적 물음에 있어서의 궁극성과 우월성을 포기하기는 무척 어렵다. 또한 오늘날의 종교 다원주의 논의에서는 지금까지 종교전통들 사이의 공통점을 찾으려 했던 논의를 넘어서 요즈음은 오히려 이 다양성을 강조하고, 자신의 종교적 신앙에 대한 절대성 주장의 포기야말로 종교 간의 대화를 불필요하게 만드는 것이 아닌가라고 반문한다. 그렇게 절대성의 주장을 포기한다면 과연 거기서의 대화가 진정한 대화인가라는 반박이 나오는 것이다.[2] '차이'와 '다름'에 대한 예민한 감각으로 모든 차이에 대한 인정을 주장하는 페미니스트 종교학자도 상대방에게 그의 종교적 진리의 절대성을 포기하라고 요구하는 것은 나 자신도 그러한 주장을 해서는 안 된다는 것을 의미하므로 과연 둘 사이에 무슨 대화가 남아 있겠는가라고 회의적으로 반문한다.[3]

앞의 야스퍼스는 만약에 이렇게 궁극적인 답을 찾아 헤매고 거기서 답으로 얻은 대상을 구체적으로 예배하고 경배하는 종교인들이 없다면 궁극성을 찾아 가는 인간의 다른 활동인 철학도 그 일을 계속할 수 없다고 한다. 그는 또한 그러한 경우 결코 과학의 발견도 가능하지 않다고 보았는데, 왜냐하면 종교적 추구와 답이 계속적으로 궁극성에 대해 묻는 철학적 물음과 과학적 분석으로 그 진지성과 성실성이 끊임없이 되물어져야 하지만, 인간문화가 종교적 물음을 버림으로써 궁극성을 향한 추구를 그치고, 그 추구에서 그때그때 얻어진 답을 구체적으로 예배하는 일이 없다면 인간은 궁극성을 향한 추구를 계속해서 실행해 나갈 수가 없다고 보았기 때문이다. 인간은 지속적으로 추상 속에서만 살아갈 수는 없는 구체성의 존재이기 때문이다. 그래서 현실 종교의 많은 오류에도 불구하고, 그리고 인간 종교의 구체적 예배 의식(儀式)이 많은 한계를 가짐에도 불구하고 그 의식의 실행이 필수불가결함을 알며 거기에 반복적으로 참여하면서 절대와 궁극에 대한 감각을 잃지 않아야 한다고 보았다. '철학'과 '과학'과 '종교', 이 세 가지는 그리하여 인간 누구나가 가질 수 있고, 가져야 하는 세계 인식의 기본적인 틀이라고 하였다.

그러나 이렇게 궁극성과 절대성에 대한 요구가 종교의 자기규정이고, 그래서 종교적 물음이 지닌 다원성의 인정과 그 다름 안에서의 대화가 어렵다는 것을 알지만, 우리는 또한 여기서의 대화가 이루어지지 않으면 인간의 진정한 화합과 평화가 이룩될 수 없음을 안다. 21세기 오늘날의 인간 삶도 종교 문화적 가치에 따라 근본적으로 좌우되고 있기 때문이다. 또한 세계도처에서 여전히 일어나고 있는 전쟁과 인종 간의 갈등, 상대방에 대한 비하나 착취도 여전히 종교의식과 밀접하게 관련되어 있으므로 여기서의 대화를 통한 이해와 상대방의 다름을 통한 풍부해짐은 우리들의 삶에서 매우 긴요하다. 이 일을 이루어 나가는 정도에 따라서 개인의 삶뿐 아니라 인류의 미래는 크게 좌우될 것이다.

3. 종교문화적 다원화에 대한 몇 가지 반응들

예전에는 살던 지역이 서로 폐쇄되어 있었고, 만나는 사람들이 지역과 종족, 문화와 언어별로 한정되어 있어서 삶의 다양한 모습들을 보기 어려웠으므로 자신이 찾은 궁극성의 답이 절대적으로 궁극적이라고 생각하는 데 어려움이 없었다. 그래서 사람들은 각자의 종교적 고향에 살면서 큰 갈등 없이 지낼 수 있었다. 그러나 오늘날은 상황이 변하였다. 우리가 굳이 빈번해진 여행이나 인터넷을 들지 않더라도 삶의 정황은 크게 열렸고, 그래서 예전에는 상상할 수도 없던 다양한 삶의 모습들을 접하게 되면서 거기서의 종교적인 답도 다양하게 만나게 되었다.

이러한 변화된 상황에서 사람들의 반응은 여러 가지로 나타난다. 먼저 첫 번째 그룹은 이러한 변화된 상황에 대해 무지하고 관심도 두지 않는다. 이들에게 있어 종교적 궁극의 모습은 고정되어 있고, 실체적으로 굳어 있어서 결코 변할 수 없는 어떤 것이다. 자신들이 얻은 답에 고착되어 있어서 아무리 삶의 정황이 바뀌고 그 답이 더 이상 잘 기능하지 못하게 되었서도 아랑곳하지 않는다. 그런 의미에서 이들의 정신적인 상태는 거의 정신적인 동면을 하고 있는 것과 유사하다. 예를 들어 '성서무오설'(無誤說)을 주장하고, 부처의 '팔경법'을 문자 그대로 주장하며 여전히 여성의 구원 가능성을 부정하고, 유교 전통의 성 차별적 관습에서 한치의 양보도 없이 가부장적 권위를 주장하며 살아가는 모습들이다.

두 번째 그룹은 첫 번째 그룹보다 변화에 적극적이다. 이들은 오늘날의 상황이 크게 다원화되어서 자신들이 얻은 답과는 다른 형태의 종교적 답이 있다는 사실을 인지한다. 그러나 이들은 결코 다른 형태의 답에 개방적이지 않고, 어떻게든 자신의 답이 더 궁극적이라는 것을 증명하기 위해서 적극적으로 노력한다. 이 적극성은 때로는 심한 분쟁으로 치닫는 수도 있는데, 이들은 자신들의 답이 바로 스스로의 확실한 '경험'을 통해서 얻어진 것이라고 확신하므로 결코 쉽게 양보하지 않는다. 이들에게는 '나의 진리'(my way)가 곧 '진리 자체'(the Way)가 되고, 그래서 자신의 진리가 여러 진리들 중 '하나의 진리'(a way)라는 것을 인정할 수 없다. 이러한 종교적인 "주관적 인식의 단계"(a subjective knowledge)는 자신들의 종교적 답과 경험에 대해서 매우 확고한 신앙을 가지고 있으므로 그들의 신앙은 삶에서 힘 있게 적용되고 기능한다.[4] 하지만 오늘날 세계 도처에서 벌어지고 있는 많은 갈등과 분쟁의 근본 원인이 바로 여기에 있고, 특히 한국의 많은 종교인들이 이 모습을 보인다.

유럽과는 달리 이 주관적 인식 단계에서의 기독교 신앙이 정치, 사회, 문화 곳곳에 여전히 큰 힘을 발휘하고 있는 미국 사회에서 한국 이민자들의 70%이상이 기독교인이다. 그런데 이들 대부분의 기독교 신앙은 매우 보수적이고 근본주의적이어서 그 신앙을 전해 준 미국인들보다 더 배타적으로 기독교 신앙의 절대성과 우위성을 주장한다. 필자가 보기에 이러한 신앙 방식은 많은 문제점을 야기한다. 그 중 가장 심각한 것이 자신의 민족적·문화적 뿌리에 대한 열등감에서 벗어나지 못하는 것이다. 한국 이민자들이 타국에 와서 삶의 혹독한 현장 속에 살면서 자존감의 상처를 많이 입었을 것이라는 점을 생각해 볼 수 있다. 그런데 그 가운데서 결국 자신 삶의 힘의 원천이라고 생각하는 신앙까지도 바로 자기에게 상처를 준 서구인들로부터 얻은 것임을 생각하면 그 영혼은 더 이상 출구 없는 자포자기의 상태에 빠질 수 있다. 이 적나라한 상황에서 사람들은 진실을 직시하기를 회피하거나 아니면 나름의 불성실한 논리로 그 날카로움을 무마시키며 방편적으로 살아간다. 그러므로 여기서의 한인 이주민들 영혼은 비굴해지기 쉬우며, 그런 영혼으로는 자신들만의 고유한 삶의 문화를 일구어 내지 못한다. 이것은 인도가 영국 식민지로 있던 시절에 마하트마 간디가 식민 지배자 영국의 기독교 신앙과 문화의 도전 앞에서 겪은 경험에서도 이미 잘 나타난다. 간디는 자서전에서 어떻게 자신이 자기의 고유한 힌두교 전통을 다시 발견하고서 삶에서의 진정한 용기를 얻고서 두려움을 극복하며 독자적인 비폭력 운동으로 나아갔는지를 잘 그려 주고 있다.

오늘날 전 세계에 나가서 살고 있는 한국인들이, 아니 이들 해외 동포들만이 아니라 한국 땅에 살고 있으면서도 세계화와 신자유주의 경제 체제 속에서 거대한 정신적인 식민지화를 경험하고 있는 한국인들이 참된 자아의식을 갖기 위해서는 서구 문명 내지는 기독교 신앙의 절대주의적 배타성을 검토해 보아야 한다. 그렇게 하지 않을 경우 자기분열을 겪을 수밖에 없고, 그 인격 안에서의 종교적 신앙은 삶의 건강한 지지대 역할을 하는 것이 아니라 단지 구복적 주술주의의 수준에 머물 뿐이다. 거기서는 참된 용기가 아닌 비굴함이나 만용이 인격의 특질이 되기 쉽다. 한국 대학 캠퍼스 내에서의 모습과 크게 다르지 않게 미국 대학에서도 한인 학생들의 신앙은 주관적 인식의 단계에 머물러 있어서 자신이 하고 있는 학문과 신앙을 잘 연결시키지 못한다. 그래서 그들은 진지하게 학문하는 자가 되지 못하고, 종교적 신앙은 배타적으로 기독교 신앙만을 절대화하면서도 그 기독교 신앙의 열매인 미국 문화의 정수와 만나지 못하고, 일상의 삶에서는 온통 한국적 구습의 테두리 속에 머물러 있다. 그래서 그들은 자신만의 고유성도 없이, 폐쇄적으로 비굴하게 그리고 찰나주의적이고 임시방편적으로 일종의 이방인처럼 조급하고 인색하게 살아간다.[5] 이러한 신앙은 그러나 점점 주변으로부터 더 가중되는 다양성의 증가와 절대주의 신앙의 절대적인 부패를 경험하면서 그 절대성을 검토할 것을 요청받는다. 참된 신앙이라면 이 도전에 열려 있고, 자폐에 빠지지 않는다.

세 번째 그룹은 오늘날의 다원화된 상황에 침몰해 있는 경우라고 할 수 있다. 지금까지의 종교적 고향에서 떠났거나 그것이 더 이상 매끄럽게 기능하지 못하는 것을 보는 가운데 이제까지 생각할 수도 없었던 다양한 답을 만나면서 매우 충격을 받은 모습이다. 이들은 자신들의 삶의 모습과 다른 형태의 삶의 모습들을 보면서 그것들을 인정하고, 그래서 거기서 얻어진 종교적 답이 다양할 수밖에 없다는 것을 시인하지만, 그러나 혼란과 혼동에 빠져 있다. 왜냐하면 종교적 물음의 특징이 바로 '궁극성'을 찾고자 하는 것인데, 그렇다면 이렇게 다양한 궁극성의 표현들 앞에서 어느 것은 받아들이고 어느 것은 버려야 하는지의 선택과 어우름의 기준을 가질 수 없기 때문이다. 이것은 종교가 문화 상대주의에 빠진 모습이다. 포스트모더니즘의 급진적인 해체와 많은 유사성을 가진 이 종교적 상대주의는 앞의 두 그룹의 무지와 독선을 치유할 수는 있지만, 그러나 진리 앞에서 냉담하게 만들고, 삶에서의 베이스캠프를 잃고서 행위하고 실천하는 대신에 이론과 논쟁에 빠지게 할 수 있다. 아니면 극단적으로는 온갖 종류의 허무주의를 퍼뜨리면서 다시 우리들을 무의미의 나락으로 추락시킬 수 있다.

이 단계가 우리 인식 방식의 전개를 위해서 "절차적으로 필요한 단계"

(a procedural knowledge)이기는 하지만 여기에 머물러 있으면 우리 삶은 전혀 생산적이지 못할 것이다. 아무런 행위를 할 수 없거나 아니면 모든 행위를 허용하는 가치 상대주의에 빠질 수 있는데, 이 위험은 자칫하면 현대 페미니즘도 빠질 수 있다. 이 경우에 여성들의 몸은 현대 포르노그래피 문화의 범람 등에서도 보듯이 더 심각한 비인간화와 폭력적 문화의 피해자가 될 수 있다.[6] 그래서 우리는 여기에도 머물러 있을 수 없는 것이다.

마지막으로 네 번째 그룹은 가장 능동적이고 창조적으로 이 변화에 대응하는 그룹이다. 이 그룹은 자신들이 만나는 다양한 가능성의 답들 앞에서 그것들을 단순히 거부하거나 거기에 좌초하지 않고, 오히려 자신들의 종교적 밑바탕을 더욱 아름답게 가꿀 수 있는 가능성으로 본다. 모든 인간적인 답을 항상 '상대화' 시키는 종교적 궁극자의 요청 앞에서 그 상대성을 수용하는 것을 종교인의 기본적인 자세로 받아들이면서, 그런 의미에서 자신의 답도 '절대적' 일 수 없다는 사실을 겸허하게 숙지한다. 그러나 또 하나의 새로운 모습의 답을 만났다고 해서 이전의 자신의 것을 그저 버리는 것이 아니라 오히려 거기에 근거해서 새로운 것을 하나 더 보태 나가서 자신의 신앙을 더 다면적이고 깊게 가꾸어 나가는 것이다.

이러한 방식과 태도는 '배타주의'(exclusivism)나 '포괄주의'(inclusivism), 또는 '다원주의'(pluralism)가 아닌 또 다른 대안으로서 일종의 '하이브리드 인격'(hybrid identity), 또는 '다중적 인격'(multiple identity)의 구성으로 이해되기도 한다.[7] 또한 이러한 "하이브리드적" 시각과 방식에 여성들이 남성들보다 훨씬 더 재능을 보이고, 여기에 특히 여성신학자가 종교 다원주의 논의에 기여할 수 있는 부분이 있다고 본다.[8] 필자의 경우, 예를 들어 아침의 기도와 명상시간에 성경만 읽는 것보다 유교 경전의 한 부분을 같이 읽는 것이 훨씬 더 풍성한 영적경험을 가능하게 함을 본다. 유교 경전의 구절들은 기독교 성경의 경우처럼 궁극을 의인화해서 궁극자를 우리에게 친근한 모습으로 다가오게 하지는 않지만, 우리 삶의 구체적 정황에서 어떻게 우리가 진정성 있는 인간으로서 살아가야 하는지를 잘 지시해 준다고 하겠다. 이 두 종교 전통의 메시지들을 동시에 들음으로써 갈등을 겪는 것이 아니라 오히려 더욱 다면적이고 역동적인 모습으로 궁극과 인간의 삶과 실제를 이해할 수 있게 되는 것을 경험한다. 그러므로 서로를 배척할 이유가 없고, 오히려 한쪽의 부족한 인식을 다른 쪽으로 보완하면서 살 화합해 나갈 수 있다고 여긴다.

이 네 번째 단계에서의 입장은 '실제'(reality)가 '창발적'이고 '진화적'이라는 사실을 숙지한다. 이 말은 우리의 경험도 포함해서 세계의 모든 실제는 고정된 것이 아니라 끊임없는 '되어 감'의 과정과 변화속에 존재함을 인식하는 것을 말한다.[9] 우리는 보통 종교와 신앙의 영역에서 '경험'을 많이 강조한다. 하지만 이미 19세기 존 스튜어트 밀의 『자유론』이 잘 지적하였듯이 경험만으로는 인간은 자신의 한계와 오류를 바로잡을 수 없다. 인간은 어느 누구도 무오를 주장할 수 없고, '사실' 중에서 그것이 가지는 '의미에 대한 해석'이 없이 이야기할 수 있는 것은 거의 없기 때문이다. 즉 해석되지 않는 경험이란 독단에 빠질 수 있고, 그래서 "경험이 해석되는 방법을 보여 주기 위한 토론"은 종교적 공동체의 삶에서도 필수적이다. 밀에 따르면 윤리적 명제나 종교적 신조는 "상속할 뿐이지 선택한 것이 아닐 때" 하나의 굳어진 원리나 교리가 되어서 실천력을 잃어 간다. 왜냐하면 그렇게 될 때 그 경험과 신앙은 우리 존재의 창발적인 내면적 생활과 연결되는 것을 멈추고 단지 정신의 외각에 존재하는 것처럼 되어서 우리 정신에 외피를 씌워 일체의 다른 영향을 차단시키고, 그럼으로써 우리 감정과 행동력을 점점 마르게 하기 때문이다.[10] 이러한 19세기 밀의 지적은 오늘날 종교 다원화의 상황에서 기독교 신앙 일반의 상황을 잘 지적해 주고, 특히 한국 기독교의 독단주의와 근본주의를 잘 드러내 준다. 그것은 일차원적인 '경험'만 강조하고 그 이상의 토론과 해석과 사고를 인정하지 않는 한국 교회의 실상을 여과 없이 지적하고 있다. 밀은 그때 "여성의 예종"도 유사한 맥락에서 살펴보았다.

이상의 일들은 궁극성에 대한 인간의 경험과 거기서 얻은 답은 다원적이고, 끝없는 창조 가운데 놓여 있다는 것을 보여 주는 일이다. 하지만 그렇다고 해서 모든 것이 가치 중립적이라거나 일차원적으로 평면적이라고 생각하지 않는다. 그 다양성들 안에는 분명히 차원의 차이가 있고, 그래서 서로의 대화를 통해서 서로 자극하고 보완하면서 각자의 캠프를 더욱 다듬어 가는 일이 요청된다. 캔 윌버(Ken Wilber)와 같은 사상가는 그래서 이러한 실제의 모습을 '홀라키적' 모습이라고 표현했는데, '홀라키'(holarchy)란 역사적으로 매우 오래된 개념인 '하이라키'(hierarchy, 계급)의 변형어로서 전통적인 의미의 닫힌 계급이나 실체화된 차별은 거부하지만, 그러나 존재의 차원에는 분명한 구별이 있고, 거기에 질적인 높낮이를 매길 수 있다는 것이다. 그에 따르면 모든 존재자는 그 자체 나름으로서 하나의 '홀론'(holon, 전체)이지만, 그러나 그 홀론은 다시 그보다 더 높은 차원의 또 다른 홀론의 부분이 된다는 것이다.[11] 예컨대 오늘날 민주화되고 다원화된 사회에서는 계급적 사고가 모든 악의 근원처럼 여겨져서 해체시키고자 하지만, 그러나 모든 존재자·문화·종교적 경험에는 분명히 차원의 차이가 있고, 그 차이들을 단순히 계급적이라고 해서 던져 버려서는 안 된다는 것이다.

필자는 이러한 캔 윌버의 사고가 페미니즘 사고의 전개를 위해서도 매우 중요한 의미를 갖는다고 이미 지적하였다. 만약 우리가 존재에 있어서 어떠한 차원의 차이도 인정하지 않는다면 인간의 인식 자체가 불가능하며, 페미니즘은 해체할 뿐이지 어떠한 새로운 구성도 제안할 수 없다고 보기 때문이다. 전통적이며 가부장적인 사고보다도 페미니즘 사고가 '더 좋고 타당하다'는 페미니즘의 언명 자체도 이미 나름대로 단계적이고 계급적인 사고를 표현한 것이라는 월버의 지적은 타당하다. 이렇게 해서 우리는 인간 삶과 실제의 진화에서 그 다원성을 인정함에도 불구하고 다시 그것들을 어우르는 보편적 목적성과 방향성을 가지지 않을 수 없는 것이다.

4. 종교의 보편적 추구와 '성(聖)의 평범성' 확대

1) 성의 평범성 확대

이렇게 종교적 전통과 그 추구에서 얻어진 답들이 다양한 형태로 나타나지만, 그러나 필자는 그것들이 하나의 보편적 가치와 방향성으로 모아질 수 있다고 본다. 그것을 '성의 평범성'이 확대되는 방향으로 나아가는 모습이라고 표현하고자 한다. 인류가 경주해 온 궁극성의 추구가 다양한 모양으로 표현되지만 모두 어떻게 하면 시공적으로 더 넓게, 그리고 더 깊이, 즉 우주 전체가 성의 영역으로 화하게 할 수 있을까에 대한 관심이라는 의미이다.

여기서 말하는 '성의 평범성'(the commonality of the good/sacred)이라는 개념은 사실 20세기 유대인 여성 정치철학자 한나 아렌트의 "악(惡)의 평범성"(the banality of the evil) 개념과 관련이 깊다. 그녀는 나치 독일 시대에 유대인 대학살의 최고 하수인 중 한 사람이었던 아이히만(A.Eichmann)의 전범재판과 관련해서 악의 평범성이라는 개념을 고안해 냈는데, 필자는 거기서 힌트를 얻어서 성의 평범성을 생각했다. 아렌트는 그렇게 끔찍한 대학살을 저지른 사람에게서 발견되는 악도 평범한 사람들에 의해서 저질러지는 악과 크게 다르지 않다고 보았는데, 그것을 그녀는 '악의 평범성'으로 이름 짓고 사람들의 "사고 없음"(thoughtlessness)과 연결시켰다.[12] 아이히만이 저지른 악이 어떤 악마나 운명의 역할 때문이 아니라, 그가 어린 시절부터 주변에서 지속적으로 받아왔던 폭력과 억눌림의 영향 때문에 자발적으로 판단하고 생각하는 능력을 잃어버리고 다른 사람의 입장에서 생각하는 연민 등의 감정을 잃어버린 결과라는 것이다.

이렇게 아렌트가 인간의 부정적인 측면과 연결해서 악의 평범성을 이야기했다면, 필자는 그와 같은 정도로 인간 자연의 긍정적인 측면, 즉 '성'(聖)과 '선'(善)의 보편성에 대해서 말할 수 있고, 또한 말해야 한다고 생각했다. 인간은 누구나가 그 본래적 태생이나 성별, 지식이나 재산의 많고 적음에 관계없이 악을 저지를 수 있는 가능성을 가지고 있는 것이라면 그와 같은 정도로 모두가 선을 행할 수 있고, 또한 성을 이룰 수 있는 가능성이 있다고 보는 것이다. 그래서 본인은 '종교인으로서', 다시 말하면 '궁극적인 답'과 '아무 것도 아닌 것이 아니고 항상 무엇인가가 있다.'는 것을 믿는 사람으로서 오히려 이 긍정적인 측면에 주목하고자 한다. 그리하여 종교의 역할이란 이 긍정성을 세상에 펼쳐 나가고 온 세상의 영역이 성의 영역으로 확대되어 나가게 하는 데 있다고 보는 것이다.[13] 필자는 인류의 각 종교가 '성속'(聖俗, the sacred and the profane)의 구별과 '선악'의 구분에서 그 방식이 매우 다양하고, 나름의 한계와 상대성을 보이고 있지만 그 근본 추구에서는 같다고 생각한다. 즉 성과 선의 확장을 추구하는 것이다.

누가복음의 한 기록에 따르면, 예수는 "구하는 사람마다 받을 것이요, 찾는 사람마다 찾을 것이요, 문을 두드리는 사람에게 열어 주실 것이다."라고 한 후, 인간 삶에 빗대어서 아버지 된 사람으로 생선과 달걀을 요구하는 아들에게 뱀이나 전갈을 줄 사람이 어디 있겠느냐고 하면서, "너희가 악할지라도 너희 자녀에게 좋은 것들을 줄 줄 알거든, 하물며 하늘에 계신 아버지께서야 구하는 사람에게 '성령'(聖靈, the holy spirit)을 주시지 않겠느냐?'라는 의외의 답을 주었다. 원래 이 대화의 맥락에서는 성령이 관심거리가 아니었다. 오히려 생선이나 달걀이라는 구체적인 삶의 관심거리들이 표현되었는데, 예수는 그러한 관심거리들을 뛰어넘어서 우리가 추구할 대상으로 성령을 지시한 것이다.

이러한 대답에 대해서 혹자는 복음서의 저자인 누가가 예수의 대답을 헬레니즘적으로 영성화하고 탈육화시킨 것이라고 반박할 수 있겠지만, 필자는 이 대답이 우리가 종교적 추구에 있어서, 그 방식은 다르더라도 누구나 보편적으로 추구해야 하는 지향점과 가치가 있음을 지시해 준 것이라고 해석하고자 한다. 여기서는 '성령'으로 표현되었지만 이것은 바로 그리스도인 예수가 '영'(靈)의 사람인 것처럼 우리 모두도 성령을 통해 영의 사람으로 거듭나야 함을 말하는 것이며, 이것은 위에서 말한 성의 평범성의 확장과 다르지 않다고 본다. 우리 삶에서 가장 귀하게 여겨야 하는 것이 성령이라면, 예수도 영의 사람이었다면, 이 성령을 통해서 우리 자신들을 바로 성과 영의 사람으로 가꾸어 가야 함을 지적한 것이고, 그런 의미에서 성령과 영의 사람은 보편적인 추구의 대상이 되는 것이다. 이 말은 또한 우리가 각자의 '다양성'을 넘어서 '보편성'을 추구해야 하는 당위 앞에도 섰음을 지적한 것이라고 할 수 있다.

유사한 맥락에서 『맹자』「이루장(離婁章)」을 보면 다음과 같은 탄식이 나온다. "순 임금도 인간이며, 나도 또한 인간인데, 그 순 임금은 '천하의 법'이 되어서 후세에 전해지건만, 나는 아직도 '향리의 사람'을 면치 못했으니, 이것이 걱정거리로다."(舜人也, 我亦人也, 舜爲法於天下可傳於後世, 我由未免爲鄕人也, 是則可憂也) 그러면서 곧 이어서 맹자는 밝히기를, "군자의 걱정이 이러하니 다만 순 임금처럼 행하도록 노력할 뿐"이라고 했다. 즉, "인(仁)이 아니면 하지 않으며(非仁無爲), 예(禮)가 아니면 행하지 않겠다."(非禮無行)라고 자신의 길을 밝힌 것이다. 여기서 맹자는 '군자'(君子) – 우리의 맥락에서는 궁극성을 추구하는 종교인 – 의 진정한 염려는 자신의 삶을 좁은 향리의 기준에 가두지 않고 천하의 기준(天下之法)이 되도록 가꾸어 나가는 것이라고 지적하였다. 우리 모두가 천하의 기준이 되도록 노력하는 마음이야말로 종교인의 가장 보편적인 추구가 되어야 한다는 의미이겠다. 앞에 나온 기독교의 의미와 비교하면 성령의 추구와 다르지 않겠는데, 다양하게 드러나는 향리의 기준을 넘어서 궁극적으로 천하의 도를 추구하는 마음, 이것이 참된 종교인의 길임을 밝힌 것이다.

2) '복수(複數)의 그리스도론'과 유교적 '성인지도'(聖人之道)

필자가 여기서 예수의 성령에 대한 언급과 더불어 연관시키며 제안한 성(聖)의 평범성의 확대라는 언술은 매우 유교적인 것이다. 주지하다시피 기독교 교회와 신학의 전개 과정에서 스스로 우상 파괴자였던 예수가 가장 강력한 '성상'(icon)이 되었고, '하나님의 아들'에서 '아들이신 하나님', 다시 '유일한 하나님'으로 되면서 전통적 그리스도론은 매우 배타적이고 실체론적으로 굳어져 그 이후 교회 역사 가운데서 인간과 우주의 참된 그리스도화와 영성화에서 점점 걸림돌이 되어 갔다. 2천 년 전 한 남성 유대인 청년 예수에게서만의 유일회적인 그리스도를 인정하는 배타적 그리스도론은 그 이후 모든 다른 요소들을 배척하고 재단하는 억압적 기제가 되었고, 그 결과가 오늘날 서구 기독교 문명의 우월주의, 예수를 인정하지 않는 유대교나 이슬람에 대한 오랜 핍박과 배척, 예수와 같은 성(性)이 아닌 여성에 대한 핍박과 억압 등으로 표현되었다. 그리하여 오늘날 다시 참된 (성)령의 사람으로서의 예수의 본래 메시지를 회복하기 원하는 신학적 시도는 '복수'(複數, plural)의 그리스도론으로 모아지고,[14] 필자는 '비서구'(한국) 다원주의적 여성신학자로서 이러한 복수론적 그리스도론의 의미를 앞에서 제시한 유교적 성의 평범성의 확대, 또는 유교적 '성인지도'(聖人之道, To become a sage)의 가르침보다 더 잘 나타내 주는 것이 없다고 생각한다.

유교적 성(聖)의 이해에서는 전통적으로 서구 유대·기독교가 가지고 있는 신인동형적 '하나님'(God) 개념보다 좀 더 보편적이고, 모든 인간이 그들의 자연스러운 삶으로부터 얻을 수 있는 '하늘'(天)이라는 개념을 가지고 궁극을 표현한다. 또한 특정한 인물에 한정되는 구원론 대신에 '성'(性)이나 '덕'(德)이라고 하는, 모든 인간에게 자연스럽게 소여된 하늘적 근거에 기초해서 삶의 이상을 제시한다. 그러므로 오늘날과 같은 세속화 시대에, 그리고 특정한 민족이나 인종, 성의 구별을 떠나서 모두가 보다 보편적으로 궁극과 접촉하는 것이 요청되는 때에 이러한 유교적 이해는 큰 장점이 된다.[15] 물론 바로 이러한 측면이 유교를 하나의 세속적 도덕 이론이나 실천력 없는 이데올로기로 전락하게도 했지만, 유교의 본래적인 종교성을 더욱 찾아내고 다듬는다면 유대·기독교 전통에 대한 훌륭한 보완이 될 수 있고, 그 대화를 통해 좋은 대안을 찾을 수 있다고 보는 것이다. 현실 역사에서 전통적인 유교의 음양론이 여성 차별과 억압의 막강한 기제로 사용된 것이 사실이지만, 오늘날 그 음양론의 새로운 해석을 보면 전통 유교를 여성해방적이고 양성평등적으로 해석하는 일이 전통 기독교의 예수 그리스도론을 여성해방적으로 해석하는 일보다 오히려 더 쉬운 것 같다.[16] 왜냐하면 역사적 남성 예수에 집중하는 그리스도론은 바로 그것이 역사적 '사실'(fact)이라는 이유로 더 이상 어찌 해 볼 수 없는 족쇄로 작용할 수 있기 때문이다.[17]

유교적 성인지도는 '인간은 누구나 요순처럼 될 수 있다.'는 믿음에 따라 각자가 '천하의 법'이 되고자 하고, 모두가 '천하의 도'를 실현하고자 하는 인간의 길이다. 이 유교적 성인지도와 유비되어 이해되는 복수의 그리스도론은 지금까지의 우상화된 그리스도론이 철저히 '외부적'(extrinsic) 구원방식으로 신앙의 수행적 차원과 책임의 차원을 잃어버린 것을 치유할 수 있다. 펑크 같은 역사적 예수 탐구가들은 이것을 "부활적 장벽을 깨뜨리는 일"과 관련시켰고, 이 일이야말로 아주 초기부터 기독교가 빠져들었던 '가현설'(docetism)로서의 그리스도론을 극복하는 길이라고 강조한다.[18] 이 측면과 관련하여 프랑스의 여성 철학자 루스 이리가리가 특히 '차이'와 '다름', '타자'의 중요성을 강조하면서 새롭게 영적이고 종교적인 차원을 지시한 부분이 흥미롭다. 그녀는 오늘 우리 시대를 "문화적 돌연변이"(cultural mutation)의 시대로 그리면서 전통적인 외부로부터의 권위나 어떤 기구나 체제로서의 종교보다는 "각각의 남녀가 신적으로 되어 가는 데"(the divine becoming of each man and woman) 도움을 주고 그 일을 가능하게 하는 모든 일이야말로 종교적이고 영적인 일이라고 규정한다.[19] 또한 "신적인 완성을 향한 인간적인 되어 감의 길"(To pursue human becoming to its divine fulfillment)을 말하면서 그녀는 여기서 "수직적인 초월"(a vertical transcendence)은 부모자식지간이나 생래적인 가족관계 등의 수준을 넘지 못하게 하지만, "수평적인 초월"(a horizontal transcendence)은 더욱 더 다름에 주목할 수 있게 하여 이 차원을 넘어서 '인간적인 되어 감'(human becoming)을 계속해서 전개시킨다고 지적한다.[20]

전통적인 기독교의 수직적인 하나님이 아닌 자기 수행 과정으로서의 영성을 강조하는 이리가리의 이해는 유교적 성인지도의 이해와 연결된다. 그러나 여기서 지적하였듯이 유교적 성인지도의 가르침도 그것을 너무 수직적인 초월과의 관계로 이해하면 가족관계와 같은 좁은 울타리에 갇히는 위험을 감수해야 한다. 이리가리와 같은 여성 종교가의 다름에 대한 강조는 그런 의미에서 유교도 경청해야 한다. 이렇게 해서 오늘 우리 시대, 종교·문화적 다원화 시대에 다양한 향리의 도가 등장하여 그 인정을 요구하고 그것들이 다원적으로 꽃을 피우는 시대이지만, 우리는 또한 그 향리의 도를 넘어서 천하의 도를 추구하는 마음으로 보편성을 염두에 두어야 한다. 왜냐하면 실제란 결코 고정된 모습이 아니라 항상 변화하고 홀라키적으로 진화하며, 궁극(불교적 용어로는 空)을 향해가는 과정이므로 이러한 특수성과 보편성, '다'(多) 와 '일'(一), 향리의 도와 천하의 도는 항상 같이 가기 때문이다.

5. '여성 그리스도'의 도래 또는 '여성 성인'의 길

1) 종교 다원주의와 여성신학

지난 2000년 미국에서 출간되는 여성주의 종교저널 〈*The Journal of Feminist Studies in Religion*〉은 그 가을호 특별 좌담 주제로 "여성신학과 종교 다원주의"(Feminist Theology and religions Diveraliy)를 택했다. 한국에서도 『종교와 페미니즘(*Religion and Feminism*)』으로 번역 출판되어서 많이 읽히고 있는 불교 여성신학자 리타 그로스(Ritta M. Gross)가 주제 발제 식의 발언을 하고, 거기에 대해서 다양한 그룹의 여성 종교학자들, 즉 '여신학'(Thealogy)을 펼치는 캐롤 크리스트(Carol Christ), 레즈비언 여성 불교학자, 이슬람 여성 신학자, 우머니스트 흑인 여성신학자, 여성 종교학자, 평신도 레즈비언 여성신학자 나오미 골든버그(Naomi R. Goldenberg) 등이 답변을 하는 방식의 매우 흥미있는 좌담이었다.[21]

리타 그로스는 "기독교 여성신학자"(Christian feminist theologian)가 아닌 "비기독교 여성신학자"(non-Christian feminist theologian)로서 남성들보다 다양성과 다름, 차이에 대해서 더 예민한 여성신학자들까지도 기독교 밖의 종교적 다양성에 대해서는 관심이 없고, 그래서 비기독교 여성신학자들은 그들의 대화나 학문적인 모임, 대학에서의 임용 등에서 배제되고 있다고 날카롭게 지적한다. 그녀에 따르면 미국 종교학회(AAR, American Association of Religion)의 '여성과 종교 분과'(Women and Religion section) 초창기 미팅에서는 비기독교 여성신학자들, 예를 들어 불교 여성신학자인 자신을 비롯하여 유대교 여성신학자 주딧 플래스코(Judith Plaskow), 여신학 여성신학자 캐롤 크리스트, 여신종교 여성신학자 크리스틴 도윅(Christine Dowig), 나오미 골든버그 등이 모두 같이 참여하여 훨씬 더 활발하게 종교적 다양성이 확보되어 있었다고 한다. 그러나 그 이후 비기독교 여성신학자들은 점점 더 소외되어서 여성신학에서 기독교적인 목소리만 우세하고, 대학에서 자리를 잡고 후세대 학자들을 키우는 대학원생들을 위한 강의와 지도에서도 종교 다원주의는 점점 더 목소리를 잃어 갔다고 비판한다.

이 글을 읽으면서 필자는 미국에서도 여성신학자의 입지는 좁고, 거기에 덧붙여서 종교 다원주의를 표방하는 여성신학자는 그 처지가 더욱 어렵다는 것을 잘 알 수 있었다. 이러한 상황은 한국도 유사하다. 필자는 평소에 미국과 같이 인종적·문화적 다양성이 확보된 사회에서는 종교적 다원화가 훨씬 더 잘 용납될 것이라고 생각했다. 그러나 불교여성신학자 리타 그로스의 발언에서 보았듯이 현실은 그렇지 않았고, 또한 이것은 어쩌면 미국과 같이 서양 문명의 중심지에서는 당연한 현상이 아니겠는가 생각한다. 오늘날 세계 정치·경제 현실을 보더라도 기독교 문명권의 어느 나라가 자기 문명의 상대성을 진정으로 받아들이고 있는지, 오히려 세계는 점점 더 그 절대주의의 확장 아래 시달리고 있다. 그런 의미에서 본다면 리타 그로스의 이러한 비판과 요청은 오히려 오늘의 미국에서는 비현실적으로 보이기까지 하고, 실제로 리타 그로스의 발언 후에 제기된 중요한 반격 중 하나가, 그녀가 모든 종교학자들을 비록 '기독교 신학자'와

'비기독교 신학자'로 나누기는 했지만 "신학자"(theologian)라고 명칭한 것 자체가 너무 서구 기독교 중심적이라는 지적을 받았다. 여기에 대해서 그로스는 자신은 단지 객관적인 종교학적인 관심(religious studies)으로부터가 아닌 궁극적인 답에 대한 신앙을 말하는데 있어서 "신학"(theology) 이외의 다른 이름을 찾지 못해서 그렇게 한 것이라고 답하면서 그 비판의 타당성을 일면 인정한다.[22] 페미니스트 사고와 종교 다원주의 사고가 만나서 같이 손을 잡고 연결되면 지금까지의 기독교 신학이나 종교 연구에서 이루지 못했던 다양하고 풍부한 열매들을 얻을 수 있다. 리타 그로스는 이제야말로 "피곤한 유럽 중심적 세계관, 자기 스스로 부과한 게토"(this tired Eurocentric worldview, self-imposed ghetto)에서 벗어날 때라고 외친다. 이렇게 서구인들도 외치는데, 한국의 기독교는 오히려 더하면 더했지 덜하지 않은 정도로 기독교 중심주의에 빠져 있다. 미국 신학의 현장에서 그러한 기독교 중심주의와 절대주의는 어쩌면 당연한 일인지 모르겠지만, 지금까지의 민족적 삶에서 인류의 다양한 종교 전통들을 그렇게 많이 경험한 한국에서 이런 일이 이루어지고 있다는 것은 참으로 안타까운 일이다.

한국의 여성신학자들은 대체로 종교 간의 대화에 대해서 관심이 적고, 또한 여성신학적 시각에서 그러한 논의를 펼쳐도 공공적으로 더 전개되지 않는다. 그러나 우리가 한 번만 더 깊이 생각해 보면, 여성신학자들이 그렇게 힘들어하는 전통의 배타적 그리스도론 – 여기에 근거해서 오늘날 한국 교회에 널리 퍼져있는 모든 남성 중심주의와 성직자 중심주의, 여성 신도에 대한 차별과 억압 등 – 을 무엇으로 극복할 수 있겠는가 하면 그것은 다른 종교 전통과의 대화와 거기서부터 배우는 것을 통하지 않고서, 즉 밖에서 새로운 것이 들어오지 않고서는 근본적인 치유가 사실상 불가능함을 알 수 있다. 기독교 여성신학자들은 비서구 종교전통들로부터 많은 것을 배울 수 있다. 앞에서 필자가 유교와의 대화에서 얻을 수 있는 장점으로 그리스도론과 구원론을 수행의 차원과 연결시키고, 한 역사적 사건에 실체론적으로 고정되는 오류에서 벗어날 수 있는 가능성을 말하였다. 다른 서구 불교여성학자 주딧 심머-브라운(Judith Simmer-Brown)은 불교와의 대화에서 오는 큰 장점으로 불교는 우리의 정체성(Identity)과 젠더 이해에 있어서 지금 여기의 시공을 넘어서 더 긴 스펙트럼으로 생각할 수 있게 하며 (불교의 윤회설 등), 새로운 주체성 이해를 가능하게 해 준다고 지적하였다. 여성심리학자 앤 클라인(Anne Klein)은 우리의 '개인적 주체의식'(a sense of individual identity)이라는 것은 단지 근대 서구식 이해일 뿐이고, 불교는 그것을 전혀 다른 방식으로 깊이 있게 천착한다고 지적했다.[23] 필자도 이러한 불교 이해가 우리의 죽음과 부활의 이해에 있어서도 획기적인 전환점을 마련해 줄 수 있다고 보았다. 또한 기독교가 깊이 빠져 있는 "부활절 장벽을 깨뜨리는 일"을 가능하게 하는 데 큰 도움을 줄 수 있다고 여겼다.[24]

이와 더불어 샤머니즘이나 여신학(thealogy)에서의 여신 신앙과의 대화는 페미니스트들에게 다시 존재의 몸과 감정과 고통의 차원, 관계성이나 상징, 리추얼(rituals)의 차원을 더욱 중요하게 인식시켜 줄 것이다. 이것은 우리의 가부장주의 시대를 거슬러 올라가서 더욱 더 시원적으로 사고하는 일을 통해서 가능한데, 이상과 같이 종교 다원적인 사고와 대화는 전통적 그리스도론의 보완과 극복을 위해서 많은 시사와 가능성을 줄 수 있음을 알 수 있다.

2) '여성 그리스도' 또는 '여성 성인'(聖人)의 도래

기독교 전통 안에서만 보더라도 기독교 여성신학자들은 전통 그리스도론에 대해서 급진적으로 다르게 생각하는 그룹들을 통해서 배울 수 있다. 필자가 이 논문을 준비하면서 처음 만나게 된 18-19세기 미국의 〈쉐이커, 그리스도의 재림을 믿는 신앙인들의 연합회〉(the Shakers, the United Society of Believers in Christ's Second Coming) 교도들의 경우가 그 한 예이다. 이들은 18세기 영국에서 시작된 신앙 개혁 운동의 하나로 긴박한 그리스도의 재림을 믿는 그룹이었는데, 앤 리(Ann Lee, 1736-1784)라는 여성 지도자에 대한 사고에서 매우 독특한 시각을 전개한 경우이다. 이들 그룹은 초기 여성 지도자 앤 리에 의해서 미국으로 건너왔고, 그녀가 세상을 떠나자 바로 그녀를 "재림한 그리스도"(the Second Coming of Christ), "여성 그리스도"(the female Christ)로 의미 지으면서 자신들의 신앙 개혁 운동을 계속해 나갔다.

여성종교학자 티자 웬저(Tisa J. Wenger)는 쉐이커 교도들이 어떻게 앤 리를 "재림한 여성 그리스도"(the Second Coming of the female Christ)로 받아들이게 되었으며, 시간이 더 지나면서 그러한 인식이 재고되고 대신에 "강력한 (교회) 개혁가 어머니"(the Progressive Innovator Mother)로 그려지게 되었는지를 그 역사적 과정을 추적하면서 잘 탐구해 주었다.[25] 20세기에 들어와서는 여러 페미니스트 학자들에 의해서 "여성 운동의 선조"(the Feminist Foremother), 평화운동, 공동체주의 운동, 동물보호 운동 등의 선구자로 인식되어 왔다고 한다.

여기서 저자는 앤 리가 재림한 그리스도로 그려지게 된 것은 그 신앙 그룹들의 "계속된 해석과 역사적 재창조의 결과"(the products of ongoing interpretation and historical reinvention)라고 분명히 밝히고 있다.[26] 특히 그녀와 같이 했던 초창기 멤버들이 앤 리를 비롯한 초기 멤버들의 핵심적인 믿음이었던 성령의 직접적인 계시 대신에 점점 더 질서를 중시하고 권위를 필요로 하게 된 것과 관련이 있다고 한다. 그래서 그들은 바로 자신들과 같이 교회를 세우기 위해 엄청난 핍박과 고난을 견디다가 세상을 떠난 앤 리야말로 재림의 그리스도이고, 자신들의 권위도 그녀의 계승자로서의 권위로 본 것이다.[27] 그들은 당시 여성들의 지위가 남성들의 그것보다 열등하기 때문에 그리스도가 재림하면 반드시 여성의 몸으로 오셔야 했다는 것을 주장하면서 앤 리에 관한 증거들을 문서로 써내기 시작했다고 한다.[28] 또한 이 이해에 따라 1796년 당시 일반적인 사회나 교회에서 여성 리더십을 생각할 수 없었던 상황에서 이 교회에서는 루시 라이트(Lucy Wright)라는 여성을 최고지도자로 임명하였다.

그러나 시간이 지나면서 이 권위는 타락하기 시작했고, 독점적이고 폭력적이며, 미신적인 권위가 되어갔는데, 이것은 원래 쉐이커 운동의 역동력이었던, 모든 신자들에게 신적 계시가 가능하다고 하는 믿음과 대치되는 것이었다고 한다.[29] 19세기를 지나고 20세기로 들어오면서 쉐이커 교도들의 수는 크게 줄어들었고, 남은 신학자나 교인들도 앤 리를 더 이상 "그리스도"로 부르기보다는 "그리스도 정신으로 세례 받은 자", "하나님의 선별된 종" 등으로 부르게 되었다. 그리고 그녀의 역할을 특히 당시 막 시작된 여권운동과 여성해방 운동과 관련하여 페미니즘의 선구자와 강력한 사회 개혁의 지지대로 파악하고 소개하기 시작했다고 한다. 웬저는 이러한 변화의 의미는 쉐이커 저자들이 "그리스도 정신의 인침은 예수나 또는 앤 리에게만 유일하게 가능한 것이 아니라 모든 인간 존재에게, 모든 시간과 공간에서 가능한 일이라는 것"(the anointment of the Christ Spirit was not unique to Jesus or to Lee but was accessible to all human beings in all times and places)을 강조한 것이라고 지적한다. 또한 이 가르침들은 "계속되는 그리고 열려 있는 계시들"을 허용하고 앤 리의 권위와 그의 외투를 상속 받은 장로들의 권위를 점점 덜 강조해 가는 것이었다고 밝힌다.[30]

이상에서 소개한 대로 쉐이커 교회의 그리스도론 전개 과정을 보면서 필자는 원래 기독교 교회에서의 예수의 그리스도화 과정도 이와 크게 다르지 않았을 것이라고 생각해 본다. 유대교의 개혁자로 모든 인간이 하나님의 자녀가 됨을 주창하던 영(靈)의 사람 예수의 죽음 이후 그의 영적 활동과 그를 통한 계시가 점점 더 주목을 받게 되면서 그리스도로 선포되었고, 그에 관한 증언서들이 쓰여지기 시작했으며, 또한 그와 함께 했던 사람들이 공동체의 권위자로 등장하게 된 것이다. 그러나 그 권위는 점점 더 독점적이 되면서 그리스도론이 형이상학적이고 실체론적으로 굳어지고 배타적 그리스도론으로 화해 갔고, 오늘날 서구 기독교 문명의 우월주의와 절대주의, 성직자 독점주의, 남성 우월주의 등이 모두 거기에 근거한 것이라고 본다. 그러나 쉐이커 교도들이 앤 리에 대한 독점적 그리스도론이 잘못되었음을 깨닫고, 앤 리를 더 이상 그리스도로 부르지 않으면서 하나님 계시의 계속됨과 그리스도로의 인침(seling, 印針) 이 열려져 있는 것을 받아들였듯이, 교회도 점점 더 그러한 일을 허락해 나갈 것으로 기대한다. 이미 19세기에 슐라이에르마허는 이제 미래에는 더 이상 중보자를 필요로 하지 않는 시대가 올 것이라고 예언하였다. 이러한 맥락에서 앞으로 종교 다원주의적 페미니스트 신학자들만큼 역할을 기대할 만한 그룹도 없다고 본다.

그리스도의 재림이 계속되는 것을 열어 놓는다면(복수의 그리스도론), 여성 신학자들은 그 재림의 모습을 '여성 그리스도'로 그릴 수밖에 없다. 왜냐하면 지금까지 남성 그리스도의 현현은 많이 보아 왔고, 또한 쉐이커 교회에서 재림의 그리스도를 여성으로 본 것은 그 열등성 때문이라고 한 것과 같지는 않지만 지금까지 겪어 왔던 여성들의 소외가 치유되기 위해서 '여성 그리스도'는 필수불가결하다고 보기 때문이다. 이것은 앞에서 필자가 언술한 '성(聖)의 평범성'의 확대 이야기와 다르지 않다. 그러나 여기서 한 단계 더 나아가서 쉐이커 교도들이 앤 리를 더 이상 '그리스도'로 부르지 않게 되었듯이, 여기서 한국 여성신학이 주창하는 '여성 그리스도의 도래'는 지금까지의 남성 그리스도론이 그러하듯이, 그것이 비록 '여성 그리스도'라고 할지라도 그렇게 배타적으로 주장하는 것이 아님을 밝히고자 한다. 그래서 여기서는 '여성 그리스도의 도래'를 말하지만, 그 본 의는 사실상 '그리스도'를 더 이상 말하지 않는 것과 유사하다. 오히려 오 해를 줄이기 위해서 한국 여성신학자들은 '여성 성인(聖人)의 도래'로 표 현하는 것이 더 적합하지 않은가 생각한다. 여성들이야말로 지금까지 삶 에서 성(聖)의 영역에서 소외되고 제외되었던 영역들과 더욱 깊숙이 관계 해 왔고, 그 영역들과 훨씬 더 직접적으로(몸적으로) 관계 맺으며 살아온 주 체이므로 그 모든 영역과 일상의 영역들을 성의 영역으로 바꾸는 일에 누 구보다도 적임자가 될 수 있다는 의미에서이다.

유교 전통에서도 지금까지 성인(聖人)과 군자(君子)라고 하면 주로 남성을 말하여 왔는데, 그것을 넘어서 여성 성인과 군자를 찾아내고 의미 짓는 일에 더욱 힘을 쏟아야 한다. 조선 도학(道學)이 무르익었던 18세기 사회에 서 이러한 모습을 보여 주었던 임윤지당(任允摯堂, 1721-1793)과 강정일당(姜靜一 堂, 1772-1832) 등과 같은 여성들을 여성 성인의 모델로 해석해 보고,[31] 앞으로 더 많은 수의 여성 성인들의 도래를 기대하며 그 일을 위해 힘쓰는 것이 우리의 과제가 되겠다. 아니면 필자가 지난 2008년 미국 체류에서 귀국한 후 쇠고기 파동과 관련한 촛불집회에서 보았듯이 더 이상 하나의 '개인 지성'이 아닌 '집단 지성'과 '공동 지성'이 사고와 행위의 주체로 등극한 것처럼, 그렇게 다시 오실 그리스도는 더 이상 한 남성이나 한 개인으로 서의 그리스도가 아니라 '공동 지성'과 '다중 지성'으로서의 그리스도를 말하는 것인지도 모르겠다.[32]

6. 종교문화적 다원화 시대와 한국 종교문화사

지금까지 우리는 오늘날 종교 · 문화적 다원화 시대를 맞이하여 한국 여성신학이 어떻게 나름의 기여를 할 수 있을까를 탐색해 왔다. 이 일은 한국 교회의 개혁을 위해서 뿐 아니라 인류 종교의 나아갈 길을 위해서도 매우 긴요한 과제이다. 앞으로 인류 삶의 미래는 어떻게 다양성을 인정하면서, 그 다양성을 넘어서 보편과 더 높은 뜻을 찾아가는 일에서 서로 화합할 수 있는가에 달려 있다고 하겠다.

필자는 이 일에서 한국 여성신학이 할 일이 많고, 줄 것이 많다고 생각한다. 세계 어느 곳에서도 그 유사한 예를 찾아보기 힘들 정도로 다양한 종교 전통들을 경험한 한국 여성들이 그 다양성의 경험을 바탕으로 또 하나의 대안적 영성을 찾아낼 수 있다고 보기 때문이다. 한국 종교문화사는 세계적인 종교 다원성의 꽃이다. 한국이라는 좁은 땅덩어리에서는 지금까지 지구라는 생명체가 키워 낸 여러 종류의 종교적인 답들이 아주 다양하게 꽃피어져 왔고, 오늘날에도 여전히 광범위하게 이어지고 있다. 샤머니즘이 그렇고, 유교가 그러하며, 불교뿐 아니라 또한 유대 · 기독교 전통이 여기에 들어와서 크게 꽃을 피우고 있다. 이러한 다양한 종교적 답들 앞에서 우리가 취할 수 있는 창조적이고 능동적인 태도는 어느 한 가지 답으로 다른 답들을 배척하고 누르는 것이 아니라 서로의 열린 태도와 대화를 통해서 각자의 베이스 캠프를 더욱 가다듬고 가꾸는 일이라 하겠다. 어느 한 종교의 답도 그 자체로서 완전할 수 없고, 자기 자신을 다시 더 궁극적인 대답 아래서 끊임없이 다듬어 가야 하기 때문이다. 필자는 특히 기독교의 배타적 절대성을 깨는 일이야말로 예수가 우리 시대에 진정으로 요구하는 일이라고 생각한다. 예수도 자신의 생을 바쳤던 하나님 나라의 확장과 성(聖)의 평범성의 확장 일이 오늘도 계속되어야 하기 때문이다.

II. 한국 토착화 신학과 여성주의
- 변선환의 한국적 신학을 중심으로 -

1. 변선환 신학의 그리스도론 전개사

돌아가신 지 10여 년 만에 글을 쓰기 위해 그분의 환한 얼굴이 나와 있는 책 표지 사진들을 보면서 많은 생각을 했다. 살아 생전 그분의 기쁨과 슬픔은 무엇이었을까? 어떤 때, 어떤 일로 가장 큰 어려움을 겪으셨을까? 지금 '하늘나라' 에 계시면서는 무슨 일로 기뻐하시고 또한 '염려'(憂)하고 계실까? 그분의 남긴 글들이 일곱 권의 책으로 엮어진 『변선환 전집』을 읽으면서 다시 한번 그 학문적 해박함과 열정, 어떻게 하든지 좀 더 많은 구슬을 꿰어서 보다 온전한 전체를 만들어 보려 한 진한 고민들을 느낄 수 있었다. 또한 그 글들은 이제 오늘의 젊은 신학도들에게는 하나의 고전이 되어서 그것을 통해 20세기 동서양 신학 논쟁들을 충실히 배울 수 있는 기회가 되는 것을 알 수 있다.

잘 알려져 있다시피 선생님의 본격적인 그리스도론 논의는 포스트불트마니언 입장에서부터 시작했다. 이후 일본 선불교 신학자 야기 세이이찌(八木誠一)와의 대화를 통해서 좀 더 전통 해체적이 되어 갔고, 70년대 후반기 이후 좀 더 분명하게 '아시아 신학', '한국적 신학' 등을 모색하면서 는 서구 정치신학과 현대 미국 과정신학과도 대화하였다. 또한 파니카(R. Panikkar), 피에리스(A. Pieris), 아리아라자 등 아시아의 여러 토착화 신학 작업 들과 한국의 민중신학, 일본 문학가 엔도 슈사꾸의 섬세한 예수 이해와도 씨름하였다.

이렇게 포괄적으로 동서양의 논의를 모으고 이미 70년대 스위스로 유 학 가시기 전에「예수의 부활과 현대신학」이라는 제목으로 부활에 대한 방대한 논의를 펼쳤던 그분에게 예수 그리스도는 과연 어떤 존재였을까 묻게 된다. 그는 실존적 그리스도뿐 아니라 우주적·역사적 그리스도 상 도 함께 포괄하려고 하였다. 또한 인도의 피에리스가 아시아와 한국의 신 학이 아시아 종교의 요단강에서 세례를 받고 아시아 민중의 '고통과 비참 함'이라는 골고다의 십자가를 지는 그리스도 상을 그려 내야 한다고 주장 했을 때 선생님은 크게 동의했다. 그런 그에게 '역사적 예수'와 '그리스 도'의 관계는 어떤 것이었을까? 그가 마침내 '타종교와 신학'이 아닌 '타 종교의 신학'을 이야기했다면 그에게 '중보자', '기독교적 그리스도'는 어떤 의미였는지 묻고 싶어진다.

심광섭은「변선환의 그리스도론 연구」에서 변선환 그리스도론이 세 단 계의 전개 과정을 가진다고 보았다.[1] 첫째는 성화 감신과 한신 및 미국 유 학 시절 칼 바르트의 계시신학과 실존주의의 영향으로 형성된 일종의 배 타주의적 그리스도론 시기였고, 둘째는 스위스 유학 시절을 계기로 프리 츠 부리(F. Buri)와 야기 세이이찌의 포스트 불트마니언 입장에서 포괄주의 적이고 성취론적인 시각에서 동양적 그리스도론을 추구하던 시기였으며, 셋째는 더욱 더 종교 다원주의적 상황을 숙지하면서 이제 신 중심적으로 다원주의적 그리스도론을 추구한 시기를 말한다고 한다.

이렇듯 변선환 그리스도론은 역동적이고, 그 안에 뚜렷한 전개 양상을 보여 주기 때문에 만약 이러한 전개 단계와 글이 쓰인 시기에 대해서 주목하지 않는다면 이러한 배타적인 언술도 그가 한 것인가 하는 의심스러운 구절들을 만날 수 있다. 필자가 이번에 주로 참고한 한국신학연구소의 『변선환 전집』도 원래 글이 쓰인 시기와 발표된 시기, 장소 등에 대한 정확한 표시 없이 묶여진 경우가 많아서 혼란이 가중되었다. 더욱이 선생님의 글을 읽다 보면 그 전개 단계가 그렇게 칼로 토막내듯 하지 않음을 알 수 있다. 오히려 그의 초발심의 표현인 칼 바르트와 키에르 케고르류의 열정적인 신앙은 끊임없이 반복적으로 표현되는데, 예를 들어 그의 여러 가지 토착화 논쟁 글들이 갑자기 웨슬리의 열정적 선언문으로 마무리되는 경우 등이다. 이럴 때 독자들은 당황하게 되는데, 마치 지금까지의 모든 토착화 논의와 해체주의적 작업을 일시에 부정하는 것 같은 인상을 주기 때문이다.

잘 알다시피 선생님은 그리스도의 궁극성에 대한 답을 마이켈슨(C. Michalson, 유일회적 종말론적인 사건)을 넘어서고, 야기 세이이찌(절대無로서의 場의 계시)가 아닌 프리츠 부리의 "책임의 무제약성을 나타내는 실존의 자기 이해"로서의 인식에서 찾았다. 이것은 포스트불트마니언의 입장을 더욱 철저히 수행하여 역사적 예수나 부활의 사실성 등에 대한 논의를 통해서, 또는 불트만이 그리스도 케리그마와 예수 케리그마를 여전히 구분하면서 버리지 않으려고 했던 그리스도의 배타적 궁극성에 대한 주장을 더욱 급진적으로 자르는 일이었다. 그러나 이 시기에도 그는 여전히 막스 베버의 동양 종교에 대한 '마술동산' 이론을 따르고 있었고,[2] 그리하여 실존의 자기 이해로서의 상징이긴 하지만 여전히 '그리스도' 상징이 중심이 되어서 다른 모든 종교의 상징들을 변경하고 이끌어야 한다는 입장에 서 있었다. 그래서 심광섭은 이 시기를 "포괄적 성취론적 그리스도론"의 시기로 보며, "그리스도 밖에는 구원이 없다."는 배타적 입장에서 "그리스도

없이는 참된 구원이 없다.”는 입장으로 완화된 것이라고 지적한다.[3]

선생님은 이 시기를 넘어서 서구의 종교적 제국주의에 대한 자각을 더욱 뚜렷이 하는 가운데 "타종교의 신학"과 '한국적 신학', '아시아 신학'을 구축하려는 노력을 첨예화한다. 구체적으로 한국의 최병헌과 이용도 그리고 일본의 엔도 슈사꾸 등을 연구하는 일이다. 또한 제3세계 아시아의 여러 토착적 그리스도론을 탐구하면서는 지금까지 과도한 실존 중심적, 개별 단독자 중심적 그리스도 이해를 지양하고 우주적 그리스도에 대한 관심도 표명하며, 역사적 예수의 삶과 교훈을 강조하는 아시아 신학(아리아라자, 안병무 등) 등에 눈을 돌린다. 여기서 "기독교의 모성화"도 말하면서, 여러 아시아 그리스도론에서 시도되는 기독교의 여성화, 모성화라는 새로운 해석학에도 관심을 둔다.

그러나 이런 모든 새로운 비규범적 그리스도론들은 다시 그의 최종적 평가에서 예전의 실존론적이고, 성취론적이며, 남성주의적인 그리스도 이해의 잣대에 의해서 평가절하되기도 한다. 그리하여 다시 진정으로 그에게 예수 그리스도가 누구였을까를 묻게 된다. 이 논문의 과제는 그러한 변선환 한국적 신학의 그리스도론 논의 과정을 더욱 구체적으로 살펴보는 일이다. 그러면서 그의 그리스도론이 가지는 한계도 볼 것이다. 그는 이제까지 어느 신학자보다도 급진적으로 전통의 서구 그리스도론을 해체했고, 거기에 대한 대안으로서 아주 다양한 요소들을 뛰어나게 통합하여 한국적 대안 그리스도론을 구축해 나갔다. 하지만 21세기 오늘날의 한국 사회는 더욱 더 다원화되었고, 또한 페미니즘 의식이 전개되어서 이제 '여성 그리스도'의 도래를 꿈꾸게까지 되었다면 그의 그리스도론도 어쩔 수 없는 시대적 한계를 노정시킨다. 더군다나 오늘날은 전통의 유대·기독교적 종말사관이 좀더 지혜 문학적이고, 문화적인 수행 영성에 의해 도전받고 있는 상황이라면 주로 종말론적이고 실존론적 사고에 의해 인도

된 그의 신학은 적지 않은 취약점을 드러낼 것이다. 이러한 비판적 작업을 하는 이유는 그의 요청대로 그의 논의를 더 전개시키기 위한 것이지만 오히려 이러한 시도가 불민하여서 그의 치열했던 업적을 가리는 것은 아닐지 염려스럽기도 한다.

2. 왜 불교하고만의 대화인가?
: 변선환 한국적 신학에 대한 유교주의적 질문

평소부터 변선환 선생님에 대해서 의문이 있었다. 해천 윤성범과 오랜 기간 같이 했고, 또한 그에 대한 존경과 사랑도 커서 해천 사후 추모의 글을 보면 자신을 "(올꾼이) 제자"로 칭하며 깊은 추모의 정을 드러냈는데, 어떻게 해천의 유교와의 대화에 대해서는 의미 있는 평가가 드물고, 유교 전통에 대한 언급은 거의 부정적인가 하는 점이다. 물론 선생님이 쓰신 탁사 최병헌에 관한 논문이 있다. 그는 최병헌의 『만종일련』의 신학 속에 성취론적 그리스도 이해를 넘어서 신 중심, 실재 중심의 다원주의가 숨겨져 있다고 보았고, 앞으로 그것이 "세계신앙"(one world faith)이나 "세계종교" (one world religion)로 전개될 가능성이 있다고 평가하기도 했다.[4] 그러나 거기서도 그러한 논평은 유교 전통에 대한 적극적인 인정에서 나온 것이라기보다는 주로 탁사의 토착화 방법론에 대한 평가에 따른 것으로 보인다.

필자는 여기에서 변선환 한국적 신학의 첫 번째 한계를 본다. 즉 그의 신학과 그리스도 이해는 주로 실존론적 신학의 영향으로 단독자 개인의 자유와 책임성을 토대 지우기 위한 것이었으므로 '공동인간성'(仁, Mitmenschlichkeit)을 인간 존재의 근본 모습으로 보는 유교에는 별로 매력을 느끼지 못한 것 같다. 그래서 역시 단독자 실존의 고뇌로부터 시작하는 불교와의 대화가 그의 주된 관심이었던 것 같다. 그러나 이러한 한국 종교 전통에 대한 충분치 못한 다원주의로 인해서 그의 한국적 신학은, 우선 결론적으로 지적하면, 그가 자신의 대화 파트너 야기의 불교적 신학이 빠져 들었다고 비판하는 절대무와 무의식의 신비주의와 결론적으로는 유사한 위기를 맞이한다는 것이다.[5] 비록 선생님의 것은 실존적 '유'(有)의 모습이긴 하지만 삶의 모든 책임을 홀로 지며 같이 나누어 질 수 있는 이웃도 없는 모습을 말하는 것이다. 즉 '세계 소외'와 '실재 소외'인데, 20세기 정치철학자 한나 아렌트도 유사하게 지적하듯이 에고(실존) 중심주의로 인해서 세계와 이웃을 잃어버리고, 역사와 실재, 다양성을 잃어버리는 위기를 말한다.[6]

주지하다시피 불트만의 문제는 바로 예수 그리스도의 십자가와 부활에 대한 실존론적 해석에 집중된다. 그에 따르면 나사렛 예수의 십자가는 세계사적 '구속사'(Heilgeschichte)가 아니라 '구속사건'(Heilgeschen)으로 읽어야 하며, 예수 십자가의 죽음은 "그리스도의 십자가이기 때문에 구속사건인 것이 아니라, 구속사건이기 때문에 그리스도의 십자가가 된다."고 하였다.[7] 이렇듯 예수 십자가의 죽음을 실존사적 구속사건의 의미로 비신화화하는 불트만에게 있어서 부활은 십자가의 유의미성 표현에 지나지 않는다. 그에 의하면 "부활 신앙은 곧 구속사건으로서의 십자가에 대한 신앙밖에 아무것도 아니며",[8] "…케리그마에 현재하는 그리스도를 믿는 것이 부활 신앙의 의미이다."라고 한다.[9]

전통적으로 서구 신학은 예수 십자가의 죽음을 세계사적인 사건이나 신화적 우주 사건으로 보면서 그 현실성을 역사의 일점에서 유일회적으로 근거지어진 것이라고 보아 왔다. 이에 반해서 불트만의 비신화화는 구원의 확실성을 역사적 제약에서 벗어나게 했다는 점에서 아시아적(한국적) 토착화의 지혜를 위해서 크게 고무적이다.[10] 잘 알다시피 변선환 신학의 지지대인 부리 신학은 여기에서 더 나아가서 구원의 근거를 '구속의 사건'(불트만의 케리그마)이나 '신의 사랑'(슈버트 오그덴)이 아닌 인간 실존의 내면적 가능성에서 보았다. 여기서 이 인간 실존의 내면적 가능성 이라는 것은 그러나 다시 어떤 영원한 질(質)이나 소유물의 실체적인 것을 나타내는 것이 아니다. 대신에 대상화할 수 없는 주체성의 영역에서 무조 건적인 자유와 책임을 느끼는 은총의 가능성인 것이고, 이렇게 해서 부리 에게서는 역사적 일점의 배타성은 말할 것도 없고, 케리그마 사건이라고 하는 또 하나의 실체에 대한 집착이 사라져서 그리스도는 가능적 실존의 은총적 성격을 나타내는 상징으로 이해된다.[11] 선생님이 따랐던 이런 부 리의 "실존적 자기 이해"(Selbstver staendnis der existenz)로서의 상징적 그리스도 이해를 칼 바르트는 불트만이 마지막으로 걸쳤던 수영복까지 벗어던진 짓이라고 비판하였다.[12]

선생님의 또 다른 참고인인 야기의 "장소적 그리스도론"은 "근저(根抵) 는 실존에 선행한다."라는 모토 아래에서 야스퍼스나 부리 류의 실존론 적 그리스도 이해를 더 밀고 나가서 수육이나 십자가 사건, 부활 등의 그 리스도 신앙을 더욱 보편화하고 실존의 보편적 구조 속에서 선불교적 원 리로 해석한다. 야기에 의하면 역사는 신앙의 근거가 아니며, 역사적 예 수와 그리스도는 구별된다. 야기는 기독교 원시 교단의 사도적 기독교에 의해서 "선재의 그리스도"와 "나사렛 예수", 그리고 "부활의 그리스도" 가 동일시되어서, 진리는 오직 나사렛 예수에 의해서 비로소 수육되었고 그의 죽음과 부활에 의해서만 인식된다는 잘못된 배타적 절대성의 주장 이 생겼다고 보았다. 그래서 그는 이런 고전적 수육론을 부리류의 실존론 적 수육론 보다도 더욱 철저히 보편화하고 존재론화한 '장소'(場所)의 빛 으로 해석하길 원했다. 역사적 예수는 "신의 지배"라고 하는 근저에 의해 서 살았고, 원시 교단은 "부활의 그리스도"라는 또 다른 근저에 의해서 살았는데, 그러나 이 두 근저는 모두 인간 실존의 근저인 "장"(場, 절대무 또는 로고스)을 밝히는 것이고, 따라서 그에 의하면 수육은 "장의 징조"이며, 십자가는 "장에의 복종"이고, 부활은 "장의 계시"라는 것이다.[12]

그러므로 야기에 따르면 예수는 "장 속에 있는 진인"(眞人)이고, "오늘날 나사렛 예수와 다른 인간 사이에 질적 구별을 선정한다는 것은 생각할 수도 없는 일"이라고 한다.[13] 또한 그는 예수 십자가에서 속죄의 구세주를 읽지 않고 죽기까지 장(神의 지배)에 복종한 평범한 인간 예수를 보면서 부활과 관련하여서도 "종교적 실존이 된 신도는 원시 교단의 사도에 제한되지 않고 누구라도 그리스도를 본다."고 주장하였다.[14] 그에 따르면 성서는 실존의 근저의 표현이며, 비신화화는 단순한 실존 이해가 아니라 실존의 근저를 재해석하고, 그것은 실존의 현상론이 아니라 실존의 근저인 '장소'(場)를 재해석하는 장소적 신학의 과제를 가진다. 이렇게 해서 야기의 비신화화는 그의 신학을 실존적 신학에서 '장소적 신학'으로 옮겼으며, 그의 그리스도론은 '장소적 그리스도론'이 된다.

선생님은 이런 야기의 불교적인 장소적 신학을 서구 기독교적 실존론적 신학으로 세차게 비판한다. 선생님에 따르면 야기 신학은 장이라고 하는 보다 보편적인 실존주의 원리를 가지고 비신화화를 더욱 밀고 나간 것이 아니라 오히려 야스퍼스나 부리보다 철저하게 수행하지 못했다. 왜냐하면 야기의 장소적 그리스도론은 비록 그것이 절대무의 장소라 할지라도 다시 '근저'나 '장소' 등 존재론적인 기반을 갖고자 추구한 것이고 ("야기가 만든 괴물인 존재론적 종교 실존론"),[15] 선생님에 의하면 그것은 "자유와 은총으로서의 실존의 역설 변증법"을 알지 못하는 것이고, 보편주의라는 또 하나의 객관주의의 오류에 빠진 것이다.[16] 이러한 객관주의, "장소의 도그마"(Topos dogma)는 자칫 원래의 비신화화의 의도와는 달리 절대무의 장소를 그리스도라고 함으로써 오히려 기독교 신앙의 배타적인 절대성을 주장하는 폐쇄적인 특수주의에 빠지기 쉽다는 것이다. 실존의 무제약적 결단 신앙의 직접성을 알지 못하기 때문에 그는 기독교 진리는 객관적 진리에서가 아니라 인간 실존의 가능성에 대하여 호소하는 데서 의미를 가질 수 있음을 모르게 된다고 한다.[17] 선생님은 이러한 야기의 신학을 '토포스'(Topos)라는 존재의 모태에 매달려 사는 유아적이고, "아직 신화에서 벗어나지 못한 자연의 노예" 모습이라고 혹독하게 비판한다.[18] 여기에 대해서 야기는 아마도 자신은 그리스도 없는 예수전(傳) 신학도 부정하지만, 예수 없는 그리스도 중심주의 정통신학도 배격하기 때문에 비록 다수 중의 하나로 보기는 하지만 그 역사적 구현들 중 하나인 예수의 역사 사건을 부정하는 것은 아니라고 대답할는지 모르겠다.

즉 여기서 다시 우리 논의를 붙잡는 것은 '역사적 예수'(historical Jesus)에 대한 질문이다. 지금까지 역사의 일점(예수의 역사 사건)에서 진리와 계시를 객관화하고 보편화하는 전통적 배타주의 때문에 역사적 예수에 대해 말하는 것을 조심해 왔지만, 특히 21세기 오늘날 역사적 예수에 대한 진척된 연구인 예수 세미나 연구 등을 보더라도 이 물음은 다시 새롭게 제기되어야 한다. 앞에서 실존론적이고 불교와의 대화에만 집중하는 변선환 한국적 신학의 첫 번째 한계를 에고와 무(無)에로의 함몰, 세계 소외, 신학적 가현설에 빠질 위험 등으로 보았다면, 그것의 극복을 위해서 역사적 예수 물음은 피할 수 없다. 그러나 그렇다고 해서 다시 무작정 불트만 이전으로 돌아가자는 것이 아니다. 예를 들어 예수의 부활 현현도 마침내는 케리그마 신앙의 빛에서 볼 수밖에 없는 것이지만 그 케리그마라는 것은 다른 한편으로 십자가상의 구체적·역사적 구현이라고 하는 사건이 없었다면 가능하지 않았을 것이고,[19] 여기서 그 케리그마의 역사적 구현을 단지 기독교나 예수에게서 유일회적으로 일어난 사건으로 볼 것이 아니라 다수의 사건들 중 하나로 보는 시각을 말한다. 이와 더불어 케리그마의 내용도 단지 단독자나 실존의 일로만 이해하지 말고 "공동인간성" (Mitmenschlichkeit), "관계성"(relatedness) 등의 일로 본다면 위에서 지적한 변선환 한국적 신학의 실존적 · 불교적인 한계를 극복할 새로운 가능성이 보인 다.

필자는 이 가능성의 일단을 역사적 예수가 다시 문제가 된 포스트 불트 마니언 중 한 사람인 허버트 브라운(Herbert Brown)에게서 본다. 선생님은 자 신의 긴 논문 「예수의 부활과 현대신학」에서 브라운을 단지 짧게 다루고 지나갔지만, 만약 변선환 한국적 신학이 유교와의 대화에 좀 더 관심을 기울였다면 브라운 신학을 더 자세히 다루지 않았을까 생각한다.

브라운은 에벨링 등과 함께 신앙이 결정적으로 역사적 예수와 관계되 어 있다고 보았다. 그는 역사적 예수의 선교 내용이 두 가지 특징, 곧 신의 철저한 명령 "해야 한다"(Ich soll)와 신의 철저한 은총 "용서된다"(Ich darf)라 는 "공동인간성"(Mitmenschlichkeit)과의 관련 속에서 주장된다고 말했다.[20] 그 에 따르면 예수의 권위는 은혜를 설교하는 데 있지 않고 공동인간성 속에 서 죄인과 세리의 친구가 되어 사랑을 실천한 데 있다. 그는 인간 실존의 불안한 영혼을 말하는 기독교 전통의 실존주의자들과는 달리 공동인간성 속에서 구원을 느끼면서, 신을 "공동인간성의 특정 양식", "공동인간성의 암호"로 보고, 또는 "인간으로서의 인간, 그 공동인간성 속에 인간은 신을 내포한다."고 주장한다.[21] '타자를 위한 존재'였던 예수의 모습 속에서 브라운은 이러한 공동인간성의 암호로서 신의 초월을 보는 것이다.

이러한 이야기를 듣고 있으면 마치 '인'(仁, 공동인간성)이나 인간관계성의 덕목인 '사단'(四端)을 초월(天理)의 형상으로 파악하여(인간) 존재의 실재(性) 로 내면화시키고 비신화화한 유교 전통의 공자나 맹자, 신유교 사상가들 이 생각난다. 그동안 자주 유교 전통이 초월적 기반을 잃고 단순한 인간 론이나 윤리론으로 전락했다고 비판 받아 왔다. 그러나 오늘날 세속화 시대에 이러한 유교의 급진적인 비신화화 방식이 신앙의 대안적 모습으로 다시 주목받고 있다. 또한 '공동인간성'(관계성)을 존재의 근본 원리로 보는 유교적 입장이 오늘날 신학의 세계 소외와 주관주의의 횡포에 대한 대안으로 새롭게 의미지워지는 것을 본다.[22]

매우 유사한 맥락에서 필자는 이와 마찬가지로 브라운 신학에 대해서 선생님과는 다르게 해석해 보고자 한다. 지금까지 그의 신학은 불트만이 행했던 예수의 비신화화를 결국 신의 비신화화로 극단화시켰고, 그리스도론을 완전히 인간론 속에 해소시켰으며 ("인간론은 상수(Konstante)이고 기독교는 변수(Variale)이다"), 예수 부활의 케리그마를 철저히 역사적 예수에 종속시켰다고 비판받아 왔다. 여기에 반해서 필자는 오히려 브라운의 이러한 급진성이야말로 역사적 예수의 문제를 진정으로 진지하게 밀고 나간다면 취할 수밖에 없는 입장이라고 생각한다. 그러므로 오늘 다시 역사적 예수가 문제가 되었다면 브라운의 입장은 하나의 새로운 가능성이 될 수 있다. 선생님이 후에 아시아 그리스도론 구축의 대표 주자로 보는 아리아라자는 제1 세계의 아시아 선교 실패 원인은 예수의 삶과 교훈을 말하지 않고 그리스도론 도그마만을 앞에 내세운 데 있다고 했다.[23] 또한 선생님이 후에 아시아 종교해방신학을 구축하는 데 하나의 견인차라고 평가했던 한국 민중신학자 안병무도 "태초에 케리그마가 있었던 것이 아니라 태초에 예수사건이 있었다."라고 하면서 다시 역사적 예수 물음의 중요성을 부각시켰다.

이렇게 해서 우리는 다음과 같이 말할 수 있다; 불트만 신학 이전에는 역사적 예수를 말함으로써 기독교의 배타적인 궁극성과 유일회적인 그리스도성을 주장하려 했으나, 오늘 포스트 불트만 시대의 신학, 타종교의 신학과 아시아와 한국적 신학의 시대를 위해서는 그 배타적 그리스도로 주장되던 역사적 예수의 모습이 더욱 확연히 밝혀져서 오히려 그 역사적

구체성이 당연히 갖는 상대성과 한계성, 지역성들이 드러나야 한다는 것
이다. 그렇게 하지 않고서는 오늘의 과학의 시대, 신체성과 페미니즘의
시대에 그 역사적 실제에 대한 물음을 덮어 두고서는 전통적 기독교의 형
이상학적이고, 존재론적이며, 실존론적인 배타성을 도저히 극복할 수 없
다는 것이다.

3. '우리를 구원하는 영원히 여성적인 것' 에 대한
   변선환 신학의 입장
   : 변선환 한국적 신학에 대한 여성주의적 검토

'왜 우리가 오늘날 다시 역사적 예수와 특히 그의 '부활 실제'(resurrection
reality)에 대해서 계속 물어야 하는가?' 하는 물음에 대한 답은 다른 어떠한
신학적 논의보다도 오늘날 여성들의 입장을 생각해 보면 확연해진다. 오
늘날 페미니즘 의식이 자각된 여성들에게 있어서 기독교가 예수의 남성
성을 근거로 해서 그리스도를 남성으로 그리고 있고, 또한 그와 더불어
그 배타적 궁극성을 부활의 역사적 '사실성'(fact)을 들어서 주장하는 일은
더이상 참기 힘들다. 왜냐하면 오늘 우리 시대 페미니즘과 신체성의 시대
는 몸이 단순히 우리 존재의 물질적 기반이 아니라 우리가 몸이며, 몸이
우리인 것을 가르쳐 주므로 그 몸이 남성인 예수가 그리스도라는 것을 아
무런 반성 없이 그대로 받아들인다면 여성의 구원은 결국 항상 남성에 의
해서 이루어지고, 그래서 여성의 종속성을 영원히 인정하는 일이 되기 때
문이다. 다른 한편 그러한 예수의 역사적 몸성에 대해서는 침묵하면서 자
신은 단지 그가 그리스도되시는 메시지에만 관심갖는다고 주장한다면 그
것도 역시 오늘 우리 시대에 지적으로 불성실한 신앙인이 되는 일이다.

여성신학자 데프뉴 햄슨은 그래서 오늘날 페미니스트라면 "종교적"
(religious)일 수는 있지만 "기독교적"(christian)일 수는 없다고 했다.[24] 이러한
'기독교 이후'(postchristian) 입장에 대해서 같은 여성신학자 로즈마리 류터
는 그러한 입장은 역사적 종교로서의 기독교의 이미지를 아주 보수적으
로 이용하는 방식이라고 비판한다. 그러면서 예수가 비록 남성이었지만
그는 당시 일반적인 (여)성억압적 남성들과는 달랐고, 새롭게 해방된 인류
의 대표자와 예언자와 해방자로서 전혀 다른 대안을 제시했기 때문에 그
리스도가 되고, 그러므로 기독교 밖으로 나갈 이유가 없다고 한다. 역사
신학자 류터는 햄슨 등이 역사적 사실을 하나의 고정된 실체로 보는 것이
라고 비판한다.

오늘날 여성신학자 그룹 속에서 보편적으로 받아들여지는 이러한 개
혁주의적 해석에 대해서 그러나 다른 여성신학자 피오렌쟈는 그런 입장
의 지적 불성실성과 불철저성을 비판적으로 지적한다. 피오렌쟈에 따르
면 류터와 같은 개혁주의적 여성신학자들이 가부장적 기독교와의 화해를
위해서 항상 '예수 자신만은' 그렇지 않았고, 그만은 당시의 시대적 한계
에서 벗어났다고 주장하는데, 그것은 결국 "반(反)유대적인", 즉 '당시 모
든 유대인들은 그랬지만 예수만은 그렇지 않았다.'고 주장하는 '반유대
주의'(Anti-Judaism)의 방식을 따르는 것이라고 비판한다.[25] 그녀는 왜 기독교
여성신학자들이 페미니스트 신학자이면서 여전히 예수에 집착하며 반유
대주의를 견지하려 하는지 모르겠다고 반문한다. 그러면서 예수가 진정
으로 한 인간이었다면 어떻게 그렇게 철저히 시대적 한계를 벗어날 수 있
었겠느냐고 묻는다.

이러한 질문은 역사적 예수에 다시 관심을 갖는 포스트불트마니언들
이 불트만이 철저하게 수행하지 못했던 예수 케리그마의 비신화화를 더
욱 추진하여 비케리그마화를 진행시킨 모습을 생각나게 한다. 피오렌쟈

는 그녀의 부활 이해에 있어서도 한국의 안병무와 같이 '케리그마의 전승 주체'(남성사도들)와 '예수 사건의 전승 주체'(여성민중들)를 엄격하게 구분한다. 피오렌쟈에 따르면 '무덤이 비었다'(the tomb is empty)는 것을 전해 주는 여인들의 '전(前)복음서 부활 이야기'(the pre-Gospel Easter stories)는 남성 사도들의 부활 이야기(막 16:16, 마 28:56, 누가와 요한의 예수 승천이야기, 고전 15:3-6, 롬 6:34)와는 달랐다고 한다. 그것은 남성들의 것과는 달리 "고백 형식"이 아니었으며, 예수의 일반적인 죽음 이야기가 아닌 '십자가'라는 분명한 죽음의 방법도 알려 주었고, 고백 형식처럼 믿음을 요구하는 것이 아니라 행동을 요구한 구체적인 것이었다고 밝힌다.[26] 피오렌쟈는 지금까지 대부분 남성들의 부활 이해는 "플라토닉한 영성화와 가변적 초현실화의 오류"(a platonic or docetic supernatural misreading)에 빠져 있었다고 비판한다.

물론 성서와 신앙의 해석학적 차원을 모르는 바가 아니어서 피오렌쟈는 마침내는 예수 부활을 오늘날 의미에서의 객관적이고 자연적인 실체나 '사실'(fact)이 아니라 "(부활)실제"(reality)라고 이야기하지만, 이러한 입장은 그래도 필자가 보기에는 지금까지 남성들의 부활 이해보다도 훨씬 더 역사적 예수의 실제와 신체성에 진실한 것이다. 그것은 예수까지도 포함하여 당시의 시대적(역사적) 한계와 상대성을 인정하는 것이고, 그러나 그 상대성과 한계성은 하나의 점에서 고정되는 것이 아니라 시간과 삶의 진전에 따라 변한다는 것을 지적하는 것이다. 이러한 지적 솔직성과 성실성이야말로 예수의 독특성과 메시아성을 부정하지 않으면서도 동시에 타 종교와 적극적으로 대화할 수 있는 가능성을 연다.

페미니스트로서 역사와 삶의 신체성에 솔직하고, 그러나 그 솔직성과 신체성의 수용이 과학적 결정주의나 근본주의로 빠지지 않고 오히려 다름과 적극적으로 대화할 수 있는 다원주의적 근거가 되도록 하려면 필자의 생각으로는 그러한 길을 가야 한다. 그렇다면 변선환 한국적 신학은 얼마나 이러한 여성주의적 가능성들을 담지하고 있는 것일까? 다시 말하면 그의 한국적 그리스도론이 지금까지의 신학적 가부장성과 도케티즘(docetism)적인 성격을 넘어서서 보다 여성주의적이고, 신체성과 몸성을 긍정하고, 자아와 실존에 함몰되지 않고 좀 더 관계 중심적이 될 수 있는지 살펴보고자 하는 것이다.

먼저 역사 신학자들에 대한 그의 관심에서 그 첫걸음이 시작되고 있다. 앞장에서 살펴본 것과 같이 선생님은 신학적 도케티즘의 위험성을 안고 있는 실존론적 그리스도론 논의에서부터 세계사와 보편사의 지평 위에서 그리스도를 논하는 판넨베르크나 몰트만의 그리스도론으로 나아간다. 여기서 그는 그러나 세계사의 전체 현실을 그대로 계시로 보고 묵시문학적 보편사의 해석 지평을 주장하는 판넨베르크보다는 그 묵시문학적 요소가 성서의 종말론적 케리그마에 의해서 비신화화되고 비종말론화되어야 한다고 주장한 미국의 마이켈슨을 따라서 몰트만을 더 선호한다.[27] 왜냐하면 선생님에 따르면 판넨베르크는 신의 충실과 인간의 허공 사이에 있는 대립과 긴장을 견디지 못하고 그 긴장을 완화시켜 주는 것을 실증적으로 역사 속에서 찾으려 했고, 그래서 그의 이성 신학은 현대 신학에 나타난 혐오스러운 "새로운 율법주의"로 전락했기 때문이다. 하지만 몰트만의 희망의 신학은 비록 그것이 그리스도의 이해나 부활의 소망을 단순히 역사를 변혁시키는 원동력이나 정치혁명의 에너지로 보면서 세계사의 미래에 대한 소망으로 대치시키고 있기는 하지만, 초월과 내재, 종말과 역사의 역설적 변증법을 여전히 담지하고 있다고 보기 때문이다.[28]

그러나 선생님은 몰트만 신학이 역사화의 과제 속에서 인간의 신체성(Leiblichkeit)에 큰 비중을 두고서 거기서 신앙의 객관성·외면성·사회성을 다시 강조하기는 하지만 "결코 사회성으로는 환원될 수 없는 단독자로서의 인간"을 바로 취급하고 있지 않다고 비판한다.[29] 결론적으로 기독교

신학의 본래 모습은 새로운 영광의 신학인 부활의 신학이 아니라 십자가
의 신학이며, 소망의 신학이 아니라 오직 신앙의 신학이고, 또한 신국 신
학이 아니라 케리그마 신학이라고 정의한다. 그래서 "하나님 말씀의 주
권은 결코 세계사의 지평 속에 매몰될 수 없다고 보기 때문에, 기독교 신
학은 술어의 신학이 아니라 주어의 신학이어야 한다."고 확언한다.[30] 여
기서 우리는 이러한 선생님의 주장이 비록 일종의 배타적 그리스도론의
입장에서 그의 신학 초기 단계에서 행해진 언명이긴 하지만, 미래 선생님
의 신학에서 여성주의적 요소의 전개가 그렇게 쉽지 않을 것임을 암시 받
는다.

역사성과 구체성, 관계성에 대한 선생님 신학의 관심은 그가 미국의 세
속화 이후 과정신학에 대해서 보이는 관심에서 더욱 분명하게 신장되고
표현된다. 선생님은 먼저 과정신학과 과정그리스도론이 '역사적 예수의
새 탐구'라는 포스트불트마니언들의 주제와 '역사에서의 신의 자기 계시
의 강조'라는 신정통주의 변증법신학을 화이트헤드 등의 과정철학에 근
거해서 조합하려는 시도라는 것을 지적한다. 그리하여 예를 들어 데이빗
그리핀(D. Griffin)에게서의 그리스도론의 독자성과 의미란 예수가 신의 결
정적 계시라는 것을 인간 예수의 역사적 한계나 일상적인 인과 법칙을 무
시하지 않고 이성적 판단에 견딜 수 있는 합리성을 가진 것으로 호소하는
데 있다고 본다.[31]

여기서 더 나아가서 선생님은 "어떻게 하면 우리는 윤리 종교로서의
기독교를 불교와 같은 동양의 신비주의 속에 소멸시키지 않으면서 서로
열려진 대화를 하는 다원 시대를 사는 새 신학을 형성할 수 있을까?'라는
점에서 미국 과정신학자들로부터 배우는 바가 크다고 지적한다.[32] 후기
그의 '타종교의 신학'과 '종교해방신학'까지 알고 있는 우리로서는 이러
한 주장과 언술들이 과연 선생님의 것인가 하고 의아해하지만, 그는 논문

의 결론에 가서 "동양적 기독교론을 지향하며"라는 제목을 붙여 놓고는 이러한 역사성과 세계성에 대한 소극적인 평가도 오히려 다시 끄집어들이고, "본래적 신학은 코스모스가 아니라 히스토리에, 로고스가 아니라 페르소나에 근거해야 할 것이다."라고 하면서 "인격성 선택과 결단을 말하는 Resolution과 Evolution은 너무 거리가 멀다."라고 결론 짓는다.[33] 여기서 우리는 변선환 신학이 아직 오늘날 여성주의가 강조하는 신체성이나 관계성, 이 세상성과는 관계가 멀다는 것을 실감한다.

선생님이 본격적으로 신학에서 '여성성'에 대해서 말하기 시작하는 것은 그가 동양적, 아시아적, 그리고 한국적 그리스도론에 대해 진지하게 탐구하면서부터라고 여겨진다. 그는 이용도와 마이스터 에크하르트를 비교하는 논문에서 이 두 사상가들의 신비주의를 서양 중세기 여성 신비가들의 성애적 신비주의와 비교한다. 선생님에 따르면 이용도 신비주의는 에크하르트의 그것보다 더욱 감정 우위적이고 아가적이다.[34] 이용도는 "그리스도에 대한 어린이와 같은, 처녀나 신부 같은 수줍은 사랑의 느낌과 이웃에 대한 가득 찬 사랑의 느낌"을 가지고 있었다고 지적한다.[35] 선생님은 이러한 한국의 이용도와 독일 전통의 에크하르트를 비교하면서 이용도 고난의 신비주의는 "일원론적 범신론적 풍토에서 나온… 여성 신비주의와 희열 신비주의"인데 반해서, 에크하르트는 "극히 서양적인 남성미를 나타내는 위협의 신비주의(Majestas Mystik), 권위의 신비주의(Authoritaet Mystik)"라고 평가한다.[36] 물론 선생님은 이용도의 망아적 신비주의도 성애적임에도 불구하고 지성과 굳은 의지를 가진 감정과 의지의 종합의 신비주의였다고 덧붙이지만,[37] 그러나 우리는 위의 두 신비 종교가 비교에서 이성과 지성, 남성적인 것을 더 높은 가치로 두고서 감정과 성애, 여성적인 것을 낮게 보는 그의 남성주의적 선입견과 한계를 뚜렷이 볼 수 있다. 그래서 마지막으로 한국 신학의 미래를 위해서 이용도 신비주의를 높이

평가하지만 그것은 열광적, 원시무교적, 주술적 신비주의로서 "무(無)의
형이상학적 전통을 가지고 있는 한국인의 고귀한 종교성을 다 채울 수는
없다."고 말한다. 즉 여기서 선생님은 불교 전통의 깊은 형이상학적 사변
적 전통을 염두에 두는 것인데, 에크하르트는 가지고 있었던 이러한 사변
적 신비성이 이용도에게 보충되어야 한다고 보는 것이다.[38] 이렇게 해서
아직은 그의 한국적 신학이 여성적인 가치와 신체적이고 성적인 실제에
대해서는 두려움을 느끼고 뒤로 물러서는 것을 본다.

이러한 여성적인 것에 대한 두려움과 뒤로 물러섬은 선생님이 아주 탁
월하게 문학적으로 동양적 예수상을 개척했다고 평가하는 엔도 슈사꾸를
말할 때에는 많이 극복된다. 문학적 감수성이 뛰어난 신학자였던 선생님
은 엔도 슈사꾸를 참으로 사랑했던 것 같다. 엔도 슈샤꾸를 말하면서 "기
독교의 모성화"(母性化)라는 표현을 쓴다.[39] 선생님에 따르면 엔도는 그의
『침묵』 이후 작품 세계에서 "기독교의 여성화, 모성화라는 새로운 해석학
적 과제"를 전면에 드러냈다고 한다. 또한 엔도의 모성적인 것에 대한 원
체험은 "모성=성모=예수"라는 도식으로 잘 설명할 수 있다고 한다. 엔도
에게서 우리를 거룩한 사랑의 세계로 이끌어서 구원하는 "영원히 여성적
인 것"(das ewige Weibliche)은 "다 괜찮아"(Everything is all right)라고 하며 존재를 성
화하는 성모 마리아라고 한다.[40] 이러한 성모로서의 예수는 우리에게 영
원한 사랑의 동반자가 되어서 끝없이 용서하고 사랑하는 어머니같은 존
재라는 것이다.

선생님은 엔도의 명작 『침묵』에서 "(십자가를) 밟아도 좋다."고 전하는
예수의 묵언 속에는 약자를 끊임없이 용서하고 사랑하는 사랑의 신, 그
신의 사랑에 둘러싸여진 어머니의 종교를 그려야 한다는 과제가 나타난
것이라고 한다. 그러면서 거기에 "작가의 개인적인 모성 체험"이 들어 있
다고 하는데,[41] 비록 이 세상에서는 무력하고 여위고 조그마했지만 다른

사람들이 괴로워하고 있을 때 끝까지 결코 버리지 않는 '슬픔의 사랑'으로 파악했다는 것이다. 엔도에게서 예수의 부활을 믿는다는 것은 이 어머니 같은 무력한 예수의 배후에 무엇이 숨어 있을까를 그의 죽음에서 보는 것이었다고 한다.

선생님이 이상과 같이 엔도의 기독교 모성화를 높이 평가하지만 그러나 그는 다시 결론에 가서는 더 없을 정도로 혹독하게 여성적인 것, 모성적인 원리를 비판한다. 그에 따르면 엔도의 가톨릭 문학에는 프로테스탄트 신학에서와는 달리 여성 원리가 배제되지 않아서 좋지만, 그러나 작가의 의도와는 달리 "실제에 있어서 성모 숭배는 성모 예배로 바뀌고 부성 원리는 모성 원리 밑에 종속되어 가고 있는 듯하다."고 비판한다.[42] 이 지적에서도 나타나듯이 선생님은 '예수 예배'는 되지만 '성모 예배'는 안 되고, 모성 원리는 부성 원리 밑에 있어야지만 정상인 것으로 평가하는 것을 알 수 있다. 그의 이러한 가부장주의는 엔도가 여성 원리, 모성적인 것을 가지고 동양의 범신론적인 것과 서양의 일신론적인 세계를 만나게 하려고 시도한 것을 평가할 때 "(두 세계 사이에 있었던) 무한한 질적 거리와 차이가 흐려져서 일신론적인 것들은 범신론적인 것들 속에 점차로 소멸되어 가고 마는 것 같다."고 우려하게 만든다.[43]

그는 다음과 같은 과격한 표현까지 쓴다. 즉, "엔도가 예수를 여성화하고 모성화하였을 때, 이 이방적 방법으로 보여 주는 구원은 전통 불교적 구원처럼 안이한 '싸구려 은혜'가 되고 말 것이 아닌가?"라는 것이다.[44] 이때까지도 서양적인 기독교 해석가인 도스토에프스키나 야스퍼스, 부리 등을 따라서 예수의 진실을 실존론적이고 종말론적으로만 그리고 있던 선생님은, 그리하여 엔도가 초월자 앞에서 양자택일적 결단을 감행해야 하는 실존적 인간의 자유에의 응시, "자기에의 성실성"을 자연, 곧 "범신론적인 감탕밭" 속에서 잃지 말아야 할 것이라고 충고한다. 선생님에 따

르면 우리는 바로 "자연의 노예가 아니라 그 주인"이기 때문이라고 한다.[45]

그러나 이렇게 가부장주의와 남성 우월주의의 한계를 분명히 가지고 있던 선생님은 특이하게도 해천 윤성범을 개인적으로 추모할 때에는 그를 아주 따스한 여성적인 인간성을 가진 스승으로 그리고 있다. 또한 한국의 유교 전통을 평할 때에는 일반적인 인식대로 그 가부장성을 비판했으면서도, 유교와 대화한 해천의 모습과 돌아가시고 난 후 그의 신학을 "자비로운 동양의 어머니 같은 사랑의 하나님, 대지의 어머니이신 하나님, 지하 여장군으로 상징될 수 있는 궁극적 실재"의 빛으로 밝힌다. 그리고 "해천 선생님의 모성 종교 속에 살아 있는 도식은 '어머니→아내→그리스도'라는 삼중 의미자"(triple image)로 볼 수 있다고 지적한다.[46]

필자는 이러한 특이한 선생님의 지적이야말로 실제 그 자신도 해천과 같이 얼마나 여성적이었고 모성적이었나를 암시해 주는 것이라고 생각한다. 우리가 위에서 살펴본 대로 사실 그는 자신의 학문적 표현에서는 서구 그리스도 이해의 가부장성과 관념성을 완전히 떨쳐 버릴 수 없었지만 실제 삶에서는 참으로 여성적이었고 모성적이었다. 『나의 신학수업』에서 그의 어머니에 대한 글을 보면 개인적 모성 체험이 그 삶과 사상에서 지울 수 없는 토대가 된 것을 알 수 있다. 또한 그와의 개인적인 만남의 경험은 이러한 생각을 더욱 확실하게 해주는데, 필자가 기억하는 그는 참으로 따뜻한 사람이었다. 그리고 주변 사람들과 제자들을 물심양면으로 사랑하고 배려한 스승이었다. 아주 세세하고 일상적인 것까지 배려하며, 예를 들어 명절에 집에 찾아오는 제자들과 그 아이들을 위해서 좋은 비디오를 준비해 두었다가 보여주시기도 했고, 제자의 어린 자식들을 위해서 방문 길에 손수 피자를 사서 들고 오시기도 했으며, 시장에서 저렴하지만 쓸만한 옷을 사는 방법, 맛있고 푸짐하게 먹을 수 있는 식당도 가르쳐주셨다.

이러한 모든 것들이 비록 그의 신학과 이론은 여전히 가부장주의의 성 차별적 한계를 보이지만, 그 안에 앞으로 여성주의적으로 전개될 귀중한 씨앗들이 담지되어 있음을 잘 지적해주는 것이라고 생각한다.

사실 종교 차별과 인종 차별, 그리고 성차별이라는 인류 역사에 남아 있는 죄악들 중에서 종교 차별을 그렇게 래디컬하게 해체해 나가는 그의 신학이 성차별을 극복해 내지 못하리라고 생각할 수 없다. 그래서 그는 아마 생애의 마지막에 한국 여성신학자들의 모임인 한국여성신학회에 애정을 가지고 자주 참석하신 것이고, 또한 사모님의 학문성과 작업에 대해서 얼마나 자랑스러워하셨고 협조하셨던가! 그러한 선생님이 지금 하늘에 계셔서 어머니 같은 마음으로 남은 가족과 우리를 내려다보시며 무엇을 가장 기뻐하시며, 또한 무엇을 가장 안타깝게 여기고 슬퍼하고 계실지 나름대로 상상해 본다.

4. 변선환 신학에서의 궁극적인 구원의 행태
　: 변선환 구원론에 대한 수행그리스도론적 검토

앞의 서론에서 지적하였듯이 변선환 신학은 마지막 단계로 갈수록 더욱 더 세계의 종교다원적 상황을 숙지하면서 포괄주의적인 모습을 넘어서 비규범적이고 아시아적인 그리스도론에 대한 관심에로 나아간다. 인도 신학자 존 체티마탐(J. B. Chethimottam)은 서구에서 가장 급진적으로 다원적 상황을 숙지하는 한스 큉이 했던 '지구선언'(1993)까지도 그 안에는 "특정한 도덕적 설교를 통하여 대다수의 인류에 대한 지배를 계속하려는 지구주의적 음모의 냄새를 피우고 있다."고 비판하였다. 선생님은 이러한 비판에 감탄하였고,[47] 그리하여 지구윤리의 비전과 과제를 위해서는 기독교의 철저한 자기비판과 죄책고백을 동반한 신중심과 실천과 구원(해방) 중심의 그리스도 이해로 나아가야 한다고 강조하였다.

선생님이 자신의 타종교의 신학을 구축하는데 많은 참고를 하였던 인도의 피에리스에 의하면 타종교의 신학은 타종교 속에 그리스도가 계시는가 안 계시는가를 논하는 그리스도론이 아니다. 타종교가 어떻게 신을 알고 있는가를 밝히려는 God-talk나 God's-talk으로서의 신학도 아니고, 오히려 새휴머니티의 회복을 위한 아시아인들의 민중해방운동을 촉발시키는 "구원의 신비", 해방의 신비를 밝히는 구원론에 근거되어야 한다.[48] 즉 "구원론이 신학의 근거"라는 주장인데, 선생님은 여기에 크게 동의한다. 그리하여 그는 "아시아 신학은 그리스도 계시의 유일회적 배타성에 대한 서구 신학자들의 전통적인 주장에서 벗어나서 비그리스도교적인 아시아의 구원론에 성실한 신학, 아시아 종교의 신학을 세워나가야 한다는 과제가 대두한다."고 지적하면서, 그것이야말로 아시아 신학의 합당한 방법론이라고 논의한다.[49] 여기에 앞서서 그는 '나사렛예수와 다른 이들 간에 구분을 짓는 사고는 이제 불가능하다.'고 선언한 야기의 이야기를 한껏 수용했는데, 그런 그는 아시아에서 예수 그리스도의 구속사건이란 예수의 인격과 사업에서 보여준 '구속의 비밀'을 아시아의 종교성과 그 현실, 곧 아시아의 빈곤이라는 컨텍스트 속에서 제시하는 일이라는데 적극적으로 동의한다.[50] 여기서 우리는 그의 한국적 신학이 지금까지와는 달리 그리스도론에 집중되는 것에서 벗어나 더욱 더 신중심과 실천 중심의 구원론적인 성격을 띠게 됨을 알 수 있다.

피에리스가 아시아신학은 이제 "아시아 종교성이라는 요단강"과 "아시아의 빈곤이라는 골고다"에서 세례 받아야 한다고 한 주장은 드디어 신학과 기독교와 아시아 종교 간의 대화에서 주객이 제자리를 찾아온 것을 의미한다. 즉 아시아 종교의 요단강에서 세례를 받는다는 것은 마치 예수가 요단강에서 세례를 주는 분으로서가 아니라 세례를 받는 이로서 자신의 아이덴티티를 버리고 온전히 새사람으로 태어난 것처럼 그렇게 아시아 종교라는 세례 성수 속에 그리스도교 승리주의를 깨끗이 버리는 일이라는 것을 선생님은 지적한다.[51] 이것은 서구 기독교에 대한 아시아 종교의 주체성을 진정으로 회복한 것인데, 피에리스와 더불어 선생님은 이럴 때에만 아시아와 한국에서 기독교가 상실한 권위를 다시 회복할 수 있다고 보는 것이다.[52]

그렇다면 그의 한국적 신학은 어떤 모습의 궁극적 구원을 희망했으며, 어떻게 인간 문화가 거기에 도달할 수 있다고 보았는가? 그의 말년의 종교해방신학은 아시아의 종교 신학과 민중 신학이 서로 합류해야 한다고 말할 뿐 이러한 질문을 구체적으로 전개하지 않았다. 그는 「민중 해방을 지향하는 민중 불교와 민중 신학」이라는 논문을 써서 불교에서의 민중불교운동과 기독교의 민중 신학이 모두 천년왕국적 메시아니즘의 특성을 가진 것으로 보고, 민중운동을 위해서 양자가 서로 대화하고 협력할 것을 촉구하기도 했다.

예를 들어 구원론과 관련한 '교육'에 관한 관점을 살펴보면 유교와 대화한 윤성범의 한국적 신학은 바르트 신학이 기독교 교육을 과소평가했다고 비판한 반면,[53] 변선환 신학에서는 교육에 대한 의미 있는 언급을 찾아볼 수 없다. 이것은 모두 앞에서 지적한 대로 변선환 한국적 신학이 주로 일점의 '각'(覺)이나 '믿음'을 강조하는 불교 · 실존주의와 대화하였고, 또한 신체성과 구체성이 강조되는 여성주의적 시각과는 거리가 먼 데서 오는 한계와 무관하지 않다고 생각한다. '효'(孝)와 같은 구체적인 윤리 덕목을 다시 새롭게 해석하여 제안하며 새로운 인간 커뮤니티의 가능성을 희망했던 해천은 선생님의 지적에 의하면 마지막 학술 강연으로서 "한국적 토착화 신학을 향한 시도로서의 기독교적 유교"(Christian Confucianism as an

Attempt to the Korean Indigenious Theology)를 강의했다고 한다.[54] 여기서 필자에게 놀라움으로 다가오는 것은 그가 마지막으로 제안한 자신의 신학 제목이 ‘유교적 기독교’(Confucian Christianity)가 아니고 “기독교적 유교”(Christian Confucianism)였다는 점이다. 우리가 익히 알고 있는 해천의 포괄주의적, 성취론적 신학 입장에서 어떻게 이런 주객전도의 파격적인 제목이 나올 수 있었을까 의문을 가져 보면서, 왜 선생님의 신학에서는 ‘기독교적 불교’(Christian Buddhism)의 제목이 안 보이고 거의 결론은 ‘불교적 기독교’(Buddhist Christianity) 정도에 머무는 것일까 하는 문제제기를 해 본다. 여기서는 우선 현대판 종교재판과 출교 등 종교 간의 대화를 위해서 그가 짊어져야 했던 개인적인 짐이 해천의 그것보다 훨씬 더 무거웠기 때문일 것이라고 생각해 본다.

이러한 어려움에도 불구하고 필자는 그의 「만일 신이 존재하지 않는다면」이라는 도스토예프스키 『카라마조프가의 형제들』에 대한 뛰어난 비평문에서 선생님의 신학이 지향한 구원론, 즉 어떻게 인간이 구원될 수 있고, 어떤 모습의 구원이 궁극적으로 희망될 수 있을까를 충분히 살펴볼 수 있다고 생각한다. 그래서 그 글을 다시 분석해 보는 것으로 본 논문을 마무리하고자 한다.

선생님은 도스토예프스키 문학의 핵심 동력을 신의 존재 물음으로 본다. 서구 근대주의의 결말로서 신의 죽음을 선언하고 허무주의 앞에서 어떻게 다시 삶의 의미를 찾으며 고난에서 해방되는 길을 찾을 수 있겠는가라는 것이라고 한다. 도스토예프스키는 실천적 무신론자들이 모두가 예외 없이 자살이나 정신착란 등과 같은 병을 앓는 것을 보면서 처절히 “만일 긍정의 방향에서 해결할 수 없다면 부정의 방향에서도 결코 해결될 때가 없다.”는 것을 경험하였다.[55] 『카라마조프가의 형제들』에 나타난 무신론자 이반은 “만일 신이 존재하지 않는다면 모든 것이 용서된다.”는 허무주의적인 절대 자유의 주체로서 자기를 확립하려고 했다. 그런데 여기서 문제인 것은 단순한 무신론이 아니라 "만일 신이 존재한다면 신의 의지가 전부이다. 신이 존재하지 않는다면 내 의지가 전부이다."의 실천적 무신론과 "신들이 존재한다면 어떻게 내가 신이 아닌 것을 견디어 낼 수 있을까? 그러므로 신들이 존재하지 않을 것이다."의 인신론(人神論)이 더욱 심각한 문제라는 것이다.

선생님의 이해에 따르면 니체로 종결되는 근대 서구 허무주의의 "악령"을 낳은 서구 문명의 정체를 도스토예프스키는 두 가지로 파악하는데, 첫째는 속물적이고 이기주의적인 부르주아 정신이고, 둘째는 무신론적 사회주의이다.[56] 이 두 가지 모양의 악령에 대항해서 참다운 러시아적 정신과 신앙을 회복하여 진정한 사랑의 공동체를 구성하려고 했던 것이 도스토예프스키의 꿈이었다고 그는 지적한다.

『카라마조프가의 형제들』에 나타나는 돈과 여자밖에 모르는 짐승 같은 아버지 삶의 기본 태도는 "전 세계가 타 버려도 나 혼자만 무사하면 상관없다."는 것이었다. 그런 아버지의 차남 이반은 "나에게는 응보가 필요하다. 그렇지 않으면 나는 자멸해 버리고 말 것이다."라고 외치고, 인류를 속박에서 벗어나게 하고 해방하기 위해서는 "다만 한 가지, 신이라는 관념만 파괴하면 된다. 그것부터 착수해야 한다."고 주장한다. 그리하여 순진무구한 어린이의 고난이라는 세상의 부조리에 대해서 무신론과 인신론으로 답하지만, 그는 결국 부친 살해에 간접적으로 가담하여 양심의 고통을 이기지 못하고 미쳐 버린다.

이러한 이반이 한편 사랑과 신앙으로 살아가고 있는 삼남 수도사 알료사에게 자신의 무신론을 설득하기 위해서 해 주었던 대심문관 이야기는, 선생님에 따르면 도스토예프스키가 과거 가톨릭주의뿐 아니라 당시 러시아에서부터 시작된 무신론적 유물론적 사회주의의 악마성을 드러내 주는 것이라고 한다.[57] 신약성서에서 40일간 금식 후 예수가 광야에서 겪었던 악마의 세 가지 시험, 즉 빵과 기적, 그리고 권력의 문제를 당시 이야기 배경인 15세기 유럽에 다시 찾아온 예수에게 가톨릭 교회 추기경 대심문관은 추궁하는데, 대심문관은 예수가 자신의 사업을 방해하러 왔기 때문에 "내일 너를 불태워 죽일 것이다."라고 말했다고 한다.

대심문관이라는 장편의 극시를 통하여 "만일 신이 존재하지 않는다면 모든 것이 용서된다."고 주장하는 이반, "나는 미래의 대지의 조화를 위한 비료가 되고 싶지 않다."고 생각하는 형의 저항과 분노 앞에서 그렇지만 알료사는 그것은 교회의 모든 것이 아니라고 말하며 어두운 세빌리아 감옥에서 풀려나기 전 그리스도가 대심문관 입술에 키스하듯 형의 입술에 키스한다. 그는 형 이반의 고뇌가 '무출구'(no exit)라는 것을 뼈저리게 느끼면서, "그러나 빛나는 나무의 새싹이, 귀중한 흙이, 그리고 푸른 하늘이, 그리고 귀여운 여자가 있잖아요. 살아간다는 것을 도대체 형은 무엇으로 이어 가려고 하는 것이지요? 무엇에 의하여 그 같은 놀라운 것을 형은 사랑하며 가고 있는 것이지요?'라고 슬픔에 가득 차서 절규한다.[58]

여기서 알료사는 우리로 하여금 살아가게 하는 힘으로서 자연과 이웃과 인생과의 공동감, '공동인간성'(仁)을 이야기하는 것이다. 그것은 내 앞에 '세계'가 있다는 것을 인정하는 것이고, '함께 함'이 있는 것을 말하는 것이다. 거기에 반해서 인신론자인 이반은 "카라마조프의 힘이지…. 카라마조프의 비열한 힘 말이야."라고 대답하는데, 여기에 대해서 선생님은, 그것은 "유크리트적인 이성에 사로잡혀서 인간 신화의 바벨탑을 세우며 타이탄적인 반역의 의지를 가지고 스스로 '신과 같이 된다'(eritis sicut Deus)는 것을 꿈꾸고" 있는 모습이라고 지적한다.[59] 철저한 자아 중심주의, 세계 소외, 인신론의 극치를 말하는 것이다.

알료사는 그러나 인신론자 이반이 강변하는 신과 정의에 대한 오만한 부정은 오히려 신과 정의에 대한 강력한 갈망과 표리일체가 됨을 알고서 한편으로 그를 변호한다. 이반은 대심문관에서 그리스도가 대심문관에게 최후의 키스를 하는 장면을 그리는데, 이것은 대심문관의 물음에 대해 '신은 승리하신다'는 그리스도의 대답이라는 것이고, 여기에 근거해서 알료샤는 극시(劇詩) 〈대심문관〉을 다 듣고 나서 오히려 "당신의 극시는 그리스도 찬가입니다"라고 부르짖었다. 그러나 결론적으로는 "카라마조프의 비열한 힘"으로 멋지게 인생을 살아갈 수 있다고 믿었으나 그 "힘"도 역시 풀려지지 않는 인생의 비극적인 모순으로부터 이반을 구원할 수 없음을 밝힌다. "인류애에 불탔던 대심문관(이반)의 무신론은 인간이 하나님 신앙을 잃자마자 곧 인간에 대한 신뢰도 잃게 되며, 신 없는 인류애는 인간을 동물로 전락시킬 뿐이라는 것을 밝혀 준다"고 지적한다.[60] 이것으로써 하나님과 인간의 존재성 자체가 '관계성'(仁) 외의 다른 것이 아니라는 사실을 지시해 준다고 하겠다.

한편 선생님에 따르면 도스토예프스키는 카라마조프가의 장남, 욕정과 욕망에 사로잡혀 살았지만 일점의 깨달음으로 신을 믿고 이기주의에서 벗어났다고 선언하는 드미트리에 대해서 그렇게 깊게 신뢰하지 않는다. 알료샤의 입을 빌려서 그런 드미트리에게, "형, 형은 아직 수행이 부족해요. 그뿐 아니라 위대한 고난의 십자가는 수행이 부족한 형에게는 불필요해요"라고 말한다.[61] 장남 드미트리는 속죄한 후 이반의 무신론을 넘어서 "만일 신이 존재하지 않는다면 선행도 없다"고 할 정도로 신을 찬양하며 고난당하는 전 인류를 위해 십자가를 지려는 사랑의 사명을 갖고 있었지만, 그러면서도 그를 "이 새끼야"라고 부르는 간수 한 사람도 용서할 수 없었다고 한다. 즉 여기서 볼 수 있는 것은 보편적, 추상적, 이상주의적 사랑과 먼 데 있는 사람에 대한 사랑은 구체적으로 선한 열매를 맺는 현실성을 결여하고 있으며, 그리하여 사랑은 실천될 때만 의미를 갖는데 드

미트리는 그 실천적 사랑을 위한 수행과 노동, 인내가 없었다는 것이다.[62]
필자는 이러한 상황을 자세히 소개하는 선생님의 구원론도 결국 같은 메
시지를 담고 있다고 본다. 앞에서 그의 신학이 가지는 한계들, 결국 다시
자아에로 함몰될 수 있는 위험성, 신체성과 몸성에 대한 불충분한 인정
등이 여기서 보완될 수 있다고 보는 것이다.

선생님에 따르면 도스토예프스키는 삼남 알료사를 이 작품의 주인공
으로 삼으면서 그에게서 하느님 신앙의 구체적인 현실화를 본다. 그런 알
료사 옆에는 무신론자 이반과 더불어 대심문관이 있었던 것과 마찬가지
로 수도원의 조시마 장로가 있었다. 조시마 장로의 형은 "우리는 누구든
지 모든 사람에 대해, 모든 일에 대해 죄가 있습니다. 그 중에 내가 제일
죄가 깊습니다."라고 말하며 기쁨에 가득 찬 눈물을 흘리면서 작은 새에
게도 용서를 구하는 사람이라고 한다.[63] "각 사람은 만인에 대해 만인은
각 사람에 대해 죄를 가진다."는 것을 자각하고, 그러므로 인간은 서로 용
서받고 용서하는 존재라는 것을 믿고 살아가던 조시마 장로는 알료사의
진정한 스승이었다. 그래서 알료사가 그런 스승의 죽음의 자리에서 기대
하던 기적이 일어나지 않자 절망하고 있었을 때에 마치 악마의 화신이나
영혼이 없는 육체 덩어리로만 알고 있던 창녀 그루센카의 입에서도 '용
서'라는 말이 나오는 것을 듣고 이 세계는 여전히 신이 창조한 아름다운
세계라는 신앙을 갖게 되었음을 그리고 있다.[64]

이러한 이야기를 듣고 있으면 앞에서 우리가 언급한 한나 아렌트가
『인간의 조건』에서 인간의 피할 수 없는 "삶의 조건"—여기서는 신의 존
재로 표현될 수 있겠는데—으로 신체성, 세계성, 다원성을 들면서 그것을
인정하지 않고서 자기에의 함몰과 세계 소외, 그리고 전체주의의 독재에
로 빠지게 되는 과정을 서술한 것이 생각난다. 거기서 그녀는 다원성을
특징으로 삼는 인간 공동 삶에서 특히 인간 고유의 행위로서 "용서"와

"약속"을 들었다. 인간은 용서를 필요로 하는 존재이다. 그런데 그 용서는 혼자서는 할 수 없는 것이기 때문에 반드시 타자가 필요하다는 것이다. 또한 약속도 누구와의 약속이며 혼자서 하는 것이 아니므로 이 두 가지 일을 가능하게 해주는 타자와 다원성을 인정하는 것을 우리 삶의 피할 수 없는 조건으로 받아들여야함을 말한다.[65] 지금까지 도스토예프스키가 카라마조프가 형제들을 들어서 고발하고자 한 서구 "개아의 원리"와 "고립의 원리"와는 정반대의 대안인 것이다.

알료사를 이 작품의 주인공으로 삼고 있는 도스토예프스키는 끝까지 알료사를 남게 하여 한 어린이들 그룹과 조우하게 한다. 마치 아렌트가 인간 삶의 또다른 궁극적인 조건으로서 "탄생성"– 새로운 세대의 탄생을 통해 전혀 예상하지 못했던 "새로움"이 이 세상에 들어오는 것– 을 이야기하듯이 도스토예프스키는 이 이야기의 에필로그를 "일류사의 매장, 알료샤의 고별사"로 맺으며 거기서 한 어린이가 "영원히 그렇게 합시다. 평생 손을 잡고 갑시다. 카라마조프 만세."를 마지막의 메시지로 외치게 한다.

이 이야기의 줄거리는 이러하다. 조시마 장로에게서 배워서 사랑의 투사가 된 알료사는 어느 날 들에서 파리하게 마른 어린이가 여러 명의 어린이들과 돌을 던지면서 싸우는 것을 보게 된다. 그런데 그 어린이는 알료사의 큰 형인 난폭한 드미트리에게 심하게 모욕당한 이등대위의 아들이었다. 자기 아버지가 모욕당하는 것을 보고 심하게 분노하면서 동네 아이들과 싸움까지 벌이게 된 것이다. 알료샤는 이등대위의 집을 찾아가서 형이 저지른 횡포의 죄를 사죄한다. 또한 이 사이 돌싸움하던 몇 명의 어린이들과도 친구가 되었다. 어린이 대장인 코오랴를 비롯해서 동네 어린이들이 폐병으로 누워 죽어가고 있는 대위의 아들 일류샤에게 찾아가서 화해를 하고, 결국 그가 죽자 어린이들은 모두 울었다. 이 작품은 알료사가 어린이들에게 고별 연설을 하는 것으로 끝난다; "우리들이 비록 20년간 만나지 않는다고 하여도 저 가련한 소년을 매장한 것을 잊지 말도록 합시다. … 그는 훌륭한 소년이었습니다. 선량하고 용감한 소년이었습니다. 자기의 명예와 부친의 치욕을 느끼며 분연히 일어났었습니다. 여러분 우리는 평생 그를 잊지 않도록 합시다."[66] 여기에 대해 어린이 대장 코오랴는 위의 "영원히 그렇게 합시다. 평생 손을 잡고 갑시다"라는 공동인간성으로 화답한다. 부활이란 바로 이러한 공동인간성이 회복되는 것을 말하고, 여기서부터 다시 생명과 살림이 살아나는 것이라는 메시지이다.[67]

우리는 이 어린이의 화답에서 도스토예프스키가 궁극적으로 제시한 구원의 길을 볼 수 있고, 이것을 또한 감동적으로 소개한 선생님 자신의 대안을 볼 수 있다. 죽음과 같은 어려움의 상황이지만 끝까지 손을 잡고 같이 가는 것, 인간공동성을 잃지 말고 고통과 슬픔의 자리에 최선의 성실성과 관용성 그리고 친절함으로 불행을 같이 나누는 것, 이것이야말로 도스토예프스키가 서구의 근대 개아주의와 무신론, 그것이 낳은 허무주의에 대해 제시한 대안적 답변이었다. 서구 문명의 특징인 "개아의 원리"는 "각 사람은 자기를 위해서, 하나님만이 만인을 위해서"라는 자기중심주의였는데, 여기에 대한 대안이었던 것이다. 이렇게 본다면 선생님은 어쩌면 자신은 뚜렷하게 의식하지는 못했지만 우리가 앞에서 유교적 영성의 핵심으로 지적했으며, 예수의 역사성을 일관되게 밀고 나갈 때 마침내는 받아들일 수밖에 없다고 지적한 '인간공동성'(仁)의 영성을 깊이 체화하고 있었던 것 같다. 그는 이미 최병헌의 『만종일련』의 신학 속에 자신의 종교해방신학이 지향하는 신 중심과 실재 중심의 다원주의가 담겨져 있다고 보았다. 이런 의미에서 변선환 한국적 신학 안에는 불교적 영성뿐 아니라 보다 다양한 전통적 영성들이 합류되어 있는 것을 알 수 있다.

선생님은 이러한 메시지가 아시아 신학과 연대하면서 비서구화한 한국 신학을 형성하려는 오늘의 한국 신학이나 한국 교회 선교에 시사하는 바가 크다고 확신했다.[68] 왜냐하면 그것은 도스토예프스키가 서구 근대의 오만한 이성주의와 개아주의를 떠나서 다시 러시아 민중의 종교성과 러시아 대지에 돌아옴으로써 찾아낸 참된 인간화와 공동체의 길을 제시한 것이라고 보았기 때문이다. 이 논문 마지막 부분에 그는 "신을 잉태한 민중"이라는 표현과 더불어 "거룩한 대지", "러시아의 신", "자유와 신", "고난과 신" 등의 제목으로 어떻게 도스토예프스키가 다시 러시아적인 것과 민중적인 것을 찾았고, "어머니인 대지와의 혼례"라는 알료사의 대지 신앙을 평가했으며, 궁극적으로 고난의 문제와 씨름하며 고난을 통하여 참된 자기에 대한 자각에 이르는 길을 그리고 있는지를 자세히 다루고 있다. 그에 따르면 도스토예프스키는 하늘을 향하여 신음하며 절규하는 민중의 소리, 아니 신의 소리를 들으면서 구원이 이렇게 신을 잉태한 가난한 사람들, 불행을 함께 나눌 수 있는 "깊고 강하고 아름다운 휴머니티"의 담지자들에게서 오는 것이라고 확신하였다고 한다.[69]

5. 변선환 한국적 신학이 가르쳐 주는 것

이상과 같이 우리는 변선환 한국적 신학을 그의 그리스도론을 중심으로 해서 세 가지 비판적 관점에서 살펴보았다. 즉 그가 이루어 놓은 한국적 종교해방신학이 오늘날 얼마나 우리의 관점에서 다원적이었으며, 역사성과 신체성에 충실했고, 실천적이고 수행적이었나를 본 것이다.

위의 『카라마조프가의 형제들』에 관한 글 마지막 "자유와 신"이라는 소단락에서 그는 도스토예프스키가 모든 시도들 속에서 신과 그리스도가 둘로 분열되는 것에 끝까지 괴로워했다고 밝히고 있다. 그러한 그에게 그리스도는 결코 성서나 교리가 그리고 있는 복음의 그리스도나 계시의 그

리스도가 아니라 "끝까지 한없이 아름다운 인간, 톨스토이의 바보 이반이
나 세르반테스의 돈키호테와 같은, 『백치』의 뮈시킨 공작과 같은 이였을
것이다"라고 지적한다.[70] 이러한 지적은 필자에게 매우 의미있는 것으로
보이는데, 왜냐하면 선생님 자신에게도 한국적 신학 구축을 위한 일생의
노력에서 유사한 고민이 따랐을 것으로 보이기 때문이다. 그러나 한편 도
스토예프스키는 무신론자 이반의 입으로 언술한 "내 생각으로는 그리스
도의 인간에 대한 사랑은 이 지상에서는 있을 수 없는 일종의 기적이다"
라는 말에 동의했고, 그것을 증명하기 위해 노력했으며,[71] 선생님의 노력
도 다른 것이 아니었다고 생각한다. 그에 따르면 도스토예프스키의 신,
그가 찾던 러시아의 신은 고난의 신이었다. 그의 명제는 "나는 고난당한
다. 그러므로 나는 존재한다." (felon ergo sum)라는 것이었다고 한다.[72]

선생님은 도스토예프스키가 그린 인물들은 교회가 아니라 자신의 고
난을 통하여서 참된 자아에 대한 자각에 이르렀다고 지적하고 있다. 그러
면서 러시아 민중의 고난이야말로 세계의 구속을 위한 속죄 정화의 의미
를 지녔다고 밝힌다. 함석헌이 한국의 역사를 세상의 죄를 대신 지고 가
는 고난 받는 창녀의 이미지로 그린 것과 연결하면서 여기서 바로 서구
영성과는 다른 아시아 영성의 참된 의미를 보려는 것이다. 이렇게 해서
변선환 한국적 신학은 좁은 의미의 그리스도론과 교회론을 한없이 넘어
서고, 현대의 무신성에 대항해서 참된 신의 모습과 실재의 모습을 보여
주려고 고뇌한 것임을 알게 한다. 바로 도스토예프스키가 그리스도와 분
열된 신을 붙잡고서 일생 고뇌했던 것과 유사하다.

고난의 민족 한국, 구한말 서양인이 한국에 왔을 때 여관 시설이 거의
없는 것을 보고 의아해했지만, 그것은 어느 가정이나 손님 접대를 잘하는
풍습이 있어서 그러한 상업적 숙박 시설을 필요로 하지 않았기 때문이라
고 할 정도로 더불어 살고, 정이 많고, 인자했던 한국 민족과 민중들, 이들

의 특성에 접목하여 거기서부터 새로운 그리스도의 모습을 그려내는 일
이 변선환 한국적 신학이 우리에게 가르쳐주고 재촉하는 길이라고 생각
한다. 그러기 위해서 그가 행했던 것을 발판으로 삼아, 그러나 거기서 더
나아가서 보다 다원적으로 우리 민족의 종교 전통들과 대화하고 대지의
딸인 한국 여성들의 종교성과 영성에 귀 기울이는 일이 긴요하다고 여긴
다.

Ⅲ. 한국 페미니스트 그리스도론과 오늘의 기독교

1. '인물위기'(認物爲己)의 시대와 우리

'한국 그리스도인의 인간성 성찰', 2010년 한국기독교학회의 주제를 놓고 여러 가지 생각을 했다. 이 주제가 한국 그리스도인들의 '인간적 특성'(human characters)을 생각해 보는 일인지, 아니면 그들의 '인간관'(perspectives on humanbeing)에 주목하는 일인지, 왜 '인간성'이라는 주제에 이르게 되었는지, 오늘 한국 사회와 특히 그리스도 교회는 인간보다는 오히려 '하나님'과 '여호와', 그리고 '그리스도'와 '주님'에 더 집중하고 몰두해 있는 것 같은데 어떻게 이 주제를 택하게 되었을까 하는 것 등이다. 그런데 우리 삶에서 다른 사람을 어떻게 보고 응대하는가의 방식은 자기 스스로를 어떻게 보고 이해하는가의 방식에 많이 좌우되기 때문에 한 그룹의 인간성과 인간관을 성찰하는 일은 결코 두 가지 일이 아님을 안다.

오늘 한국 사회, 또 그 사회 구성원의 30% 이상을 차지하는 한국 그리스도인의 인간성을 짧게 '인물위기'의 그것으로 규명해 보고자 한다. '상대방과 타자와 세계를 자기 자신으로 여기는 사회', 자신의 욕망과 의지와 소원대로 세계를 재단하고 평가하여 모든 실재를 자아의 경험으로 환원시키는 특성, 그래서 '인간 소외' 보다도 오히려 '세계 소외'(world alienation)가 더욱 문제가 된 상황과 특성을 말한다. 원래 이 '인물위기'(認物爲己, 남을 자기로 여기는 인식)라는 표현은 퇴계의 언어였다. 조선조 신유교의 전통 속에서 사화기(士禍期)의 퇴계(1501-1570)에게 있어서는 조광조(1482-1519)의 개혁 정신도 포함하여 사람들이 너무도 자신의 신념과 이해를 과신하여 세계를 온통 사유화하고 자신들의 욕심에 찬 의도와 인식으로 환원시키는 현실로 보였다.("認物爲己之病")[1] 그래서 그는 끊임없이 인식의 '객관성'(理)을 유지할 것을 강조했고, 그리하여 '경'(敬)이라고 하는, 세계와 실재와 타자에 대한 존숭을 인간 인식의 가장 기초적인 출발점으로 내놓았다.

최근 현대 사회에서의 인간 삶의 정황과 그 인격적 특성을 규명해 내는 일에서 많은 공감을 얻고 있는 서구 여성 정치철학자 한나 아렌트는 퇴계가 보았던 것과 유사한 병폐를 우리 시대에서 보면서 그것을 '세계 소외'와 '공론 영역'(the public realm)의 상실로 표현하였다. 그녀에 따르면 인류는 특히 18세기경부터 '경제학'(the economics)이 인간 인식의 주제가 되면서 과거 고대사회에서는 사적 영역의 일이었고 가계의 일이었던 먹고 사는 문제가 공론 영역으로 강하게 부상함에 따라 공적 영역의 상실이라는 위기 앞에 놓이게 되었다고 한다. 즉 이제 누구나가, 심지어는 종교인이나 정치인에게도 먹고 사는 문제가 삶의 제일의 관건이 되면서 인간 공동 삶을 위해서 필수적인 공동선과 공론 영역에 대한 관심이 사라지게 되었다는 것이다.[2] 근대에 들어와서 인간 존재를 '정치적인'(political) 존재라기보다는 '사회적인'(social) 존재로 주로 표현하는 것 자체가 이 위기를 분명히 드러내 주는 것이라고 하는데, 인간 자유의 실현을 논의하고 실천하는 '정치'의 영역과는 달리 '사회'란 "단지 (먹고) 살기 위해서 상호 의존한다는 사실이 공적인 의미를 획득하고 단순히 생존에 관련된 활동이 공적으로 등장하는 곳"이기 때문이다.[3] 이러한 변화 속에서 근대의 모든 공동체는 인간을 단순히 노동자와 직업인이라는 사회적 존재로 변형시켰는데, 세계 어느 곳에서보다도 "압축적으로" 근대화를 경험한 한국 사회에서의 공론 영역의 훼손은 우리 모두가 잘 경험하는 바이다. 특히 공리주의와 효율성과 필요성의 잣대로 모든 것을 판단하는 '경제 제일주의'를 정치의 최고 원리로 삼는 정부가 들어서면서 상황이 더욱 나빠졌음을 모두가 인지하고 있다.

아렌트는 이렇게 인간 공동 삶을 위해서 필수불가결한 공적 영역이 쇠퇴하고 사라져 버린 시대를 "어두운 시대"(dark times)로도 표현하였다. 그것은 인간 삶에서 각자의 고유성과 위대성을 밝혀 주는 공공영역의 빛이 쇠퇴함에 따라서 사람들은 오직 사적 인간으로 자신의 욕망과 욕심을 채우는 일에만 몰두해 있는 시대를 말한다. 그런 시대와 사회에서 배출되는 인간성으로서 "졸부"(parvenue) 또는 "폭민"(mob)의 인간성을 이야기하기도 한다. 특히 19세기 유럽 제국주의 시대를 거치면서 '동화'(同化, assimilation) 유대인 신흥부자들에게서 두드러지게 나타나는 인격적 속성으로 박쥐처럼 자신을 잘 드러내지 않고, 영속적이고 지속적인 가치에 둔감하며, 남의 추인과 청중과 인정을 향한 갈구 속에서 어떻게든 자신만을 주장하려하는 특성을 말한다. 그들은 정치적 권리나 시민적 권리에는 무관심하고 오직 개인적으로만 승부하려 하면서 삶에서 진정으로 그리워하는 것을 가지고 있지 않다고 한다.[4] 이 인간적 특성들이 오늘 한국 사회에서 과도하게 실행되고 있는 성공 지상주의, 경제적 부와 명예와 외모, 학벌과 인간 관계망 등의 확장과 축적을 통해서 어떻게든 성공하려는 우리들의 모습과 크게 다르지 않은 것 같다. 우리 시대도 이러한 졸부들을 양산하고 있고, 그래서 우리 시대도 어둠의 시대로서 진정한 의미에서의 공공적 일과 책임에 대한 가치 평가가 사라진 시대가 되었으며, 모든 진실이 단지 "의미 없는 하찮은 것"(meaningless triviality)이 되면서 무엇이 옳고 그른가에 대한 판단이 흐려지고 있다. 여기서 참된 우정이나 신뢰, 진실됨의 인간성

은 매우 보기 드문 것이 되었다.[5]

본 논문은 오늘 한국 사회에서 이러한 인간성의 특성이 하나의 뚜렷한 인격적 자질이 된 배경에 한국 그리스도 교회도 적지 않은 역할을 했다고 보면서 그 진행 과정을 탐색하고, 거기서 어떠한 전환이 가능한지를 탐구해 보려고 한다. 필자는 이 일을, 특히 한국 여성신학자로서 한국 교회의 그리스도 이해에 초점을 맞추어서 수행하고자 하는데, 기독교 신학의 그리스도론이야말로 인간론의 이념적 토대가 되고 지향점이 되므로 검토가 시급하다고 여기기 때문이다.

2. '최선이 타락하면 최악이 된다' (corruptio optimi quae est pessima)
: 한국 교회의 '그리스도 우상주의'(christolatry) 비판

구한말을 전후해서 서구로부터 전래된 기독교 복음은 한국인들에게 진정으로 '복된 소식'이었다. 엘리트주의와 노쇠한 형식주의에 빠져 나라를 잃게 되는 상황까지 초래한 유교 체계 대신에 한국 사회에서 기독교 복음은 눌린 자를 해방했고, 약자에게 스스로 설 수 있는 힘을 주었다. 특히 오랫동안 가부장주의 억압 아래서 고통 받던 여성들에게 그것은 진정 해방과 치유, 갱생의 메시지였다. 이후로 숨가쁘게 달려온 지난 세기 근대화 과정 속에서 그리스도 교회와 그 가치 의식이 큰 역할을 했다는 것은 누구도 부인할 수 없는 사실이다. 기독교 성경의 핵심 메시지가 시간과 역사의 시작과 끝을 의식하는 '주체의 자각'이라고 함석헌 선생도 지적했듯이 그렇게 한국 민중과 여성들은 기독교를 통해서 자유와 주체의식의 신장을 크게 경험했다. 하지만 2010년 오늘 한국 사회에서 그 기독교가 '개독교'로 불린다는 이야기가 전혀 놀라움을 자아내지 않을 정도로 한국 교회와 그리스도인들은 비난받고 있다. 앞에서 서술한 '인물위기'(認物爲己)나 '세계 소외', '졸부'와 '불신'의 시대에서 이야기되는 왜곡된 인간성이 그대로 한국 그리스도인의 모습과 많이 중첩된다는 지적이 과장되게 들리지 않는다. 여기서 한국 그리스도인들은 자신들의 신앙을 절대화하고, 구원에 이르는 유일한 길임을 주장하며 그 확고한 신념을 가지고 우월주의에 젖어 있는 것으로 보이는데, '궁극'(the Ultimate, 宗)을 추구하는 종교인들이 모두 유사한 특성을 보인다 해도 특히 그리스도인들, 또한 한국 그리스도인들의 자아중심적 배타주의는 정도가 심해 보인다. 이들은 신앙과 '성령'의 이름으로 세상을 온통 자신들의 목표와 의도 달성을 위한 수단과 도구로 여기는 것 같고, 그러한 그들의 무세계성과 세계 소외는 종종 더 큰 신앙으로 보이게도 하지만 좀 더 지속되는 시간 속에서 '열매 없음'과 거짓으로 드러나는 경우가 허다하여 요즈음은 차라리 그런 거짓과 불의가 하찮은 것으로 보이기까지 한다.[6]

오늘 한국 교회는 모든 힘 있는 곳과 권력 있는 곳, 명예와 재물이 있는 곳에 함께 한다. 말과 구호로는 이 세상을 넘어서는 '부활'을 이야기하고 '영원'(eternity)을 간구한다고 하지만 속속들이 "실질적인 무신론자"가 되어서 정치와 경제, 교육과 문화의 모든 분야에서 때로는 박쥐처럼 드러나지 않게, 어떤 경우는 세속적인 기준에서 보더라도 할 말을 잃을 정도로 부끄러움도 모른 채 자아를 확대해 나간다.[7] 이들은 한국 사회의 졸부가 되어서 어떻게든 자신들이 쌓아온 것을 '지켜내도록'(conserve) 점점 더 '보수적'(conservative)이 되고, 영원성에 대한 신앙과 관심보다는 자아와 끼리끼리의 파당 속에서 무슨 교회 출신, 무슨 라인이나 무슨 회와 같은 폐쇄된 그룹에서의 친밀성에 집착한다. 그러나 점점 굳어지고 차가워지는 그들 신앙의 생명성 상실은 편당의 친밀함이나 쾌락, 중독이나 축적으로 쉽게 치유되지 않는 병이어서 보다 근본적인 전복이 필요하다.

19세기 존 스튜어트 밀(1806-1873)은 키에르케고르가 당시 덴마크에서 국가 교회를 비판하던 기조와 유사하게 "항상 존경되기만 했지 한 번도 토론되어지지 않는" 방식의 기독교 신앙을 비판했다.[8] 그러한 신앙은 이미 "결정이 난 견해"가 되어서 삶에서 어떤 새로움이나 창조력을 가져오지 못하고, 선을 창출해 내지 못한다는 것이다. 그럴 경우 그 신앙은 굳어진 교리나 신조가 되어서 우리 정신의 외각에 단단한 외피를 덮어 씌움으로써 우리 인간성에 영향력을 미칠 수 있는 다른 모든 것을 차단시키며 점점 우리 정신과 감정과 행위력을 마르게 함을 말한다.

여기서 밀이 비판하는 것은 당시 영국 교회의 근본주의이다. 그렇게 존경되기만 하고 신조와 근본으로 받아들여지기만 했지 한 번도 논의되거나 토론되지 않은 진리란 쉽사리 독단에 빠지는 것을 지적한 것이다. "결정이 난 견해는 깊은 잠에 빠진다."는 언명대로 우리 신앙의 근거가 계속해서 논의되고 변증되지 못하고 배타적인 교리와 신조로 굳어져서 강요되기만 할 때 그것은 삶의 진정한 실천력이 되지 못한다. 그렇게 될 경우 그 신조의 추종자들은 자신들의 신조에 반대되는 논의는 들으려 하지 않고, 해석하려 하지도 않으면서 점점 더 근본주의에 빠져든다.[9] 오늘 한국 교회와 그리스도인들은 자신들의 신앙의 근거에 대해서 거의 토론하지 않고, 단지 강요되거나 아니면 "상속된" 대중적인 이해에 머물러 있다. 목회 현장에서 신학은 거의 무용지물이라고 생각하고, 끊임없이 되뇌는 '믿음'을 통한 구원과 '부활'에 대한 확증으로 세계가 자신들을 위해서, 자신들을 통해서, 자신들의 원함과 바람대로 진행된다고 믿는 모습이다.

한국 그리스도인들의 이러한 자아중심적 근본주의 뒤에는 그들이 믿는 하나님만이 참된 신이며, 2천 년 전 나사렛 예수에게서 나온 계시가 유일하고, 오직 그만이 부활했기 때문에 그가 유일한 그리스도라는 신앙적 신조가 견고하게 자리 잡고 있다. 하지만 이미 70년 대 초에 메리 데일리

(Mary Daly)는 지금까지 전래된 모든 그리스도론은 예수라는 한 젊은 유대인 남성을 신과 유일회적이고 최종적으로 동일시함으로써 하나같이 "그리스도 우상주의"(christolatry)에 빠지게 되었다고 선언하였다.[10] 그러한 그리스도론은 결국 예수의 인간성을 진지하게 인정하지 않는 '가현주의'(docetism)에 빠질 수밖에 없는데, 오늘날 역사적 예수에 대한 심화된 탐구는 당시의 시대적 배경과 한계에서 야기된 가현주의의 오류를 계속해서 밝혀내고 있다.

오늘날은 누구라도, 아무리 한 제국의 왕이나 통치자라 하더라도 그를 어떤 신격화된 언어로 표현하면 과하다고 생각하는데, 2천 년 전 변방의 한 가난한 청년 예수에게 붙여졌던 신성한 용어들(Son of God, God Incarnate, the Lord 등)이 원래는 기원 전 31년~기원 후 14년 정도에 로마 제국의 황제들(카이사르 아우구스투스)에게 붙여졌던 용어였음이 밝혀지고 있는데도 그것들을 근거로 계속해서 예수의 배타적 그리스도성을 주장하는 것은 설득력이 약하다.[11] 역사적 예수 탐구가 루벤슈타인(Richard E. Rubenstein)은 신약 시대의 시대 상황처럼 예측 불허의 변화가 많고 사회적 기대가 낮은 시대에는 하나님과 동격으로 높여진 그리스도와 인간 본성에 대한 비관적 관점, 그리고 주교 등의 계급주의적 교회 제도를 갖춘 니케아 기독교가 "기독인들의 희망과 두려움을 표현하는 데 더 적절"했다고 지적한다.[12] '하나님의 아들'에서, '아들이신 하나님', 다시 '유일한 하나님'으로 전개된 예수의 신격화와 그리스도화의 배경에 이러한 시대적 한계와 원인이 있었다는 사실을 우리가 좀 더 진지하게 생각한다면 오늘 한국 그리스도교회에서 보여지는 것과 같은 과격한 근본주의는 많이 지양될 수 있을 것이다.

사실 이와 관련한 신학적 논의에 깊이 들어가지 않더라도 한국 그리스도인들이 일반적인 독해 능력으로 신약성서 사도행전부터 시작하는 바울의 저서들을 쭉 읽어가 보면 바울이 어떻게 하나님과 예수의 관계에 대해서 항상 정확하게 구분지어 놓았는지 알 수 있다. 즉 하나님은 '아버지'(God Father)로, 예수는 그의 아들 '(우리)주'(Our/the Lord)가 되심을 말한다. 물론 '주'(the Lord)라는 개념은 구약이 하나님을 지칭하는 용어로도 썼고, 바울이 그렇게 '주'(님)가 하나님을 가리키는 구약 본문을 그대로 쓰기도 했지만(고전1:31, 2:16)[13] 그렇다고 해서 그가 부모로서의 '하나님'과 그의 자녀 주 '예수'의 격을 모호하게 만들지는 않았다는 것이다. 오늘 대중적인 한국 교회와 교인들의 의식과 호칭에는 이러한 구분의 명확성이 사라졌고, 그래서 과거 벌거벗은 임금님을 알아본 사람이 어린아이였듯이 "예수님도 하나님을 아버지라고 부르고 나도 그렇게 부르면 예수님과 나와는 어떤 사이야?"라고 묻는 한 아이의 질문은 오늘날 한국 교회의 배타적인 대중적 그리수도론이 얼마나 허구인가를 잘 지적해 준다.[14]

예수 이해에 있어서 바울 신학은 유명한 '믿음'(faith)과 '행위'(works)의 대칭을 마련해 주었다. 그것으로 그는 유대민족의 민족적 한계에서 벗어나서 로마 제국의 국교와 세계의 신앙으로 기독교를 정초하는데 물꼬를 텄다. 그러나 그 '믿음'의 기독교는 그러한 대칭에 대한 의식 없는 되뇜 속에서 점점 더 신앙의 실천력을 잃어 갔고, 오늘 한국 교회의 모습에서 보듯이 믿음은 구원을 위한 값싼 보증수표처럼 선전되고 있다. 더불어 거기서의 믿음의 일을 어떤 특정한 교리의 인정여부와 등가화하면서 이루어지는 기독교 신앙의 율법화는 심각한 수준이다. 그러나 예를 들어 사도행전 이후 첫 번째로 등장하는 로마서를 잘 살펴보면 바울이 이해하는 예수 삶과 부활의 의미와 그가 율법에 대척해서 내놓는 믿음의 강조는 오늘 우리가 사로잡혀 있는 도식과는 다른 차원을 포함하고 있음을 알 수 있다. 즉 그의 이야기는 그 믿음의 구체적인 '내용'과 관계되어 있기보다는 오히려 '믿음이라는 행위 자체'에 초점이 맞추어져 있음을 알 수 있다. 바울은 믿음의 조상으로 먼저 아브라함을 든다. 아브라함이 "내가 너를 많은 민족의 조상으로 세웠다"라는 하나님의 약속을 듣고 도저히 그 약속을 믿을 수 없는 상황이 되었어도 희망을 버리지 않고 "바라면서 믿었으므로"(롬4:18) 믿음의 조상이 되었다고 설명한다. 그러면서 바울은 자신의 논의를 펼쳐 아브라함의 그와 같은 믿음의 행위는 그가 "할례를 받기 전"부터의 일이었음을 강조한다(롬4:10). 즉 아브라함이 믿음으로 의롭다 함을 받은 것은 그의 할례 여부에 관계없이 그의 순전한 '믿음의 체현'(강생, incarnation)으로 그렇게 된 것인데, 이것은 믿음의 대상과 내용에 대한 집중이 아니라 '믿음 행위 자체'에 대한 인정을 말하는 것이라 하겠다. 그 다음으로 바울은 그 믿음 행위의 내용과 대상은 다르지만 다윗의 예를 다시 "믿음으로 의로움을 인정받은" 증거로 제시한다. 여기서 바울이 믿음으로 의롭다함을 받은 예로 '아브라함'과 '다윗'이라는 예수 이전의 인물을 드는 것은 오늘날 그리스도 교회가 믿음을 다시 율법화할 뿐 아니라 그것을 특정한 교리의 인정 여부와 등가화하는 것이 얼마나 바울의 본래 의도에서 멀어진 일인가를 알게 한다. 바울은 예수 그리스도의 삶과 죽음, 부활에 대한 우리의 믿음을 유대인들의 율법을 통한 의에 대신하는 하나님의 새로운 의로 제시하면서도 그 전에 믿음의 역사적 예들로 예수 사건 이전의 아브라함이나 다윗의 일을 들었다. 이것은 예수 그리스도라는 '내용'보다도 더 근본적으로 '믿음'이라는, '시작'하고 '행위'할 수 있는 능력으로서의 우리의 자유로운 '참여'(action)가 더 관건이 됨을 드러낸 것이라 하겠다.[15] 즉 바울이 구약 시대의 유대인 세계를 떠나서 보다 많은 사람들에게, 다시 말하면 "이방인"에게도 하나님의 은혜를 전파하기 위한 믿음의 내용으로 파악한 예수의 그리스도 되심의 일도 그 자체가 절대적인 실체가 될 수 없고, 그렇게 될 때는 그것이 또 다시 율법이 된다는 것을 가르쳐 준다. 바울은 이제 시대와 상황이 변했으므로—자신은 "내 동족을 위한 큰 슬픔이 있고", "육신으로 내 동족, 내 겨레를 위한 일이면 내가 저주를 받아서 그리스도에게서 끊어질지라도 달게 받겠다." (롬9:2-3)로 할 정도로 이스라엘 백성이지만 – "이방인"을 위한 사도로서 그 믿음의 내용을 '이스라엘의 율법'에서 '예수 그리스도'로 바꾸는 일을 감행한 것이다. 이 일을 오늘 우리의 상황과 교회의 현실에 적용해 보면 그것은 예수의 성육신이나 부활을 구원의 보증수표처럼 외우면서도 실천 없는 신앙의 율법주의에 빠져 지내는 일을 그만두는 일이다. 그래서 매순간, 지금 여기와 오늘에서 영원을 살고, 성육신을 체현하면서 부활을 증명해 내는 일을 신앙으로 삼는 일이다. 그것은 '갱생'(incarnation)과 '부활'을 끊임없이 "연장"하는 일이고, "갱생은 명멸한다."는 사실을 받아들이는 일이다.[16]

급진적인 우상 파괴자였던 예수가 스스로 가장 강력한 '성상'(icon)이 되어서 형이상학적인 배타성의 실체론으로 굳어진 그리스도론에 대해서 이반 일리치와 같은 이는 "최선이 타락하면 최악이 된다."(perversio optimi quae est pessima)고 지적하면서 행위와 실천 없는 신조뿐인 신앙의 율법화가 어떻게 심각한지를 잘 지적해 주었다.[17] 최선이 타락하면 최악이 되는 경우로서 신앙의 율법화와 실체론화는 여성을 신앙의 온전한 주체로 서지 못하게 했으며, 서구 기독교 문명의 우월주의는 이웃 종교·문화와 끊임없는 갈등과 전쟁을 야기해 왔고, 믿음의 제도화와 사회 기구화를 통해서 참된 자유와 선, 은총의 감각을 잃어 갔다. 고여 있는 샘물이 썩고, "결정이 난 견해는 깊은 잠에 빠지는" 것처럼 한국 교회의 보수주의와 근본주의는 다시 예전의 할례와 율법주의로 돌아가려는 고린도 교회나 갈라디아 교회처럼 한국 교회를 악의 온상으로 만들어 가고 있다. 바울은 음행과 더러움, 방탕과 우상 숭배, 다툼과 시기, 분열과 분파, 탐욕과 술취함, 중상과 약탈 등(고전 6: 9-10, 갈5: 19-21)으로는 결코 하나님의 나라를 상속받지 못한다고 지적했다. 그가 일찍이 신앙과 행위를 대조시켰을 때 "행위 없는 신 앙"(faith-without-works)을 말한 것이 아니라 "신앙 없는 행위"(works-without-faith)를 비판한 것이었는데,[18] 불행하게도 그 후 기독교 신앙이, 오늘날 특히 한국 교회의 믿음이 왜곡되어서 최악의 모습을 보이고 있는 것 같다.

3. '몸으로 하나님을 영화롭게 하라'
   : 부활 담론의 새로운 지평을 찾아서

그렇게 열성적인 유대 율법주의자였던 바울이 그 틀을 깨고서 당시 일 반적인 유대인들은 상상도 할 수 없는 방식으로 변방의 청년 예수의 삶과 죽음을 '그리스도'의 그것으로 선포한 근거는 그의 '부활'이었다. 또한 그 소이는 "유대 사람이나, 그리스 사람이나 차별 없이 모든 사람을 구원 에 이르게 하는 것"(롬 10:5-13)이었다. 즉 하나님 나라의 확장이었고, 보다 보 편적인 언어로 인간학적으로 표현하면 그것은 "성(聖)의 평범성의 확대" 였다.[19] 예수 자신이 '아바'로서 하나님을 부른 것도 잘 지시하듯이 바울 은 당시까지만 해도 좁은 민족적 테두리 안에 놓여 있던 하나님의 영역을 그것도 아주 획기적으로 확장하여 어떠한 민족적인 구분이나 사회적 신 분, 계급이나 성(性), 결혼과 건강 등의 여부가 그 일을 좌우할 수 없다고 선언한 것이다.

우리가 바울의 예수 이야기에서 더 근본적으로 우선 주목해야 할 것은 바로 이 소이와 목적이어야 한다고 여긴다. 그가 당시 삶의 자리에서 경 험했던 예수 체험은 이 진실의 한 표현이었고, 그것은 유대 기독교 문명 의 전개에서 보면 예전 구약 시대 바벨론 포로기에 하나님이 솔로몬의 성 전으로부터 해방된 이야기처럼 그렇게 하나님의 영역을 넓힌 일이다.[20]

이렇게 바울이 예수가 그리스도인 것을 선언하면서 하나님을 '유대민족'의 틀에서 해방시켰듯이, 오늘 우리 시대는 우리 나름의 차원에서 같은 일을 해야 한다. 즉 우리 시대는 바울이 맞이했던 것과는 또 다른 삶의 정황에서 그 하나님을 다시 '예수'로부터 해방시키는 일을 요청받고 있다는 것인데, 그 일이야말로 성육신의 일을 하나님 나라의 보편적 확장의 일로 보면서 그것이 예수에게서 유일하게 일어난 일이 아니라 오늘도 계속해서 일어나는 일, 우리 각자가 나름의 구체적인 삶에서 고유하게 계속해서 성취해 내야 하는 일로 받아들이라는 것이다. 이것은 하나님 나라의 영역을 더 급진적으로 우리 내면으로, 인간성 안으로, "영원한 현재"(the eternal now)로 끌어들이는 일을 말하며, 우리는 오늘날 이 일이 "부활절 장벽을 깨뜨리는 일"과 매우 밀접하게 연결되어 있음을 안다.[21]

예수의 부활 이해에 대하여 유사한 전복과 정직을 요청하는 바울은 예수가 죽은 사람들 가운데서 부활하심으로 하나님의 아들로 "선포"(declared)되셨다고 하고(롬1:4), 만약 "그리스도께서 살아나지 않으셨다면, 우리의 선교도 헛되고, 여러분의 믿음도 헛된 것입니다"(고전15:13)라고 선언하였다. 또한 그가 이어서 설명하는 '몸적 부활'(The Resurrection Body)은 기독교를 기독교 되게 하는 핵심 관건으로 받아들여져서 오늘날도 대중적인 그리스도인들뿐 아니라 종교가와 신학자들에게도 그것은 종종 그리스도교의 우월성을 최종적으로 담보하는 "신의 보증"(the divine stamp)으로 여겨지고 있다.[22]

여기서 필자는 오늘날 역사적 예수 탐구에서도 지리하게 펼쳐지는 예수 부활과 관련한 모든 논의를 따라가려는 것은 아니다. 하지만 오늘날 특히 한국 교회에서 예수의 성육신 이야기와 마찬가지로 부활 이야기도 하나의 결정 난 견해가 되어서 신앙의 역동성과 창발성을 훼손하는 중심 기제가 되는 것을 본다. 그리하여 "부활에 특권을 부여하는 것이 기독교 대중으로 하여금 이 문제에 접근하지 못하도록 차단하는 방식"이 되는 것에 대해서 적극적으로 이의를 제기하고자 한다. 특히 몸의 정체성을 자아의 정체성으로 보는 일에 더 예민한 여성신학자로서 부활에 특권을 주는 전래의 그리스도론들이 하나같이 일종의 가현설에 빠지는 것을 보면서이 논의에 대한 더 치열한 진정성과 개방적 사고를 요청하는 것이다. 한국의 그리스도인들은 말로는 몸의 부활을 언표하지만, 예를 들어 요즈음은 거의 모든 가정에서 장례시 시신의 화장을 택한다. 물론 바울도 "죽은 사람이 어떻게 살아나며, 어떤 몸으로 옵니까?"라는 질문에 "어리석은 사람이여"(고전15:35-36)라고 응수하며 "하늘에 속한 몸과 땅에 속한 몸"(heavenly body/ earthly body), "신령한 몸과 자연의 몸"(spiritual body/natural body)으로 다시 구분하여 답하지만 한 가지 분명한 것은 부활 담론의 초점은 먼저 우리의 몸이 '하나님의 영역'(God's sphere)이라는 것을 밝히는 일이고, 그래서 우리가 이 몸의 영역에서 일어나는 모든 일과 삶과 흔적에 주목하고 의식해야한다는 것이다. 그런데도 오늘의 그리스도인들은 그들의 말과는 다르게그 일에 그렇게 주목하지 않는다. 오히려 몸에 온갖 악을 쏟아 붓는다.[23]

우리 몸이 하나님의 영역이라는 메시지와 더불어 부활 담론의 또 다른메시지는 인간이 몸적 존재인 한 결코 '행위'로 구원 받을 수 없고 '믿음'으로 구원 받는 존재라는 가르침인데, 믿음은 우선 '정신'이고 '영'이며,우리의 '내면'의 일을 말한다. 즉 하나님이 더 깊이 내면으로 임재하신 것을 말하고, 거룩함의 영역이 외재에서 내면으로 내재화하면서 확장된 것이다. 그런데도 한국의 그리스도인들은 외재의 치장에 많은 것을 쏟아 붓고 몸의 쾌락과 영속화와 몸적 경계에 모든 것을 건다. 그것은 부활을 진정으로 믿지 않는 것이고, 대신 과거 2천 년 전의 청년 예수가 믿고 이루었던 부활을 실체화시켜 구원과 우월의 보증수표처럼 내세우곤 하는 일이다. 하지만 그렇게 함으로써 과거 유대교로부터 새로운 기독교를 개창시킬 정도로 강력한 실천력의 '권위'(authority)였던 부활 담론의 권위는 거의 사라져 버렸다. 권위의 로마 단어 'autoritas'가 '증대시키다'(augument)의 동사 'augere'에서 나왔다는 것이 시사하듯이 삶을 증대시키고 확장하고, 공동체를 키우고 생명을 낳고 살리는 일을 하지 못하는 부활 담론은 그 권위를 계속 주장할 수 없는 것을 말하는 것이므로 오늘의 부활 담론이 권위와 신뢰성을 상실해 가는 것은 당연하다.[24]

바울은 우리 "몸이 그리스도의 지체"라는 것을 말하면서(고전6:15) "몸으로 하나님을 영화롭게 하라"고 강조한다(고전6:20). 부활 담론의 기초적인 가르침이 몸이 하나님의 영역이라는 것과 이와 동시에 그 몸의 '영화'(靈化, spiritualization)를 말하는 것인데, 이것은 역설이기 때문에 한 번에 완성된 증거란 가능하지 않고 앞의 갱생과 마찬가지로 끊임없는 명멸 속에서 새롭게 증거되어야 한다. 여기서 믿음과 행위는 하나가 되고, 그 하나됨이 바로 갱생과 부활이 되는 그런 의미로서의 부활 '해석'이 우리로 하여금 다시 진정성(authenticity)있는 그리스도인이 되게 한다는 것이다. 이러한 해석은 몸성을 중시하는 여성신학자로서 몸의 '신체성'에 사로잡혀 교회 밖으로 나가자는 것도 아니고—메리 데일리나 데퓨뉴 햄슨 등의 입장—과거의 도케티즘적 몸성의 탈각도 아닌, '실제'(reality)와 '해석'(participation/understanding)이 동시에 연결되는 또 다른 길을 가는 것이다.[25] '실제'에 근거하지 않는 부활 이해는 예수의 역사성과 고유성을 무화시켜 버리기 쉽지만 '해석'이 허용되지 않는 부활 이야기는 과학적 근본주의와 물질주의에 빠져 오히려 종래의 도케티즘적 기독론보다 더 지독한 근본주의가 될 수 있다는 것이 이미 여성신학적으로 지적되었다.[26] 한국 사회에서 기독교의 부활 신앙이 진정으로 이해되고 수행된다면 오늘날 한국 사회와 교회가 한편으로 빠져 있는 온갖 종류의 "상상력의 부패"가 크게 치유될 수 있을 것이고, 다른 한편으로는[27] 넓게 만연되어 있는 기독교 제국주의와 물질주의가 약화될 것이다.

앞에서도 지적했지만 유대인의 율법 대신에 부활에 대한 믿음으로 새로운 구원의 길을 연 뜻은 하나님의 영역을 계속해서 확장하려는 것이었다. 그것은 지금까지 속되다고 여겨 온 영역, 이 세상적이고, 몸적이고, 정결하지 못하다고 여겨 온 영역에로 하나님의 나라를 확대하는 일이다. 그것을 다르게 표현하면 신의 내재화이고, 내면화이며, 그 ‘직접성’(direct access)의 확대이다.[28] 필자는 오늘날 부활 이해에 대한 모든 대안적인 시도는 결국 이 지향과 연결되어서 어떻게 우리가 이 세상에서, 우리 몸에서, 현재와 순간에서 하나님과 초월을 만날 수 있느냐 하는 물음과 맞닿아 있음을 지적하고자 한다. 그런데 전통적으로 신의 초월성과 외재성이 강했던 헤브라이즘적·서구적 전통에서 이 일은 매우 힘겨운 일이었고, 신약성서 부활 이해에서 시간이 경과하면서 점점 더 덧붙여진 모든 육체적인 세부 설명들은 그리하여 오히려 이 힘겨움을 은폐하고 어떻게든 ‘초월’(靈)과 ‘내재’(肉)를 연결시키려 한 고투로 이해할 수 있다. 그래서 당시의 유신론적·삼층론적 세계 이해로 서술된 부활 담론은 오늘 우리의 시각에서 보면 결국 도케티즘에 빠진 것으로밖에 보이지 않으며, 따라서 필자는 이 딜레마를 풀기 위해서는 이제까지의 ‘사고의 전거’(frame of refernce) 밖으로 나가야 한다고 여기는 것이다. 또한 그렇게 하지 않을 이유가 없는데, 왜냐하면 오늘 인류의 상황은 지금까지 서로 타자의 것으로 반감 속에서 대해 왔던 동서의 종교 전통을 보다 포괄적으로 ‘인간’(humanity) 문명이라는 차원에서 ‘공동’(common)의 것으로 볼 수 있으며, 특히 동의 전통은 서의 유신론 전통보다 훨씬 더 초월의 내재성을 잘 가꾸어 왔기 때문이다.

여기서 한국 여성신학자로서 필자는 무엇보다도 동아시아 유교 전통과의 대화를 생각한다. 그것은 유교적 도를 단순히 한 세속적 도덕 기제로서 이해하는 것이 아니라 우리 시대가 긴히 요청하는 ‘내재적 초월’

(immanent transcendencing)을 뛰어나게 표시해 주는 영성으로 보기 때문이다. 즉 인간 '내면'(性)에서 '궁극'(理)을 보면서 그 둘의 온전한 하나됨을 지극히 현실적이고 '이세상'적으로 이루어내고자 하고(性理學), 우리 몸(身)을 하늘의 뜻(平天下)을 실현하기 위한 가장 기초적인 출발점(修身)으로 삼으면서, 참으로 구체적이고 일상적으로 덕의 실현을 통해 초월을 완성하고자 하기 때문이다(修身齊家治國平天下). 또한 이러한 유교의 '세간적'(世間的) 종교성 (secular religion)과 "일상적 영성"(lay spirituality)은 오늘날 세속화 사회 이후의 포스트모던 사회에서 특히 주목받고 있는데, 서구 유신론적 종교의 한계 속에서 "외부적으로 최소한으로 종교적이면서도 내면적으로는 풍성하게 영적인" 대안적 신앙 체계가 요청되고 있기 때문이다.[29]

물론 유교적 도가 가진 이러한 긍정성보다 그 타락을 가까이서 경험한 한국인들과, 특히 유교 가부장주의의 폐해를 오랫동안 겪어 온 한국 여성들에게 이러한 제안은 설득력있게 다가오지 않을 수 있다. 그러나 예를 들어, 유교에서 공자가 "역사에서 그토록 중대한 역할을 떠맡으면서도 단지 한 인간으로 남았다는 것"과 "그를 신성화하려는 후대의 모든 가당치 않은 시도들을 저지한 것"이야말로 그의 뛰어난 고유성이고 위대성이라는 평가가 있고,[30] 또한 이와 더불어 앞에서 우리가 기독교 성육신의 실체화에 가했던 해체의 시각을 유교 가부장주의에 대해서도 똑같이 적용해 보면, 거기서의 '사기종인'(捨己從人, 자신을 버리고 남을 따름)과 '천명'(天命)과 '극기복례', '수기안인'(修己安人), '사생취의'(捨生取義, 목숨을 버리고 의를 취함) 등의 실행이 바로 '몸으로 하나님을 영화롭게 하라'는 신약의 메시지와 크게 상통함을 보기 때문이다. 우주에서의 생명 현상을 몸적 '기'(氣)의 '취산' (聚散)으로 보는 유교적 세계관은 '제사 감격'(祭祀感激)을 말하면서 '영적 몸'의 현현을 한 특정한 인물의 것으로 한정하지 않는다. 유교 제례에서 '이세상'의 지극한 정성과 염원 속에서 현현되는 '저세상'이 예수의 몸적 부활과 또한 우리의 부활 신앙을 오늘의 세계에서 보다 더 진정성 있게 이해할 수 있는 전거가 될 수 있다고 생각한다.[31] 예를 들어 우리 신체를 머리털 하나라도 자신의 것으로 여기지 않고 부모로부터 받은 것으로 보아서 귀하게 여기는 몸에 대한 자세는 바로 최소한으로 종교적이면서도 풍성하게 영적인 태도가 들어가 있는 몸에 대한 경(敬)의 모습이고, 여기서 초월(정신)과 내재(몸)가 어느 한 쪽에 의한 다른 쪽의 억압이나 희생 없이 잘 연결될 수 있다고 보는 것이다.[32] 이러한 유교적 의식의 회복을 통해서 오늘날 한국 교회에서 부활을 외치는 큰소리에도 불구하고 한편으로 몸이 한없이 비하되고 몸으로 하나님을 영화롭게 하는 실천과 수행이 사라져 버리고, 다른 한편으로는 그 몸이 신(神)이 되는 방탕과 사치가 난무하고, 이 세상에 속한 몸의 연장을 위해서는 어떠한 일이라도 불사하려는 욕망의 비등을 순화할 수 있지 않을까 생각한다.[33] '갱생과 부활은 명멸하는 것', 우리의 몸은 '동적 평형'(dynamic equilibrium)을 잘 이루어 나갈 때[34] 그 자체가 예배가 되고, 선(善)이 되며, 미(美)가 된다는 것의 숙고, 이러한 통찰이 여기서는 유교 '전통'과 기독교적 '현재'의 대화(communication)에서 나왔음을 본다.

우주 생명의 진화 과정에서 인간의 자의식이 등장하면서 유신론적 종교가 생겨났고, 개인주의라는 개념이 등장하면서 사후의 삶이라는 개념이 뚜렷해졌다는 분석이 있다.[35] 그렇게 보면 이제 오늘 인류의 정황이 지금까지의 개인주의와 개체 중심주의를 어떻게 극복하느냐라는 문제 앞에 섰음을 생각할 때 그 개인주의를 나름의 방식으로 넘어선 유교와의 대화는 귀한 일임을 알 수 있다. 유교적 삶과 죽음, 그 사후에 대한 인식은 우리의 대안적 사고를 위해 도움을 줄 것이다.

4. 한국 '생물'(生物) 여성 영성의 인간론과 교회

20세기 러시아 사상가 베르쟈이에프는 서구 정신사에서 어느 누구 보다도 깊이 있게 신과 인간, 정신과 물질, 자유와 법, 윤리와 미, 창조성과 인간의 관계 등을 탐구하였는데, 그는 자신의 『인간의 운명(The Destiny of Man)』에서 "기독교만이 유일하게 과거를 씻어 버리는 것을 가르친다."고 하였다. 이러한 지적은 그가 먼저 기독교 신앙을 급진적으로 비신화화하고 상대화시킴에도 불구하고 다시 그 고유성과 유일성을 찾는 것을 말하고, 그것을 특히 '과거'와의 관계 의식에서 찾고자 함을 말한다.[36] 이 주장은 앞 장에서 우리 시대에 의미 있는 영성으로 제시한 유교의 세간적 도덕 영성이 주로 집중하는 것도 '현재'이므로 일면 타당하다. 하지만 '과거'를 씻어내는 속죄가 지속적으로 진정성을 가지려면 앞에서 갱생과 부활 이야기에서도 보았듯이 구체적으로 드러나는 '열매'가 중요하므로 실체화된 구호가 아니라 지금 여기에서 열매를 일구어 내는 신앙의 '창조성'(creativity)에 주목하는 것이 긴요하다고 하겠다. 그리하여 이 일은 앞으로의 기독교 신앙이 자연스럽게, 그리고 필연적으로 '성령론'에 집중하는 것이어야 함을 말해 주고, 그것도 인간성의 내재적 초월과 관련이 깊은 영 이해를 말하며, 또 다르게 이야기하면 우리 부활 이해의 확장을 의미한다.

베르쟈이에프에 따르면, "인간의 지식과 자유의 문제는 창조성의 문제"이다. 인간은 단순히 구원을 추구하는 존재가 아니라 "창조하는" 존재인데, '자유'는 다른 것이 아니라 "창조적 에너지"라는 것이다.[37] 그가 윤리학이라는 개념 아래 시도하는 "행위하는 인간 존재의 가능성에 대한 탐구"는 우리의 맥락에서 보면 어떻게 구원과 부활이 가능해지는가 하는 질문과 같은 것이다. 그가 "윤리학의 과업은 인습적인 도덕의 표준표를 만드는 것이 아니라, 창조적인 가치 부여를 하는 대담성을 가지는 것을 의미"하는 것이라고 지적하였다면, 우리의 신앙 행위도 매순간 지금 여기에서 영원을 드러내는(창조해내는) 일과 다름없고, 우리의 구원이 결코 과거의 교리를 반복적으로 들추어 내는 것이거나 논리나 언어만의 일이 아니라는 것을 지시하는 일이다. 고전신학적인 표현으로 하면 우리 안에 내재하시는 '(성)령'의 역동적 활동을 말하는 것인데, 베르쟈이에프는 한걸음 더 나아가서 "존재가 자유에서 나오는 것이지 자유가 존재에서 나오는 것이 아니다."라고 하였고, '창조'란 "자유로운 행위를 통해서 '비유'(非有)에서 '유'(有)에로의 전환을 의미"하는 것이라고 지적하면서[38] 존재론이 윤리학의 정초가 아니라 오히려 그 반대이고, 그 윤리학(창조 행위)의 근거도 인간 정신의 "대담함"이라는 영적 능동성의 에너지로 보았다.

베르쟈이에프에 따르면 서구 정신사에서 후설이나 베르그송은 인간 정신의 창조성과 능동성을 누구보다도 깊이 있게 전개했지만 그들 조차도 자신들의 '직관적인 것'을 너무 수동적으로 파악하였다.[39] 그러나 베르쟈이에프는 여기서 더 나아가서 인간의 창조성이 플라톤주의처럼 목적론적으로 정초되거나 헤겔처럼 결국 세계 정신이나 신성 자체로 보게 되면 그것은 "인간에게 아무런 독자성도 주지 못하고",[40] 창조적인 존재로서의 "인간을 노예화"한다고 비판한다.[41] 즉 그는 한편으로는 윤리학은 "운명론"이어야 하고 "사명론"이어야 한다고 말하면서도,[42] 다른 한편에서는 "선은 에너지라는 말로 이해해야지 목적으로 인식해서는 안 된다."고 하고,[43] 또한 탄생으로 개인의 한계를 극복하는 '속'(屬, genus)을 통한 생명의 영속은 "임신을 통해 계속되는 삶을 알 뿐 영원한 삶에 대해서는 아무 것도 모르는" "일종의 성적(性的) 범신론"이라고 비판한다.[44]

그러나 한국의 여성신학자로서 필자에게 베르쟈이에프의 이러한 비판은 수용하기 어려워 보인다. 물론 필자도 그처럼 초인간적인 영역이 아니

라 이 세상과 인간 세계 내에서 초월(윤리, 성령)의 영속성과 유효성을 담
보하기를 원하고, 내적 근거를 찾기 위해서 한국 유교 전통과 대화하려
하지만, 이러한 베르쟈이에프의 비판은 그에게도 여전히 남아 있는 서구
중심적 남성주의의 내적 이율배반으로 보인다. 필자에게는 예를 들어
'인간성'(仁)을 "인간 정신(마음)의 낳고(창조하고) 기르는 원리"(性之生理)
로 파악한 신유교적 인간 이해가 그가 비판하는 의미에서 성적(性的) 범신
론으로 보이지 않는다. 오히려 여기에서 임신과 구체적인 가정 살림, 정
치와 평천하의 일 등 모든 인간적인 일들 가운데서 초월(性)이 더욱 구체적
으로 '창조하는'(生) '영'(理)으로 작용할 수 있는 것을 본다. 그리하여 (필
자는 유사한 맥락에서 특히 『중용』에서 연원하여서 퇴계 선생이 자신의
「성학십도(聖學十圖)」 안의 '인설도'(仁說圖)를 여는 구절로 삼은 "인(仁)이란
천지가 만물을 낳는 마음(天地生物之心)이요 사람이 그것을 얻어서 마음으로
삼은 것(而人之所得以爲心)"이라는 언술에 주목하여, 한국 여성신학의 창조적
영성을 "한국 '생물'(生物) 여성영성"으로 표현하고자 한다. 여기서 '생물'
(生物)이라는 개념은 '생명'보다 더 포괄적으로, 소위 물질과 무생물의 영
역까지도 모두 포함하여 진정으로 '만물'(物)을 '낳고 살리는'(生) 일을 말
해 주는 일로 이해한다. 그것은 자칫 서구적이고 인간 중심적이 될 수 있
는 '생명(신)학'의 관점보다 더 포괄적이고 더 구체적으로 인간의 창조적
영성을 지시해 주고, 그리하여 만물을 살리는 뛰어난 살림꾼으로서의 한
국 여성들의 창조적 살림 영성을 이 용어로 잘 표현할 수 있다고 보는 것
이다.) 퇴계 선생은 이러한 '만물을 낳고 살리는' 마음의 일을 "구인성성"
(求仁成聖, 仁을 구해서 초월(거룩)을 완성함)의 일로도 표현하였다. 그는 하늘을 나의
아버지라 부르고 땅을 나의 어머니라 부르며, 천지의 모든 사람들을 내
형제자매로 부르는 장재(張載, 1020-1-77)의 「서명(西銘)」을 설명하는 글(西銘圖)
에서 다음과 같이 인간성의 공부를 설명하였는데, 필자는 이 글이 한국적

생물영성의 창조성을 매우 뛰어나게 표현해 주고 있다고 본다.

> 대개 성학(聖學)은 인(仁)을 구하는데 있습니다. 모름지기 이 뜻을 깊이 체
> 득하여야 바야흐로 천지만물과 더불어 일체가 되는 것이 참으로 여기서
> 말한 경지와 같다는 것을 알 수 있게 됩니다. 그래야 인을 행하는 공부가
> 비로소 친절하고 맛이 있어서 허황되고 아득하게 자신과 상관없게 될 염
> 려가 없고, 또 세상을 자기로 여기는 병통도 없게 되어서 마음의 덕이 온
> 전해질 것입니다. 그러므로 정자는 이르기를, '「서명」의 뜻은 극히 완전
> 하니 이것은 인의 체(體)이다.'라고 했고, 또 이르기를, '다 채워서 확충한
> 때에 성인이 된다.'고 하였습니다.[45]

앞에서 보았듯이 베르쟈이에프의 경우와 같이 서구적 창조적 영의 윤
리학은 다시 개인주의와 관념론으로 빠질 위험성이 있다. 그리하여 한국
생물 여성영성은 위의 창조성의 특성과 더불어 (성)령의 '공공성'(publicity)
의 차원을 강조하고자 한다. 그리스도론적으로 표현하면 공공성의 실현
속에서 부활의 새로운 가능성을 보는 것이다. 이미 피오렌쟈가 텍스트로
굳어진 성서를 '신화적인 원형'이 아닌 '역사적 원형'으로 보면서 그 해
석의 권위를 '여성 교회', 여성의 인간화를 위해서 싸우는 '공동체'에 둔
것에서도 드러나듯이 창조성의 영이 진정으로 자신을 드러내고 역할하고
자 하는 일은 공동체를 낳고 살리고, 공공의 영역을 구성해 내는 일이라
고 보기 때문이다. 퇴계 선생은 "공公이란 인을 체득하는 방법"(公者, 所以體
仁)이라고 했고, "대개 공적이면 어질게 되고, 어질게 되면 사랑하게 된다"
(蓋公則仁, 仁則愛)라고 했다.[46] 이것은 진정한 인간이 되는 일(仁)은 혼자서는
안되고, 단순히 자신의 '내면'(psyche)에 빠져 들거나 하는 일이 아니라 스
스로를 공적 인간으로 드러내면서 사람들이 그렇게 공적 인간으로 나설

수 있는 공공의 영역을 함께 일구어 나가면서 가능해지는 일이라고 본 것이다(克己復禮). 베르쟈이에프도 그의 인격주의의 개인주의적 한계에도 불구하고 "죽음은 인간이 타인의 삶이나 더욱 고상한 삶과 연결되도록 운명지어져 있다는 것을 입증하는 종말론적인 것"이라고 선언하면서 한 사회가 자신의 인간성을 완전히 저버린 것이 아니라면 죽음의 순간에서는 누구나 공적 인간으로 돌아갈 수밖에 없음을 밝혀 주었다. 영생과 부활의 공공적 측면을 시사해 준 것이다.[47]

공적 영역과 불멸성과의 관계를 아주 뛰어나게 밝혀 준 사상가가 다시한나 아렌트이다. 그녀에 따르면 오늘날 공적 영역이 소멸된다는 사실은 우리 세대에서 '불멸성'(immortality)와 '영원성'(eternity)에 대한 진정한 관심과 염려가 사라진 것과 밀접한 관련이 있다.[48] 두 번에 걸쳐 칼 야스퍼스의 삶과 관련해서 한 사람의 삶이 어떻게 자신을 공적 영역(the public realm)에 드러내는가에 따라서 "공공의 시선"(the public view)으로 "판단"(judge)받는 일에 대해서 말하는 그녀는 그러한 '관중'(spectator)의 판단 속에서 이루어지는 불멸성의 성취를 말한다.[49] 베르쟈이에프처럼 "개인"(the individual)과 "인격"(the person)을 구분하는 그녀는 인격은 단순히 주관성(subjectivity)의 개인이 아니라 하나의 '명'(命, daimon)으로서, 한 사람이 인간들 사이에서 자신만의 고유한 방식으로 용기 있는 행위를 통해서 "인간성"(humanitas)을 드러내는 방식이라고 밝힌다.[50] 그래서 인간성은 결코 "홀로는"(in solitude) 도달될 수 없고, 오직 사람들 속으로 "자신을 던지고"(venture into the public realm) "드러내는"(risks revealing something)일을 감행함으로써 도달할 수 있다고 하는데, 이것이야말로 인간의 특성이고, 은총이며, 그런 의미에서, "공적 영역은 동시에 하나의 영적 영역이기도 하다."(this public space is also a spiritual realm)라고 선언하였다.[51]

나치 치하의 어두운 시대에도 사고와 행위로 인간성의 등불을 높이 밝

혀 준 야스퍼스와 더불어 아렌트가 인간성의 화신으로 드는 또 다른 사람
은 18세기 계몽주의가 레싱(Gotthold E. Lessing, 1729-81)이다. 이 둘은 모두 "진리
의 대화 가능성"(Truth itself is communicative)을 기본 신념으로 하고 있다고 밝힌
다. 아니 여기서 더 나아가서 "오직 대화 속에서만 진리가 자신을 드러낸
다"는 확신을 말하는데,[52] 레싱의 희곡『현자나단(Nathan the Wise)』의 핵심 메
시지가 "우정"(friendship; We must, must be friends)이고, 또한 "인간 – 종종 레싱에
의해서 "한계를 가진 신들"(limited gods)로 표현되는 – 이면 족하다."(It suffices
to be a man)라는 모토야말로 전 희곡을 관통하는 주제가 된다고 밝힌다.[53]
그녀에 따르면 레싱은 어떻게 끼리끼리의 편당이 아닌 인간적인 우정을
통해서 이 세상을 인간화할 수 있는지를 보여 주려고 노력했고, 그런 노
력 속에서 심지어는 글 쓰고 말하는 사람이 포기할 수 없는 원칙인 '스스
로 모순되지 않기'의 원리조차도 희생하면서[54] 인간다운 세상, 즉 담화
(discourse)가 살아 있고, 각자는 "자신에게 진실되게 보이는 것"(deems truth)을
계속해서 용기 있게 말하는 것을 멈추지 않는 세상을 만들기 위해 분투했
다고 한다.[55] 어두운 시대에는 공론의 영역이 사라지고 세상은 너무나 미
심쩍고 수상해져서 사람들은 더 이상 묻거나 논의하지 않고 각자의 친밀
성이나 자신의 내부, 감상적인 사이비 세계나 비인간적 잔인함과 폭력성
의 세계에 탐닉하게 된다. "진리는 오직 그것을 계속 이야기하면서 인간
화할 때 그곳에 존재한다."(truth can exist only where it is humanized by discourse)는 것
과 이렇게 이야기하는 것이 없어지면 인간성이 사라진다는 것을 강조하
는 것인데,[56] 아렌트는 이러한 레싱의 "인간성"(humanity)과 "인간 사랑"(love
of humankind), "세계로의 개방성"(openness to the world)이야말로 인간 세계를 지
켜 주는 등불이 됨을 밝혔다. 뒤에 다시 로자 룩셈부르크(Rosa Luxemburg)에
대해서 이야기할 때는 소위 사회의 진보 그룹들이 자신들의 "도덕적인 우
위 감정을 즐기면서" 그 사회에서 구체적으로 일하지 않으면서 비판만 일

삼고 자신들의 게토에 빠져 지내는 것에 대해서도 비판한다.[57] 오늘 한국 교회에서 대중적 교회와 목회에 대해서 진보적인 신학자들이 보이는 행태와도 유사한 점이 있다고 생각하는데, 한편으로 필자도 포함하여 한국 여성신학도 이 비판에서 완전히 자유롭지 못함을 본다.

한국 생물 여성영성은 이렇게 말과 담화로 유지되고 지속되는 공공성의 영역을, (성)령의 열매가 맺히고 그리하여 부활과 영생이 새롭게 증거되는 현장으로 보아서 이 영역의 확장을 위해서 힘쓴다. 그러한 가운데 이제 이 일을 행하고 있는 각자가 '재림하는 그리스도'(second coming of Christ)를 증거하는 중임을 밝히고, '복수론적(複數論的) 그리스도론',[58] 또한 그런 의미에서 이제 '다중'(多衆)이 그리스도가 되는 다중의 그리스도론을 지시하고자 한다.[59] 이것은 과거 2천 년 전 유대인 남성 예수만이 그리스도가 되었다는 주장을 넘어서는 일이며, 우리 각자가 그리스도가 되어야 함(聖人之道, To become a sage)을 받아들이면서 하나님을 유대 남성 예수로부터 해방시키는 일이다. 이와 더불어 개인으로서의 그리스도가 아니라 다중의 그리스도와 집단 지성을 상상하는 일이다.[60]

이상에서처럼 한국 생물 여성 영성은 (성)령의 창조성에 이어서 공공성을 강조하였는데, 세 번째로 그러한 특성을 넘어서 더욱 지극하게 그 고유성을 드러내는 특성으로서 '지속성'(endurance)을 들고자 한다. 한자어의 '성'(誠)으로 대변된다고 보는 영의 지속성은 열매가 맺힐 때까지, 온전히 이루기까지(成) 계속하며 인내하는 특성을 말한다. 필자는 한국 여성들이 지금까지의 역사적 경험 속에서 이 특성을 누구보다도 잘 일구어 왔다고 보고, 열매로 영의 진위를 파악하기를 원하는 기독교의 성령 이야기와 잘 연결될 수 있다고 본다.[61] 베르쟈이에프도 지적하기를, "역설은 합리적으로 해결되는 것이 아니고, 다만 끝까지 생활하는 체험을 통해서 이해되는 것이다."라고 하면서 그에게 궁극적으로 '부활'(낙원)의 문제인 "윤리학의 비극적이며 역설적인 성격"은 "신과 인간의 자유와의 관계 문제"
라고 역설하였다.[62] 앞에서 보았듯이 그는 윤리학은 운명론이어야 하며,
인간의 사명론이어야 한다고 재차 역설하였다. 이렇게 기독교 사상가 베
르쟈이에프에게 보이는 윤리와 영성의 하나됨과 그것의 운명(性)과 사명
(命)으로서의 지속성의 성격을 아시아의 유교 경전『중용』은 다시 뛰어난
유교 영성으로 증거해 주고 있다. 필자는 한국의 전통 여성들이 그 유교
영성을 일상의 삶에서 신명(神明)의 차원으로까지 승화시키면서 그들 살림
살이에서 뛰어나게 체현하였다고 본다.[63] 그리하여 그 유산은 오늘 우리
시대에 여남 모두를 위한 귀한 자산이 되며, 그것을 잘 이어가는 길이 함
석헌 선생이 1934년 자신의 조선역사 강의를 마치면서 "'고난의 역사'를
짊어진 조선 백성이 결국에는 가장 깊이 생각하는 자가 되어서 옛 조상들
의 특징이었던 '인'(仁)으로 세계사에 기여하게 될 것"이라고 역설했다는
뜻과 크게 다르지 않다고 여긴다.[64]

　『중용』은 자신을 이룰 뿐 아니라(成己) 타인(成人)과 만물(成物)을 이루는
성실함의 지속성(誠)에 대해서 끝없이 이야기한다. 자신을 이루는데 그치
지 않고 그 성실함의 배려와 생명 살리기의 일을 온 만물에 지속적으로
미치는 일을 말하는 것이다. 그런 '지속함'(不息則久)을 통해서 변화가 나타
나고(久則微), "유구함은 물을 이루는 까닭"(悠久所以成物也)이기 때문이다.[65]
한국 생물 여성영성의 그리스도론은 이러한 지속성(誠, 말과 뜻(言)이 현실과 몸과
실제로 체현될 때까지 수고하는 것(成))의 특성이 그리스도를 낳는 원동력이 되며,
그러한 그리스도성의 실현에로 우리 모두가 불려졌음을 안다. 이에 다시
한 번 한국 교회와 사회가 그 비인간성과 불신을 극복하기 위해서는 지속
성의 가치를 체현하는 모든 일과 대상들을 귀하게 여겨야 하는데, 그것들
은 '여성'의 일이고, '평신도'와 '노년'의 삶이며, 또한 어린이와 청소년이
참된 인간성에로 자랄 수 있도록 지속적으로 힘쓰는 '교육'의 일인 것이

다. 더 근본적으로는 이러한 모든 일의 몸적 바탕이 되는 '자연'이다. 지금까지 이러한 일들과 대상들은 한국 신학과 교회에서 귀하게 여겨지지 않았다. 오히려 속되고 덜 중요하다고 생각되어 왔다. 하지만 오늘 우리 상황은 이 영역으로의 하나님 나라의 확장을 시급하게 요청하고 있다. 이러한 맥락에서 한국 생물 여성 영성은 '창조성'(聖)과 '공공성'(性), 그리고 '지속성'(誠)을 한국 여성신학 그리스도 이해의 세 가지 관건으로 보고, 그것이 또한 모든 한국 그리스도인의 인간성 속에서 체현되기를 간구한다. 인간은 육체를 가진 존재이므로 자신의 '행위'(과거의 축적, 문자)만으로 구원받을 수 없다. '믿음'(매번 새롭게 미래를 선택하는 창조적 행위, 영)을 통해서 하나님의 은총으로 구원받을 수 있다. 이렇게 자신이 이미 가졌다고 생각하는 것으로부터 과감히 나와서 다시 시작하고 자신을 기투할 때 하늘의 은총을 기다릴 수 있음을 안다.

5. 정의와 몸적 자아의 오래된 새 지평

최근 미국 사회뿐 아니라 한국에서도 '정의'에 대한 관심이 고조되고 있다. 인문학 서적으로는 경이롭게도 번역된 지 얼마 만에 최고의 베스트셀러가 된 『정의란 무엇인가』의 저자 마이클 샌델은 한국을 방문하였을 때 '마이클 잭슨도 아닌데'라는 말을 유행시켰을 정도로 인기가 있었다고 한다. 정치 철학자 샌델은 아리스토텔레스와 칸트, 밀과 존 롤스 등의 서양 윤리학의 전통 속에서 오늘날의 세계적인 신자유주의 경제 체제 아래 더욱 첨예하게 된 정의의 문제를 여러 사건들과 더불어 가열차게 논의해 나간다.[66] 이러한 모든 논의 곁에 그러나 필자는 지금부터 거의 이천삼백 년 전에 맹자(B.C.372-289)가 밝힌 정의란 무엇인가에 대한 답을 나란히 놓고자 한다. 그는 '의'(義)를 "인간의 길"(人路)이라 밝히면서 그것은 다름 아니라 '경장'(敬長, 윗사람/오래된 것을 공경함)이라고 했다.(『맹자』 「盡心上」15) 즉 오늘날과 같이 '능력' 평등주의를 외치며 각자가 가진 '능력'에 따라서 소득과 부, 기회가 나누어지는 것을 정의와 평등으로 보는 서구적 신자유주의 앞에서 그는 '나이(齒)'와 '장유'(長幼)를 정의의 토대로 제시한 것이다. 오랜 유교 전통의 나라에서 왜곡된 장유유서와 나이 차별주의를 많이 겪어 온 우리들에게는 이 대답이 그렇게 신선하게 들리지 않을 수 있다. 하지만 한 번 더 깊이 생각해 보면 오늘날과 같은 '스펙' 쌓기의 경쟁 시대에, 자신의 능력을 높이기 위해 모든 것을 내다 파는 세상에서 그 인위적인 '능력'이 아니라, 우리 모두에게 인간이면 누구나 세상사람 모두에게 가장 보편적으로 적용될 수 있는 기준인 '오래된 것'(長) 정의의 토대로 삼았다는 것은 시사하는 바가 크다. 그래서 맹자는 '친친'(親親, 어버이를 친애함)으로서의 '인'(仁)과 더불어 '경장'으로서의 '의'(義)를 "천하의 보편적인 법"(達之天下)이라고 했고, "천하에 늙은이를 잘 봉양하는 자가 있으면 '어진이'(仁人)들이 그곳을 자신의 돌아갈 곳으로 삼는다."(天下有善養老, 則仁人以爲己歸矣 『맹자』 「盡心上」22)라고 하면서 참된 인간적인 삶의 기준을 제시했다. 즉 이제 나이 들어 능력이 떨어졌다고 해서 그들을 소홀히 하지 않는 사회, 동물적인 약육강식의 원리가 아닌 힘이 없고 능력이 부족하기 때문에 오히려 더 보살펴 주고 배려해 주는 사회, 그런 사회를 정의로운 사회로 본 것이다. 또한 여기서 우리가 공경하고 소중히 여겨야 할 '오래된 것'(長) 안에는 단지 인간적인 나이만이 아니라 오늘 우리 세대보다 더 유구하게 지속되어 온 우리 전통과 문화, 또 지구상에서 인간보다 더 오래 살아온 식물과 동물 등의 자연도 포함될 수 있다. 이러한 대상에 대한 경장의 의가 살아 있는 곳이야말로 참다운 인간적인 삶과 문화가 꽃핀다는 가르침이겠다. 한국 교회가 이러한 의의 보루가 되기를 희망한다.

오늘날 우리 시대의 세속적이고 내재적인 종교성과 영성의 표현인 정의에 대한 관심과 더불어 그 관심의 또 다른 표현이 최근에 영화로도 표현된 엘리자베드 길버트(E. Gilbert)의 『먹고 기도하고 사랑하라(*eat pray love*)』에서도 나타난다. 여기서 뉴욕에 살고 있는 소설가이자 저널리스트인 주인공은 오늘날 세계 젊은 여성들이 이 세상에서 추구하는 모든 것을 가진 여성이지만 자기 정체성과 삶의 의미 물음에 걸려서 그때까지 이루어 온 모든 것을 내려놓고 답을 찾아서 길을 나선다. 그 길에서 그녀는 특히 자신의 '몸적 자아'를 밀고 나가는 방식(먹고, 몸으로 명상하고, 섹스하고)을 통해서 참된 의미성에 도달했다고 고백하는데, 한국의 여성들도 포함해서 전 세계 여성들이 거기에 열광한다. 하지만 필자는 다시 그 방식 곁에 재미 여성인류학자 전혜성이 한국 여성 리더십의 특징과 고유성으로 지목한 '역할 완수'(role dedication)의 방식도 나란히 놓고자 한다. 전혜성에 따르면 "역할 완수는 한국 문화의 전통에서 돋보이는 우수한 가치"인데, "서양에서는 자기 성장, 자기 계발이 중요하다고 여기지만, 한국에서는 꼭 자기 성장을 추구하지 않아도 역할을 완수하다 보면 자기 완성도 함께 이루어진다고 본다."는 시각이다.[67] 이어서 그녀는 한국적인 '나'의 개념은 그 자체 안에 "시간성을 포함"하고 있다고 하는데, 즉 조부모의 손녀·손자로서 또는 부모의 딸과 아들, 더 나아가서 보다 장구한 시간성 속에서의 관계망 안에 있는 자신을 인식하는 방식을 말한다. 이러한 방식이 오늘날과 같이 세상을 온통 자기 위주로 보고, 개인주의와 자아 중심주의의 왜곡이 심한 상황에서 좋은 가르침이 된다. 오늘 졸부 의식과 불신으로 모든 오래된 것과 관계망과 인간성의 예의와 공론장이 사라져 버리는 때에 한국 교회와 교인들이 다시 숙고해야 하는 인간성이다.

퇴계 선생은 임종을 2년 앞둔 1568년에 그 20여 년 후에 임진왜란의 참화를 맞게 되는 선조에게 여섯 가지 경세론의 소를 올렸다(「戊辰六條疏」). 오늘 한국 교회의 현실을 보면서 그 소가 다시 생각났다. 퇴계는 거기서 자신의 계통을 중시하고, 스스로의 가정사를 잘 다스리고, 구석방에 있어도 부끄럽지 않도록 자신을 갈고 닦는 공부에 돈독할 것을 청했고, 또한 나라의 일을 혼자서만 독점하지 말고 나누고 개방할 것을 요구했다.[68] 이와 관련해서 여기서 필자는 특히 한국 교회가 지금까지 무시하고 업신여겨 온 자신의 종교적·문화적 전통을 귀히 여기는 일을 생각했고, 목사직 세습과 같은 일로 자기집안을 다스리는 일에서 넘어지지 말고 사적 욕망에 빠지지 않는 일, 교회행정을 담임목사 혼자서 독점하는 것이 아니라 다른 교역자들과 특히 여성들과 정당하게 나누고 교회 공동체에 더욱 개방하는 일, 세계의 모든 관광지와 맛있는 음식을 찾아다니며 유흥에 시간을 쏟는 대신에 자신을 갈고 닦으며 수행의 예로 참된 리더십을 보여 주는 일 등을 떠올렸다. 오늘 한국 교회를 위한 많은 개혁의 주제들이 있지만 앞에서 우리가 살펴본 대로 실체화된 갱생과 부활의 그리스도론으로 자신의 직분을 신격화하고, 그 직분을 독점하면서 만가지 악을 몸에 쌓고 있는 교회 지도자들의 변화와 개혁이 제일 관건이라고 생각한다. 그래서 오늘 우리 시대의 기독교와 교회는 '성직의 비신화화'를 무엇보다도 긴급하게 요청한다고 보는 것이다.[69]

제2부 **性과 여성**

동학은 궁극적으로 동양과 서양을 아우르고, 인간과 자연을 모두 포괄하
며, 우주 전체의 만물을 위한 도로서 자기 자신을 자리매김한다. 21세기
신원운동은 그래서 좁은 의미의 민족주의적 한계를 넘어서서 범지구적
이고 범인류적인 차원으로 확장되어야 하는 과제 앞에 놓여 있다. 거기
에는 동서의 구분도, 여남의 구분도, 자연과 문명의 구분도, 인간과 기계
의 구분도 넘어서서 모두를 위한 우주생명 공동체에로의 지향만이 남게
될 것이다

I. 페미니즘 시대에 신사임당 새로 보기*

1. 신사임당의 삶과 우리 시대

신사임당이 한국 고액권 여성 화폐인물로 선정되면서 많은 논란이 있었다. 일부 여성계에서는 그러한 결정을 받아들이지 못하고 여러 가지 반대 논거를 제시했다. 21세기, 여성 자아 실현의 때에 주로 누구의 어머니와 누구의 처로 이야기되는 조선 시대의 여성을 첫 여성화폐 인물로 지정하는 것은 맞지 않으며, 전혀 미래 지향적이지 않다는 지적이다. 또한 '사임'(師任)이라는 호는 옛날 중국 성왕(聖王) 문왕(文王)의 어머니 태임(太任)을 본받자는 것이므로 사대주의적인 발상이고, 이와 더불어 오늘날 교육 광풍이 몰아치고 있는 때에 율곡의 어머니 사임당을 여성 모델로 제시하는 것은 여성들을 더욱 더 '영재교육' 등의 교육 광풍에 내모는 일이라고 비판한다.

신사임당(申師任堂, 1504-1551)은 한국 유교 전통의 대표적인 여성 인물이다.

---

* 이 글은 필자의 논문 「페미니즘 시대에 신사임당 새로 보기 - 신사임당의 '성인지도'의 길」, 『동양철학연구』제43집, 2005.8(218-254쪽)을 기초로 하여 다시 쓰여졌다.

지금으로부터 500여 년 전에 태어나서 그렇게 길지 않은 생을 살다갔지만 오늘 다시 화폐 인물로 우리에게 다가왔다. 우리가 쉽게 접할 수 있는 그녀의 영정 그림은 깊은 슬픔을 머금은 듯한, 그러나 좀 더 찬찬히 들여다보면 모든 어려움을 뒤로 하고 깊은 관조 속에서, 높은 삶의 뜻을 품고 살아온 듯한 고상한 품격을 느낄 수 있다. 그녀는 우리 시대 많은 페미니스트들이 반대했지만, 세계 어느 나라에서도 유례가 없이 어머니와 아들이 모두 한 나라의 화폐 인물로 선정된 진기록을 세우게 되었다.

이 글은 이러한 상황에서 신사임당 삶의 의미가 우리에게 무엇인지를 묻고자 한다. 그러나 이 물음은 좁은 의미에서의 페미니즘적 관찰의 테두리를 벗어나서 보다 보편적으로 우리 삶의 근본 물음과 연관시키기를 원한다. 20세기 페미니즘은 우리가 참된 인간이 되고자 하는 데 신체적 성(性)은 더 이상 장애가 되지 않으며, 우리의 성은 많은 경우 '사회적 성'(젠더)의 차원을 가지고 있는 것을 가르쳐 주었다. 또한 여성의 성은 더 이상 재생산과만 관계되는 것이 아니고, '쾌락'의 차원과도 연결되는 것임을 밝혀 주었다. 이러한 성해방과 여성해방은 여성들에게 전통의 강요된 억압과 굴종에서 벗어나서 보다 자유롭고 다양하게 자신의 삶을 실현할 수 있는 기회를 제공해 주었다. 하지만 우리 모두가 오늘날 주목하는 바이지만 이와 더불어 성과 몸의 물화(物化)도 심각하다. 오늘 우리 시대는 그동안 페미니즘을 포함하여 현대 정신이 줄기차게 강조해 왔던 주체성의 높은 기치로 보다 많은 사람들이 인간적인 존엄과 권리를 찾게 되었지만, 그 주체성 원리의 과도한 적용은 서로를 점점 더 고립된 섬으로 만들어 가고 있다. 그래서 고독한 '개인'과 '인간'과 '현재'만 남아 있는 '세계 소외'의 현상이 심각하다.

본 연구는 이러한 현실 앞에서 신사임당의 삶을 그녀가 살았던 유교 전통과 관련하여 어떠한 의미를 가질 수 있는지 살펴보려는 것이다. 우리는 지금까지 현대 정신으로 조선시대 유교적 삶, 특히 거기서의 여성들의 삶이 얼마나 억압적이었으며, 소극적이었고, 비천한 것이었나를 끊임없이 지적하고 평가해 왔다. 그러나 그 유교 정신은 한편으로 간단없이 '물질'(利)보다 '뜻'(命)을 앞세웠으며(見利思義), 자기를 드러내기 보다는 감추고 삼가면서 공동체의 안녕을 위해서 애쓰면서 중도와 화합(致中和)의 가치를 추구했다(克己復禮). 또한 사적인 이익보다 공공의 의(義)를 세우는 것을 특히 강조했으며(捨生取義), 지금 이곳의 삶뿐 아니라 보다 긴 시간과 큰 공간의 지평을 염두에 두고서 '대동'(大同)과 '평천하'(平天下)의 이상을 그려 왔다. 오늘 우리 시대에 현대정신의 과도한 적용이 가져오는 폐해 앞에서 이러한 유교 전통의 정신이 다시 의미를 갖는다면 그 전통과 가치관 안에서 살았던 여성들의 삶은 오늘날 우리에게 어떤 의미를 갖는지, 지금까지 지나치게 한쪽 면으로만 치우쳐서 폄하해 온 대로 그들이 단지 수동적인 희생자였을 뿐이었는지, 아니면 당시 여성들의 삶이야말로 위의 유교적 도(道)와 이상을 그들의 온 몸으로 살아온 더욱 더 지극한 예를 특히 신사임당의 삶과 관련하여 살펴보고자 한다.

2. 유교적 '성인지도'(聖人之道)의 종교성과 여성의 삶

오늘날 우리 시대의 자아 중심주의와 경제 제일주의에 반해서 점점 더 의미 있게 다가오는 유교 정신은 지금까지 주로 정치이론이나 사회도덕 이론 등의 세속적인 차원에서만 고려되어 왔다. 그러나 필자는 한국 유교 전통과 조선 시대 여성들의 삶에 대한 평가가 온전히 이루어지지 못하는 큰 요인이 바로 그 유교 전통이 가지고 있는 '종교성'(religiosity)에 대한 평가가 제대로 이루어지지 못했기 때문이라고 생각한다. 필자가 보기에 유교 전통은 세계의 다른 유수 종교 전통들과 마찬가지로 나름의 방식으로 '성속'(聖俗)의 체계를 가지고 있는 '종교 전통'이다. 그리고 그 종교성의 핵심은 바로 '성인지도'(聖人之道, To become a sage)의 이상에 있다. 이것은 "인간은 누구나 그 현실적인 제약이나 조건에 관계없이 '배움'(學)과 공부를 통해서 성인이 될 수 있다."는 믿음인데, 여기에 신분이나 여남의 차이, 학식의 많고 적음 등이 상관되지 않는다는 것이 유교의 오랜 이상이었다. 물론 역사에서 경험한 대로 이러한 본래의 이상이 시대적 제약 속에서 많이 변질되고 왜곡되기도 했지만 항상 이 이상을 기초적인 이상으로 삼아 온 것을 부인할 수 없다. 그것은 매우 성속일치적인 급진적인 해방의 사고라고 할 수 있다.

불가나 도가와는 달리 완전히 '출세간'(出世間)적이지도 않고, 묵가와 법가와 달리 '즉세간'(卽世間)적이지도 않으면서 이 두 가지 측면을 동시에 담지하고 있는 유교 정신을 공자는 "가까운 삶에서의 공부를 통해 높은 진리의 세계에 도달"(下學而上達)하는 일로 보았다. 『중용』 27장은 그 일을 "고명함을 지극히 하되 일상을 따른다."(極高明而道中庸)로 표현했다. 오늘날 현대 정신의 과격한 자아 중심주의와 주체성 강조에 대비해서, 그러한 주체의 의지와 결단의 측면을 가지고 있으면서도 동시에 그것을 넘어서는 유교적 종교성의 표현으로 공자와 맹자가 특히 고대 순(舜) 임금의 인격과 더불어 논했던 '사기종인'(捨己從人, 나를 버리고 남을 좇는다)의 정신을 들고자 한다. 이 정신은 언뜻 보기에는 자아와 주체성은 부재하고 매우 수동적이고 소극적인 것으로 오해받을 수 있지만, 이 경지야말로 좁은 의미의 자아와 주체성의 차원을 벗어나서 더 큰 대인大人의 인격으로서 하늘과 짝하며(配天), 여기 지금과 나의 상대성을 자각하고 하늘의 현현으로 다가오는 '타자'를 깊이 받아들이는 유교 종교성으로 해석할 수 있다. 맹자는 '미'(美)와 '선'(善)과 '효'(孝)의 대성(大聖)으로 일컬어지는 순 임금에 대해서 다음과 같이 말했다;

"자로는 사람들이 그에게 허물이 있다고 말하면 기뻐하셨다. 우 임금은 선한 말을 들으면 절을 하셨다. 대순(大舜)은 (그보다도) 위대했으니, 선을 남과 함께 하여 자신을 버리고 남을 따르며, 다른 사람에게서 취하여서 선을 행하는 것을 기뻐하셨다."[1]

자신의 생명 존중과 인간 사랑의 정신(仁)을 한마디로 '충서'(忠恕)로 표현하는 것을 허락했던 공자도 우리가 잘 아는 대로 '화이부동'(和而不同)을 말하였고, "많이 듣고 의심스러운 것은 빼 버리고"(多聞闕疑), "많이 보고 위태한 것은 빼 버린다."(多見闕殆)고 하셨다. 이러한 모든 정신은 단순한 수동적인 자아 포기가 아니라 더 큰 정신과 하늘의 도(道)를 따르려는 깊은 종교성의 발로이며, 그런 의미에서 더욱 더 큰 주체성의 표현이라고 하겠다. 율곡이 전하는 어머니 신사임당의 행장에 따르면, 신사임당이 새 며느리가 되어서 집안의 잔치 자리에 있게 되었는데, 많은 여자 손님들의 대화 속에서 말없이 앉아 있던 사임당에게 "왜 새 며느리는 말을 하지 않느냐?"고 하자, "문 밖에 나가 보지 않아서 전혀 본 것이 없는데 무슨 말을 하겠습니까?"라고 대답하여 그 자리에 있던 모든 사람들이 부끄러워하였다고 한다. 이러한 일화는 유교 여성들의 삶이 우리가 보통 평가하듯이 주체적이지 못하고 비천했던 것만이 아니라 끊임없이 자신의 상대성과 한계를 살피면서 자신을 닦으려는 '사기종인'(捨己從人)과 '수기안인'(修己安人)의 노력과 연관된 것임을 보게 한다.

필자는 이렇게 자신을 닦고 참된 인간이 되고자 하는 공부 속에 유교 종교성의 참 모습이 들어 있고, 여성들의 삶도 이 정신으로 이해해야 한다고 본다. 물론 당시 인류가 놓여 있던 가부장적 한계 속에 조선 여성도 많은 현실적인 한계를 가졌지만, 다른 출세간의 종교 전통들보다도 이 세계 안에서 하늘의 도를 실현하려는 유교의 내재적 종교성은 여성들의 삶림살이와 삶의 과정들도 이 배움 안에 포괄하는 것으로 가르쳤다. 그러므로 여성들의 삶도 이 '성인지도'의 추구 안에 포괄되지 않는 것이 아니어서, 조선 후대로 내려올수록 점점 더 많은 여성들이 이 자각을 하게 되었고,[2] 신사임당의 삶은 바로 선구자적으로 이 자각을 뛰어나게 펼친 것으로 보고자 한다. 비록 이 자각에 대한 그녀 자신의 뚜렷한 언급은 거의 없지만, 그 아들 율곡의 사상을 한국 유학사의 한 정점이라고 한다면 바로 그를 직접 가르친 어머니도 이미 이 유교적 도(道)의 정신에 깊이 들어와 있던 것으로 해석할 수 있다고 본다. 사임당의 생애를 알려 주는 「동계만록(東溪漫錄)」에 의하면 자신의 남편 이원수와 더불어 선인들의 부부생활에 대해 나눈 대화를 통해서 그녀가 얼마나 상세히 공자, 증자, 주자 등에 대해서 알고 있었는지를 잘 알 수 있다.

유교 전통의 억음존양적(抑陰尊陽的) 음양론의 적용은 여성들을 억압했고 그들에게는 쉽게 배움의 기회를 허락하지 않았지만, 오늘날 이 음양론의 새로운 해석과 적용은 오히려 여성들의 삶이야말로 참으로 더 진실되게 이러한 '하학이상달'(下學而上達的)적이고 '극고명이도중용'(極高明而道中庸)적인 유교적 도를 실천해 온 삶으로 이해할 수 있게 한다. 유교 존재론과 생성론의 역학적 표현인 '일음일양'(一陰一陽)과 '건곤'(乾坤)의 이해에서 지금까지 '음'과 '곤'은 매우 수동적이며 낮음과 비천함의 상징으로서 부정적으로 평가되어 왔다. 지금까지 주로 '여성괘'로 읽혀 오면서 부정적으로 평가되어 오던 '곤괘'(坤卦)는 그러나 실은 '건도'(乾道)의 '생명의 창생'에 비해서 만물의 '형성과 성장'을 주관하는 도로서 여기에서 비로소 몸으로 하늘의 도(道)를 이루려는 유교 종교성이 완수됨이 지적되었다.[3] 또한 공자가 자신의 이상으로 삼았던 '술이부작'(述而不作)의 문명 창달 방식이 바로 이 '곤도'(坤道)의 방식과 다르지 않다는 것인데, 왜냐하면 곤괘란 토(土)와 신(申)의 결합으로 자신의 몸을 낮추어 만물이 그 위에서 쭉 뻗어 나가게 하는 것을 말하고, 제 스스로 그 공적을 자랑하지 않지만 실제로 이 어서 임무를 완수하는 자세이기 때문이다. 공자가 자신은 문명을 새로 창 작하는 것이 아니라 옛 것을 믿고 좋아하여 그것을 전하는 사람이라고 술 이부작의 방식으로 말했다면, 이것이야말로 곤도의 겸허와 자기 비움의 방식과 같다는 것이다.[4]

　　이상의 모든 해석들은 우리로 하여금 더 이상 곤도와 '사기종인'(捨己從人)의 방식을 폄하할 이유가 없게 한다. 오히려 이제 여남 모두에게 더 큰 생명 창조와 완성의 길로서 우리 모두의 삶의 길로 체화해야 하는 덕목으로 받아들이도록 요청한다. 더 이상 과거 신체적 성(性)의 구분에 따라 여성에게만 부과된 수동의 비굴한 덕이 아니라, 오히려 더 지극한 능동성과 주체성의 길로서 자아를 버리는 길을 통해서 자아를 완성하고 생명을 일구는 참된 종교성의 모습으로 받아들이도록 한다. 필자는 지난 유교 전통 여성들의 삶이 비록 그들 자신은 잘 의식하지 못했다 하더라도 이런 유교 종교성의 표현이었다고 생각한다. 그것이 오늘날 유교 인문 정신과 예(禮) 정신의 핵심으로 평가된다면 그 길은 이제 여남 모두에게 요청되는 삶의 원리가 되어야 하고, 더불어 유교 전통 여성들의 삶의 방식은 오늘 우리 모두에게 삶의 모범이 될 수 있다. 필자는 신사임당의 삶의 모습도 바로 이런 맥락에서 이해하고자 한다.

3. 신사임당의 '사기종인'(捨己從人)의 길
: '현모'(賢母)와 '양처'(良妻)로서의 삶

　　우리가 아무리 '현모양처'의 이미지를 특별히 일제 시대의 근대 정신이 강화시킨 선전 문구로 인정한다 하더라도, 조선 유교 시대에 여성들에게 부과된 삶의 역할이 주로 어머니와 처의 역할이었음을 부인할 수 없다. 당시의 시대적 한계에 따라서 여성들에게 허용된 삶의 길이 주로 이 두 길이었으므로, 이 역할을 통한 사임당의 삶의 모습이 어떠했는지를 살펴보고 그것을 우리 시대에 어떻게 의미 지을 수 있는지를 알아보려고 한다.

현대 페미니즘의 자각과 더불어 여성들이 가장 힘들어하는 이름 중의 하나가 양처이다. 이것은 여성들의 삶을 단지 남성의 종속물로 보거나 보조자로만 파악하여 여성 자신의 주체성과 독자성을 인정하지 않는 서술이라고 여기기 때문이다. 신사임당의 삶과 더불어 유교 여성들의 삶이 오늘 우리가 이해하는 의미의 주체성의 시각에서 보면 한없이 종속적이었고 자유롭지 못했다고 하는 데에는 이의가 없다. 그러나 과연 그들의 삶이 우리가 온통 부정적으로 일반화시켜 그리듯이 그렇게 부정적이기만 했냐 하면 그렇지 않다고 본다. 거기서 더 나아가서 그들이 그러한 억압적인 상황 속에서도 이루어 낸 인간적인 성취와 위엄에는 오늘 현대 여성들의 닫힌 주체성이 다시 배워야 할 귀중한 가르침들이 들어 있다고 본다. 현대 여성들의 주체성이야말로 많은 오히려 오히려 좁은 반경의 사적 영역 안에 한정되어 있기 때문이다.

연산 10년(1504년) 강릉에서 태어나서 19세 때인 중종 17년(1522년)에 서울의 이원수(李元秀)에게 출가한 신사임당의 삶을 보면 그녀와 남편과의 관계는 매우 다중적인 해석이 가능하다. 기록에 따르면 그녀는 세 살 위의 남편을 학문적으로 가르치는 역할까지 한 것으로 나타난다. 홀어머니 밑에서 외아들로 자라서 학문을 잘 배울 기회를 얻지 못한 남편에게 그녀는 우선 사대부로서 지녀야 할 태도부터 가르쳐서 나중에 그의 묘지명에는 '자못 옛 어른의 풍도가 있었다.'라고 칭송받았다고 한다.[5] 남편을 교화하는 아내로서의 신사임당의 모습은 다음과 같은 유명한 대화에서 잘 나타난다. 사임당은 남편에게 자신이 죽은 뒤에 다시 장가들지 말라고 요구했다고 한다. 그러자 남편은 공자가 아내를 내보낸 것은 무슨 예법이며, 증자가 그렇게 한 것은 어떤 이유에서였는지를 물었다. 여기에 대해서 사임당은 대답하기를, 공자가 난리 중에 부인의 불순종으로 그렇게 하긴 했지만 그 부인과 다시 동거하지 않았을 뿐이지 아주 나타나게 내쫓았다는 기록은 보이지 않으며, 증자도 부인의 불효를 이유로 그렇게 했지만 한 번 혼인한 예우를 존중하여 새장가를 들지 않았다고 설명한다. 여기에 덧붙여서 사임당은 주자가 47세에 부인을 잃고 맏아들이 아직 장가를 들지 않아 살림 할 사람이 없었는데도 불구하고 다시 장가를 들지 않았음을 지적한다.

이 대화에서 우리는 당시 유교 전통에서 여전히 진행 중에 있었던 '일부일처제'(一夫一妻制)의 정착과 관련한 갈등을 엿볼 수 있고, 그러한 법제적인 차원을 넘어서 당시에도 인간다운 부부의 관계란 여남 모두에게 서로에 대한 '신의'와 관련된 일임을 알 수 있게 한다. 사임당은 당시의 사회가 가부장주의 사회였고, 여전히 '다처병축'(多妻竝蓄)의 폐해가 사라지지 않은 때라는 것을 인지하고 있었음에도 불구하고, 참된 인간적인 부부의 길이란 신의로 이루어지는 것이고, 그래서 그 인간적인 신의의 덕목이 우리의 사적 욕망을 제어할 수 있음을 지적해 주었다. 아무리 남성이라 하더라도 그가 참으로 군자로서 성인지도(聖人之道)의 길을 가고자 한다면, 부부관계에서도 자신의 욕망을 신의로써 다스릴 줄 알아야 하고, 또한 그렇게 될 수 있음을 특히 주자의 예를 들어 보여 준 것이라고 하겠다. 이것은 그녀가 매우 높은 능동성과 주체성을 가지고 있었음을 알려 주고, 그러한 높은 도덕적 주체의식을 가지고 당시 여남의 구별을 넘어서 스스로가 높은 인간적 이상 실현의 보편적인 길을 가고자 한 것임을 알려 준다.

사임당은 또 어느 날 남편에게 학문을 전하여 뒤지지 않는 인물이 되게 해야겠다고 결심하고 학업을 위하여 10년 동안 서로 떨어져 지낼 것을 제안했다고 한다. 남편이 그 약속을 어기고 계속해서 돌아오자 그녀는 아주 강한 방식으로 남편을 되돌려 보내고 학업을 열심히 닦도록 했다고 하는데, 이 일화도 다양하게 해석을 해 낼 수 있다. 오늘의 페미니스트 성 담론에서는 이러한 이야기는 오히려 유교 가부장주의의 성 비하적이고 몸 억압적이며 반여성적인 태도가 여성에게 투영된 것이라고 비판할 수 있다. 그러나 필자가보기에는 오늘날과 같이 성적 욕망이 만연한 시대에서는 여성의 몸이 다시 혹독하게 재식민화될 위험 앞에 놓여 있음도 부인할 수 없는 현실이므로 우리의 주체성과 자율성을 그 욕망을 스스로가 조절하고 제어하는 능력 안에서 찾는 것도 긴요하다. 그 일을 위해서 신사임당을 비롯한 유교 여성들의 삶이 좋은 가르침이 될 수 있다. 즉 그녀의 몸과 섹슈얼리티에 대한 자립능력(body project)을 들고자 하는 것이다.

오늘날 부부관계와 인간관계가 모두 성적 욕망의 관계로 환원되는 경향을 보이고 있다. 그래서 거기서 문제가 생겼을 때 더 이상 그 관계를 지속할 수 없는 것으로 선전하고 의식화하기도 하는데, 이것이야말로 오히려 인간관계를 좁은 성적인 육체적 관계로만 환원시켜서 과거 왜곡된 성기 중심적 성 습속으로 고착시켜 놓은 일이 될 수 있다. 필자는 이러한 현대의 관점은 조선시대 '부부유별'(夫婦有別)의 유교 전통에서 보여 주었던 것과 같은 부부관계의 다차원적인 측면을 많이 삭제한 이해라고 생각한다. 오늘날 유교 전통의 부부유별을 논함에 있어서 일단의 학자들은 '유별'을 단지 상호 내외와 공경의 의미만이 아니라 배필이 정해져 있어서 서로 혼란시켜서는 안 된다는 의미로 볼 것을 강조한다. 즉 부부유별은 내외와 상호 공경의 의미와 더불어 배필이 정해져 있으니 남편은 제 부인이 아니면 관계하지 말고, 부인은 제 남편이 아니면 관계하지 않음을 일컬어서 오히려 여성을 성적 유희물로부터 보호하고 인간의 존엄성과 인격성을 평분함으로써 부부의 관계를 순화하고 성도덕을 세우려는 규범으

로 이해해야 한다고 강조한다.[6] '오늘날 성(性)이 더 이상 결혼이라는 제
도와 연결되지 않는 것이 보편화되었지만, 그러나 그럼에도 불구하고 그
제도의 존속 여부를 떠나서 인간 간의 신의란 인간의 관계가 지속되는 한
그때나 지금이나 지켜져야 하는 소중한 덕목임을 부인할 수 없다는 의미
이다.

　이와 더불어 부인로서의 조선 유교 여성과 신사임당의 역할이 오늘 우
리가 생각하듯이 그렇게 결코 사적인 영역에만 한정된 것이 아니었음을
지적하고자 한다. 신사임당 부부 사이에 다음과 같은 이야기가 있다. 신
사임당은 남편이 당시 5촌 집안 어른이었던 정승 이기(李芑)의 집을 자주
찾아다니는 것을 보고 그가 아무리 가까운 집안 사람이고 높은 관직에 있
는 사람이라도 어진 선비들을 많이 모해하였고 권세를 탐하는 좋지 않은
사람이니 그 집에 드나들지 말 것을 경계했다고 한다. 의(義)를 중시하고
덕(德)을 지키려는 이러한 신사임당의 사리 판단의 안목은 적중하여 나중
에 이기가 저지른 일이 탄로 나서 많은 사람들이 화를 입었지만 사임당의
남편은 그것을 모면했다고 한다. 이처럼 조선 시대 유교 여성들의 부인의
역할은 오늘날과는 달리 비록 많은 직접적인 제약을 가지고 있었지만 결
코 탈정치적이지 않았고 사적 영역에만 머무는 것이 아니었다. 오히려 또
다른 구별된 권력 기관인 안방의 주인으로서 오늘날 많은 경우 현대 여성
들이 그 직업의 유무를 떠나서 사적 관심에 몰두해 있는 것보다 더 정치
적이었고, 공공의 이(理)에 대한 뚜렷한 감각을 가지고 삶의 다양한 일에
관심을 두었던 것을 알 수 있다. 신사임당의 이러한 일화는 그 모습을 잘
보여 주고 있는데, 유교 여성들의 정치의식은 여성적인 예민한 감각과 섬
세한 가치의식을 가지고 위기 상황마다 표출되었다. 사임당의 만딸 매창
은 동생 율곡이 어려운 일을 맞이할 때마다 가서 자문을 구하는 대담자였
다고 하는데, 그가 병조판서로 있을 때 오랑캐의 난리를 잘 평정할 수 있

도록 군인들의 자발적 참여와 군량의 원활한 수급을 위해서 서자 등용 등을 조언하여 큰 도움을 주었다고 한다.[7]

현대 페미니스트들에게 부인의 이미지만큼이나 거부감을 주고 고통을 주는 이미지가 바로 어머니의 이미지이다. 오늘날 모성 이야기는 우리 모두에게 미혹인지 아니면 매혹인지 알 수 없을 정도로 매우 복합적인 상징성을 가지고 있다. 그래서 이미 시몬느 보봐르 같은 여성은 "여성이 두려움을 느끼는 것은 어머니일 때이다. 여성이 변화하여 노예로 전락하는 것은 바로 모성 안에서이기 때문이다."라고 말하면서도 동시에 다시 '종적(種的) 생명'(species-life)과 '종적 존재'(species-being)로서의 여성 육체의 특이성을 밝히면서 임신과 출산, 그리고 어머니 되기의 존재론적 의미를 더욱 확장시켰다.[8]

지금까지 현대 페미니즘의 일반적인 경향은 모성 이야기의 이데올로기성을 비판적으로 지적하는 것이었다. '모성 신화'나 '모성 이데올로기' 등을 말하면서, 여기서 남성 가부장주의의 핵심적 억압을 보고자 했다. 그러나 오늘날은 상황이 변하고 있다. 한편으로는 이제 더 이상 실체로서의 모성이 아니라 '체험'으로서의 모성을 말하는 방식을 통해서, 즉 육체적인 모성이 아니라 정신적인 모성, '몸의 자궁'이 아닌 '마음의 자궁'을 이야기하며 모성을 여남 모두의 인간적인 보살핌의 실천으로 확장하려는 입장이다. 다른 한편에서는 그러나 그렇게 모성을 탈육체화시키는 방식에 대해서 회의적이다. 특히 오늘날과 같이 각종 몸 공학이 활성화됨에 따라서 전통적으로 모성이 가지고 있는 신체성과 성별이 모두 탈각되어 버렸을 때 과연 그 모성이 얼마나 지속적으로 고유성을 가지며 거기서의 역할을 수행할 수 있겠는가하는 물음이다. 그래서 일련의 여성 페미니스트들은 다시 전략적으로 이 모성성을 여성이 포기할 수 없는 종적 고유성으로 강조하면서 더욱 더 근원적인 생명과 창조의 원리로 삼고자

한다.[9]

　어진 어머니로서의 신사임당의 삶은 우리에게 잘 알려져 있다. 그녀는 19세에 출가해서 21세에 첫 아들을 낳은 것을 시작으로 모두 네 명의 아들과 세 딸, 7남매를 낳아서 길렀다. 딸만 두었던 친정에서 받았던 훌륭한 교육으로 당시의 여성으로서는 드물게 유교 경전에 두루 통하였고, 성현들의 문집을 널리 탐독하였던 그녀는 자녀들 한 명 한 명의 교육에 힘썼다고 한다. 그래서 그러한 어머니의 교육으로 율곡을 비롯한 일곱 자녀들은 당시의 일반적인 학자들과는 달리 별도의 사승(師承) 계통이 없었다고 한다.[10] 7명의 자녀들을 낳았고 또한 그들에게 모두 첫 번째 교사 역할을 담당했던 일은 지금도 그렇지만 그때에도 무척 힘들고 드문 일이었을 것이다. 신사임당은 항상 자애롭고 따뜻한 몸가짐과 언행을 가지고 자녀들을 가르쳤는데, 온화한 처신과 엄숙한 태도를 가지고 부모를 섬기는 도리, 형제와 친척 간에 화목 하는 도리, 제사 받드는 도리, 일을 부지런히 하고 남에게 해를 끼치지 않는 도리, 친구 사귀는 도리 등을 가르쳤다고 한다.

　교육학자 손인수에 따르면 신사임당 자녀 교육의 내용과 목표는 1. 효친애인으로서의 효와 경애 2. 형제간의 우애 3. 학문의 출발로서의 입지 4. '사람됨'으로서의 성실 5. 사리 판단으로서의 신의(信義) 6. 생활 신조로서의 지조와 청백 7. 현모양처로서의 부도와 학예 8. 아랫사람에 대한 가내 범절 등이었다고 한다.[11] 자신이 스스로 딸과 며느리로서, 부인과 어머니로서 그리고 살림의 안주인으로서 모범을 보이고, 『효경』과 『소학』, 사서(四書)와 삼경(三經), 여러 내훈서 등을 가르치면서 성심을 다해 자녀들을 기른 결과 율곡 선생을 꼭 들지 않더라도 그녀의 일곱 자녀들은 모두 가정과 사회에서 바람직한 인물들로 성장했고 역할을 한 것으로 전해진다. 특히 맏딸 매창(梅窓)은 어머니와 함께 또 다른 '여군자'(女君子)로 불리고,

학식과 인격뿐 아니라 시와 글씨와 그림에서 출중하여 '작은 사임당' 으로 불리며 그 시와 그림이 전해지고 있다. 앞에서도 지적했지만, 매창은 경전과 사기(史記)에도 능하고 사리를 널리 알았기 때문에 율곡이 크고 작은 일에서 의심이 나면 그 누나에게 가서 자문을 구했다고 한다.

이러한 교육에 대해서 신사임당의 화폐 인물 선정을 반대하면서 '영재교육'을 운운하며 반대 이유로 삼는 것은 적절치 않아 보인다. 당시 신사임당이 자녀들의 교육에서 힘썼던 것은 참된 인간이 되는 공부였고, 특히 자녀들의 교육을 가정 안에서 좀 더 세밀한 배려와 관심 속에서 행한 것을 말해준다. 이러한 일은 현대 교육이 다시 회복해야 하는 좋은 전통이지 결코 오늘날 의미의 '영재교육'과 비교하며 비난할 일이 아니라고 본다. 특히 어린 시절의 교육일수록 단지 밖에서 행해지는 지적 교육에 몰두하기보다 삶과 연결된 인간 교육이 절실히 필요한 상황이기 때문이다. 신사임당을 율곡의 어머니라고 부르는 것을 달가워하지 않는 현대 페미니스트들의 이 비판은 일면 타당하고 또한 세대의 자연적인 순서에 따라 보더라도 어머니가 먼저이지 아들이 결코 먼저일 수 없다는 점에서 옳다. 그러나 그럼에도 불구하고 이 비판과 거부가 '어머니 되기'라는 인간성의 고유한 역할과 특성까지 내버리는 것이 될 때에는 우리 삶 자체가 불가능해진다. 그러므로 이 어머니 되기와 우리들의 새로운 관계 맺음이 요청되는 것이다.

오늘날 이러한 어머니 되기의 거부로 공동체의 존립 자체가 위기에 빠질 수 있다는 경고가 들린다. 급격한 인구 감소뿐 아니라 가족이 빠른 속도로 해체되어가고 있는데, 그렇다면 이제 어디에 가서, 어떠한 인간관계를 통해서 인간 공동생활의 바탕인 '인간성'(仁, 측은지심, 사랑)을 배울 수 있을지 염려하지 않을 수 없다. '인간성', 즉 인간(人) 자체인 '관계 맺을 수 있는 능력'(仁)은 관계적 삶을 통하지 않고서는 배울 수 없고, 그것도 아주 긴밀하고 친밀한 삶의 반경에서 오랜동안 지속적인 삶의 관계를 통하지 않고서는 배울 수 없는 능력인 것을 알기 때문에 인간 공동체의 지속을 위해서는 그 긴밀하고 친밀한 공동 삶, 즉 '가족'이 절실히 필요하다는 것을 잘 인지하고 있기 때문이다. 특히 그 가족의 삶 중에도 위에서 아래로 자연스럽게 흐르는 내리 사랑보다는 배우고 습관화하지 않고서는 잘 습득되지 않는 '위로 향하는 사랑', 즉 '효'와 '공경'의 체득이야말로 자신을 제어하고, 자아의 즉각적인 욕구를 킨트롤하며, 타자의 객관성 앞에서 스스로를 제한할 줄 아는 능력이 되므로 공동체의 삶을 위해서는 필수적이다. 오늘날과 같은 개인주의와 자아 중심주의와 주체성이 강조되는 시대에, 그래서 타자가 쉽게 무시되고, 권위가 서지 못하며, 작은 의미라도 자아의 욕망과 요구가 제한되는 것을 참지 못하는 때 일수록 '효제'(孝悌)의 덕목은 더욱 절실히 요청된다고 하겠다. 이 효제의 덕목을 몸소 실천하고 잘 가르친 가족적인 삶을 산 사람일수록 공동체와 다른 사람과의 화목과 공공의 선을 위해서 일하게 된다고 보는데, 바로 신사임당의 아들 율곡이 그 한 경우이다.

율곡의 삶과 사상을 보면 그가 얼마나 가족 간의 화목을 중시했고, 타인의 아픔에 깊은 동정을 보였으며, 당시 을사사화 이후 동서 당파의 극심한 갈등 속에서 서로를 화합하려 했는지 알 수 있다. 그는 가난한 백성과 서자를 배려하는 인본정치를 강조했고, 향약 등의 사회 개혁을 시행하여 공동체를 다시 살리는 일에 몰두했다. 그의 『격몽요결擊蒙要訣』「거가장居家章」의 한 구절을 보면 다음과 같은 대목이 있다;

형제는 부모가 남겨 주신 몸을 함께 받아서 나와 더불어 한 몸과 같으니, 형제 보기를 마땅히 피아(彼我)의 간격이 없게 하며, 음식과 의복의 있고 없음을 모두 마땅히 같게 해야 한다. 만약 형은 굶주리는데 아우는 배부르고, 아우는 추운데 형은 따뜻하다면, 이는 한 몸 가운데에 지체가 혹은 병들고 혹은 건강한 것과 같으니, 몸과 마음이 어찌 한쪽만 편안할 수 있겠는가? 지금 사람들이 형제 간에 서로 사랑하지 않음은 모두 부모를 사랑하지 않은 데서 연유한 연고이니 만일 부모를 사랑하는 마음이 있다면, 어찌 그 부모의 자식을 사랑하지 않겠는가?

이러한 따뜻한 인간애와 깊은 연민을 가진 자식을 키워 낸 일을 자랑스러워하지 않을 이유가 없다. 이 세상의 온갖 창조적인 일 가운데 이러한 일만큼, 이렇게 고귀한 인간적 마음을 길러내는 일 만큼 귀하고 창조적인 일이 또 어디 있겠는가? 프랑스 여성철학자 엘렌 시수의 지적대로 어머니 되는 일은 비록 중심에 서지 않는 "중심외적 주체"이지만, 여성과 모성은 그렇게 자신을 내어주면서도 고갈되지 않은 특이성을 가지고 있는데, 우리가 앞에서 이야기한 '사기종인'(捨己從人)의 대덕(大德)도 바로 이와 유사한 특성을 지닌다.[12]

이렇게 자신이 사라지지 않으면서 자신을 익명성 속에 놓을 줄 아는 모성의 역할을 신사임당은 일곱 번이나 담당했다. 순순히 물리적인 고통만을 생각해 보더라도 그것은 무척 고된 일이었을 것인데, 더군다나 그녀는 그 모든 모성의 일을 단순히 육체적인 결정론의 일로만 보지 않고, 거기에 인간적인 관계 맺음의 정수를 쏟아 부어서 탁월한 효자녀의 관계를 이루어냈다. 그래서 후대들은 "그 어머니였기에 그 아들을 남겼다."(是母眞能生是子)고 칭송했고, "단샘도 근원이 있고 지초도 뿌리가 있다."(醴芝之源根矣)고 하면서 어떻게 사임당의 어머니 되기가 계속해서 스스로를 확장하고 복수화(複數化)할 수 있었는지를 지시해 주었다.[13]

앞에서 지적했듯이 오늘날 이 어머니 되기와 모성이 탈본질화된 상황에서는 이 일은 여남 모두의 일이거나 다중적 여성 주체의 관계맺음 방식이 된다. 신사임당은 비록 오늘의 우리 시대에서와는 달리 스스로 그 일을 선택할 수는 없었지만 모성을 인간 실존 삶에서 참으로 높은 차원과 수준으로 고양시켰다. 이 모성의 역량이 오늘 이동의 자유를 누리며 가는 곳마다 우리 시대에 더욱 절실한 보살핌과 연민을 실천할 수 있는 고향과 같은 작은 중심들을 만들어 내는 원동력이라면,[14] 신사임당의 어진 어머니 모델을 파기할 이유가 없다. 오히려 우리 모두는 이미 우리 문화가 기득권으로 가지고 있는 이 여성성과 모성의 가르침을 잘 배워서 우리 인간적 주체성을 더욱 풍부히 하는 데 보탤 수 있어야겠다.

4. '성인지도'(聖人之道)의 새로운 모델로서의 신사임당

일찍이 공자는 자신의 모습을 다음과 같이 서술했다; "(나는) '도'(道)에 뜻을 두고(至於道), '덕'(德)에 근거하며(據於德), '인'(仁)에 의거하고(依於仁), '예'(藝)에 거닌다.(遊於藝)" 『논어』述而 6). 또한 그는 스스로 음악 공부에 몰두하여 삼 개월 동안 고기맛을 잊을 정도였다고 고백하면서 공부의 완성을 '락'(樂)에서 보기도 했다.(『논어』泰伯 8). 이렇듯 유교 전통의 성인지도(聖人之道)는 만물의 일체와 조화를 깨닫는 예술 속에서 그 성취의 극치를 보는데, 신사임당은 단지 어머니와 부인의 역할만이 아니라 스스로 뛰어난 예술가의 경지를 이룩하였다. 공자의 지적대로 그녀의 예술도 '도'를 지향하는 삶에서 '덕'과 '인'을 바탕으로 하여 영근 것이고, 또한 공자가 순 임금의 음악인 '소'(韶)를 평하여 아름다움(美)을 다했을 뿐 아니라 선함(善)을 다했다고 말한 대로,[15] 그녀의 예술은 선한 삶의 추구에서 자연스럽게 나온 것이라고 보고자 한다. 유교 정신에서는 도덕과 예술, 선과 미를 분리하지 않는다. 공자가 예술에서 요구한 것은 플라톤의 국가론에서와 유사하게 단순한 미의 창조에 그치는 것이 아니라 최고선의 실현에 그 궁극적인 목적이 있다. '진선진미'(盡善盡美)가 그 모습이다. 이런 의미에서 신사임당의 예술 활동은 그녀의 성인지도를 추구하는 삶에서 사기종인(捨己從人)의 방식으로 살아온 삶과 매우 밀접하게 연결되어 있다고 하겠다.

'꽈리와 잠자리', '하눌타리와 쥐', '가지, 벌, 나비' 등의 명제를 갖는 그녀의 초충화 작품은 자수 초충화를 포함하여 대략 30여 폭 정도가 전해진다고 한다. 한국 초충화 연구에 따르면 중국 회화에서는 청대에 이르기까지 초충화가 하나의 독립된 회화 장르로 분류되지 않았다. 그런데도 조선에서 이미 16세기에 신사임당이 독특한 경지를 이룩하였다면 그녀가 조선 토양에 초충화라는 회화 양식의 탄생을 가능하게 한 것으로 볼 수 있다. 즉, 중국 예술에서는 20세기가 되어야 등장하는 초충화 화목(畵目)이 한반도에서는 이미 16세기에 신사임당이라는 뛰어난 여류화가가 있어서 배태되었다는 것이다.[16] 신사임당의 초충화에 등장하는 풀이나 꽃, 곤충들을 보면 그 소재의 선택에서 모란이나 난초, 작약 등 화려하거나 이국적인 것을 취하지 않았다. 대신에 작고 소박하지만 정감이 가고 우리 일상의 소박한 삶과 함께 하는 것들을 취하고 있음을 알 수 있다. 또한 묘사에서도 결코 어떤 정형화된 형태를 그대로 복사하는 것이 아니라 실제로 살아 있는 생명들을 관찰하는 '사생'(寫生)에 바탕에 두고 있다고 한다. 그래서 그녀의 그림들은 소박하고 꾸밈없는 순박한 한국 자생미를 담고 있고, "다른 그림들을 답습한 것이 아닌, 삶으로부터 기인한 것이다."라는 평가를 받는다. 그것들은 여성 특유의 섬세하고 맑고 풍부한 정서로 자연을 깊은 애정을 가지고 관찰하고 사생하는 사실주의적 표현 방법의 지극한 경지를 나타내 주는 것이라고 인정받는다. 그리하여 "그 풍경의 고상한 것으로 말하면 선생(율곡)의 이른바 '모두 지극히 정묘하다'(俱極精)라는 넉 자로써 다 말했으며", "그림을 잘 그려 신묘한 데 들어간 이"(善畵而入神妙

着)라고 칭송되었다.[17]

예술은 세계의 대상과 관계하는 일이다. 그리고 그 예술적 표현은 한 인격의 '자질'(quality)을 가장 직접적으로 – 칸트의 용어를 빌리면 '미적 판단력' – 드러내 주는 방식이다. 초충화를 비롯한 신사임당의 예술에는 그가 세상과 어떤 관계를 맺어 왔으며, 어떻게 세상에서 소박하고 보잘 것 없는 미물들을 사랑했고, 그런 것들 속에서 더 없는 기쁨을 느꼈는지를 잘 보여 주고 있다. 신사임당 초충화는 그 표현 기법에 있어서도 묵필보다는 대상의 본성을 보다 객관적으로 표현할 수 있는 윤곽선을 사용하지 않고 채색으로 대상의 본성을 표현하는 '색채몰골화법'(沒骨畵法)을 주로 썼다고 하는데, 그것은 다름 아니라 그녀의 '사심 없음(disinterestedness)의 미학'이 잘 표현된 것이라고 평가받는다. 필자는 이렇게 자신을 뒤로 하고 그 대상물을 있는 그대로 드러내는 사심 없음의 미학이 신사임당 특유의 삶의 특징이 잘 나타난 것이라고 보고자 한다. 그것은 그녀의 인품이 얼마나 '인'(仁)의 덕을 잘 체현하고 있는가를 드러내 주는 것이라고 하겠는데, 인이란 하늘과 땅을 우리의 부모로, 이 세상의 만물을 나의 지체로 보며, '천지의 낳고 살리는 마음'(天地生物之心)이 되기 때문이다.[18] 인이란 만물을 감싸고 배려하는 '측은지심'의 본체이고 '사랑의 원리'(愛之理)이다. 또한 앞에서 그녀의 삶의 방식을 사기종인의 방식으로 표현했다면 바로 이 사심 없음의 미학과 매우 관계 깊다고 하겠다. 사임당은 자신의 예술 활동을 통해서 더욱 더 섬세하게 세상을 있는 그대로 보는 정감을 가다듬었을 것이고, 그것들은 삶에서 그 대상들을 주관의 왜곡 없이 그 자체로서 인정하는 선한 행위로 표현되었을 것이다. 주자는 인을 "사물을 알고 깨닫는 것의 일"(知覺乃知之事)로 보았다.[19]

이렇게 천지가 우리의 마음으로 내려 준 이 인을 확장하고 온전히 체현하는 일을 유교 전통이 성인지도(聖人之道)의 길을 가는 것으로 지시해 주었다면, 필자는 지금까지 어떠한 남성 군자보다도 신사임당이야말로 그 길을 더욱 극진히 간 생애라고 보고 자 한다. 왜냐하면 비록 '여중군자'(女中君子)나 '여사'(女士)로 불렸지만 지금까지 어느 남성도 신사임당이 했던 것처럼 그렇게 실제 자신의 몸으로 생명을 키워내지 못했고, 그녀의 초충화에 나타난 것과 같은 세계 미물에 대한 관심으로 자연의 미물까지 껴안지 못했기 때문이다. 즉 신사임당의 삶이야말로 가정에서 어머니로서, 딸로서, 종부로서, 그리고 예술가로서 더할 수 없이 지극한 정도로 '만물일체'(萬物一體)의 정신을 이루어냈으며, 그것은 속(俗)에서 성(聖)을 실현한 성인의 모습이라고 할 수 있다.[20] 자신을 버리는 것을 통해서 자신을 완성하면서, 오늘의 표현대로 하면 '정신'과 '육체', '학'(學)과 '실천', '도덕'과 '예술', '자아'와 '세상', '초월'과 '일상' 등의 이원성을 참으로 지극히 통합한 모습이라고 하겠다. 그러므로 그녀의 삶은 이제 우리 모두에게 성인지도의 새로운 모델이 될 수 있다고 여긴다.

'사임당'(師任堂)이란 그녀의 호는 '태임(太任)을 본받는다'는 뜻이다. '사'(師)는 스승으로서 본받는다는 뜻이고, '임'(任)은 중국 고대 성왕(聖王)인 문왕(文王)의 어머니 태임(太任)을 가리키는 것이다. 그녀의 일생의 관심이 여성으로서 성인지도의 길을 가려는 것이었음을 잘 알려 준다. 이 바람은 오늘날 일부 페미니스트들이 비판하는 대로 사대주의적인 발상이라고 묘사할 것이 아니라 그녀가 그 시대에 가장 이상적으로 만날 수 있는 삶의 기준과 모델을 따르려는 것이었다고 하는 것이 더 타당하다. 예를 들어 오늘날 여성들이 마담 퀴리나 힐러리 클린턴 등을 자신들의 미래상으로 삼는 것과 마찬가지로 그렇게 문명의 이상을 발견하고 그것을 닮아 가고자 애쓴 것이라는 의미이다. 시대의 문명적 이상을 찾아서 그것을 배우고자 하는 것은 모든 인간 문명 창조의 보편적인 길이므로 그것을 사대주의라고 폄훼하는 것은 매우 단견으로 보인다.[21]

한 폭의 해서 글씨로 남긴 다음의 시는 그녀가 얼마나 진정한 '공경'(恭敬)의 삶을 살았으며, 끊임없는 공부를 통해 인생의 참된 목표에 도달하고자 노력했는가를 잘 보여 준다. 이 시야말로 그녀의 성인지도의 길을 보여주는 "한 점 고기로 온 솥 국맛을 다 알 수 있는" 보배라고 생각한다.

책을 펼치면 성인(초월)을 대하오듯	開卷對越
황홀히도 내 위에 내려보심 같도다	赫若有臨
기약은 크옵건만 횟수가 모자라매	年數不足
문득 움짓하고 마음이 놀라도다	怵然心驚
- 저녁에 외는 경귀	- 右警夕[22]

신사임당에 대해 오늘까지도 가장 많이 이야기되는 것 중 하나가 그녀의 친정어머니에 대한 지극한 효심이다. 일찍 혼자 되신 늙으신 어머니를 강릉 친정에 홀로 두고 서울 시가로 향하는 그녀의 마음이 애잔한 한 편의 시에 잘 남겨져 있다; "늙으신 어머님을 고향에 두고, 외로이 서울 길로 가는 이 마음, 돌아보니 북촌은 아득도 한데, 흰 구름만 저문 산을 날아다니네." 이 시를 읽고 있으면 그녀가 당시 가부장주의 제도 안에서 가장 자연스러운 정리(情理)도 거슬러야 했던 고통을 느낄 수 있고, 그럼에도 불구하고 그 고통을 승화하여 한 편의 아름다운 시로 체현한 것을 잘 읽을 수 있다.

그녀의 그림에 대해 전해지는 한 발문에 따르면, 사실 그녀의 그림 그리기도 어려서부터 중년에 이르기까지 어머님 곁에서, 그녀가 붓을 놀릴 적마다 꽃, 과일, 풀벌레 들이 살아 움직이고 날고 뛰는 듯하는 것을 보면서 어머니의 주름 잡힌 얼굴이 펴지는 것을 보는 효심에서 나온 것이었다고 한다.[23] 그녀 자신이 '어머님 그리워'(思親)라는 다른 시에서 이미 어른

이 되었음에도 불구하고 "언제나 강릉 길 다시 밟아가 색동옷 입고 앉아 바느질 할꼬."라고 하면서 지극한 효(孝)의 마음을 드러내었다. 그래서 사람들은 그녀가 행한 모든 것을 보고 "덕을 갖추지 않음이 없으면 다른 일도 모두 능하다라는 말이 그것이 아니겠는가"(其所謂德無不備餘事多能者非耶)라고 표현했고,[24] "그림의 생명은 보통 5백 년이지만 그녀의 그림은 천지가 뒤덮여질 때까지 영원히 살 것이다."라고 경탄했다. 그야말로 '그림은 그림대로 사람은 사람대로'가 아니라 그 사람 자신이 후세에 전할 만한 인품을 가진 연후에라야 그 그림이 더욱 귀한 것이 된 경우라고 말한다.[25]

5. 21세기 페미니즘 시각에서 본 신사임당 삶의 의미

이상과 같이 신사임당의 삶을 당시 가부장주의 사회 속에서 여성들이 어쩔 수 없이 가질 수밖에 없었던 한계에도 불구하고 여러 다중적 역할들을 뛰어나게 통합해 낸 자아완성의 통합적 삶으로 그려 보았다. 그 모습을 특히 인간의 보편적 의미 물음(Sinn-Sein Frage)에 대한 유교적 답인 성인지도의 추구 안에서 사기종인의 방식으로 어머니와 부인과 예술인의 삶을 통해서 실천한 모습으로 보고자 했으며, 그것이 이제 우리 모두의 삶에서 새로운 모델이 될 수 있음을 생각해 보았다.

그러나 어쩌면 이러한 해석은 신사임당 자신이 그때 그 삶의 자리에서 겪었을 고통과 좌절을 너무 간과하면서 시도한 해석인지 모르겠다. 우리가 아무리 의미를 부여해도 조선 시대 유교 여성들의 삶이 고통스러웠다는 것은 부정할 수 없고, 또한 우리가 여기서 진정한 성인의 길이고 인간적인 길이라고 강조한 사기종인의 방식이 얼마나 실천하기 어려운 인고의 길인가 하는 것을 짐작하기 때문이다. 그러나 그럼에도 불구하고 오늘 우리 사회가 처해 있는 현실을 돌아보면서, 또한 지금까지 인류 삶에서 시공을 초월하여 진정으로 생명을 살리고 삶을 가능하게 하고, 치유를 일으키는 일은 이 방식 외에는 되지 않는 것을 보면서 다시 이 사기종인 방식의 모델을 찾고자 하였다. 세계에 유래가 없이 어머니와 아들이 동시에 화폐 인물로 선정되었다는 것은 물론 우연 또는 일부 여성학자들이 주장하듯이 잘못된 결정일 수도 있지만, 필자는 특히 한국에서 이러한 일이 일어난 것은 우연이 아니라고 여긴다. 옛부터 오늘에 이르기까지, 그리고 오늘 한민족이 흩어져 사는 세계 각지의 많은 지역에서 그 부정적인 파장에도 불구하고 자식을 위해서 모든 것을 희생하는 어버이, 특히 어머니의 역할이 항상 회자되고 있다. 앞에서 이야기한 대로 마침내 그 어머니의 역할이 단지 신체적인 여성의 일이 아니라 여남 모두의 공동의 일이 되었다면 이 어머니의 일로 표현되는 생명 살리기의 일을 한국 문화가 세계 인류 문명에게 가르쳐 주고 전해 주어야 하는 귀중한 전통이어야 한다고 본다. 이 일을 위해서 신사임당이 역할을 할 수 있다고 생각한다.

그녀의 어머니 역할은 단순한 몸으로서의 어머니 역할만이 아니라 정신과 예술의 통합적 삶으로서의 어머니 역할이었기 때문에 그 미래적 의미가 크다. 오늘과 같이 여성들에게 많은 가능성이 열려진 시대와 상황에서도 그녀가 이룩한 것을 이루는 일은 결코 쉽지 않는 것이다. 그래서 어쩌면 그녀는 그렇게 오십 세도 못 되어서 일찍 생을 마쳤는지도 모르겠다.

오늘날은 인간 자연의 성(性) 정체성과 관련한 변화와 더불어 인간과 기계, 인간과 자연과의 관계도 매우 급진적으로 변해서 우리 삶에 대해서 자연과학적 구상이나 기계를 외면하고는 살 수 없게 되었다. 인간은 이제 자신을 동물과 비교해서 구분하던 시대를 지나서 기계와 비교하며 구분 짓는 상황을 맞이하게 된 것이다. 그렇다면 우리가 앞으로 그러한 기계와의 공존 속에서 '인간적인 것'을 어디서 찾을 것이며, 무엇이 인간으로 하여금 계속해서 '인간되게' 하느냐 하는 물음이 제기될 터인데, 필자는 그 답을 결코 '사이보그화'(cyborg : 생물과 기계의 결합체, 기계인간)를 통한 탈육체화나 탈인간화의 방법만으로는 얻을 수 없다고 본다. 오히려 우리가 일면 피할 수 없는 사이보그화와 더불어 지금까지 인류가 고유하게 전개시켜 온 종교적 성육화의 길, 특히 유교적 '성인지도'의 길을 하나의 귀중한 자산으로 살려서 더욱 인간적인 인간, 지금까지의 인간성(仁)을 폐기해 버리는 것이 아니라 더욱 전개시켜 만물일체의 마음을 가진 '대인'(大人)의 인간으로 키워 내야 한다고 보는 것이다. 그것은 '이 탈인간적 사회에서 무엇을 계속 인간적인 것이라고 간주할 수 있을 것인가?'라는 질문 앞에서 우리가 사임당의 삶에서 보아 왔듯이, 이 몸 안에서, 이 몸의 실행을 통해서 세계와의 관계에서 극진한 인간적 마음을 살아내는 길을 답으로 받아들이는 일이다.

이것은 우리에게 이렇게 한국 문화와 전통이 전해 준 '여성성'과 '모성성'의 귀중한 유산을 저버리는 것이 아니라 다시 살려내어서 더욱 새롭게 구성하여 우리 모두가 인간됨의 본질로 받은 '천지의 창조하고 살리는 마음'(天地生物之心)을 더욱 키워 나가는 일일 것이다.

'우리의 전통이 우리의 힘이다'(Our hevitage in our power)라는 언술은 우리에게 여전히 힘이 되고, 그것을 우리의 유교 전통과 더불어 생각해 본다.

II. 한국 페미니스트 신학자의 동학 읽기*

1. 21세기와 동학

한국 여성신학자로서 필자는 한국 종교문화사 전개 과정에 나타난 여성 종교성의 탐색에 관심을 가져 왔다. 여기서 필자가 '한국' 여성신학자라는 것은 우리의 종교적 삶에 있어서 '한국적' 특질을 밝혀 내는 일에 관심을 가져 왔다는 것이고, '여성' 신학자라는 것은 지금까지의 전통적인 남성 중심성에서 벗어나서 종교적 삶의 수행뿐 아니라 그 학문적 탐구에 있어서도 '여성 주체성'을 확보하려는 것을 말한다. 또한 '신학자'라는 말은 더 엄밀히 말하면 '기독교' 신학자를 말하는데, 사실 초월(자, 神)에 대해 이야기하는 사람들이 신학자라면 불교적 신학자도 있고, 유교적·동학적 신학자 등도 있어야 하지만 오늘날 한국 사회의 언어적 삶에서 '신학자'는 당연히 기독교 신학자를 지칭한다. 이런 이야기는 필자의 종교적 삶과 의식이 주로 기독교적인 젖줄로부터 이루어진 것이라는 사실을 밝혀 준다.

---

* 이 글은 2006년 여름에 처음으로 저술되었다.

이러한 필자에게 탈근대적으로 동학 경전을 읽어 보라는 요청이 왔다. 동학하면 이미 주변에서 특히 '한국적인' 것을 찾는 사고가들을 통해 많이 탐색되어져 왔고, 또한 시인 김지하의 생명사상이나 도올 김용옥의 강연과 책 등으로 크게 의미 지어져 오고 있는 것을 알고 있었지만, 필자가 그 경전을 직접 만난 것은 이번이 처음이다. 우선 〈전통문화연구회〉가 펴낸 『경전으로 본 세계 종교』 동학편을 읽으면서 전체적인 테두리를 잡았고, 주로 번역된 『동경대전』, 『용담유사』, 『해월신사법설』 등을 보게 되었다.

필자가 이 만남을 통해서 얻게 된 첫 인상은 동학이 우리 전통의 성리학(유교)과 많이 유사하다는 것이다. 그래서 평소 신학자로서 유교와의 대화에 관심을 가져 오던 터라 그렇게 생소하지 않았다. 반면 깊이 서구화되었고 세속화된 필자에게 여러 도교적·무교적인 표현들은 낯설었고 쉽게 의미가 와닿지 않았다. 그러나 창시자 자신이 밝힌 대로 이 도(道)의 시작이 바로 당시부터 거대한 파도가 되어 밀려오기 시작한 '서도'(西道)에 대하여 일어난 것이고, 그 기초가 한국 고유의 유·불·선 삼도라고 밝힌 것에는 참으로 머리가 숙여지고 감사한 마음이 들었다. 동학이 시작된 이후 100여 년이 넘어가는 오늘, '서도' 또는 '서학'의 위세는 더욱 커져서 지금 지구 전체는 그 영향 아래 놓이게 되었다. 그래서 오늘날 지구상의 많은 비서구인들은 예전에 한국인 최제우나 최시형 등이 가졌던 문제의식을 가지지 않을 수 없게 되었는데, 그것을 먼저 이루어 낸 것에 대한 경탄과 감사인 것이다. 모두 주지하듯이 한국 땅은 지구상 그 어느 곳에서도 예를 찾아볼 수 없을 정도로 인류의 핵심 종교가 꽃을 피운 곳이다. 21세기 현재에도 그것들이 여전히 활발하게 실행되고 있는데, 그 전통 종교들을 모두 종합한 후 거기서부터 다시 서도와 대응하면서 하나의 대안적 답을 찾아낸 것이라면 그것은 분명 인류 모두를 위해서 새로운 지침과 지시를 담고 있지 않을까 하여 큰 희망과 용기, 도전이 되었다.

그러나 21세기 오늘날의 성(性)의 혁명과 관련하여서는 동학이 어떠한 구체적인 대안이 되었고, 거기서의 열매가 서도를 통해서 얻어진 열매와 비교해 볼 때 얼마나 주목 받을 만한가 하는 점에서는 그렇게 긍정적인 답을 주기 어려운 것 같다. 물론 우리가 잘 아는 대로 '시천주'(侍天主)와 '사인여천'(事人如天), '향아설위'(向我設位), '인내천'(人乃天) 등의 사상은 여성의 존재를 다르게 보도록 했고, 그래서 수운 자신은 자신의 두 여종을 해방시켜 하나는 양딸로, 하나는 며느리로 맞아들인 일을 이야기하기도 한다. 또한 철학자 김상일은 서구 근대의 태생적 한계를 극복하고 새로운 대안으로 제시되는 탈근대주의 서구 사고를 '신서학'(新西學)이라고 이름 지으면서, 우리의 동학을 단순히 서학이 아닌 신서학과 대비하며 인류 문명사를 '성의 충돌사'로 본다면 유불도 삼도를 종합한 수운의 동학이야말로 가장 새롭게 여성과 동양의 종교적·철학적 가치를 재발견하게 한다고 말한다.[1]

그러나 이러한 긍정적인 지적들에도 불구하고 동학 지도자들의 개인적 삶 뿐 아니라 여전히 '남녀를 엄하게 분별하라.'는 공동체 규례 등을 볼 때는 동학이 그렇게 한국 여성들의 삶에 해방적 역할을 하였는가 하면 그 대답은 꼭 그렇지 않다는 것이다. 그래서 필자는 한국 종교문화사 전개 과정에서 유교 이후 새롭게 등장한 동학, 원불교, 증산교 등보다도 한국 여성들의 삶을 실제적으로 획기적으로 변혁시킨 도는 동학이 비판한 서학 또는 서도(기독교)라고 보는데,[2] 이 두 도 사이의 어떤 차이에 의해서 그렇게 되었을까를 탐색해 보려고 한다.

이 두 도가 서로 대면한 이후 또 시간이 흘렀고, 그동안 동학보다는 서도·서학의 세계로부터 더욱 집중적으로 세례를 받은 한국 사회와 여성들의 삶은 또 다른 문제 앞에 직면하게 되었다. 20세기에 본격적으로 도입된 서도를 통해서 이제까지의 어느 전통 종교를 통해서보다도 용이하게 초월자에게 가까이 다가갈 수 있게 된 한국 여성들은 그 초월자에 대한 신앙을 바탕으로 자신의 성의 한계를 획기적으로 극복할 수 있었다. 그러나 그럼에도 불구하고 거기서의 중보자, 특히 '남성' 중보자에 대한 과도한 집중과 또한 오늘날 더욱 의식되는 민족적인 자각은 다시 우리의 동학을 되돌아보게 한다. 왜냐하면 그 동학이란 바로 우리 고유의 유·불·선을 포괄하고, 서도에 대한 나름의 대답으로 나온 것을 자신의 정체성으로 삼기 때문이다. 과연 그 동학이 오늘 21세기 포스트모던 사회를 살아가는 한국 여성들에게 어떤 의미가 될 수 있는지를 탐색해 보고자 한다.

2. 유·불·선 삼도를 겸하여 나온 초월의 새 이름 '훈놀님'(하늘님)

필자는 기독교 여성신학자로서 평소 기도할 때 항상 명쾌하지 않은 것이 있었다. 즉 우리 기도의 상대인 궁극자를 호칭할 때 어떤 이름으로 할 것인가 하는 문제와 관련되는데, 여성신학자로서 자각을 하게 된 이후 필자는 보통 기독교에서 하듯이 '하나(느)님 아버지'를 쓰지 않은 것은 오래 되었다. 의도적으로 '하나(느)님 어머니'라고 부르기도 하지만, 보통은 성(性)의 호칭을 떼고 그저 '하나님' 또는 '하느님'으로 부르는데, 이번에는 또다시 이 둘 중 어느 것을 써야 할지가 명쾌하지 않다. 한동안 필자가 생각하기에 한글 성경 공동번역본에서 하늘과 관련된 전통적인 우리 관념을 회복한다는 의미에서 쓰기 시작한 '하느님' 개념이 그 이전의 개역 한글편에서 기독교 유일신관을 분명히 하면서 써 왔던 '하나님' 보다 더욱 성숙한 표현이라는 생각도 있었다. 하지만 그 하느님도 결국 '땅'과 대칭되는 의미에서의 '하늘'(天)에서 따온 것이므로 그것은 땅으로 상징되는 여성적인 것보다 남성적인 것을 더 귀하게 여기는 의미이므로 받아들일 수 없는 것이 아닌가 하고 정리하기도 했다. 이와 더불어 하나님이 꼭 배타적으로 기독교 유일신관을 나타내는 의미로서가 아니라 결국 세상 만물이 모두 '일자'(一者)에로 포괄되고 귀의한다는 의미로서의 하나님이라면 이 이름이 훨씬 타당하지 않은가 생각하고 있는 중이었다.

그런데 이번에 동학 경전을 읽으면서 전통적 유불도 삼도를 모두 겸하면서 서도(기독교)에 대답하는 의미로 창시되고 전개된 동학에서 '흐놀님', '천주'(天主), '상제'(上帝)가 구체적으로 불려지고 있는 것을 발견하였다. 수운이 경신년(1860) 4월 5일 신비체험을 통해서 신(神)을 만난 후 한 달만에 쓴 한글가사 「용담가」에는 그 신을 "흐놀님"으로 표현해서 불렀고, 그 후 1년 정도 지난 뒤 자신이 깨우친 도를 선포하기 위해 최초로 쓴 한문 경서 「포덕문」에는 "천주" 또는 "상제"라는 표현을 썼다. '흐놀님'이라는 신의 호칭은 『용담유사』에는 모두 24회가 나오고, 천주라는 호칭은 『동경대전』에 모두 13번 나오는 것으로 지적되었다.[3] 천주라는 표현은 수운이 자신이 경외한 신의 이름을 한문으로 표기하기 위해서 쓴 것인데, 주지하다시피 당시 서학인 천주교의 천주와 같은 호칭이어서 당시에도 많은 오해를 불러일으켰다.

그 후 흐놀님의 표현이 현대식 한글 표현으로 새롭게 표기되면서 또 변화가 있었는데, 천도교 교리 정립에 일생을 바친 야뢰 이돈화(夜雷 李敦化, 1884~?)에 의해서 당시 '흐놀'의 사투리 발음인 '한울'과 연결되고, 거기에 '한(큰) 울(울타리 또는 우리, 대우주 또는 大我)'의 의미가 부여 되면서 "한울님"으로 고착되었다고 한다.[4] 이러한 고착에 대해서 후대 학자들의 평가는 다양하다. 김용옥은 야뢰의 정리가 지나치게 관념적이고 교리 강요적이었다고 하면서 『용담유사』의 원 표기로 복귀하여 우리말의 변화에 따라 "하늘님"으로 표기해야 한다고 주장한다. 여기서 '하늘'(天)이란 '땅'의 한 짝으로서의 하늘이 아니라 신에 대한 모든 관념을 상징하는 그 무엇이었다고 주장한다.[5] 이러한 논의에 대한 찬반을 떠나서 한국 기독교 여신학자인 필자에게 수운이 그처럼 '하늘님'(또는 하느님: 하늘님에서 우리말의 ㄴ 앞에 ㄹ받침이 탈락하는 현상)의 명칭을 썼다는 것은 반갑고 위안이 되는 일이다. 왜냐하면 이 명칭을 쓰면 오늘날 민족적 자각이라는 요청에 대해서는 그 안에 유불선 삼도를 같이 어우르려는 의도가 있었기 때문에 그 요청이 채워진 것이 되고, 또한 하늘(天)이 단순히 땅의 대칭이 아니라 모든 관념을 상징하는 의미라면 궁극자의 명칭에 있어서의 성 차별도 극복된 의미로 볼 수 있기 때문이다. 그래서 필자는 이제부터는 '하나님' 보다도 '하늘님' 또는 '하느님'을 훨씬 더 편안하게 쓸 수 있을 것 같다.

그러나 이상과 같은 신 명칭에서 얻어진 가르침보다도 필자에게 동학이 더욱 다가오는 이유는 그의 신적 속성 이해가 매우 광활하기 때문이다. 우리가 주지하다시피 전통적인 기독교 신 이해는 매우 신인동형론적이고 인격신론적인 한정 속에 갇혀 있는 경우가 많다. 이러한 한계 앞에서 필자는 평소 양명학의 이법적(理法的)이면서 동시에 역동적인 궁극의 이해와 대화를 시도하였고, 거기서부터 전통적인 기독교의 한계를 벗어날 수 있는 가능성을 많이 보았다.[6] 동학을 읽으면서 굳이 수운이 율곡과 다산을 통해서 양명학의 전통을 계승했다는 연구를 들지 않더라도[7] 성리학으로부터 가장 많은 영향을 받은 것을 알 수 있었고, 그래서 "누가 뭐래도 동학은 전통 유교 특히 성리학에 대한 한국 민중적인 재해석"[8]이라는 서술이 적절하다고 생각했다.

이미 많은 학자들이 밝혔고 지적했지만 동학에서 만난 하늘님은 인격적이면서 동시에 이법적이다. 초월적이면서도 동시에 내재신적이고, 존재의 신이면서도 또한 되어감의 신이고, 존재 안에 모셔져 있으면서 동시에 되어감 자체이기도 하다. 그래서 동학의 신론의 특징이 범신론을 넘어서는 '범재신론'으로, 더 세밀하게는 "지기(至氣)일원론적인 범재신론"으로 불리기도 하고,[9] 이와 더불어 조선조 말 최한기의 기학(氣學)과 더불어 종교적 프로그램으로서 같이 대응되는 파트너로 이야기되기도 한다.[10]

이러한 모든 지적들에 대해서 동감하면서, 그러나 필자가 다른 각도에서 강조하여 지적하고 싶은 것은 '수운이 얼마나 뛰어나게 하늘님의 독자성을 존중했는가?' 하는 점이다. 그는 「포덕문」의 처음을 사람들이 상고로부터 사계절이 변함없이 바뀌고 성하고 쇠하는 것이 하늘님의 조화라는 것을 알지 못한다고 한탄하면서 시작한다. 또한 그 근대 이래로 온 세상 사람들이 각기 자기 자신만을 위하는 마음때문에 천리를 따르지 않고, 천명을 돌보지 않아서 마음이 항상 두렵고 지향한 바를 알지 못한다고 지적한다.[11] 그의 「논학문」은 이러한 세태에 대한 대답으로 나온 자신의 동학을 설명하면서 독특하게도 서학이 같은 하늘님에 대한 말이지만 "그 안에는 차례가 없고, 글에 옳고 그름이 없으며, 도무지 하늘님을 위하는 단서는 없고, 다만 자기 몸만을 위하여 빌 뿐"(言無次第 書無皀 白而頓無爲天主之端 只祝自爲身之謀)이라고 비판한다. 즉 수운의 눈에 비친 서학이란 하늘님에 대한 진정한 공경이 아니라 그 하늘님을 빙자한 인간 중심주의이며, 자아중심주의라는 것이다.[12]

이 지적은 오늘날 서구의 탈근대주의가 자신의 근대성이 지녔던 인간중심적·주관주의적 한계를 비판하고, 그 오류의 초월적 근거였던 전통적 신의 죽음을 선포하면서 다시 진정으로 객관과 객체와 세계를 회복하려는 시도와 일맥상통한다. 수운에게 있어서 서도가 비록 하늘님을 더욱 인격적으로 만나게 해 주고, "기도"로써 관계하게 해 주는 면이 있지만, 그가 보기에 궁극적으로 서도는 하늘님을 진정한 상대와 객관으로 만나지 못하고, 결국 그 하늘님조차도 지금 여기와 자아에로 함몰시키고 만다는 것이다.

여기에 대해서 수운은 자신의 도는 한마디로 '무위이화'(無爲而化)라고 밝힌다. 이 무위이화는 도교에서 유래한 용어이다. 그것은 인간의 작위와 사욕을 극복하고 온전히 천도(天道)와 합일되는 경지를 가리킨다. 이 용어는 『동경대전』에 4회, 『용담유사』에 2회 정도 사용되는 빈도가 그리 높지 않은 용어라고 하지만 수운의 사상에서 절대적인 의미를 가진다.[13] 수운은 당시 물밀듯이 밀려오는 서도의 본질을 잘 파악하고 서도의, 의지와 역사와 계획의 도 대신에 무작위와 자연스러움과 더 큰 우주적 조화의 도를 제시하며 앞으로 인간이 나아갈 길을 제시하고자 한 것이다.

『동경대전』 등에서 보이는 많은 주술적·도교적 개념들은 필자가 보기에는 이렇게 초월을 진정으로 초월되게 하고, 근대적 서도가 자칫 빠지기 쉬웠던 인간 중심주의와 자아와 의지 중심주의를 극복하게 하며, 이와 더불어 전통적인 유교(성리학)가 갖는 이법성의 한계를 뛰어넘을 수 있게 하는 것으로 여겨진다. 이것과 관련하여 필자에게 인상 깊게 다가온 것 중 하나는 수운이 "주문(呪文)의 뜻이 무엇입니까?"라는 질문에, "하늘님을 지극히 위하는 글이므로 주문이라고 한다."(至爲天主之學故 以呪言之)고 대답한 것이다.[14] 우리는 보통 주문이라고 하면 그 주문을 외우는 사람을 위한 글이라고 생각하기 쉽다. 그러나 수운은 분명히 밝히기를, 주문이란 바로 하늘님을 위한 글이고, 그래서 하늘님은 수운에게 서도에 대신하여 "영부"(靈符)를 주면서 그 주문을 받아 사람들로 하여금 자신(하늘님)을 위하게 하면 인간에게도 복이 펼쳐질 것임을 약속했다고 말한다.[15]

수운은 「불연기연」(不然其然)이라는 글에서 우리가 생각하는 이법으로써 이해될 수도 없고 해명될 수 없는 영역이 있음을 지적한다. 그것을 그는 "불연우불연"(不然于不然)이라고 표현했다. 물론 수운은 마지막에는 "왜 그러하지 않은지를 알지 못하는 까닭에"(不知不然) "그러하지 않다고 말하지 않는다"(不曰不然)고 하면서, 그러한 불연의 일을 조물자에 부쳐 보면 그러한 일이 되고(其然), 그러한 것이라고 믿게 된다고 말하고 있다. 그러나 이 글에서도 우리가 읽을 수 있는 것은 수운에게 있어서 만물은 단순한 논리와 유위의 차원을 넘어서서 우주적 무위 이론의 섭리 안에 포괄된다는 것이다. 초월의 모습은 무위이화의 '지기'(至氣)라는 것이다;

> 묻기를 '강령의 글은 어떤 것입니까? 대답하기를, '지'(至)라는 것은 지극한 것을 이르는 것이요, '기'(氣)라는 것은 허령창창(虛靈蒼蒼)하며 일마다 간섭하지 않는 일이 없고, 일마다 명령하지 않는 일이 없는 것이다. 그러나 형상이 있는 것 같으나 형상하기 어렵고, 들리는 것 같으나 보기가 어려우니 이 역시 혼원한 하나의 기운이요…. [16]

수운이 이렇게 초월의 우주성과 무궁성을 지시하며 좁은 인격신적인 테두리를 벗어난 것은 서구 여성신학자들이 그들의 여성해방적 시도를 위해서 전통적인 인격신적인 방법—비록 그것이 신의 여성적 속성을 들추어 내거나 여신의 이름을 부르는 등의 방법이라 할지라도—이 아닌 전혀 새로운 방법, 즉 신을 더 큰 차원의 우주적 속성으로 그려 내는 방법과 상통한다(He나 She가 아닌 It으로서의 하느님). 우주적 진화의 원동력으로서의 하느님, 창조와 진화의 알파점과 오메가점으로서의 신이 말해진다면 그 신의 모습을 성(性)의 구별을 포함한 좁은 인간적인 울타리로 한정할 필요가 없다. 수운에게서 보았던 것과 같은 더욱 무궁한 우주 생명과 지기(至氣), 무위이화의 천도(天道)로서 그릴 수 있기 때문이다. 이렇게 본다면 동학은 기독교의 한국적 토착화를 위하여 일반적인 의미에서만 최적의 기반이 되는 것이 아니라[17] 한국 여성신학의 구축을 위해서도 좋은 가르침이 된다고 하겠다.

동학의 하늘님은 참으로 하늘님을 하늘님 되게 하고, 그러나 그 하늘님이 결코 주관과 인간과 만물과 생성, 그리고 심지어는 "귀신"과도 관계없는 것이 아니라 그 모두를 포괄하며, 또한 그것들 자체이기도 한 하늘님에 대한 고백이다. 이것은 오늘날 전 지구적 차원에서 동서가 더욱 만나고, 그래서 전 인류를 위해서 각 종교들의 수렴이 더욱 요청되는 상황에서 참 좋은 한국적 대안이 될 수 있다. 그래서 동학의 도는 다른 모든 도 위의 "메타 도"라고까지 불려지기도 한다.[18]

3. '시천주'(侍天主)의 인간학적·구원론적 의미

하늘님을 하늘님 되게 하고, 기연과 불연의 관계성 속에서 항상 다시 불연의 영역을 남겨 두는 수운에게 있어서 '시천주'(侍天主)는 그 반대적 표현이다. 수운 자신이 '시'(侍)를 잘 설명하고 있듯이 시천주란 이 세상 모든 사람이 자신 안에 신령한 하늘님을 모시고 있다는 것이고, 해월에 의해서 더욱 발전된 형태로 이야기된 바로는 '천지만물이 시천주 아님이 없다.'(天地萬物 莫非侍天主)로 요약된다.

이것은 그때까지 어떤 종교 전통에서도 쉽게 찾아보기 힘든 초월의 강력한 내재화이고, 이 내재화를 통해서 인간 사이의 모든 차별은 말할 것도 없고, 인간과 동물, 생물과 사물, 천지만물 간의 배타적 차별을 무(無)로 돌려 버린다. 그래서 모두가 존재론적으로 서로 연결되어 있으며, 그리하여 전 우주적 생명공동체성 속에 함께 있음을 밝히는 것이다.

해월 최시형은 수운의 시천주를 여러 각도로 창조적으로 더욱 전개시켜서 '사인여천'(事人如天), '삼경'(三敬: 敬天, 敬人, 敬物), '이천식천'(以天食天), '대인접물'(待人接物), '천지부모'(天地父母) 등으로 발전시켰다. 이미 많은 학자들이 지적하였지만 이러한 동학적 초월의 내재화는 21세기에 더욱 큰 의미로 다가오는데, 왜냐하면 오늘날은 어느 때보다도 '물'(物)의 비하가 심각해서 그 오랜 기간의 억눌림과 천시 받음으로 인한 물의 반격 앞에 우리 모두가 놓여 있기 때문이다. 인류가 당면하고 있는 각종 환경 재해, 쓰레기 전쟁, 화석연료의 고갈, 구제역 등의 동물 몸뿐 아니라 각종 암 등의 인간 몸의 반란은 우리 존재의 삶을 근원에서부터 위협하고 있는 것이다.

> 내 항상 말할 때에 물건마다 한울(物物天)이요, 일마다 한울(事事天)이라 하였나니, 만약 이 이치를 옳다고 인정한다면 모든 물건이 다 한울로써 한울을 먹여 기르는 것 아님이 없을지니, 한울로써 한울을 먹여 기르는 것이 어찌 생각하면 이치에 서로 맞지 않는 것 같으나, 그러나 이것은 사람의 마음이 한쪽으로 치우쳐서 보는 말이요, 만일 한울 전체로 본다면 한울이 한울 전체를 키우기 위하여 같은 바탕이 된 자는 서로 도와줌으로써 서로 기운이 화함을 이루게 하고, 다른 바탕이 된 자는 한울로써 한울을 먹여 기르는 것으로써 서로 기운이 화함을 통하게 하는 것이니, … 합하여 말하면 한울로써 한울을 먹여 기르는 것은 곧 한울의 기화 작용으로 볼 수 있는데, 대신사께서 모실 시(侍)자의 뜻을 풀어 밝히실 때에 안에 신령이 있다 함은 한울을 이름이요, 밖에 기화가 있다 함은 한울로써 한울을 먹여 기르는 것을 말씀한 것이니 지극히 묘한 천지의 묘법이 도무지 기운이 화하는 데 있느니라.[19]

『해월신사법설』「이천식천」

이렇게 사람마다 하늘이요, 물건마다 하늘이고, 일마다 하늘이라고 선포하는 시천주의 의식은 그래서 서도의 경우와는 달리 이 세상의 의미 실현을 위한 별도의 중보자를 필요로 하지 않는다. 서구 기독교의 경우는 인간 나사렛 예수에 의해서 초월의 강력한 내재화 메시지가 전해졌지만,

나중에는 그 내재화의 전달자 자신이 초월로 신격화되었고, 더 나아가서는 그 신격화가 실체론적으로 배타적으로 주장되어서 그것으로 인한 소외가 심각하다. 즉 그 중보자의 역사적 성(性)과는 다른 성인 여성이 열등한 존재로 주장되거나, 기독교의 예수에 의해 실현된 그리스도가 아닌 다른 모든 신적 육화들을 인정하지 않는 모습 등이다. 그래서 오늘날 성의 자각을 가진 여성 그리스도인들은 '과연 남성 그리스도가 여성들을 위한 구원자가 될 수 있는가?(How can a male savior help for woman?)라고 물으면서 전통적인 기독교의 그리스도 중심주의, 남성 그리스도에의 우상숭배적 집중을 비판한다.[20] 여기에 대한 대안으로서 일련의 여성신학자들은 남성 그리스도를 대신할 수 있는 여성 그리스도(마리아 등)를 찾기도 하고, 한편으로는 더 근본적으로 중보자에의 집중을 벗어나서 '신 중심적'으로 사고하며 신 중심적 신앙의 길이 바로 예수 자신이 살았고 가르쳐 주었던 길임을 밝히고자 한다.

한국 여성신학자로서 이러한 신 중심적 길을 가는 데 있어서 동학의 시천주 사고는 많은 도움을 준다. 모든 사람과 사물과 일이 이미 하늘이므로 이제 우리에게 필요한 것은 더 이상 어떤 중보자에게 매달리는 것이 아니라 자기 속의 하늘을 더욱 갈고 닦는 일이며, 만물 속의 하늘을 더욱 풍요롭게 하는 일이 되기 때문이다. 해월은 이것을 '양천주'(養天主)로도 표현했는데, 우리가 잘 알다시피 해월에게 있어서 이 양천주의 길이 어느 정도로 구체적으로 육화되었는가 하면 우리의 매 식사를 곧 '제사'(祭祀)로 보기 때문에 금간 그릇이나 이 빠진 그릇에 먹지 말고, 살생하지 말고, 삼시를 부모님 제사같이 받들라고 권고했다.[21] 그가 오랜 기간을 쫓기면서 도피 생활을 할 때도 어디를 가든지 흐트러져 있는 짚을 엮어서 누구라도 신을 수 있게 짚신을 엮어 놓았다든가, 베 짜는 여인을 보고서 바로 하늘님이 베를 짜고 있는 것이라고 했다는 이야기는 유명하다. 이러한 정

신에서 그는 우리가 매 일상의 삶에서 스스로를 그리스도로 화하게 하는
가르침으로서 모든 사람과 만물을 하늘님으로 대하는 데 지침이 되는 '십
무천'(十毋天)의 가르침을 주었다.[22]

> 1. 한울님을 속이지 말라.
> 2. 한울님을 거만하게 대하지 말라.
> 3. 한울님을 상하게 하지 말라.
> 4. 한울님을 어지럽게 하지 말라.
> 5. 한울님을 일찍 죽게 하지 말라.
> 6. 한울님을 더럽히지 말라.
> 7. 한울님을 주리게 하지 말라.
> 8. 한울님을 허물어지게 하지 말라.
> 9. 한울님을 싫어하게 하지 말라.
> 10. 한울님을 굴하게 하지 말라.

『해월신사법설』「십무천」

이번 동학과의 만남을 통해서 필자에게 특히 의미 있게 다가온 것은
'심고'(心告)의 기도법이었다. 그리스도인들도 식사 때마다 기도하고, 아
침에 일어나고 잠자리에 들 때, 어느 장소에 갔을 때 등 생활 속의 기도가
낯선 것은 아니지만 내 안에 내재한 하늘님을 살아 계신 부모님을 모시고
섬기듯, 가장 가까운 애인과 친구에게 고하듯, 일상의 매사를 사사건건
하늘님께 고하는 행위는 동학의 도가 얼마나 하늘님을 존중하고 가깝게
모시는가를 생생하게 알 수 있게 해 주었다. 예수도 당시 아무도 생각할
수 없었던 방식으로 하늘님을 '아버지'라고 부르며 하늘님을 깊이 느꼈
던 것인데, 그 예수가 어느 정도로 하늘님과 가깝게 지냈는가를 상상해

볼 수 있는 좋은 계기가 되었고, 그래서 본인도 이 심고를 알고 나서는 더욱 자주 하늘님께 보고 드리는 일을 하고 싶어진다.

> 잘 때에 '잡니다' 고하고, 일어날 때에 '일어납니다' 고하고, 물 길러 갈 때에 '물 길러 갑니다' 고하고, 방아 찧으러 갈 때에 '방아 찧으러 갑니다' 고하고, 정하게 다 찧은 후에 '몇 말 몇 되 찧었더니 쌀 몇 말 몇 되 났습니다' 고하고, 쌀 그릇에 넣을 때에 '쌀 몇 말 몇 되 넣습니다' 고하옵소서 … 일가 집이나 남의 집이나 무슨 볼일 있어 가거든 '무슨 볼일 있어 갑니다' 고하고, 볼일 보고 집에 올 때에 '무슨 볼일 보고 집에 갑니다' 고하고, 일가나 남이나 무엇이든지 줄 때에 '아무 것 줍니다' 고하고, 일가나 남이나 무엇이든지 주거든 '아무 것 받습니다' 고하옵소서.[23]
>
> 『해월신사법설』「내수도문」

우리가 위에서 본 대로 수운에 따르면 주문이란 하늘님을 섬기고 위하는 글이다. 주문을 염송하는 것은 염송하는 자의 욕구를 채우기 위해서, 원하는 것을 달성시키기 위해서 행하는 것이 아니라 하늘님 자신을 위하고, "스스로가 공이 없어서 법으로 세상을 가르칠 사람을 찾으신다."(曰余亦無功 故生汝世間 敎人此法…)는 하늘님의 세상을 위하는 소망을 위해서라는 사실을 이번에 깨닫게 되었다. 그래서 필자는 이 깨달음에 따라 지금까지 형식적인 예배 때나 암송하던 '주기도문'(Lord's Prayer)을 수시로 암송해서 하늘님께 올리고, 그 숫자를 더욱 늘려 나가서 하늘님을 위해 드리고자 노력하게 된다.

이렇게 초월의 급진적인 내재화를 기반으로 이루어졌던 동학의 여러 의례법과 수행법들은 신격화된 어느 한 중보자에 집착한다거나 찰나적인 심적 변화에만 몰두하지 않는다. 앞에서도 지적했지만 한 종교 전통에서 형상(중보자)에 과도하게 집중하게 될 때는 그 형상이 자칫 우상화되고, 그 우상화의 과정 속에는 필시 그 우상에 비추어서 합해지기 어려운 존재들을 소외시키는 과정이 포함된다. 그러므로 오늘날 거기서 배제되는 '여성들', '비서구인들', '타종교인들', '물질' 등의 해방을 위해서는 위에서 살펴본 동학의가르침들이 크게 의미롭다.

> 우리 도는 넓고 매우 크나 간략하다. 많은 말과 뜻이 필요하지 않고 별도의 다른 도리가 있는 것이 아니다. 오직 성경신(誠·敬·信) 세 글자이니, 그 가운데서 오직 공부하여 투철한 뒤에 깨달을 수 있다.[24]
>
> 「좌잠座箴」

수운은 당시 고목처럼 말라빠졌고, 여전히 착취하는 지배 이데올로기였던 유교를 비판하고 극복하려 했지만 거기서의 수행을 위한 기본적인 덕목들은 그대로 인정하며 자신 수행법의 기초로 삼았다. 한편 그는 다음과 같은 말도 했다. "인의예지는 먼저 성인께서 가르치신 바요 수심정기는 오직 내가 다시 정한 바이다."(仁義禮智 先聖之所敎 修(守)心定氣 惟牙之更定) 여기서 '수심'의 '수' 자를 어느 것(修 또는 守)으로 취하느냐에 따라서 여러 수행법이 나뉘는 차이 ─ 믿음이냐 행위냐, 점진적인 수행이냐 한 순간의 깨달음이냐, 삶의 지속적인 성화냐 종교적인 각이냐 ─ 에 대해서도 논할 수 있겠지만, 필자에게 전통의 성리학이나 동학이 특히 의미 있게 다가오는 이유는 어떤 외부적이고 고정화된 그리스도에 집착하는 것이 아니라 자신을 포함해서 이 세상 모든 사람과 만물과 사건을 그리스도화하려는 '진지성'(敬)과 '지속성'(誠) 때문이다. 그러나 그것도 만물 안의 초월에 대한 '신앙'(信)이 없으면 되지 않는 일이다. 성(誠)·경(敬)·신(信) 세 글자는 그래서 필자에게도 신앙의 핵심적인 기반이 된다.

4. 동학 구원론의 성취와 한계
   : 동학을 통한 여성해방과 후천개벽

이 세상 만물을 시천주의 믿음으로 파악한 동학의 급진적 세계 이해는
많은 사회 개혁적 프로그램들을 가능케 했고, 지금까지의 선천의 세계를
넘어서 후천의 세계를 꿈꾸는 '다시 개벽'(후천개벽)의 사고를 전개시켰다.
그리하여 전체 인류 문명사의 새지평을 열어 나가고자 하였다. 당시 조선
조 말의 신분 차별이나 적서 차별, 어린이 무시 등의 관행을 철폐하고, 이
와 더불어서 특히 여성의 인간화와 해방을 추구한 동학의 공헌은 매우 선
구적이었다. 이미 지적했듯이 수운은 자신의 여종 둘을 해방시켜서 한 명
은 수양딸로, 한 명은 며느리로 맞아들였다. 수운보다도 해월의 삶과 글
에 나타난 여성 존중은 참으로 혁명적이다. 해월에 따르면 "부인은 한 집
안의 주인"(一家之主)이다. 또한 그는 "부인 수도는 우리 도의 근본이다."라
고 선언하였다. 그의 전망에 따르면 앞으로는 '부인 도통'(道通)이 많이 나
서 그것을 통해서 사람 살리는 이가 많아질 것이라고 한다.[25] 이러한 여성
에 대한 혁명적인 사고는 당시 우리나라의 다른 신종교 지도자들—원불
교의 소태산이나 증산교의 강증산—에게서도 유사하게 보이는데, 해월은
여성 수도자들을 위한 구체적인 지침(「내칙(內則)」과 「내수도문(內修道文)」)들을 짓
고 발표하기까지 했다(1890년 11월).

해월의 「내칙」과 「내수도문」은 마치 얼굴을 맞대고 말하는 것처럼 알
기 쉽고 찬찬하게 여성들의 일상의 삶과 일—부부 화순, 부모 공경, 태교
를 포함하여 육아, 밥짓고 설거지하고 상차리는 법, 일가친척 교제 등—에
대한 조언을 아끼지 않는데, "각별히 조심하옵소서", "고하옵소서", "받
드옵소서" 등의 경어를 사용하면서 집안의 주인으로서의 여성들에 대한
존중을 절절히 표현하고 있다. 당시 문자 해독 능력이 없던 대다수 여성

수도자들의 수도를 위해서 "부인 수도는 우리 도의 근본"이라고 선언한 해월답게 다음과 같은 부탁을 첨부한다.

> 이 내칙과 내수도하는 법문을 첨상 가에 던져 두지 말고, 조용하고 한가한 때를 타서 수도하시는 부인에게 외워 드려, 뼈에 새기고 마음에 지니게 하옵소서. 천지 조화가 다 이 내칙과 내수도 두 편에 들었으니, 부디 범연히 보지 말고 이대로만 밟아 봉행하옵소서.[26]

『해월신사법설』「내칙」

이러한 동학 선구자들의 여성 존중 정신을 계승한 천도교 청년들은 후에 『부인』이라든가 『신여성』 등 우리나라 최초의 여성 잡지들을 창간하였고, 동덕여학교 등의 교육사업을 전개하였다는 것은 잘 알려진 사실이다.

그러나 이렇게 동학에서 여성을 초월에 근거해서 하나의 독립적인 인격으로 본 것은 그 이전 시대에 비해서 크게 진보한 것이지만, 그럼에도 불구하고 여전히 과거 전통의 잔존을 쉽게 찾아볼 수 있다. 수운은 동학도들이 지켜야 할 여덟 가지 규율을 이야기하면서 "유부녀의 방색"을 경계하였고, 그의 부인 박씨는 1861년 여름부터 수운이 포덕을 시작하자 수양딸과 더불어 하루에 30~40명씩의 식사를 대접하기 위해 쌀을 씻느라 손목이 아플 지경이었고, 후에 수운이 처형되고는 어린 자식들을 데리고 강원도와 충청도 산간 지역으로 피신해 다니다가 결국 굶주림과 정신적 고통으로 49세의 나이로 일생을 마쳤다고 한다. 해월은 공동체 안의 화합을 위해서 지켜야 할 생활 덕목을 제시하면서 "남녀를 엄하게 구별하라."는 조항을 실천 십개조 중 하나로 삼았다. 또한 오늘날 현재 천도교 교단의 요직에 여성들이 전혀 눈에 띄지 않는 것이 지적되기도 한다.[27] 이 지적과 더불어 필자에게 의문으로 다가온 것은 해월이 두 명의 부인에 이어서 62세의 나이로 26세인 손병희의 누이를 다시 부인으로 맞이한 일이다. 물론 첫째 부인이 병들어 있어서 그 병수발에 힘을 쏟는 상황이었고, 둘째 부인은 세상을 뜬 후라고는 하지만 이해하기가 힘들었다.[28]

그러면 어떻게 이처럼 어떤 다른 사고체계보다도 강력하게 여남의 평등을 펼칠 수 있는 근거를 갖추고 있던 동학의 세계에서 그 실제는 다른 모습을 보이는 것일까? 어느 고등 종교의 예에서도 보듯이 초기의 개혁 정신이 시간과 더불어 퇴색된 것이라고 설명하기도 하지만 이것만으로는 모두 이해되지 않는다. 우리는 앞에서 동학이 보여주는 초월의 급진적인 내재화는 각 존재자의 신적 가능성을 어느 종교보다도 확고히 신뢰한 것이기 때문에 세계 의미실현을 위한 구별된 중보자를 요청하지 않는다고 하였다. 그래서 이러한 특성은 중보자의 역사성 때문에 딜레마에 빠져 있는 한국 여성 그리스도인들에게 좋은 가르침이 될 수 있다고 지적하였다. 그러나 현실에 있어서는 한국의 근대 여성들이 동학을 통한 주체성 회복보다는 기독교의 전래와 더불어 더욱 보편적으로 주체로서의 의식이 깨어났다. 그렇다면 인간적 중보자가 제안된 것이 – 비록 그 인간성이 남성적으로 규정된 것이라 하더라도 – 그렇지 않고 모두 각자의 자발성과 스스로의 결단에 맡겨진 경우보다 오히려 더 실천적인 힘을 발휘하는 것이 아닌가 생각하게 한다. 그리스도인이 된 각자의 여성들은 중보자의 구체적인 역사성과 인간성에 근거해서 자신들 인격의 독립성을 보다 용이하게 자각할 수 있고, 그럼으로써 비록 동학이 이 세계의 어느 종교보다도 여성의 인간화를 위한 큰 잠재력을 가지고 있지만 서도인 기독교의 영향력을 따라 잡을 수 없었다고 생각해 본다.

동학에서 "인류 문화 양식 전체에 대한 대전환의 선언"[29]을 의미한다고 평가되는 '향아설위법'(向我設位法)은 해월 때부터 비롯된 혁명적 제사법이다. 그때까지는 제사를 지낼 때 조상이 저편에 있는 것으로 생각해서 벽을 향해 설하던 제사상과 위패를 제사 지내는 나 자신을 향해서 설하도록 가르친 의식이다. 해월은 그러한 향아설위의 우주론적 근거를 다음과 같이 설명하고 있다;

> 나의 부모는 첫 조상으로부터 몇 만대에 이르도록 혈기를 계승하여 나에게 이른 것이요, 또 부모의 심령은 한울님으로부터 몇 만대에 이어 나에게 이른 것이니 부모가 죽은 뒤에도 혈기는 나에게 남아 있는 것이요, 심령과 정신도 나에게 남아있는 것이니라. 그러므로 제사를 받들고 위를 베푸는 것은 그 자손을 위하는 것이 본위이니, 평상시에 식사를 하듯이 위를 베푼 뒤에 지극한 정성을 다하여 심고하고, 부모가 살아 계실 때의 교훈과 남기신 사업의 뜻을 생각하면서 맹세하는 것이 옳으니라.[30]

『해월신사법설』「향아설위」

시인 김지하는 이 향아설위의 제사법이란 바로 전통적인 제사법에서 '나'를 중심으로 삼아 잃어버렸던 오늘을 회복하는 것이라고 설명한다. 즉 전통의 향벽설위에서 제사 지내는 자가 자신의 노동으로 마련한 음식들을 벽을 향하여 차려 놓고서 모든 희망을 미래에 투사시킴으로써 가장 중요한 오늘을 희생시켰는데, 향아설위란 현재 제사 지내는 나, 내 속에 살아있는 하늘님, 혹은 우주적 생명을 전체적으로 실현함으로써 행복이나 낙원을 '지금 여기에서' 이루고자 하는 방법이라고 한다.[31] 오늘날 한국 여성들 중에는 이러한 향아설위에 입각해서 서구나 한국의 전통적 가부장주의를 비판하고 스스로를 위해 제사 지내는 방법을 실천하는 이도 있다.[32]

그러나 문제는 과연 이와 같은 정도로 초월을 지금과 이곳으로 끌어들이고, 자기 자신 안으로 내재화하며 일상의 밥으로 탈신성화하는 방법이 사람들로 하여금 얼마나 지속적으로 초월(하늘님)과 관계할 수 있게 하느냐 하면 그 대답은 그렇게 긍정적이지 않다는 것이다. 앞에서 보았듯이 중보자 없이 초월과 관계하는 방법이 현실에서는 그렇게 잘 기능하지 않은 것처럼 모든 의식과 절차를 탈신성화하고 ─ 해월은 ‘청수’ 한 그릇으로 모든 제사음식을 대신하게 했다 ─ 미래와 내세라고 하는 불연의 세계를 지금 여기에로 끌어들이고, 한마디로 ‘하늘’을 다시 ‘나’에게로 집중시키는 방법은 자칫 잘못하면 그 교 자체의 존립을 위협하게 된다는 것이다. 필자는 직접 참여해 보지 못했지만 오늘날 천도교 종교 의례인 시일식에 참여해본 한 종교학자는 서울 경운동에 있는 대교당 자체의 모습에서 거의 종교적인 체취가 느껴지지 않았듯이 전체적인 의례에서도 마치 무슨 세속적인 기념식 같은 정도로 느꼈다고 한다.[33]

유교와 마찬가지로 동학(천도교)도 구별된 성직자 그룹을 따로 두지 않는다. 일상과 세속과 이 세상 속에서 도를 실현하려는 유교나 동학은 그 강력한 세속화가 잘 실천될 때에는 오늘날과 같은 탈신성의 시대에 큰 의미를 가지지만, 자칫하면 앞에서 동학의 여성해방이나 향아설위법의 실행과 관련하여 짚어보았듯이 다시 초월 자체를 망각하게 되는 위험에 빠질 수 있다. “각기 자신만을 위하는 마음으로 천리를 따르지 않고, 천명을 돌아보지 않게 되며”라고 수운이 서도를 비판하면서 했던 지적인 “도무지 하늘님 위하는 단서가 없고, 다만 자기 몸만 위하여 빌 따름”인 경우가 스스로 되기 쉽다는 것이다. 오늘날 천도교 궁을영부의 형상과 주문, 청수의 예식들이 처음 원래 뜻대로 힘있는 사회 개벽과 전 우주적 생명공동체를 위한 후천개벽의 매개가 되지 못하고 한갓 개인적 욕망을 위한 미신적 주술로 전락하지는 않았는지 돌아볼 일이다.

김지하를 포함해서 이미 많은 사람들이 지적했지만 필자에게도 동학의 가르침 가운데 가장 크게 와 닿은 것은 그의 '경물'(敬物) 사상을 통한 우주적 생명공동체에 대한 비전이다. 수운의 시천주, 무위이화의 사고 속에서 배태되어 해월의 삼경(三敬: 경천敬天 · 경인敬人 · 경물敬物)과 후천개벽 등의 사고에서 더욱 펼쳐진 전우주적 영성적 신문명에의 지향은 7, 80년대 이후 서구에서 전통적 가부장적 근대주의를 비판하면서 우주의 생태공동체를 지향해 온 '에코페미니즘'(ecofeminism)을 연상시킨다.[34] 근대 기술 문명으로 인해서 우리 삶의 집인 지구 자체가 크게 위협을 받자 다시 그 집의 생명됨과 어머니됨을 들추어 내고, 인간과 더불어 모든 생명 종이 한 자매됨을 밝히고, 우리 모두가 그 어머니 젖줄로부터 생명을 얻고 산다고 하는 잊혀진 진리를 회복하려는 것이다.

해월이 '후천 개벽'이란 용어를 처음으로 사용한 것은 관의 동학 탄압이 극심해지는 가운데서 1891년 1월 19일자로 도인들에게 더욱 건실한 생활 자세로 수행할 것을 권면하는 한 통유문(通諭文)을 통해서였다고 한다.[35] 해월은 동학이 미래 인류의 대안이라는 신념을 가지고 있었다. 선천은 물질 개벽이고 후천은 '인심 개벽'(人心開闢)인 후천 개벽의 시대에서 그는 인간은 물론이고 자연과 사물을 포함한 전 존재의 해방과 구원을 꿈꾸었다. 해월에게 있어서 천지는 곧 우리의 부모이고, 사람이 어렸을 때 그 어머니 젖을 빠는 것은 곧 천지의 젖이요, 자라서 오곡을 먹는 것도 또한 천지의 젖이다. 그에 따르면 사람은 사람을 공경함으로써 도덕의 최고 경지에 이르는 것이 아니라 거기서 더 나아가서 물건을 공경함에 이르러야 천지기화(天地氣化)의 덕에 합일될 수 있다.[36] 다음과 같은 해월의 설법은 참으로 명료하게 그러한 사고에서 나온 만물을 위한 생태공동체의 지향을 잘 드러내 준다.

만물이 시천주 아님이 없으니 능히 그 이치를 알면 살생은 금치 아니해도 자연히 금해지리라. 제비의 알을 깨치지 아니한 뒤에라야 봉황이 와서 거동하고, 초목의 싹을 꺾지 아니한 뒤에라야 산림이 무성하리라. 손수 꽃가지를 꺾으면 그 열매를 따지 못할 것이요, 폐물이라고 다 버리면 부자가 될 수 없느니라. 날짐승 삼천도 각각 그 종류가 있고 털벌레 삼천도 각각 그 목숨이 있으니, 물건을 공경하면 덕이 만방에 미치리라.[37]

『해월신사법설』「대인접물」

현대 페미니즘 인식 방식으로서 전통적인 차가운 남성적 분리의식 대신에 대상의 상황과 아픔을 세밀한 감수성으로 포착해서 그 대상과 더욱 하나 되는 여성적 인식 방식이 있는데, 이러한 현대 페미니즘이 지향하는 인식 방식이 이미 해월에게서 뛰어나게 실현된 것을 본다. 천지를 우리 부모라고 선언하고, 그 산물을 어머니 젖줄로 비유한 해월은, 그래서 여성들에게 설거지 가신 물을 버릴 때도 조심스럽게 버리고, 가래침이나 코를 함부로 뱉거나 풀지 말도록 지도하면서, 그것은 곧 우리 천지부모님 얼굴에 뱉는 것이라고 하였다. 아이가 딱딱한 나막신을 신고 땅을 마구 디디는 것도 매우 가슴 아파하던 그는 말하기를,

땅을 소중히 여기기를 어머니의 살같이 하라. 어머님의 살이 중한가, 버선이 중한가. 이 이치를 알고 공경하고 두려워하는 마음으로 체행하면, 아무리 큰 비가 내려도 신발이 젖지 아니 할 것이니라. 이 현묘한 이치를 아는 이가 적으며 행하는 이가 드물 것이니라.[38]

『해월신사법설』「誠 · 敬 · 信」

자기 부모의 마음도, 인간의 마음도 잘 헤아리지 않는 오늘날의 세태에 비해서 땅의 마음, 무생물의 마음, 미물의 마음, 더 나아가서 물건과 폐물

의 마음까지 헤아리는 해월의 마음이란 참으로 인류 문명사에서 한국종교문화가 낳은 마음이고, 그것은 앞으로 전 우주적으로 새로운 우주 생명공동체를 형성하는데 나침판과 같은 역할을 할 수 있다고 본다. 오늘날 현실의 천도교 공동체에서 이 마음이 얼마나 구체적으로—환경운동이나 각종 사회사업 등— 실행되고 있는가의 여부를 떠나서, 여기서 실현되고 육화된 '시천주'와 '삼경'과 '인내천'의 마음이야말로 앞으로 인류가 동서양의 구분을 넘어서 여남의 구분, 인간과 기계의 구분도 넘어서 지향하고 실천해야 할 한국적 사고가 제안한 큰 이상이라는 것이다.

5. 전 우주적 생명공동체를 위한 동학의 기여

지금까지 한국 페미니스트 신학자로서 동학과의 만남을 세 가지 관점에서 살펴보았다. 서구에서 전래된 기독교를 신앙하고 탐구하는 신학자에게 일깨워진 민족적 자각을 유불선 삼도를 종합하고 서학과 대응하면서 나온 동학의 초월관이 많이 달래 주었다. 또한 남성적 중보자에 집중되어 있는 기독교의 구원관 때문에 어찌 해 볼 수 없는 딜레마에 빠져 있는 여성신학자에게 동학의 사고는 다시 신 중심적으로 사고하며 실천적으로 살아갈 수 있는 가능성을 보여 주었다. 그러나 다시 현실에서 그러한 동학의 급진적인 내재화는 종교로서의 동학의 존립 자체를 위협하는 요인이 될 수 있음을 보면서 지속적으로 초월성을 담지하게 하는 장치로서의 중보자, 성직자, 예배 의식의 세련화에 대한 숙고를 숙제로 남겼다. 여기서는 동학에게 다시 서학인 기독교가 배움을 줄 수 있다.

후천 개벽의 시대에 전 우주적 생명공동체를 꿈꾸면서 보여 주었던 동학의 사고는 참으로 뛰어나다. 동서의 어떤 페미니스트보다도 더 페미니스트적인 삶과 사고를 가졌던 동학의 선구자들은 참으로 우리들의 삶을 일깨워 준다. 이러한 탐색에도 불구하고 본 논문에서 다루지 못한 것은 바로 그 동학이 당시 외세의 침략과 기득권 세력의 부패로 인한 망국의 현실 앞에서 얼마나 '보국안민'(輔國安民)을 부르짖으며 애국적 민족주의적 사회운동으로서의 역할을 했는지 하는 것이다. 관과 기득 세력의 탄압 앞에서 참다 참다 일어난 동학의 교조신원운동과 그 과정 속에서 쓰인 많은 통문들, 의송단자, 상소문들은 동학이 유불선 삼도를 통합한 도로서 결코 이단이 아니라는 점과 서양과 일본의 외세 앞에서 나라를 지키고 의리를 다하고자 하는 것이 그들의 큰 소원이라는 점을 절절히 밝히고 있다.[39] 이러한 민족주의적 보국 사상이 다른 종교 체계에서는 찾아보기 힘든 주요한 특징이 되는데, 이것이 한계도 되겠지만 오늘날 21세기 한반도가 국제적으로 처한 상황을 살펴볼 때 다시 경청해야 하는 이유이기도 하다.

당시 신원운동은 받아들여지지 않았고, 더욱 거세진 동학농민운동은 짓밟혔다. 그렇게 목소리를 높여서 "나라를 바로 도와 백성을 평안하게 하는" 계책을 가지고 있다고 외쳤지만 받아들여지지 않았다. 오늘 다시 21세기로 넘어온 상황에서 한반도는 여전히 지구의 화약고 자리에서 벗어나지 못하고 있고, 그래서 한 학자는 오늘날 우리가 동학을 다시 의미 지우는 일은 "제2의 신원운동"이 된다고 보았다.[40] 동학은 궁극적으로 동양과 서양을 아우르고, 인간과 자연을 모두 포괄하며, 우주 전체의 만물을 위한 도로서 자기 자신을 자리매김한다. 21세기 신원운동은 그래서 좁은 의미의 민족주의적 한계를 넘어서서 범지구적이고 범인류적인 차원으로 확장되어야 하는 과제 앞에 놓여 있다. 거기에는 동서의 구분도, 여남의 구분도, 자연과 문명의 구분도, 인간과 기계의 구분도 넘어서서 모두를 위한 우주생명 공동체에로의 지향만이 남게 될 것이다.

III. 한국 여성민중(생명)영성과 여성 그리스도의 도래

- 기독여성민중회 20년 활동에 대한 여성신학적 검토 -

1. 기독여민회 20년 역사의 의미를 찾아서

지난 80년대 후반 한국 민주화 운동의 정점에서 시작된 〈기독여민회〉가 2006년에 창립 20주년을 맞이하였다.[1] 이미 창립 2년 전부터 그동안의 활동에 대한 신학화 작업을 위해서 몇몇 여성신학자들이 모였지만 각자 분주한 일정들로 인해서 일이 쉽게 진척되지 않았다. 그러다가 20주년이 되는 2006년 여름이 되어서야 본격적으로 작업을 시작했는데, 필자도 그때서야 이 작업과 마주하게 되었다. 한국 여성신학자의 한 사람으로서 그때까지 주로 한국 여신학자협의회나 여성신학회에서 활동하면서 '옆에 민중성을 강조하는 또 하나의 기독여성 그룹이 있구나'라고만 생각했지 그동안 직접 관계를 맺은 것이 거의 없어서 그 활동과 의미들을 잘 몰랐다. 또한 2년 전 현장 신학화 작업을 위해서 박경미, 김은혜 교수 – 나중에 최영실 교수가 합류했다 – 와 더불어 기여민 현장 활동가들을 만나보았지만, 그때도 필자는 기여민을 전체적인 맥락에서 잘 몰랐으므로 의미 파악을 충분히 하지 못했다.

　그러나 2006년 7월에 접어들면서, 그동안 사무국에서 몇 차례에 걸쳐서 보내 주었던 기여민 활동의 축적물들인 자료집들을 읽으면서 개인적으로는 마치 개안이 되는 것처럼 큰 감동을 받았고, 지난 20여 년간 회원들의 눈물나는 활동 속에서 잉태되고 자라서 글로 표현된 의미들 앞에서는 할 말을 잃을 정도였다. 그러면서 다음과 같은 생각들을 하게 되었다; 나와 같은 신학자는 말할 것도 없고 모든 그리스도인들은 그리스도의 삶과 십자가 그리고 부활을 믿고 따르는 신앙 안에서 어려운 처지의 사람들과 함께 해야 하고, 맘몬의 노예가 되어서는 안 되며, 그리스도 신앙 안에서는 여자와 남자, 성직자와 평신도, 국적의 구분 등이 문제가 되지 않으며, 오순절 성령의 역사가 다시 오기를 기다린다고 말한다. 그런데 과연 누가 그러한 언술들을 진정으로 믿고 실천하며, 누가 그 언술들의 진리성에 대한 확실한 증거를 대 줄 수 있는가? 바로 그동안 기여민의 시작과 활동, 고뇌어린 시도와 노력들이야말로 그 증거들이 아닌가? 어떤 신학자의 논리보다도 더욱 확실하게 지금·이곳에서, 역사적으로 체현된 모습으로 그렇게 기독교의 본질적인 언술들을 증거하고 변증하고 있지 않는가라는 발견이었다.

　21세기 문턱에 들어선 오늘날 모두에게 개인적으로나 범사회적으로 가장 위협이 되는 삶의 난제들은 무엇인가? '경제'와 '빈곤', '성'(性)과 '민족'의 문제가 그것들이 아닌가 생각한다. 기여민은 일찍이 1986년 7월 3일 창립과 더불어 민중의 가난 문제를 자신의 문제로 끌어안았다. 이 시작의 위대한 이야기를 10년 후 "기독여민회 10년의 역사"에서 다시 들려주는 안수경에 따르면, 기여민의 시작은 독자적인 기독 민중여성 조직의 필요성에서 비롯된 모임이라고 한다. 그것은 기층 여성들을 중심에 놓고 여성운동을 조직적으로 풀어 가려는 진보적 기독여성들의 모색이었음을 밝힌다. 왜냐하면 당시 운동권에서조차 여성 차별의 현실이 심각하였고,

기존 교단의 여성 조직만으로는 한계가 보였기 때문이다. 이 일을 위해서 당시 동일방직 여성노동자들과 투쟁을 함께 했던 조화순 목사와 더불어 노동 부문의 손은하를 공동대표로 추대하여, 교회(고애신, 박은주), 청년 부문(김숙임, 전유희)의 준비위원들과 함께 40여 명의 회원수로 시작하였다.[2]

이렇게 처음부터 민중여성운동으로서의 방향성을 확실히 한 기여민은 초기에는 일반 기층 여성과 기독 민중여성들을 모두 포괄하는 활동을 하다가 80년대 말부터 기독교 내부의 민중여성운동에 집중하게 되었다고 한다. 이 때를 계기로 기여민은 기독 민중여성 조직의 건설을 위해서 민중교회 내의 여성 지원 사업에 집중했고 기독 민중여성들의 주체적 신앙 형성을 위해서 기존 교회의 남녀 차별 문제와 맘몬주의, 목회자 중심주의 등을 비판하며 기독교 신앙을 새롭게 보는 일에 힘을 쏟았다. 1993년에 "여성과 종교개혁"이라는 주제로 제1회 종교개혁제 심포지엄을 개최했는데, 이는 전통의 종교개혁 정신을 돌아보며 여성민중적 관점에서 교회 개혁안을 나름대로 제시하고자 한 것이다. 90년대가 지나가면서 동구의 사회주의권이 몰락하였고, 그 후 더욱 급속도로 진행된 세계화와 신자유주의 물결 속에서 한국은 IMF 구제 금융을 경험하였고, 이로 인해 민중들, 특히 여성민중들의 삶은 더욱 피폐해졌다. 이러한 상황에서 기여민은 다양한 대안적 삶과 공동체성 회복을 위해 노력하였고, 스스로가 대안적 민중여성 영성의 실현체가 되어갔다. 이 즈음에서 이들은 "기여민 영성", "여성민중 영성", "여성민중 생명신학"들을 이야기하면서, 전 세계적으로 더욱 더 심화되는 빈부의 격차, 미국 중심의 군사적 패권주의, 한국 기성 교회의 변질과 부패에 지속적으로 제동을 걸면서 나름대로의 대안적 공동체 영성을 제시해 냈다.

본 논문은 이상과 같이 짧게 요약되는 기여민 20년의 역사와 활동을 여성신학적으로 검토해 보려는 것이다. 항상 기여민을 상징하는 세 단어인 '예수·여성·민중'과 연결되는 세 가지 특성으로서 '그리스도성'과 '여성성' 그리고 '민중성' 중에서 특히 그의 '그리스도성'에 초점을 맞추어서 살펴볼 것이다. 이렇게 그리스도성에 초점을 맞추어 살펴본다는 것은 어떻게 기여민이 오늘날 물신주의와 물량주의, 특히 한국 기성 교회가 점점 더 빠져드는 성직자와 남성 중심주의에 맞서서 나름의 대안적 영성을 이루어 내는지를 살펴보는 일이다. 이것이야말로 예수가 비유한 전체를 질적으로 온전히 변화시키는 누룩과 겨자씨 한 알처럼 그렇게 우리 사회와 교회 전체에 제동을 거는, 또 여성신학자들이 고대하는 '여성 그리스도'의 도래가 소리 없이 기적처럼 이루어지는 과정과 모습을 드러내는 일이 아닌가 생각한다. 물론 기여민 20년의 과정에서 이 세 가지 축이 때에 따라서 다르게 강조되기도 했다. 그러나 신앙이란 삶의 궁극성을 묻는 질문이라는 점에 착안하여 기여민의 민중성과 여성성이 그의 근본적인 신앙 물음인 그리스도성의 물음을 펼쳐 나가는 데 아름다운 물감으로 사용되었음을 볼 것이다.

이 글을 쓰기 위해 그동안의 자료집들을 읽으면서 거기에 나오는 많은 이름들, 그 중에는 20년의 과정 속에서 끊임없이 반복되어 나오면서 가난한 여성들과 아이들, 방황하는 청소년들, 장애인들, 성폭력의 피해자들, 외국 근로자들, 모든 폭력의 피해자들을 온갖 어려움에도 불구하고 지속적으로 보듬고 보살펴 오는 일을 수행한 민중의 목회자들을 정말로 보고 싶은 생각이 간절했다. 그들의 얼굴을 마주보고, 그들의 몸을 손으로 만져보면서 우리가 그렇게 다시 오시기를 기다리는 그리스도의 모습이 바로 여기, 이런 모습으로, 우리와 함께 하는 것이 아닌가 생각했기 때문이다. 우리와 같이 평범한 여성의 몸으로, 가난한 민중으로, 평신도의 신분으로 그렇게 다시 오시는 그리스도, 그 그리스도의 영을 사는 기여민의 여성들이야말로 바로 오늘 우리 역사와 삶을 변화시키는 누룩과 방부제처럼 우리 삶을 지탱하는 "신뢰의 그루터기"가 됨을 본다.[3]

2. 우리 시대 가장 어려운 화두를 붙잡고
: 21세기 경제 환원주의에 대한 여성민중적 저항

굳이 경제 전문가의 분석을 빌리지 않더라도 오늘날 '경제'는 바로 우리 삶을 총체적으로 관장하는 중심 기제가 되었다. 개인적 삶뿐 아니라 국가 간의 외교에 있어서도, 또 문화와 교육, 심지어는 종교의 영역에서조차 경제는 무소불위의 힘을 발휘하고 있다. 20세기 이후 점점 더 삶의 모든 관계를 물질적 관계와 동일시하는 경제 결정론적 환원주의에 대해서 일찍이 그람시(1891-1937) 같은 사상가는 깊은 우려를 나타냈다. 여성정치철학자 한나 아렌트는 그리하여 근대에 들어와서 우리 모두는 너 나 할 것 없이 '노동자'가 되었다고 지적하였다. 이렇게 물질과 경제가 삶의 결정적인 기제가 되었다는 것은 반대로 이 물질로 인해서 더욱 심하게 고통받는 그룹이 많아졌다는 것을 의미한다. 더군다나 21세기에 들어서 점점 더 거세지는 '세계화'가 바로 전 지구적인 경제의 통합이고, 인간 삶에서 경제 외적인 요소들이 모두 경제로 환원되는 '경제 환원주의'를 뜻하는 것이라면,[4] 여기에 대항해서 싸우는 것이야말로 가장 힘든 싸움이고, 반면에 여기에서 대안을 찾지 못한다면 그 외의 답들이란 별로 힘을 발휘할 수 없을 것이라는 사실이다. '여성신학의 주체는 민중여성'이라는 자각과 더불어 시작된 기여민은 그리하여 맨 처음 시작부터 일관되게 민중 문제와 특히 여성민중의 가난문제와 더불어 씨름하였다. 기여민 3대 회장을 지냈던 성정희는 "기층여성민중"이라는 단어야말로 기여민이 자신의 마음 깊은 곳에 준 선물이라고 고백하였고,[5] 당시 회장이었던 최순옥은 기여민을 "빈민 여성을 위한 지지기반"이라고 규정했다.[6]

2002년 여름 기여민에서 발간하는 『기쁜 소식』지를 보면, 당시 연구위원회 보고의 특집란에 남미의 해방신학자 보프(L. Boff)의 다음과 같은 글을 인용하고 있다; "인류 역사 전체의 가장 고통스러운 피흘리는 상처이며, 가난한 사람들을 편드는 선택은 프로테스탄트 개혁 시대로부터 가장 중요한 신학적 이론적 변혁이며, 그 의미는 보편적 교회에 해당한다."[7] 또 이어서 에야꾸리야(L. Ellacuria)의 "나는 가난한 사람들을 편드는 우선적인 선택이야말로 교회의 진정성을 판가름해 주는 기준들 가운데 하나라고 굳게 믿는다."라는 말을 인용한다. 이러한 남미 해방신학자들의 복음관과 교회관과 유사하게 기여민은 시작부터 민중들의 고통을 경감하고 가난한 사람들을 돕는 일을 자신의 주된 일로 삼았다. 1998년 기여민 제6회 종교개혁 기념 토론회의 자료집인 『여성·민중·생명 살리기』에 보면 당시 총무로 일했던 권미경의 「여성민중사회 선교와 생명 살리기」가 실려 있다. 그 글에 나타나 있는 기여민 회원들의 여성민중 사회 선교 활동과 관련한 설문조사를 보면 현장에서 일하는 가운데 스스로를 지탱해 주는 신앙관과 가치관을 묻는 질문에 눈에 띄게 나오는 대답이 누가복음 4장 18-19절의 구절인 것을 알 수 있다.[8]

주의 영이 내게 임하셨다.

주께서 내게 기름을 부으심은

가난한 자들에게 기쁜 소식을 전하게 하심이라

주께서 나를 보내심은

포로된 자들에게 해방을 선포하며

눌린 자들을 놓아주고

주의 은혜의 해를 선포하게 하심이다.

이 구절은 원래 이사야 61장 1-2절의 구절이었는데 예수가 광야에서 사십 일 시험을 이기고 자신이 자란 곳 나사렛에서의 첫 사역에서 읽은 구절이다. 그가 "가난한 자들에게 기쁜 소식을 전해 주는 것"을 자신의 사명으로 보았고, 그것을 또 당시의 고향 사람들에게 요청한 것처럼, 그렇게 기여민 회원들은 이 구절을 예수가 자신들에게 부탁하신 말씀으로 들은 것이다. 그래서 기여민은 자신의 소식지의 이름을 『기쁜 소식』으로 확정하고 2002년 12월 100호를 기록하면서 지금까지 계속하고 있다.[9]

1) 민중성과 기독여민회

1986년 7월 창립과 더불어 기여민에서 시작한 일은 노동 여성 생활교실을 여는 것이었다. 그러면서 여성 노동 교재 『복종의 침묵에서 깨어나』라는 매우 변혁지향적인 교재를 펴냈고, 이어서 기혼여성 노동자를 위한 종일탁아방인 '새터탁아방'과 기여민의 모델 교회인 '새터교회'를 창립하였다. 이러한 활동들은 모두 여성해방적 관점에서 바로 민중여성의 생존권 확보를 위한 투쟁이었다. 80년대 후반 이후에는 전반적인 운동의 다원화·전문화 추세와 더불어 여성운동은 노동, 주부, 탁아, 성폭력 등으로 분화하면서 상당수의 회원들이 민중교회의 여성 실무자로 들어가게 되었다고 한다. 이것은 기독 민중 여성 조직의 건설을 통하여 점점 더 가속화되고 가중되는 세계 자본주의의 경제 환원주의에 대해서 기여민 여성민중 영성으로 대항해 온 것이라고 할 수 있다.

민중여성들이 생존권 확보를 위한 싸움에서 가장 직접적으로 맞부닥치는 문제는 육아 문제이다. 그래서 기여민의 많은 회원들이 탁아방, 공부방, 청소년 대안학교 등의 육아와 미성년 교육과 관련한 일을 하면서 민중여성과 연대했다. 2001년 기여민 15주년을 기념하기 위해서 나온 자료집『바닥을 일구는 여성들』에 보면 당시 새터어린이집 원장으로 있던 남미영 회원은 "팔팔했던 20대"의 나이에 발을 들여놓아 어느새 40대가 되어 버렸다고 회고하면서 다음과 같이 고백한다;[10]

> 아이를 맡긴 엄마들이 공장에서 열심히 일하며 자신의 권리를 찾고 당당하게 자신을 찾을 수 있게 하기 위해 나는 하루 종일 아이들과 함께 놀고, 밥하고 설거지하고, 밥 먹이고 재우고, 걸레질을 한다. 이러한 일들을 기꺼이 내 운동의 영역으로 만들어야 한다는 생각에 남들이 볼 때 하찮다고 생각되는 이 일을, 나는 저버릴 수 없는 시대의 요구로 생각하고 있다.

또 다른 회원 유미란(당시 '도봉여성의 집' 대표)은 기여민 회원이 활동하고 있는 여러 지역현장 가운데 하나인 '산돌공부방' 이야기를「하늘 아래 첫 동네 하월곡동 이야기―가난한 사람들과 함께」로 감동스럽게 들려주고 있다. 산돌공부방은 이미 85년 2월에 문을 열었다고 한다. 그때 당시는 가난한 이들과 함께 하는 것 자체가 반정부적인 행동으로 낙인찍히던 시절이어서 많은 위험 부담이 따랐다고 하는데, 당시 하월곡동은 실직의 고통과 본드마시는 청소년, 하루 종일 미싱의 먼지 속에 사는 단칸방의 엄마들, 유치원에 가지 못해서 굶고 골목에서 노는 아이들, 돈 때문에 매일 부부싸움으로 아수라장이던 동네였다고 한다. 그런 상황에서 산돌의 여성들은 단칸방을 얻어 아이들에게 공부방을 열어 주기로 했다. 우선 중고생들을 위한 공부방에서 시작하여 초등학생, 7세 전용 유치원과 탁아소, 나중에는 한글과 영어알파벳도 몰라 일자리를 얻지 못하는 어머니들을 위해 월곡동 어머니학교를 만들었다고 한다. 유미란은 이런 16년 동안의 삶을 "하나님께서 나에게 주신 은총이며 축복의 삶이었다."고 고백하면서 다음과 같이 쓰고 있다;[11]

살아오면서 상처받아 온 이들은 자신의 삶에 매우 자신이 없고 능동적으로 대처하려는 의지도 별로 없었다. 그러나 산돌에서의 만남을 통해 같은 처지에 있는 사람들이 마음을 나누고, 상처도 싸매 주고, 위로받으면서, 때로는 함께 힘을 모아 자신들을 질곡에 빠뜨리는 환경을 변화시키는 데 주체적으로 나서게 되면서 힘을 얻은 것이다. … 하월곡동의 분위기는 10년이 지난 뒤부터는 사람 살 만한 곳으로 바뀌었다. 산돌어머니들과 아이들이 마을 잔치나 어려운 이웃돕기 바자회를 열면 마을사람들은 적극적으로 호응하고 참여했다. 아이들이 사고를 치는 일도 부쩍 줄어 공부방에 다니지 않는 어머니들도 자녀, 가정, 직장 문제로 공부방 문을 두드리기도 했다. 배움이 짧아 늘 마음 졸이며 일 다니던 어머니들은 영어로 표기된 전자제품도 잘 다루어 직장 생활을 계속 할 수 있었고, 봉제 공장에 다니는 이들도 더 이상 영어로 쓴 라벨을 거꾸로 붙이거나 옆으로 붙이지 않게 되었다. 어머니들이 쓴 시를 모아 출간한 시집은 주변 사람들을 깜짝 놀라게 했다. 그 밖에도 이들의 삶에 일어난 변화는 일일이 열거할 수 없을 정도였다.

"따사로운 햇살 같은 여자를 꿈꾸는 기질 센 여자"라고 스스로를 소개하는 조해정 회원의 인상 깊은 활동도 바로 탁아, 특히 장애인 교육을 통해서 민중을 돕는 일이었다. "내 나이 스무 살, 거칠 것 없고 두려움이 없던 치기만만한 시절"에 기여민 회원이 되었다고 밝히는 그녀는 자칭 "기독여성 문화운동가"로 활동하다가 서른이 되는 해에 장애인 남편을 만나 본격적으로 장애인들과 함께 하게 되었다고 한다. 그 후 장애인 탁아방과 공부방을 운영했고, 특히 장애인 시설을 중심으로 음식을 전달하는 '음식 나눔 은행'을 운영하며 장애인 복지 전문가로 성장했음을 밝히고 있다. 자신의 삶을 매우 "전투적인" 것으로 보는 그녀는, "어쨌든 앞으로 나의 삶은 여전히 전투적일 것이라 전망해 본다. 장애인들의 쓸데없는 자괴감이나 비사회성과 싸울 것이고, 장애인 가족들의 죄의식과 그들 스스로도 가지고 있는 편견과도 싸울 것이며, 특히 복지를 무식하게 진행하는 정부의 무정책, 무소신과는 늘 한 판할 태세를 갖추고 있다."고 말한다.[12] 이런 선배에 대해서 후배 배영미는 "마침내 되살아나는 여성민중적 지도력"이라고 하면서 구약 출애굽의 여성지도자 미리암을 떠올리게 한다고 적고 있다.[13]

'성수삼일교회'의 정태효가 들려 주는 현장 이야기와 삶 이야기에도 어떻게 기여민의 민중여성 영성이 세계의 무자비한 경제 환원주의와 싸워 왔는가 하는 것이 잘 드러나 있다. 삼일교회는 1983년 열악한 소규모 공장 밀집 지역이던 성수동에 청소년 노동자 선교를 목적으로 세워졌는데, 정태효는 여기서 1988년부터 함께 했다고 한다. 기여민 4기 회원으로 20여 년을 기여민과 더불어 "여성운동"을 해 왔다고 적고 있는 그녀는 89년대 야학인 '내일의 집', 90년대에 들어서서 '우리들 공부방'을 개원했고, 1996년부터 '어머니교실'을 통해 여성 문제에 더 크게 눈을 뜨면서 1998년 IMF 사태로 대량 발생한 실직자들을 돕는 과정에서 여성노숙인 쉼터가 전무하다는 것을 발견하고 최초로 여성노숙인 쉼터를 서울시 위탁사업으로 개설하게 되었다고 한다. 그녀는 당시의 상황을 다음과 같이 적고 있다;[14]

IMF 구제금융 체제가 시작되면서 노숙자 문제가 심각하게 떠오르던 당시, … 여성노숙자 문제에 대해서는 별 관심을 보이지 않았다. 이런 상황에서

나는 여성노숙자 문제를 우리 교단 총회 사회부에 제안을 하고 그들을 위한 쉼터를 1998년 8월에 시작할 것을 허락받았다. 1998년 12월에서 99년 상반기까지 하루에 두 시간 남짓 자면서 아웃리치(out reach)를 하느라 밤 9-10시에 서울역, 영등포역, 을지로3가역, 서소문 공원, 잠실역 근처 석촌호수까지 누비고 다니면서 여성들과 아이들이 한 사람이라도 빨리 노숙 현장에서 벗어나도록 하기 위해 최선을 다했다.

그런데 10시 30분경 정신지체로 들어온 지 얼마 안 된 아이가 안 들어와 경찰청에 미아신고를 한다고 해 놓은 엄마조차 안 들어와 밤 12시 넘어까지 성수역에서 영동교까지 돌고 와도 없는데, 혹시 한강에 갈 수도 있다는 바람에 한강으로 가서 청담대교 너머까지 돌다 왔습니다. 현재 새벽 3시, 돌면서 드는 생각은 머리가 아프면서 그만두고 싶다는 생각이 슬그머니 들었습니다. 노숙인 쉼터 시작해서 처음 해 본 생각입니다. 더 힘든 때도 많았는데 왜 그땐 이런 생각이 들지 않았지 하고 내 마음을 살폈습니다."[15]

이 밖에도 2002년 『제10회 종교개혁 기념토론회 자료집』의 「현장 이야기와 이야기에 대한 해석들」에 실린 다른 이야기들 – 당시 부천에서 12년째 '새롬공부방'을 하고 있던 김경희의 이야기, 안양과 안산 공단 등에서 탁아운동과 민중교회, 공부방 생활 후 한국 땅에서 또 하나의 민중이 된 외국인 노동자들을 돌보는 '코시안의 집'을 운영하고 있는 김영임의 이야기, 가정이 파괴되어서 더 이상 울타리가 없는 아이들을 하나둘씩 식구로 받아들여 밥상에 숟갈 하나 더 놓으면 되겠다는 마음으로 대안가족 공동체를 일군 조순실의 '들꽃 피는 마을' 이야기 등, 이러한 모든 이야기들은 결코 빵만이 모든 해결책이 아니며, 그 빵의 결정론에 대항해서 또 다른 대안을 제시하며 도저히 어찌해 볼 수 없을 것 같은 악마적인 경제 결정론을 약화시키는 기여민 민중 영성의 시도들이다.

기여민은 이후 2004년 "여성 탈빈곤을 향해 올인" 했고, 2005년에는 '빈곤지역 여성의 복지 욕구 조사와 정책 방향 연구 토론회' 를 가질 정도로 민중의 빈곤 문제와 계속해서 씨름하고 있다.

2) 여성성과 기독여민회

지금까지 보았듯이 기여민이 이렇게 민중들을 부여잡고 그들의 생존과 인간화를 위해서 분투하고 노력할 때 기여민 여성들의 '여성성' 이야말로 그들 활동의 밑거름이었음을 알 수 있다. 기여민은 이미 1990년에 모성 보호 세미나를 개최했고, 탁아법 제정을 위한 공청회와 토론회, 국회 법안 제출, 국회의사당 앞 시위 등을 통해서 모성 보호를 위해 싸워왔고, 육아라고 하는 여성들의 일이 정당한 보호와 배려를 받을 수 있도록 다방면으로 노력해왔다. 이들은 또한 북한 바로 알기 교육도 여성의 입장에서 시도하였고, 이미 1991년에 여성의 생명사상으로 여러 환경 보호 운동을 펼쳤으며, 바로 당시 어느 남성 그룹에서도 감히 언급하지 못했던 방위비 삭감의 문제를 거론하기 시작했다(1991). 기독교 탁아문제 공동대책위원회 대표자회의를 열었고(1992.3), 정신대 수요 시위 주관을 이미 1992년에 시행했다. 이 중 방위비 삭감과 여성복지 확대를 위한 노력을 계속해서 여성통일마라톤 대회를 주관했고(1993), 거기서 무기 장난감의 폐해를 알렸으며, 1994년에는 패트리어트 미사일 배치와 팀스피리트 훈련 재개 반대운동을 담당했다.

오늘날 뒤를 돌아보면 더욱 빛을 발하는 이러한 모든 활동들은 지금까지 수천 년간의 삶의 경험에서 생명을 낳고 돌보면서 일구어 온 모성의 마음으로 시행해 온 것들이었다. 비록 소수의 목소리이기는 했지만 과감하고도 단호하게 생명과 살림과 평화의 목소리를 낸 것으로 그 후에도 계속 성폭력 방지법이나 호주제 폐지를 위한 투쟁, 여러 종류의 교육마당과 왕따 극복을 위한 교육운동, 신가족 운동 등을 전개하였다. 이러한 기여민의 여성적 생명력에 대해서 여혜숙은 다음과 같은 비유를 한다;[16]

> 기독여민회 회원들은 풀꽃과도 같다. 스스로 자신을 알리려 하지도 않고 조용히 한 구석에서 피었다 지지만, 들판 여기저기서 끊임없이 피어나는 생명력 강한 풀꽃말이다. 자세히 들여다보지 않으면 그 아름다움을 알아차리기 힘든 귀한 꽃이다.

이러한 기여민의 모성 영성은 일찍이 프랑스 여성철학자 엘렌 시수의 지적대로 비록 중심에 서지 않는 "중심외적 주체"이지만 그렇게 자신을 내어주면서도 고갈되지 않는 특성을 가진 모성이 발현된 것이라고 보고자 한다. 시수는 그녀의 책『메두사의 웃음』에서 쓰기를,[17]

> 여성은 필연적으로 자기 자신을 상실하지 않고서도 자신의 일부분을 상실할 수 있는 그런 '사람'으로 형성되었다. 그러나 은밀하게, 소리 없이 그녀의 깊은 내면에서 여성은 스스로를 확장하고, 스스로를 복수화(複數化)한다. … 여성은 익명성 속에 남성처럼 벌벌 떨지 않고서도 위험을 무릅쓰고 모험한다. 여성은 자신은 사라지지 않으면서 익명성에 녹아들 줄 안다. 왜냐하면 여성은 주는 자이기 때문이다. … 여성에게 고유한 점이 있다면, 그것은 역설적으로 계산 없이 자신의 것을 탈소유화할 수 있는 능력이다.

필자는 이와 같은 모성성의 영성을 한국 유교 문화의 대표적 여성인 신사임당 삶에서도 보고자 했는데,[18] 더 자세하게 전개되는 페미니즘 담론에서는 그러한 모성성에 대한 평가에 있어서 논란이 있을 수 있지만, 우리가 기여민 활동가들의 삶에서 확실히 보았듯이 그 모성성의 영성이란 바로 민중을 살리고, 아이들을 살리고, 죽어가는 생명을 소생시키는 '생명'의 영이라는 것이다.

3) 공동체성과 기독여민회

앞에서도 잠깐 언급했지만, 기여민이 이렇게 민중성과 여성성을 담지하며 20세기 경제환원주의에 대항해 온 과정에는 몇 차례의 내적 전환이 있었다. 90년대 초반 동구 사회주의권이 무너지고, 한국에도 문민정부가 들어서는 등의 변화가 보이자 기여민은 전반적으로 민중적 기반이 약화되는 사회적 물결 속에서 사무국을 중심으로해서 앞에서 언급한 북한 바로알기 교육, 방위비 삭감 투쟁, 여성 통일마라톤 대회, 무기 장난감과 통일놀이 윷판 바꾸기 등의 사업을 펼쳤다. 그러다가 1996년 그러한 가운데서도 최선을 다해서 민중들과 함께 하느라 많이 지쳐 있던 회원들의 자기 회복이 시급하다고 판단하여, 기여민의 조직 운영을 사무국 중심에서 회원들 지역 현장의 위원회 구조로 변화시키고, "회원들의 공동체성 회복"을 사업 방향으로 잡았다.[19]

권미경에 따르면 애초에 공동체적 관점을 기여민의 전망으로 도입한 사람은 고 선순화 교수였다. 그녀는 21세기에 물질주의가 막다른 지점에 이르면 새로운 영적 사회에 대한 욕구가 도래하고 공동체적 삶을 지향하게 될 것이라고 전망했다고 한다.[20] 이렇게 회원들 간의 자매애를 바탕으로 나누고 섬기고 사랑하는 공동체운동으로서의 새로운 비전을 제안 받은 기여민은 비록 그 제안자인 선순화 회장을 잃었지만 여성민중 공동체로서 여러 가지 가능성을 탐색해 나갔다.

특히 경제 환원주의에 대항해서 여성민중공동체성을 강조하고 다듬어서 저항하려는 기여민의 노력은 IMF 구제금융의 시대를 맞아서는 더욱 활성화 되었다. 국가 부도 사태를 맞이하여서 '빈곤의 여성화' 또는 '여성의 빈곤화'가 더욱 확산되고 가중되면서 기여민은 여성 가장의 생존을 돕는데 몰두하였고, 어떻게든지 사회로부터의 소외와 빈곤, 폭력 가정에서 상처받으며 자라서 어른이 되어 다시 스스로가 자녀 양육과 경제적 책임을 떠 안는 짐을 덜어주려고 노력하였다.[21] 그렇게 하여 이즈음에 실직 여성 가장 지원사업을 벌였고, 도시 성인 여성의 전인적 건강을 위한 치유 프로그램과 빈민 지역 공부방 어린이들의 심성 개발 훈련을 서울시의 지원으로 채택하였으며, 저소득 모자의 신나는 주말문화, 저소득층 여성 가장의 긍정적인 자기 수용 훈련 등을 실시하였다.

이러한 노력의 일환과 연장으로 2002년 기여민에서는 자신들의 사업 방향을 "세계화에 대응하는 자발적 가난의 영성과 지속적인 여성민중의 삶의 질 향상 모색"으로 정하였다. '자발적 가난'이란 의미를 연구하고 그것으로써 세계화의 비인간적 경제 결정론에 더욱 근본적으로 맞서고자 한 것인데, 이것은 매우 혁신적이고도 근본적인 변혁을 꿈꾸는 기여민 영성의 발상이다. 즉 세계화가 단지 경제 문제가 아니라 "영성"의 문제라고 파악하는 것에 대한 깊은 동조로서, 2002년 겨울 『기쁜 소식』을 보면 당시 인천 한길교회 이응걸 목사의 「가난의 역설」이라는 글은 다음과 같은 구절을 포함하고 있다;[22]

자본주의 체제 하에서 가난을 퇴치하는 정책 프로그램이 가능하다고 생각하지 않습니다. 절대 빈곤은 면하게 할 수 있겠지만, 상대적 빈곤은 해소할 수 없기 때문입니다. 그러므로 그리스도인은 경제적인 부와 가난의 의미에 매달릴 것이 아니라 인간으로서 그리스도인으로서 마땅히 해야할 일을 하려고 하는 마음 자세를 가지고 살아야 합니다.

이러한 1996년 이후의 미시사적이고, 내부지향적이며, 일상적인 삶의 질로의 방향전환에 대해서 그 이전에 기여민 내부에서도 세찬 비판적 논의가 있었다. 1994년 제2회 종교개혁 기념강연회에서 당시 정책실장이었고 후에 회장이 된 전유희는 "우리 시대의 변혁은?"이라는 제목의 강연에서, 동구의 몰락으로 자본주의가 승리를 말하지만 어떻게 그 자본주의가 우리의 모든 공동체를 파괴하고 천민자본주의로 전락할 수 있는지를 경고하였다. 이러한 경고는 21세기 FTA 협상 논의가 점점 더 확대되는 매일의 상황에서 더욱 의미 있게 들리는데, 당시 전유희는 자신은 "체제의 문제를 제기하지 않고 법과 제도의 수준에서 개혁을 이야기하는 시민 운동이나 새로운 사회 운동은 우리사회의 문제를 근원적으로 해결하는 데 한계를 갖고 있다고 생각한다."고 분명히 밝혔다.[23]

그녀는 오늘날 사회가 아무리 다원화되고 복잡하게 진행되더라도 세계 체계에 대한 거대담론을 포기해서는 안 되며, 체제의 문제를 제기하지 않는 것은 자본주의 힘의 지배에 항복하는 것이고, "떡고물에 만족하는 소시민", "야훼의 성전 안에서 입으로는 야훼를 부르지만 마음으로는 바알을 섬기는 사람들"의 수준으로 전락하는 것이라고 세차게 비판하였다.[24] 그 글이 쓰인 후 10년이 더 지나갔고 한국은 IMF 구제금융 시대를 겪었으며, 오늘날에는 미국과의 FTA 협정을 앞두고 심한 논쟁을 벌이고 있는데, 이 와중에서 한국 교회가 어떻게 천민 자본주의에 완전히 빠지게 되었는가를 보면 매우 예언자적인 통찰이 있음을 알 수 있다. 그러면서 그녀는 결론적으로 다음과 같이 선언한다;[25]

우리의 변혁은 루터처럼 로마의 신정체제로부터 벗어났지만 새로운 봉건 영주나 국왕의 보호 아래 안주하는 것이 되어서는 안된다. 또한 분리주의적 소종파운동처럼 자기 위안적인 공동체 운동으로 정착되어서도 안 된다. 근본적인 변혁을 지향하는 공동체 운동의 세계적 지평을 이룩하는 것, 다양하게 분할된 운동들의 구심점을 구축하는 것이 오늘날 새로운 종교 개혁을 꿈꾸는 우리의 과제이다.

3. 20세기 한국 기독 여성민중과 종교개혁

이렇게 일관되게 우리 시대의 난제인 가난과 빈곤의 문제와 씨름하여 온 기여민은 한편 자신들이 기독여성들이라는 것을 잊지 않는다. '기독' 여성이라는 것은 예수라는 인물이 선포한 삶의 가르침들을 자신들의 안 내자로 삼아서 그렇게 살려고 하는 사람들을 말한다. 그리하여 기여민 여 성들은 항상 자신들 삶의 신앙적 원천인 예수의 메시지를 돌아보고, 성서 와 교회의 전통들을 탐구해 왔으며, 이것으로써 오늘날 물질주의와 가부 장적 교권주의, 배타적 성직자주의, 교파주의 등에 깊이 빠져 있는 한국 교회를 개혁하기를 원했다.

앞에서 우리가 살펴본 대로 기여민은 창립기에는 일반 노동자 여성과 기독 민중여성들 사이에 구별을 두지 않고 모두를 위한 운동단체로 시작 하였다. 그러다가 얼마 지나지 않아 자신의 그리스도성에 대한 자각을 강 조하면서 특히 민중여성 교인들을 위한 모임으로 다시 자리매김을 하였 다. 그래서 많은 회원들이 당시 민중교회의 실무자로 들어가게 되었다. 지금까지 20년 기여민의 역사 속에서 회원들의 그리스도성에 대한 자의 식을 묻는 질문들이 몇 차례 있었다. 앞에서 이미 언급한 권미경의 연구 (1998)에 보면, 신앙관이나 가치관을 묻는 질문에 "하나님의 형상", "가난 하고 소외된 이들과 함께 사신 예수님", "하나님 나라의 건설", "소외받고 병들고 천대받는 민중들을 위해 십자가에 못 박히신 예수의 삶", "성육신", "그리스도의 향기", "가난한 자들에게 기쁜 소식을", "내 양떼들을 먹이라" 등의 이야기가 나온다. 하나님과 예수, 교회와 사회의 관계에 대한 특별한 반성적 의식이나 나아가 여성신학적 의식 등이 별로 보이지 않는 대중적인 그리스도 관이지만, 이들에게 확실한 것은 민중해방적 예수관이고, 자신들의 삶을 인도하시는 하나님에 대한 신앙이다. 이번의 현장 신학화를 위해서 2004년 6월에 나눈 대화에서도 유사한 것을 볼 수 있었고, 다만 연륜과 더불어 그 그리스도성이 더욱 깊이 체화되는 것을 볼 수 있었다.

> 내면의 기쁨은 나의 무의식적 자각에 따라 충실하게 살아왔다는 것이다. … 그러한 무의식적 자각은 성경의 말씀과도 일치한다. 약자를 사랑하시는 하나님, 고아와 과부들, 그리고 죄인을 사랑하시는 하나님의 모습이 내 안에 존재한다. 그래서 하나님의 사랑으로 나의 삶을 방향 지어 왔다고 고백한다."(조순실/들꽃피는 마을 대표)

> 주님이 주시는 신앙의 힘이 가장 크다. 내면에 항상 포기할 수 없는 원천적인 힘을 주신다. 특히 연약한 인간에 대한 깊은 사랑을 갖게 한다. 또한 열악한 조건에서도 씩씩하게 생명력 넘치게 살아가는 민중들의 모습에서 힘과 기쁨이 난다. 가장 열악한 환경에도 굴하지 않고 자녀를 키우려는 열성적인 우리 쉼터 엄마들을 보면 존경심이 난다.(정태효/성수삼일교회 목사)

1) 민중성과 그리스도

기여민 회원들의 이와 같은 민중해방적 하나님상과 예수상은 이미 여러 번 지적되었지만, 70년대부터의 한국 민중신학과 '하나님 선교'(Missio

Dei)의 신학과 맥을 같이 한다. 안병무, 서남동 등의 민중신학은 민중이 곧 예수이고, 세계와 사회가 곧 하나님 선교의 장이라는 인식에서 민중교회 태동의 모태가 되었는데, 기여민도 기성 교단 여성 조직의 한계를 극복하고 여성과 민중이 역사 변혁의 주체가 되어야 한다는 인식에서 민중여성들과 연대하고자 했다. 기여민의 창립 멤버이면서 회장도 지낸 김숙임은 기여민 15주년을 기념하는 자리에서 자신이 기여민과 민중교회에 소속해서 일을 할 때 가장 많이 고민했고 또 문제제기를 했던 물음이 '민중은 메시아인가', '남성 그리고 목회자 중심주의'에 관한 것들이었다고 한다.[26]

이 두 질문은 기여민 그리스도성의 핵심을 건드리는 질문이다. '민중이 메시아인가?', 이 말을 우리는 어떻게 이해해야 하는가? 우리가 쉽게 언술하는 말, '민중이 역사 변혁의 주체'라는 말과 같은 뜻인가? 그렇다면, '민중/여성이 역사변혁의 주체'라는 말은 또 어떤 뜻인가? 라는 질문들이 제기된다. 신학자 박재순은 제6회 기여민 종교개혁 기념토론회에서, "민중의 강요된 고난과 희생 자체가 생명을 살린다. 민중이 고난과 희생을 거부하고 삶을 포기한다면 역사와 사회는 지탱될 수 없다. 여성이 고난과 희생을 거부하고 못난 남편들을 용서하지 않으면 가정은 깨진다."라고 쓰고 있다.[27] 이 언술에 근거하면 한편으로는 이 시대의 가난하고 억압받고 고통받는 사람들은 그 당하는 고통 자체로 인해서 생명을 살리고, 역사를 지탱하는 역사의 주체, 그러므로 곧 메시아가 된다는 것이다. 또 한편으로는 고난받는 사람들을 섬기는 사람들, 고통을 참고 생명을 거두는 여성들, 기여민의 회원들은 그들이 겪는 고난과 희생으로 역사 변혁의 주체이며 그런 의미에서 메시아와 그리스도('중간자'와 '화해자')가 된다는 의미인데, 오늘 우리 시대의 그리스도 현현과 재림이 이런 뜻에서 그들과 그 활동들에서 가능해지는 것이 아닐까 생각해 본다.

한편 여성신학자 최만자는 2002년 기독여민회 제10회 종교개혁 기념

토론회에서 그동안 기여민의 존재를 통해서 한국 교회는 이제 민중에 대한 이해를 아주 새롭게 하게 되었다고 선언하였다. 그것은 민중을 단지 선교의 대상이나 시혜 또는 자선의 대상이 아니라 "역사를 이끌어가는 주체인 존재"로 인식하게 되었다는 것이다. 이와 더불어 바로 기여민 운동은 많은 역경과 고난으로 때로는 끊어질 듯 미약해 보이지만 지금까지 그 줄이 끊어지지 않고 끈질기게 이어온 지속성으로 인해서 "생명 그 자체의 모습"이라고 지적하였다.[28]

이것은 기여민 운동이 "민중여성의, 민중여성을 위한 현장신학"이기 때문이다. 즉, 한국의 남성 민중신학이나 신학자들이 드물지 않게 듣는 비판인 '스스로는 민중이 아닌 사람들'이라는 지적과는 달리, 기여민의 여성민중신학은 그들 스스로가 철저히 민중이고, 민중이 된 여성들이 자신들의 공동체 자체를 생명으로 일구고, 그들의 땀과 노동으로 민중들이 살아나고, 위로 받고 고침을 받아서 다시 주체로서 생명을 일구는 역군으로 자라나게 하기 때문인 것이다. 같은 종교개혁 기념제에서 당시 총무로 있던 배영미는 이러한 기여민의 영성을 "여성민중 생명신학"이라는 이름으로 정의해 보고자 한다고 하면서 다음과 같이 민중을 이야기한다;[29]

도대체 무엇이 민중적인 모습이고 누가 민중인가에 대해 민중신학 진영에서도 다양한 주장과 계보가 있지만, 이론의 언저리에서 서성이는 대신 우리 회원들의 삶을 통해 드러나는 확실한 사실은 민중 현장에서 여성과 가난과 사회의 부조리에 온몸으로 함께 하며 끊임없이 희망을 안고 살아온 사람들이야말로 민중과 더불어 살아가는 민중 속의 민중이라고 말할 수 있다. 서로 계급과 기회와 자본의 측면에서 마땅히 가져야 할 것들을 빼앗기고 이름 없이 빛도 없이 일하면서도 일의 의미가 사회화되지 못하고 그럼에도 불구하고 생명 중심 사상으로 사회가 버린 사람들과 일거리들을 열심히 주워 담으며 가치를 찾아가게 하는 사람들이 역사 변혁의 주체로서의 여성민중이며 여성민중신학의 담지자인 것이다. … 너무 앞서나가서 현장에 대한 감을 잃어버리지도, 뒤에서 배후조종하며 자신의 욕망을 드러내려 하지 않으며 언제나 그들 옆에서 함께 걸어가는 자세는 민중이 아니었으되 민중이 되어 있는 모습을 가능케 한 삶의 자세라고 볼 수 있다.

이상과 같은 의미에서 배영미가 한국 다큐멘타리식 영화 「영매」를 이야기하면서 거기서 한국 무속의 영매들이 산 자와 죽은 자의 화해와 용서를 위해서 고통과 아픔 속에서 살아가는 것을 보면서 기여민 현장활동가들의 활동을 그 영매와 유비한 것은 매우 타당해 보인다. 기여민의 모든 활동가들은 오늘 우리 시대의 영매들이다. 그들은 오늘 우리 시대 민중들의 고통과 한을 하나님께 전달하는 신의 중보자들이고, 화해자들인 것이다. 배영미가 인용했던 다음과 같은 무녀의 말은 바로 오늘 우리 시대 기여민 활동가들의 기도와 다르지 않다; "내가 기도를 많이 할 때에는 나에게 오는 사람 얼굴만 봐도 그 사람의 아픔과 고통이 느껴진다. 그러나 내 영이 흐려져 있고 기도하지 않으면 그 사람의 고통이 잘 보이지 않는다."[30]

그동안 기여민이 여성민중신학의 담지자로서 회원들의 그리스도성을 더욱 돈독히 하며 한국 교회개혁의 밑거름이 되고자 실행해 왔던 일들은 실로 다양하고, 근본적인 물음들을 제기하는 것들이었다. 일찍이 1988년 3월에 『기독여성』지를 창간하여 성서를 민중신학과 여성신학의 시각에서 연구하였고, 기독 민중여성 조직을 건설하기 위해서 민중교회 내에 여신도회를 조직해 내었다. 1989년부터 기독여성 일꾼교육, 민중교회 여신도 교육마당 등을 진행하였고, 민중교회 여신도들을 위한 성서 연구 교재의 필요성이 제기되어 『여성과 성서』라는 신앙 교육 교재를 만들었다. 이 작업을 위한 성서연구팀은 나중에 신학위원회와 성서연구위원회로 개편

되어 민중신학적이고 여성신학적으로 훨씬 더 전개된 『성서가 보는 여성, 여성이 보는 성서』를 펴냈다. 안수경은 기여민 15주년의 회고에서 당시 자신들이 어떻게 최선을 다해서 성서에서 온갖 희생과 고통 속에서도 하나님의 구원의 역사를 이루어 냈지만 역사의 뒷면에 이름도 빛도 없이 감추어져 있던 여성들을 발굴해냈는지를 적고 있다. 창세기와 출애굽기, 레위기, 민수기 등을 이렇게 읽어 냄으로써 기여민은 여성들이 주체적으로 한국 교회 개혁의 실마리를 찾고, 바람직한 교회공동체를 모색해 나가는 데 출발점이 되도록 한 것이다.[31]

이러한 주체적 성서 읽기와 더불어 기여민은 1990년부터 '새날을 여는 여성들의 예배'라는 실험적 예배의식을 시도해 나갔다. 1997년까지 매년 이어진 이 예배는 매 예배가 갖는 주제의 선택 – "평등한 노동과 건강한 여성을 위하여", "여인아, 네 믿음이 너를 살렸다", "군축과 여성복지", "해처럼 솟아 떠오르게 하소서 : 기독여성 정치 참여로 희년 세상을", "칼을 쳐서 보습으로 : 평화의 춤을 추어라" – 은 말할 것도 없고, 또 그 방식에 있어서도 이제까지 기성교회의 예배의식에서는 상상도 할 수 없을 정도로 독특한 것이 많았다. 다양한 구성원들이 참여했고, 소리극, 민요극의 형식을 빌린 말씀 증언, 평화의 리본 잇기, 성서·십자가·물·밥·촛불로 제단꾸미기, "생리 수당이 아닌 생리 휴가를", "기독여성의 정치참여로 희년 세상을" 등의 구호 외치기 등 실로 파격적인 시도를 이루었다. 오늘날 일반 교회의 예배의식이 한 사람 남성 성직자의 말씀 선포에 집중되어 있고, 여성과 평신도가 배제되고, 성도들의 수동성, 정치와 사회적 삶의 현안에서 동떨어진 영성주의 등이 문제가 되고 있는데, 기여민의 이러한 민중·여성 지향적 실험 예배는 가히 한국 교회의 예배사에서 혁명적인 것이라고 할 수 있다. 기여민과 유사하게 한국여신학자협의회의 예배반도 몇 년 전부터 활발하게 이러한 실험적인 예배의식을 시도해서 한국 교회를 변혁시키고, 교회 여성들을 교회와 사회의 주체로 끌어내기 위해서 노력하고 있다. 이 중에서 기여민의 시도는 다양한 정치사회적 이슈들을 잘 녹여서 문화적으로 표현하며 많은 평신도들과 같이 한 것이다. 그러나 이런 것들이 지금까지 한국 여성신학적으로도 별로 조명 받지 못한 것을 보며 한편 놀라움과 깊은 책임감을 느낀다. 당시 안수경은 이 새날을 여는 예배의 평을 다음과 같이 쓰고 있다;[32]

> 다섯 번에 걸쳐 드려진 해방을 향한 여성들의 몸짓, 새날 예배는 각각의 사회적 상황에서 기독인으로 자각해야 할 문제들을 성서적으로 재해석하고, 예배자들의 주체적 참여를 이끌어 내는 다양한 문화 형식의 예배로 준비되어 기독여성들의 믿음과 소망을 고백적으로 담아낸 실험예배였다. 새날예배는 다양한 문화양식으로 예배자들의 적극적인 참여로 온몸과 마음으로 드리는 살아 있는 예배, 삶으로 드려지는 예배, 예배를 통해서 자유와 해방을 경험케 하는 여성들의 예배로 높이 평가받았다."

2) 평신도성과 만인사제직

한국 교회의 개혁을 위해서 민중여성들이 실행해 온 이와 같은 일에 더해서 가장 획기적이고 의미 깊은 일은 바로 기여민이 1993년부터 '종교개혁제'를 열어 왔다는 것이다. 잘 아는 대로 종교개혁제는 개신교회에서 16세기 루터의 종교개혁을 기념하는 일이다. 오늘날 한국 기성교회에서도 10월 마지막 주를 기념일로 지키지만 진정한 의미에서 개혁의 의미는 사라지고 단지 형식적인 치례만 남아있는 상태이다. 그러나 기여민은 1993년부터 심포지움, 기념 강연회, 한마당, 워크숍 등의 형태로 기여민의 신학적 역량을 총동원하여 한국 교회 개혁과 공동체 회복을 위해서 종교개혁제를 개최해 오고 있는데, 이는 한국 교회와 사회를 위해서 깊은 의미를 지니는 것이다.

기여민은 어떻게 보면 전통 교회의 종교개혁제와는 거리가 멀어 보인다. 왜냐하면 민중지향적이고, 여성해방적인 사고로 교회의 가부장적 전통을 개혁하려는 입장이기 때문에 이미 기성교회의 전통이 되어 버린 종교개혁제는 그렇게 매력적으로 보이지 않기 때문이다. 그러나 기여민은 자칫 화석이 되어 버리기 쉬운 종교개혁 전통으로부터 진정한 교회 개혁의 동력을 끌어냈으며, 이것은 오늘날 우리 중에서 가장 약하고 하찮게 보이던 그룹이 바로 한국 교회개혁의 선봉이 된 것을 의미하는데, 여기서도 참으로 하나님 방법의 역설을 여실히 볼 수 있다. 1994년 제2회 종교개혁제에서 선포된 "오늘의 여성이 바라본 종교개혁 10개 조항"은 다음과 같다;[33]

- 참된 그리스도인으로 거듭나야 한다.
- 한국 교회는 민주적인 구조로 개편되어야 한다.
- 평신도와 목회자는 위계의식을 버려야 한다.
- 여성안수와 여성임직에 대한 차별을 없애야 한다.
- 성차별 없는 선포와 함께 동등한 역할을 보장해야 한다.
- 한국 교회는 예언자적 전통을 회복해야 한다.
- 해방과 구원의 영성이 살아있는 예배로 전환되어야 한다.
- 교회는 물질주의와 물량주의의 숭배에서 벗어나 초대교회의 모습으로 돌아가야 한다.
- 교회는 가난한 이웃과 연대하여 나누는 삶을 실천해야 한다.
- 한국 교회는 남북통일과 창조 질서를 보존하고 선교 과제에 충실해야 한다.

이보다 앞서 종교개혁제를 처음 열면서 고 선순화 교수가 행한 주제강연 "종교개혁 정신과 여성의 입장에서 본 한국 교회 개혁 전망"은 그 이후로 쭉 이어지는 기여민 종교개혁제의 신학적 정초를 마련해준 것으로 평가받는다.[34] 그녀는 루터 종교개혁의 핵심 정신을 두 가지로 보았는데, 먼저 우리가 통상적으로 종교개혁이 왕이나 영주의 비호를 받았으므로 '위로부터 아래로' 개혁된 것으로 아는 것과는 달리 당시 가톨릭 교회와 귀족들로부터 억압받던 민중들의 거센 열망으로 가능했던 '아래로부터 위로'의 '민주성'의 개혁이었다는 것과, 두 번째 교회의 교권주의를 물리치고 모든 사람을 하나님의 사제로 부르는 '만인사제설'이라고 지적하였다.[35] 잘 알다시피 루터는 당시 성서를 독점하고, 죄 사함의 능력을 독점하면서 면죄부를 팔아 치부하던 가톨릭 교회에 대해서 '오직 성서로만'(sola scripture)과 '오직 믿음으로만'(sola fides)을 외치면서 만인에게 성서를 돌려 주기 위해서 당시 민중 언어였던 독일어로 성서를 번역하였다. 그러면서 모든 사람들이 선포된 말씀을 듣고 성례전에 참여함으로써 사제가 될 수 있다는 '만인사제설'을 선포하였다.

이것은 대단히 혁명적인 폭발력을 갖는 일이다. 당시 문맹이었던 대중들에게 문자를 해독할 수 있는, 인간으로서의 기초적인 독립성을 주는 일이었다. 또한 사제직을 독점하여 교회에서 사제와 평신도 사이의 차별을 배타적이고 실체론적으로 규정해 놓은 것을 깨고서 새로운 교회론을 선언한 일이다. 복음적인 교회란 어떤 초자연적인 실체가 아니라 말씀이 선포되고 성례전이 같이 나누어져서 "모든 신자는 말씀과 성례전에 참여함으로써 사제가 되는" 모임임을 밝힌 것이다. 선순화는 바로 이 점을 들어서 앞으로 기여민이 만인사제설의 종교개혁 정신을 한국 교회와 사회에 더욱 적용해서 지금 교권주의에 사로잡혀 있고, 여성과 민중이 소외되어 있으며, 배타주의와 엘리트주의에 빠져 있는 한국 교회를 민중으로, 여성

으로, 평신도로 개혁하기를 원했던 것이다.[36]

그동안 이러한 종교개혁의 만인사제 정신을 기여민 회원은 다각도로 실천해 왔다. 기여민 회원들 중에 목회자도 많이 있지만 더 많은 수가 민중교회의 실무자와 사회 단체의 멤버로서 평신도로서 복음을 실천하고 있다. 여기서 생겨나는 갈등들을 회원들이 토로하기도 하지만, 그들이야말로 우리 시대 교회 개혁의 진정한 신봉자들로서 살아가고 있다. 그런 가운데, 현 회장인 박노숙의 다음과 같은 고백은 21세기의 오늘날에도 교회 개혁의 갈 길이 얼마나 먼지 잘 보여 주고 있다;[37]

내가 기독여민회 회원이 된 지 벌써 15년이 되었다. 기여민이 1986년에 창립 되기 전 3기로 신입회원 교육을 받았고, 90년부터 94년 초까지 간사로, 이후부터 99년까지 남들이 부러워할 만큼 회장 활동을 열심히 하였다. … 활동 중에 가장 기억에 남는 일은 91년부터 '평신도 위원장'을 맡아서 1년을 넘게 이끌었을 때이다. 단어 그대로 평신도 회원들이 모여 평신도의 정체성을 찾고자 무던히도 애를 썼다. 교회 운영(물론 하나님이 본질적인 주체이지만)의 주체는 '평신도'라는 생각을 갖고 교회를 모범적으로 운영하는 사례를 중심으로 살펴보면서, 평신도의 자발적 주체성과 관련되는 학습을 하였다. 몇 개월 동안 학습을 하면서 위원들은 '우리가 평신도였구나', '평신도 위치가 여기까지구나'를 각자 자신의 언어와 몸짓으로 깨닫게 되었다. 이러한 가운데서도 악몽을 꾼 듯 개운하지 않은 프로그램은 93년에 진행된 '여신도 교육 한마당'이다. 기획목적도 목회자 정의평화 실천 협의회 소속 여성평신도 지도력 향상이었다. 참석 인원이 숨구름처럼 많을 것이라는 예상을 뒤엎고 매회 6-7명만 참석했다. … 아울러 진보적인 목회자들조차도 교회 봉사와 사회 선교는 별개로 보고 하나님 자녀를 지교회 안에서만 밤낮으로 봉사하게 한다는 생각에 씁쓸하기까지 하였다.

3) 여성성/공동체성과 그리스도의 교회

이상과 같이 기여민이 여성민중성을 강조하고, 종교개혁 정신을 되살려서 평신도성을 부각하면서 한국 교회를 개혁해 보려는 과정에서 또 하나 실천한 것은 '공동체성'(여성성)의 강조라고 할 수 있다. 물론 이 셋이 동떨어져서 실행되는 것이 아니라 모두 함께 어우러지는 것이지만 기여민회 그 자체뿐 아니라 기여민 회원이 인도한 교회나 단체에서의 공동체성은 뛰어나다.

> 기여민의 큰 자산은 회원 간의 계급차이가 없는 것입니다. 유대가 강하여 하나이면서도 각자의 맡은 바 역할을 성실히 해 내는 이 분위기와 자매애적 문화가 재산입니다. 따라서 여성민중의 문화가 무엇인지 밝히고 여성민중목회의 정신을 반드시 지속할 필요가 있습니다. 회원들이 모이면 함께 방향을 정하고, 흩어지면 현장에서 실천하는 것입니다.[38]

앞에서 우리는 이미 기여민 자체가 1996년부터 사업 방향을 "회원들의 공동체성 회복"으로 잡았다는 것을 지적했다. 1997년부터는 회원들의 공동체성 강화의 차원을 넘어서서 공동체성 회복을 특히 여성민중, 그리고 전 사회의 차원으로 확산시켜 보려는 의지에서 새날 예배의 주제를 "민족·공동체·살림—보시니 참 좋았더라"로 잡기도 하였다. 또한 21세기를 여는 크리스천 공동체 공개강좌를 통해 한국 사회 전반에서 다양하게 일어나고, 또한 일어나야 하는 공동체 운동을 전망해 보았다.[39] 이때 기여민은 '공동체성은 무엇인가'를 더욱 구체화하자는 제안에 따라 '기여민

장기발전특별위원회'를 구성했고, 기여민의 공동체성은 회원들의 자매애를 바탕으로 '나누고 섬기고 사랑하는 여성해방적 영성'에 기반한다고 정의하였다. 기여민의 창립과 전개에서 빼놓을 수 없는 인물인 손은하의 「생명 공동체를 일구는 삶의 길목에서」는 어떻게 그녀가 기여민의 영성을 더욱 더 밀고 나가 결혼을 하고 농촌에서 생태공동체를 시작하게 되었는지를 잘 이야기해 주고 있다.[40]

민중을 강조하고, 평신도성을 내세우며 참다운 신앙공동체를 지향하여 기여민 여성민중 목회의 한 전형을 이루어낸 교회로 박후임 전 회장의 '새터교회'를 들 수 있다. 새터교회는 앞에서 이미 언급했듯이 기여민의 창립과 더불어 소외당하고 어렵게 살고 있는 민중여성들이 제일 시급하게 생각하는 탁아문제를 보조하기 위해서 '새터어린이방'을 시작으로 해서 그해 11월 새터교회로 문을 열게 되었다. 기여민 창립 10주년을 맞이하여 당시 새터교회 전도사로 있던 박후임 전 회장은 「교회공동체 세우기 진단과 전망-여성목회자의 입장에서」라는 글에서 먼저 새터교회가 출발 당시 3년여간 어떻게 일반 교회여성들과 동역했는지를 밝히고 있다. 그녀에 따르면 일반교회 여성들이 기도와 재정적 지원으로, 일일봉사(아동 점심, 간식제공, 특별수업 등)로 새터민중교회와 연대한 것인데, 일반교회여성들이 민중여성들과 연대하는 실천 사업에 참여한 귀한 사역이 되었다고 지적한다.[41]

그녀 자신도 새터교회 공동체의 특성을 크게 세 가지로 보는데, 먼저는 민중여성들과 함께하는 민중 지향성이고, 두 번째는 평신도와 목회자가 함께하는 민주적 방식을 통한 평신도 중심성, 그리고 여남 평등 공동체로의 가능성이다.[42] 이 세 가지는 지금까지 본 연구가 기여민 20년의 역사와 활동을 정리하고 신학화하면서 틀로 삼았던 것과 유사하고 일치하는데, 이것으로써 새터교회가 어떻게 기여민의 여성민중 영성을 충분히 실천하여 한국 교회개혁의 귀감이 되고 선구자가 되었는지를 알 수 있게 한다.

새터교회는 출발 당시부터 여성들의 공동 목회를 추진하여 왔다고 한다. 이는 목회자 한 개인이 카리스마적 권위를 휘두르는 폐해를 막고 역할분담과 조정 과정을 갖는 민주적 방식을 선호했기 때문이다. 또한 '평신도 주체성'—박후임에 의하면 평신도 주체성의 기준이란 "우리 교회에 주인의식을 가지고 교회가 하고자 하는 일에 전적으로 헌신, 실천하는 것"이다—을 강조하여 새터교회가 운영하고 있는 모든 지역 선교사업의 주체가 평신도가 되었다고 한다. 이렇게 되기 위해서는 교회 내에 목회자와 실무자의 전문성과 자율성이 각각 인정되어야 하는데, 목회자는 목회적 전문성에 치중하고, 실무자는 각 부분(탁아, 공부방 등의 지역선교) 전문가로서 역량을 갖추어야 한다고 강조한다.[43] 교회의 정책, 일의 진행에 있어 전체 참여의 구조로 운영되는데, 교회 운영이 교육부, 지역선교부, 예배부로 나뉘어서 전 교인이 각 부서원으로 편재되어 있다고 한다. 그리고 제직운영회에서 사업으로 결정한 것은 준비위원회를 구성하여 평신도 대표들이 목회자들과 함께 일을 해 나가고 있다고 한다.

새터교회의 예배 방식을 보면, 일반 교회의 예배 내용이 목회자 중심의 설교에 있다면, 여기서는 설교 부분에 평신도가 참여하고, 공동 설교를 시도하며, 또한 평신도들의 전체 참여를 기반으로 하는 연구 또는 작업을 통해서 예배를 보기도 한다.[44] 여성들의 공동 목회를 통해서 화기애애한 분위기, 설교자와 듣는 이들의 대화와 웃음, 어린이들도 같이 참여하는 알림과 사귐 시간의 공동체 나눔이 무척 강조되는 것들은 모두 오늘의 일반 교회와는 아주 다른 모습의 여성 영성의 표현들이다.

당시 그녀가 밝힌 어려움도 있다. 교회 공동체의 구성원들이 탁아소 등의 지역 선교 사업을 통해서 들어온 사람들과 순수하게 교회로 들어온 경우로 이분되면서 그들의 참여도와 주체성에서 차이가 났고, 주로 청년층의 젊은 구성원들이 중심이 된 민중교회이므로 지역의 노인들이나 다른 계층의 사람들이 가까이하기 어렵다는 점, 교회 구성원의 숫자가 증가할 경우(당시 40여 명) 예배와 설교의 내용이나 방식에 있어서의 지속성 문제 등이 거론되었다. 또한 당회 등 조직 교회의 틀을 요청하는 경우, 그리고 성례전의 집행에 있어서의 참여자의 범위 등이 논의가 된 것이다.

이러한 모든 어려움에도 불구하고 여성민중들에 의해서 운영되는 위와 같은 새터교회가 있음으로써 한국 교회는 더 이상 목회자 중심의 교권주의나 가부장주의, 배타주의 등의 오류에 머물러 있을 수 없게 되었다. 새터교회의 실험 정신으로 증명된 평신도성의 실천, 교회와 지역공동체의 하나됨, 여성과 남성의 평등, 교회가 오늘 우리 시대의 가장 어려운 난제인 경제환원주의를 극복하고자 분투하는 것 등은 모두 오늘 21세기에 바로 한국 민중여성 영성에 의해서 종교개혁의 정신이 어느 때, 어느 곳에서보다도 진지하고 활기차게 실천되고 있음을 지시하는 것이다. 16세기 유럽 종교개혁의 정신이 바로 21세기 한국에서 기여민에 의해서 꽃피고 있는 것이다.

4. 기여민 영성의 지평 확대를 위하여

지금까지 어떻게 기여민이 우리 시대의 난제인 빈곤과 민중 문제와 씨름해 왔으며, 그것과 더불어 자신의 그리스도성의 비판적 점검을 통해서 어떻게 교회를 개혁하고 새로운 대안적 신앙공동체를 지향해 왔는지를 살펴보았다. 이 두 가지 일은 기여민의 정체성과 활동의 핵심을 이루는 일인데, 삶과 사고의 주체성을 자각한 기독여성으로서 오늘 우리 시대에 떠안을 수 있는 가장 어려운 문제를 떠안은 것이다.

이 장에서는 지금까지의 검토와 정리, 의미 매김에서 더 나아가 앞으로 기여민이 20년의 역사를 발판으로 어떻게 전개되고, 또 오늘날 급변하는 삶의 정황과 관련하여 어떻게 자기 갱신과 지평 확대를 계속해 가야 하는지를 살펴보고자 한다. 세계의 빈부 차이는 점점 더 가중되고 있는데 이제 우리에게 문제가 되는 것은 물질적인 빈곤만이 아니라 정신적이며 문화적인 빈곤이다. 현재 한국 개신교회의 상황을 보면 교권주의, 물량주의, 여성에 대한 억압과 폭력이 결코 수그러들지 않고 있는데 오늘의 영성에 대한 물음은 단지 교회나 기독교 안에만 머물러 있을 수 없게 되었다. 우리의 공동체에 대한 추구가 단지 인간 종이라든지 한국인이라든지 하는 전통적으로 의심의 여지가 없던 차원에만 머무는 상황이 아니라 더욱 외연을 확장해야 하는 상황이므로, 이러한 큰 변화가 앞으로 기여민의 자기 정체성과 활동에 어떤 변화를 몰고 올 것인지 살펴보아야 한다.

2006년 1월에 열렸던 제20차 정기총회의 자료집을 보면 이미 이러한 변화에 맞추어서 기여민의 자기 갱신의 모색이 여러 가지로 보인다. 회원들은 "기여민 영성"이라는 표현을 더욱 많이 쓰고, 자신들이 이제까지 일구어왔던 민중성과 그리스도성, 여성성과 공동체성을 더욱 다듬기 원하는 표현들을 여러 사업의 보고와 계획들에서 내보였다. 이것은 이미 탐색의 방향을 기여민 스스로 찾아내고 있는 중이라고 하겠는데, 필자는 여기서 그것을 단지 더욱 두드러지게 할 뿐이다.

1) 스스로 경제 환원주의에서 벗어나기

앞에서 언급한 글이지만 고 선순화 교수는 이미 1993년 제1회 종교개혁제 강연에서 당시 민중교회운동이 사회운동에 편입되어 버렸다고 비판하였다. 그리하여 세계에 대해서, 사회운동에 대해서 초월적 비판성을 지녀야 할 교회가 오히려 세계의 이념과 운동 속에 매몰되어 버린 느낌이 들며, 그때까지 한국 기독여성운동도 기독교의 사회적 역할에만 너무 초점을 모아온 경향을 띠었다고 지적하였다.[45]

이 지적은 한편 타당하다. 그래서 지금까지도 기여민이나 민중교회의 이미지를 떠올리면 사회운동 단체가 먼저 생각나지 '영성'을 이야기하고, '교회'와 연결되며, 운동의 근거로 '초월적 신앙'을 이야기하는 것과는 거리가 먼 것으로 보여진다. 기여민이 민중의 빈곤과 자본주의의 횡포와 대항하여 싸우지만, 그 대항이 정치적이고 경제사회적인 방법에만 치중한다면 스스로가 경제 환원주의에 빠지는 일이 될 것이다. 이러한 상황에서 기여민은 2002년부터 "자발적 가난의 영성"을 여성민중의 삶의 질 향상을 위한 대안적 방법론으로 내세웠다. 그동안 민중의 가난과 빈곤에 대항하는 다양한 현장 경험들을 통해서 가난한 여성들이 자본주의 구조 안에서는 아무리 노력해도 분열된 자기 이해를 넘어설 수 없으며, 상대적 박탈감으로부터 자유로울 수 없다는 사실을 분명히 보아왔기 때문이다. 그러므로 물질의 공평한 재분배를 통해 삶의 질을 획득하는 구조를 마련하는 일도 중요하지만, 그것만으로는 인간의 존엄성과 자존감을 온전히 회복할 수 없다는 것을 알게 되었다고 토로한다.[46]

예를 들어 김은옥은 "TV를 보면서 매일 죽어가는 사람들"을 이야기한다. 이것은 TV를 보면서 화려한 장면 속의 주인공과 자신을 비교하며 상대적 박탈감에서 우울과 절망으로 매일 죽어가는 사람들을 말하는 것이다. 그리하여 도시 빈민지역에서 수 년간 일한 경험으로 김은옥은, "자본주의 사회의 희생물인 그들이 자신들의 상처를 욕으로, 싸움으로 발산하는 모습이 안타까울 뿐이다. 전에는 그들의 권리 찾기를 위해 함께 싸웠지만 지금은 그들의 상처를 어루만지기 위해 상담 공부를 하고 심성 프로그램으로 인도하게 되어 참 감사하다."라고 쓰고 있다.[47]

이러한 상황에 맞서서 기여민이 내세운 대안은 자발적 가난의 영성을 살아내는 삶이다. 그것은 먼저 경제에 대한 우리의 개념을 바꿀 것을 요구한다. 즉 우리를 구원해 줄 진정한 경제는 총생산량이나 총수익을 늘리는 것이 아니라 우리 삶의 공동체를 구성하는 모든 개체들의 인간다운 삶의 양식과 관계 형성을 중요하게 여기는 것이다.[48] 이러한 경제개념과 더불어 자발적 가난의 영성은 모든 사람들을 평등한 존재로 보고, 한없이 낮은 곳에 계시는 하나님을 몸으로 체험하려는 의지이며, 모든 가난한 이들과 불의에 희생된 사람들을 온전히 세우고자 하는 삶의 태도라고 정의한다.[49] 그러면서, "이러한 삶의 방식은 지긋지긋한 자본주의적 욕망 시스템으로부터 해방을 가져올 뿐만 아니라, '돈'도 넘어서고, '편안함'의 유혹도 넘어서고, '열등감'으로부터도 자유하게 하는 힘을 가져다 준다."고 선언한다.[50]

이 선언에 대한 확실한 증거를 「가난의 의미」라는 글로 김유애 회원은 감동스럽게 대답해 주고 있다. 가난했던 어린 시절과 민중교회 목회자 부인과 실무자로서 오랫동안 가난하게 살고 있던 그녀는 처음에 어떻게 자발적 가난이 가능한가 의문을 가졌다고 한다. 그러다가 '가난한 삶을 내가 선택하지는 않았지만 내 가난한 삶을 어떻게 주체적으로 살아갈까'를 고민하게 되었다고 한다. 그러면서 스콧 니어링과 소로우, 비노바 바베 등의 책을 읽고, 강남이나 분당에서 목회하는 친구들의 상대적 빈곤감을 보며, 필리핀에서의 지독한 가난의 경험과 더불어 자신의 사역지에서 저소득층 아동들을 보살피며 그들의 가난이 단순히 돈보다는 '의식'과 '생활 태도'의 문제라는 것을 보았다고 한다. 또한 이러한 모든 것들과 함께 기여민 선배들의 모습에서 가난하면서도 충분히 행복할 수 있는 희망을 보았다고 고백한다. 소박한 옷을 입고 항상 어려운데도 무엇이 그렇게 행복한지 따뜻하게 웃고, 자신감에 차 있고, 경건한 모습을 보면서 '자발적 가난', 즉 조화롭고 소박한 삶을 살아가는 사람들만이 느끼는 평화로움을 느꼈다고 한다.[51] 그러면서 그녀는 결론적으로 다음과 같이 정리한다;[52]

세계화의 물결 속에서 많은 사람들이 빈곤층으로 전락하고 있다고 한다. 세계화는 많은 사람을 가난하게 만들어 놓고는 '소비'를 부추기는 모순된 모습을 가지고 사람들의 삶을 황폐하게 만들고 있다. 사람들이 가난하게 되는 것도 문제지만, '소비'와 '물질 소유'를 기준으로 사람을 평가하는 이 시대의 가치관과 스스로 가난하다고 생각하는 열등감이 더 문제가 되는 것 같다. 이런 모순된 세계 경제 구조 속에서 사람들을 빈곤의 구렁텅이에서 구원할 수 있는 길은 혹은 스스로를 그 구렁텅이에서 구원할 수 있는 길은 '자발적 가난의 영성', 즉 현대 사회의 경제적 모순을 바로 보고 스스로 주체적이며 친환경적인 삶을 선택하는 삶을 실천하여 대안을 제시하는 것과 그 실천적인 삶으로 가난한 사람들의 영성을 회복시키는 일이 아닐까 생각한다.

이상과 같이 '자발적 가난의 영성'의 전도사들인 기여민 회원들이 운영하는 교육과 장학회는 다른 곳에서의 그것과 다른 점이 있다. 고 선순화 회장 기념장학회인 〈꽃시라뫼〉 장학회는 단순히 장학 후원만으로 그치지 않고 그들 스스로 살아갈 수 있는 프로그램이 필요하다는 인식을 꾸준히 하며, 그래서 지속적이고도 꾸준히 그들이 자립할 수 있는 계기를 마련하는 프로그램을 기획해야 한다고 강조한다.[53] 또한 한국 노동운동의 전설인 고 전태일 열사의 누이동생으로서 노동자에서 노동학 박사가 되어 돌아와서 기여민 회원이 된 전순옥 박사는 창신동에서 노동여성들을 위한 〈참터〉를 운영하면서, 그 참터에서의 교육은 단순히 지금 현재의 도움뿐이 아니라 아이들이 사회에 나가서 당당하고 자신 있게 자기 삶을

개척할 수 있는 사람, 그들 스스로를 발전시켜 가는 사람으로 키우는 것
에 주력한다고 한다. 그러면서 아이들 한 사람씩 개인 후원자를 만들어서
물질뿐 아니라 정신적 후원까지 계획하고 있다고 전한다.[54]

이상의 모든 시도들은 기여민이 가난이 '돈' 뿐 아니라 '의식'과 '생활
태도' 의 문제이고, 또 빈곤이 단지 '경제' 의 문제가 아니라 '영성' 의 문제
라는 것을 알기 때문에 나름의 대안을 제시하는 것이다.

2) 만인사제의 평신도 영성 강조하기

종교개혁의 만인사제 정신에 입각하여 민중과 여성들에게 사제직을 되
찾아 주는 것을 통해서 한국 교회를 개혁하고자 한 기여민의 평신도 영성
은 그동안 곳곳에서 꽃을 피웠다. 새터교회를 포함한 여러 여성민중 목회
현장에서, 그리고 민중교회의 평신도 실무자로서, 또한 각종 사회복지의
실천자로서 기여민 회원들은 오늘날 한국 교회의 권위주의적 위계질서와
목회자 중심주의를 타파하고자 노력해 왔다. 일찍이 민중교회 여신도회
의 건설을 위한 노력, 여성안수 실현을 위한 걷기대회 주관, 범사회적으로
정신대 수요시위, 호주제 폐지를 위한 공동 노력과 임태득 예장합동 측 총
회장의 여성 비하 발언에 대한 연대 활동, 그리고 작년에 새롭게 쓰는 주
기도문 워크숍(2005.10.29)을 진행하여 평신도여성들로 하여금 새 시대의 주
기도문 번역에 대한 문제점과 의미를 분석하게 한 것은 참으로 귀한 일들
이었다.

그러나 이러한 교권주의 타파와 평신도 영성의 강화를 위한 다각적인
노력 가운데서도 회원들 스스로가 느끼는 미진함과 계속되는 갈등, 그리
고 앞으로도 갈 길이 멀다는 것을 느낄 수 있다. 아내와 남편이 같이 신학
을 공부했지만 안수 여부에 따라 달라지는 신분과 역할의 차이, 같이 안

수를 받은 경우도 평등한 공동 목회의 개념이 잘 정립되지 않아서 한국 교회에서 아내 목회자가 겪어야 하는 갈등,[55] 또는 민중교회 목회자와 실무자 사이의 위계질서와 의식이 여전히 걸림돌이 되는 것들을 알 수 있다. 실제로 공부방을 운영하고 온갖 고생을 하면서 저소득층 자녀들의 복지를 위해 일해 온 실무자는 따로 있는데도, 그 어린이집이 속해 있는 교회의 목회자가 대표로 사회적으로 공로를 인정받는 경우도 있었다.

예장 임태득 총회장의 여성 비하 발언과 관련하여 제출된 총신대학원 여동문회의 호소문에 보면, 총신대원을 졸업한 여성사역자들이 "안수를 받지 못하여 성례 집행을 할 수 없는 등의 많은 어려움을 겪다가 다른 교단으로 가고 있다."는 표현이 나온다.[56] 이 말은 우리에게 많은 것을 생각하게 한다. 여성 안수의 거부가 교회의 가부장적 논리와 성 차별의 논리에서 나온 것이고, 그래서 그것에 의해 여전히 차별받는 여성들이 있으므로 우리가 여성 안수 거부에 반대하는 것이지만, 과연 그 안수라고 하는 교회의 교권적 전통을 여성들도 그대로 따를 것이냐 하는 것이 여성신학의 오랜 숙제이기 때문이다.[57] 더군다나 어느 여성신학 단체보다도 예수 제자됨의 평신도성을 강조하는 기여민이라면 과연 이 문제를 어떻게 풀어 나가야 할 것인가에 대해서 더 깊이 숙고해야 할 것이다. '성례전'의 집행 권한을 어떤 근거로, 어느 누구에게까지 인정할 것인가 하는 문제는 우리로 하여금 그러면 과연 성례전은 무엇이고, 어떻게 해서 처음 성례전의 전통이 생긴 것인가라고 묻게 한다. 거창한 성례전 신학을 빌리지 않더라도 우리 모두가 읽을 수 있는 성서의 기록에 따르면, 유대인 청년 예수께서 잡히시기 전날 밤에 제자들과 더불어 빵과 포도주를 나눈 것이 그 시발이고, 예수 부활의 체험 속에서 부활한 예수가 지쳐 있고 절망해 있는 제자들에게 빵과 물고기를 차려 나눈 것이 예수 공동체 모임의 중요한 기념이 되었다.

이렇게 본다면 당시 예수가 어떤 교권적 권위에 의해 세워진 권위가 아니었고, 성례전도 그렇게 시작된 것이 아니며, 제자들도 오늘의 여성민중들처럼 그렇게 민중 평민이었던 것을 감안한다면 오늘 성례전의 집행을 꼭 교권적 안수와 연결시킬 필요가 있는가 라는 것이다. 예수의 뜻과 가르침을 귀히 여기고 따르는 사람들이 모여서 그를 기억하고 기념하며 공동체임을 확인하는 기념식을 한다면 그것이 곧 성례전이라고 할 수 있다. 그래서 그 공동체의 연장자 순으로 하거나 아니면 목회자와 평신도의 구분을 해체하고, 예를 들어 정치에서 오늘날 보다 효과적으로 직접 민주주의를 실천하고 있는 스위스 정치에서처럼 대통령을 7명의 각료들이 돌아가면서 1년씩 순서대로 맡듯이 그렇게 선별된 그룹의 리더들이 맡으면 되지 않을까 생각해 본다. 여신협이나 기여민과 같은 기독여성들의 모임에서까지 안수 여부에 따라서 성례전을 맡기는 것은 이런 의미에서 본다면 아직도 예수와 종교개혁의 평신도성을 철저히 실천하지 못하고 있는 것이라고 하겠다.

오늘날 한국 교회 병폐의 가장 큰 원인은 '성직자' 중심주의라고 생각한다. 이미 종교개혁을 통해서 만인사제의 이상이 선포되었지만 한국 교회는 16세기 종교개혁 시대보다도 훨씬 더 뒤로 물러가서 한 개인 목회자, 특히 남성 '성직자'를 신격화하고 있으며, 그래서 교회의 모든 프로그램, 재정, 심지어는 교인들의 사생활까지 사유화되고 있다. 현재 한국 교회에서 심각한 교회내 성폭력 문제도 바로 대부분 성직자에 의해서 일어나고, 교회가 점점 더 물량주의와 경쟁제일주의로 나가는 것도 모두 한국 교회가 한 성직자의 욕망을 채우기 위한 수단으로 사용되고 있어서이다. 따라서 교권과 그것과 긴밀히 연결되어 있는 성례전을 탈신성화시키는 것이야말로 긴요히 요청되는 일인데, 필자는 어느 여성 단체보다도 기여민이 그것을 할 수 있고, 또한 해야 한다고 생각한다. 물론 여기에는 많은 저항이 있고, 현실적인 어려움도 있으며, 기여민 회원 스스로도 전통의 가르침으로부터 완전히 자유로울 수 없기 때문에 쉽지 않을 것이다. 그러나 제 20차 기여민 정기총회 자료집을 보면 희망을 갖게 되는데, 기여민 회원들이 점점 더 '기여민 영성', '한국 여성민중 신학'에 대한 관심을 가지고 "신학 능력 기르기"를 사업으로 채택하여서 보다 근본적으로 신학적 비판 능력 키우기에 관심을 보이기 때문이다.

지금까지 기여민의 자료집에서는 별로 보이지 않던 "어머니이신 하나님"이라는 호칭을 18주년 기념예배문에서 보고서 반가웠고, 특히 2005년 가을 "새롭게 쓰는 주기도문 워크숍"에 대한 보고를 하면서 스스로 과제로 삼기를, "주기도문에 대한 연구와 신학적 해석은 꾸준히 필요하다. 앞으로 KNCC 연구특위에서 어떤 주기도문을 선보일지 모른다. 이에 기여민에서는 앞으로 민중지향적이면서 여성주의적 관점에서 보는 주기도문을 모든 교회에서 사용할 수 있도록 하는 과제가 남아 있다."라고 하였다. 이것은 자신의 신학적 주체성을 뚜렷이 보인 것이고, 이러한 신학적 주체성이 없이는 교회개혁을 이루어 나갈 수 없다는 점에서 매우 고무적이다.[58] 또한 기여민은 현재 교회 여성의 참정권이 1%도 못 미치는 현실에 대해서 운동으로 저항해 나가야 한다고 다짐하였다.

우리는 물론 기여민 회원이 민중교회에서 실무자로 일하다가 목회자로 성장한 것에 대해서도 기뻐해야 하지만, 한국 교회의 견고한 교권주의에 도전하고, 교회를 다시 예수 시대의 기초공동체로 돌려놓을 수 있는 것은 평신도의 자각이 없이는 불가능하다고 생각한다. 특히 평신도 여성민중이야말로 골리앗 앞의 다윗처럼, 유대교 성전 앞에 선 가난한 민중청년 예수처럼, 그리고 그 예수를 길러낸 어머니 마리아와 더불어 모든 것을 바쳐 예수를 따랐고 부활의 현장을 제일 먼저 목격했던 여성들처럼 그렇게 기여민 여성들이 할 수 있다고 생각한다.

3) 기여민 공동체성의 지평 확대하기

일찍이 선순화는 종교개혁 만인사제직의 의미를 정리하면서 만인사제 직이 단지 각자가 하나님과 직접적으로 대면할 수 있다는 원리만이 아니라 서로 섬기고 서로를 위해 기도하고 배려하며 죄를 용서해 주는 "공동체적 원리"가 되기도 한다고 밝혔다.[59] 우리는 기여민이 출발점에서부터 공동체성에 대한 강조를 자신의 세계 의미실현을 위한 중요한 전략으로 삼아온 것을 보아 왔다. 오늘날 세계화 시대, 경제 환원주의의 시대에 모두가 자신의 사적 영역으로 숨어들어 물질적 이익만을 탐할 때, 기여민은 거기에 맞서서 여전히 공공의 영역에 대한 관심을 일깨우고, 인간다운 공동체의 실현을 위해 많은 것을 바쳐 왔다. 이것은 살아 있는 하나님을 만나는 장소가 되는 것이 직접적인 자기 체험이라기보다는 "너와 응답하는 나의 사회적 체험"이고, 또한 "관계의 그물망 안에 있는 그리스도의 현존"이라는 것을 경험해 왔기 때문이다.

그러나 사회가 더욱 다원화되고, 민중들의 욕구도 다양해지고 범국가적으로도 그동안 외국인 노동자 문제라든가 이라크 파병 등을 통한 다문화, 다종교의 문화가 확산되면서 기여민 공동체성 의식에 있어서도 변혁과 지평확대가 요청되고 있다. 또한 모두 주시하다시피 지구 생태계 환경의 변화는 우리로 하여금 인간 공동체 의식에 대한 근본적인 변화를 요청한다.

이러한 변화 앞에서 기여민도 능동적인 자기개혁의 모습을 보인다. 자발적 가난의 영성에 대한 탐구를 하면서 기여민이 생각하는 공동체는 더이상 인간적인 공동체만이 아닌 모든 생명체, "공동체적 생명세계" 또는 "생태적 생명 세계"를 염두에 두는 것이고,[60] "생태적 자아"라는 개념으로부터 보다 넓고 깊고 유구한 의미의 자아관을 생각한다. 그래서 기여민이 여성민중을 위해 펼치는 교육 프로그램에서도 여성으로서 자존감을 키우는 '자기 정체성 교육'이라든가, 상담소 훈련을 통한 '심성 프로그램', '스토리텔링', '여성주의적 글쓰기' 등 단지 경제적인 측면만이 아닌 정서적이고 심리적인 측면을 보살피는 프로그램들이 늘고 있다.[61] 기여민의 2006년도 사업계획안에 보면, "이념적 새틀 짜기"란에는 "민주화 및 민족 담론에서 다양성 수용과 보편적 평화 담론으로", "개발과 성장 담론에서 자연과 인간이 공존할 수 있는 생태 담론으로", "여성 발전 모델에서 성 평등 모델로"의 변화를 모색하는데, 이는 기초적으로 세계관의 틀을 점검하는 일이 되겠다. 또한 그 방법론에 대한 논의인 "운동 방식의 새틀 짜기"란에 보면, "여성운동 활동가의 운동 정체성 강화 및 활 동여건 안정화", "대표 방식에서 다중적 대표 방식으로", "미시적 접근과 거시적 접근 병행 추진", "대안적 소그룹 운동" 등의 개념이 보이면서 기여민이 새로운 변화된 상황에서 점점 더 다중적이고, 미시와 거시의 차원을 통합하면서 기여민의 표현대로 하면, "자유주의에서 실질적 민주주의"의 공동체로 나가려고 하는 것이 보인다. 인간의 삶과 여남 평등의 문제를 좀 더 다층적이고 다각적인 측면에서 재고하려는 시도인 것이다.

이러한 모든 모색에 긍정적인 평가를 보내면서 그러나 여기서 필자가 더 지적하고 싶은 것은 기여민이 이웃 문화와 이웃 종교의 공동체로부터 배우는 일에 더 많은 노력을 들였으면 하는 것이다. 우리가 앞에서 기여민의 여성민중성이나 평신도성을 강조할 때 전통의 종교개혁으로부터 배워서 그 실천의 논리를 찾아낸 것에서도 보았듯이, 지금의 기여민의 한계와 문제점, 예를 들어 평신도성을 더욱 더 일관되게 밀고 나가는 문제라든가, 대안적인 공동체성을 추구할 때 풀어야 하는 문제들, 즉 더 예민하게 전개해야 하는 생태적 영성, 동성애 그룹과의 연대성, 태어남·나이듦·죽음의 문제에 대한 실존적인 고찰 등, 앞으로의 삶에서 여성민중들도 결코 외면할 수 없는 삶의 다양한 측면들을 더 잘 보살피기 위해서는 기독교 내에서만 머물러 있어서는 한계가 있다는 것이다. 세계의 다양한 종교와 문화 전통, 특히 한국은 전래로부터 여러 다양한 종교의 뛰어난 실천의 장이므로 그런 종교 전통들로부터 더욱 더 많은 것을 배울 수 있다는 것이다. 가난과 빈곤의 문제, 몸의 고통과 죽음의 문제, 공동체의 문제, 성직자와 성례전의 의미 등에 대한 전혀 예상치 못한 답들을 그 낯선 것과의 대화에서 찾을 수 있다는 의미이다. 기여민에 이미 그런 측면에 대한 자각도 생겼으므로[62] 타문화 종교 공동체들과의 연대도 더욱 더 진지하게 숙고하기를 바란다. 기여민이 이미 시작한 이주 노동자 문제 등도 하나의 통로가 될 수 있고, 국제적 연대도 더욱 강하게 할 수 있는 계기가 될 것이다.

5. 한국 여성 그리스도의 도래를 감지하며

과연 어떻게 해서 예수가 '그리스도'가 되셨을까? 우리가 보통 대중적인 그리스도 상에서 알고 있듯이 하나님이 태초부터(요한복음), 아브라함 선조 때부터(마태복음), 태어나기 전부터(누가복음), 아니면 세례와 함께(마가복음) 그렇게 예수를 그리스도로 예정하신 것일까? 아니면 그가 진정으로 우리와 같은 인간이고, 똑같은 인간적인 토양 속에서 성장하고 살았으며, 그의 몸도 우리처럼 고통을 당하면 아프고 피를 흘리고 죽어서 땅에 묻히고 썩는다면 지금 대중적으로 일반적인 기독인들이 이해하고 있는 그런 방식으로 그리스도가 되시지는 않았을 것이다.[63]

그렇다면 어떻게, 왜 우리는 오늘도 그를 기념하며, 그의 삶과 부활을 생각하면서 힘을 얻고, 그의 정신을 따르는 수많은 제자들에 의해서 여전히 그리스도의 교회가 유지되고 활동이 이루어지는 것일까? 그가 오늘날 특히 한국 교회의 상황에서 '배타적'이고, '유일회적'이며, '실체론적'으로 굳어져서 주장되는 식의 그리스도가 아니라면, 우리 인간 중에, 우주의 역사 속에서 꼭 그 2천 년 전의 유대인 청년 예수만이 그리스도가 되었다고 주장할 필요가 없지 않을까 생각해 본다. 그리하여 보다 '다수'(多數)의, 좀 더 다양한 모습으로, 다양한 문화의 풍토 속에서, 꼭 남성만이 아니라 여성 중에서도 그리스도의 탄생이 가능함을 이야기하면서 혹시 이것이 성서에서 말하는 '그리스도의 재림'이 아닐까 하는 물음을 밀고 나가고자 한다.

그러나 한 지역과 시대와 문화에서 그리스도의 탄생은 갑자기 하루아침에 이루어지는 것은 아닐 것이다. 기원 전 1세기에 나사렛 청년 예수가 태어나서 그리스도가 되기까지 수천 년의 역사에서 하나님을 잘 섬기는 독특한 유대민족이 있어 왔고, 그 하나님 신앙을 지키기 위해서 다양한 사람들이 수많을 세월을 그 신앙의 주인공이 되어서 살아왔으며, 거기에서 민중과 여성들이 이름도 없고 공로도 기억되지 못하며 살과 피를 바쳐왔을 것이다. 그러한 씨뿌림을 근거로 거기서 축적된 삶과 신앙의 지혜들이 성경으로 쓰여졌고, 그 성경으로 쓰여진 지혜들을 예수는 성전에 들어가서 바리새인들과 논쟁할 때마다 인용하여 참된 하나님 신앙을 역설할 수 있기까지 열심히 공부했을 것이다. 그의 부모들은 또 얼마나 많은 희생을 감수하며 예수 형제들과 예수를 길러냈을까를 생각해 본다. 그러한 터전 위에서 살던 예수는 죽기까지 당시의 가난한 사람들, 천시받는 사람들, 여성들, 구원을 추구하던 사람들을 위해서 살았고, 그래서 그는 죽어서 부활해서 그리스도가 되었으리라.

기여민 회원들의 무수한 희생, 예수의 정신 하에서 이 시대의 가장 미약하고 버림받고 갈 곳 없는 사람들, 어린이들, 청소년들, 성폭력의 피해자들, 노인들, 장애인들을 돌보아 왔던 기여민의 여성들, 그 여성들을 키워낸 한국의 땅과 그들의 부모들, 그리고 그들의 지속적인, 도저히 계속할 수 없을 것 같은 상황에서도 몸에 병이 들고, 주위의 사랑하는 사람들이 죽어가는 상황에서도 그 민중들을 부여잡고 놓지 않은 지속성(誠) 속에서 그들은 자신 안에서 생명의 여성민중 영성을 키워나간 것이다. 그것으로써 그들은 우리 시대의 그리스도가 되어 가는 것이 아닐까 생각한다.

나는 그렇게 믿는다. 그래서 이 여름 이 글을 쓰면서 그리스도 도래의 희망을 보았고, 그리스도 탄생의 비밀이 이런 것이 아닐까 어렴풋이 느껴 보았다. 나 스스로는 할 수 있을 것 같지 않았다. 그래서 어쩌면 그리스도의 탄생은 예정되어 있는 것인지도 모르겠다. 하지만 그럼에도 불구하고 이 글에서 주인공으로 다루어졌던 다수의 가능적 여성 그리스도들, 그들을 그리워하며 나는 어떻게, 무엇을 위해서 살아야하는가를 다시 깊이 생각해 본다.

제3부 誠과 다중

오늘날도 유교 전통은 여성들에게 많은 경계와 의구심을 불러일으킨다. 그러나 앞에서 여러 측면에서 밝혔듯이 그런 과거의 성 차별적인 실체론을 걷어 내고 그 전통의 핵심인 '성인지도'(聖人之道)와 '내성외왕'(內聖外王)의 자기수행적 가르침을 여성들이 적극 받아들인다면 앞으로의 시간에서 삶의 모든 분야에서 리더로 나설 여성들에게 꼭 필요로 하는 덕목들을 가르쳐 줄 수 있다고 보는 것이다. 필자는 그것이 '한국적 페미니즘'(Korean feminism)의 모습이라고 생각하고, 그것을 잘 영글게 해서 한국적 대안으로 제시할 수 있다고 본다.

I. 사람의 아들 노무현 부활하다*

1. 노무현 전 대통령의 서거 앞에서

노무현 전 대통령의 갑작스러운 서거 후 7일장으로 온 국민이 애통하며 보내고 나서 시간이 흐르고 있다. 아직도 온전히 일상으로 돌아오지 못한 가운데 그 가족들은 어떻게 지내고 있을까, 특히 권양숙 여사는 어찌 살고 계실까로 자꾸 생각이 달려간다. 이즈음 한겨레신문의 곽병찬 칼럼은 「서은이 잘 보살펴 주세요」라는 글로 며칠 전 몸져 누워서 입원을 하게 되었다는 권 여사에게 할아버지의 꿈과 진실을 전해 줄 사람이 할머니이므로 부디 건강하시라는 당부를 보냈다. 그런가? 그분에게 그럴 힘이 남아 있을 것인가?

1990년이 되어서야 저자의 이름을 밝힐 수 있었던 『전태일 평전』의 저자 고(故) 조영래 변호사는 그 서문에서 "전태일은 자신을 낳아 준 어머니 속으로 되돌아가 그 안에 살고 있다."고 썼다.[1] 후에 장기표 선생은 다시

---

* 이 글은 『기독교사상』 2009년 7월호 특집 〈노무현의 삶과 죽음, 무엇을 말하는가〉에 처음으로 게재되었다.

그 평전을 예수에 대한 4복음서와 바울의 서한집을 합한 신약성서와 흡사한 성서라고 말하기에 주저하지 않는다고 고백하였다. 이렇게 우리 삶에는 죽음으로써라도 전해 주고자 하는 선한 꿈과 진실이 있으며, 그것을 다시 이어주고 계속하고자 죽을 것같이 힘든 삶을 살아가는 사람들도 있다. 그래서 『주역』 「계사전」은 "이어 주고 계속하는 일은 선하고, (그것을) 완성하는 일은 (우리의) 운명이다."(繼之者善也, 成之者性也)라고 밝혀 주고 있다. '완성해 내는 일'(成之者)은 '성'(性)이라고 했으므로 가장 먼저는 몸의 피로 연결된 가족이거나 또는 어머니이거나 손녀 등의 '여성', 그리고 땅의 일인 '곤도'(坤道)의 일일 터이다. 노무현 전 대통령이 시작한 하늘의 일인 '건도'(乾道)의 크고 용기 있는 일을 그가 사랑하는 손녀딸 서은이와 더불어 한국 사회에서 계속해 나가서 이루어 낼 곤도들의 촛불이 온 세상에 이어지고 있으니, 그는 부활하고 있으며, 그래서 그의 마지막 편지대로 그것은 '운명'이고, "삶과 죽음은 모두 자연의 한 조각"임이 증거 되고 있다.

2. 노무현의 한국 현대사 이해

지난 국민장 기간 중 덕수궁 빈소 옆 정동길에서는 그가 퇴임할 즈음 가졌던 한 대담 인터뷰를 어떤 시민이 반복해서 상영하고 있었다. 운이 좋게도 그것을 보았고 거기서 큰 충격을 받았다.[2] 노무현 전 대통령은 그곳에서 1946년생인 자신이 어떻게 개인적인 삶을 한국 현대 정치와 역사의 전개와 더불어 기억하고 이해하고 있는지를 담담하게 들려주고 있었다. 그러한 진솔한 삶의 내러티브들을 들으면서 그동안 가져왔던 많은 의문들이 풀렸다.

그는 자신이 대통령이 되어서 그 자리에 가 보니 지난 한국의 현대사에서 민주화된 곳은 오직 정치계뿐이고, 언론이나 종교계, 학계나 경제계 등 다른 모든 분야는 여전히 과거의 부당한 역사가 청산이 안 된 채로 있었다고 지적하였다. 그래서 비록 그가 대통령이 되었지만 다시 비민주적인 방식이 아니면 할 수 있는 것이 많지 않았다고 고백한다. 대표적인 예로 '정수장학회' 일을 드는데, 가난했던 중학교 시절 자신이 직접 장학금을 받았던 부산일보의 부일재단이 5·16 군사 쿠데타로 인해서 정수장학회가 되었지만, 이미 법에 따라서 모든 것을 정리해 놓은 상태이므로 자신의 힘으로도 어찌할 수 없었다고 한다. 그렇게 그는 불의한 과거가 청산 되지 않은 가운데 형성된 한국 사회의 기득 세력에 맞서서, 그러나 다시 특권이나 반칙의 방식을 통해서가 아니라 '원칙'과 '상식'과 '법'과 '합리'의 방식으로서 민주주의를 이어 가고자 했지만 크게 얻어맞았고, 매우 무력해 보였으며, 마침내는 죽어 갔다.

홋날 "역사의 정통성에 대한 강한 집착"이라고 평가 받는 노 대통령의 판단과 인격적 특성은[3] 이미 어린 시절부터 여러 내러티브들 속에 녹아있었다. 이 내러티브들을 들으면서 이러한 이야기들이야말로 앞으로 후세 대들이 한국의 현대사를 이해하는 데 좋은 교과서로 쓰일 수 있겠구나 생각했다.

그는 자신이 1988년 13대 국회의원이 되면서 본격적인 정치인의 길로 들어선 것은 노동운동을 더욱 효과적으로 돕기 위해서라고 했다. 그 전해에 대우조선 분규와 관련해서 '제3자 개입'과 '장례식 방해'라는 죄목으로 구속되어 변호사 업무 정지를 받은 상태이기도 했기 때문이다. 하지만 그는 1990년 1월 김영삼 전 대통령의 3당 합당을 한국 민주화 운동사에서 가장 비극적인 사건으로 보는 것 같다. 그 3당 합당을 '하나님의 뜻'으로 내세우며 민자당을 창당하여 14대 대통령이 된 김영삼은, 노무현의 판단에 따르면, 개인적으로는 그 전의 20여 년 민주화 운동의 공적을 모두 날려 버렸고, 그날 이후로 한국 정치는 회복하기 힘든 병을 앓게 되었다. 그것은 극단적인 지역감정의 병이고, 정치권에서 보편적 가치와 상식이 무시되는 병이었다고 한다.[4] 노무현은 이미 1994년 자신의 책 『여보, 나 좀 도와줘』에서 YS가 3당 합당으로 대통령이 되기 전까지만 하더라도 "기회주의자들이 차지할 수 있는 장물의 수준은 한정되어 있었지만", YS의 대권 장악과 함께 그들의 입지가 크게 변화했다고 서술한다.[5] 그것은 그들의 성공이 최고 권력의 차원으로까지 올라갔기 때문인데, 그리하여 퇴임시 인터뷰에서도 3당 합당은 "사회적 기백을 소멸시켰으며", "적대 관계를 이용해서 충동질하고 쓸어 버려서" 성공했기 때문에 "옳은 일에 대한 동기를 사라지게 했다."고 비판했다.

3당 합당 이후의 그의 정치 목표는 이렇게 "가장 위험하고 파괴적인 대세"였던 3당 합당과 더불어 창궐하게 된 한국 정치에서의 '기회주의'와 '지역 분열'에 대항하는 것이었다고 고백한다.[6] 영남의 모든 민주 세력들이 당선 가능성 때문에 모두 민자당으로 가 버린 후 김정길 의원과 단 둘이 남아서 꼬마 민주당을 창당한 이야기, 그 후 통합민주당의 간판으로 지역감정의 벽을 깨고자 부산에서 계속 출마하지만 세 번의 낙선을 경험하였고, 특히 모든 사람들의 반대를 무릅쓰고 2000년 부산에서 출마하여 낙선하자 '바보 노무현'이라는 명칭을 얻은 이야기를 해 주었다. 그러나 그것은 '노무현을 사랑하는 모임'(노사모)이라는 대한민국 정치사에서 유래가 없는 자발적인 시민 후원모임을 탄생시키는 계기가 되었다고 평가한다. 그는 한때 자신의 대선 출마 결심도 한국 정치의 또 다른 전형적인 기회주의자인 이인제 씨의 출현을 막으려는 것이었다고 고백한다.

이렇게 한국 정치에서 기회주의의 불신과 지역 대결의 적대를 극복하려는 그의 정치 목표는 김대중 전 대통령에 대한 평가에서도 그대로 드러난다. 그는 김대중 대통령과 같이 일생 동안을 민주주의의 실현을 위해서 싸워 온 정치가는 세계에서 그렇게 많지 않다고 지적한다. 그러면서 그의 삶의 행적으로만 본다면 남아프리카의 넬슨 만델라처럼 선거를 치르지 않고도 대통령이 되었어야 하는 사람이지만, 그러나 과거 정부들이 그를 "워낙 빨갱이로 덧칠을 해서" 그럴 수 없었다고 한다. 노무현은 2002년 대선 전에 당시 시사평론가로 일하던 유시민과의 인터뷰에도 보면 그는 누가 김대중을 세차게 비판하면 일단은 DJ를 옹호하고 나섰다고 한다. 자신과는 다른 호남 출신이고, "빨갱이로 덧칠" 되어 있어서 그에게 불리할 것이지만, 그래서 참모들이 그렇게 하지 말라고 아무리 건의해도 소용 없었다고 한다.[7] 그 인터뷰에서 노무현은 김대중의 정치적 업적에 대해 세상이 "너무 야박한 평가"를 하고, "중요한 것이 과소평가되고 중요하지 않은 것이 과대평가" 되었지만 자신은 그 평가가 달라질 것을 믿는다고 말한다. 또한 그에 대한 비판이 들끓어도 같은 진영은 그래서는 안 된다고 지적하는데, 여기에 대해서 유시민이 김대중 정권 말기의 여러 사건들을 들어서 "중요하지 않은 문제까지도 일으키지 않았으면 좋았겠지요."라고 응수하자, "나는 대통령이 전지전능한 존재라고 생각하지는 않습니다. … 문제가 안 일어날 수 있는 일이면 좋은데, 안 일어날 수 있는 시대를 대통령이 3, 4년 만에 만들어낼 수 있는 것은 아닙니다."라고 대응한다.[8]

지금 들어보니 마치 자신에 대해 변호하는 것 같다. 대통령이 전지전능한 존재가 아니고 임기의 짧은 기간 안에 중요하지 않은 문제라도 일어나지 않도록 모든 환경을 바꿀 수 있는 것이 아니므로, "상대방에 대한 너그러움"이 요청된다는 지적이겠다. 그런데 한국 사회는 그런 너그러움을 갖지 못했고, 그래서 결국 그를 죽음으로까지 몰고 갔다.

3. '정치가'와 '경제 CEO'의 차이는 무엇인가?

노무현은 고백하기를 자신은 새만금이나 이라크 파병, FTA 등으로 자기편으로부터도 세차게 비판받은 일보다 '열린우리당'이 깨진 일이 더 가슴 아팠다고 한다. 그 당은 자신의 일생의 정치 목표인 지역 통합과 기회주의 타파를 위해 실험한 것이었기 때문이다. 그 일 후에 한국 국민들은 그런 소신의 노무현 정부를 무능과 준비되지 않은 천박함의 정부라고 비난하면서 'CEO 출신 성공한 샐러리맨' 이명박 정부를 택했다. 모두가 그 대통령처럼 성공한 부자가 되고 싶었기 때문이다.

그러나 곧 목도하게 된 것은 그것이 '정치'와 '경제'의 원칙 없는 합병이고, 경제에 의한 정치의 함몰을 가져오는 경제 제일주의와 경제 환원주의라는 사실이었다. 그 선택이 어떠한 결과를 몰고 올 것이라고 알고 있었음에도 불구하고 한국 사회는 다르게 택하지 않았다. 과거 중국의 춘추전국시대에 맹자는 왕이 이익(利)을 구하면 그 밑의 신하도 이익을 구하고, 다시 그 밑의 사람들도 이익만 생각하게 되어 결국 나라 전체가 모두 자신의 이익만을 추구하는 만인 대 만인의 전쟁 상태가 될 것임을 경고했다. 그러므로 정치와 경제, 정치가와 경제가의 역할 분립은 20세기 여성 정치철학자 한나 아렌트도 잘 지적하였듯이, 인간다운 공동 삶을 위해서는 꼭 지켜야 하는 원칙이다. 그럼에도 불구하고 우리는 정치의 수장으로 그 수장이 되기 전까지 어떻게 하면 '이익'(利)을 더 낼 수 있을까만을 전문적으로 생각해 온 경제인을 뽑았다. 그러니 나라에 어떤 일이 일어나리라는 것은 잘 예상할 수 있고, 그래서 오늘 우리 상황에 대해 의아해 할 필요가 없다.

노무현은 이 두 영역의 차이와 역할 분담, 그리고 그 둘의 건강한 협력과 협조가 어떤 것이어야 하는지를 분명히 알고 있었다. 그것이 가장 분명하게 드러나는 곳은 그가 2002년 대선을 앞두고 행한 앞의 유시민과의 대담에서이다. 그는 거기서 CEO와 정치 지도자를 축구경기의 선수와 관리자로 비유한다. 그에 따르면 CEO는 축구시합에서 어떻게든 골을 넣으려는 선수이지만, 정치 지도자는 그 시합 자체를 잘 운영하고 공정하게 이루어지도록 관리하는 관리자이다. 정치 지도자는 경기 자체가 이루어질 수 있도록 축구장을 잘 만들어 주고, 심판을 공정하게 보고, 조정과 중재를 통해 경기를 관리하는 사람이라는 것이다. 그에 의하면 정치에도 경영적 요소가 있기는 하지만 정치가의 역할은 크게 봐서 시장이 제대로 돌아가도록 하면서 시장이 실패하는 영역을 추슬러 나가는 일이다. 그래서 "CEO에게 패배자는 무의미한 것이지만 정치가에게는 패배자야말로 중요합니다. 정치가는 패자들을 챙겨서 함께 데리고 앞으로 나아가야 하는 사람입니다."라고 정치와 정치가와 대통령의 역할이 무엇인지를 분명하게 밝혀 주었다.[9] 이 언술보다 더 분명하게 오늘 우리 사회에 광풍처럼 불고 있는 경제 환원주의와 무한경쟁주의의 바람을 잠재울 수 있는 길을 가르쳐 주는 것은 없다고 생각한다. 게임의 관리자로서 공정과 원칙을 세우고 관리하고 조정해야 하는 사람들이 오히려 선수처럼 직접 뛰어서 이익을 챙기려는 사회가 오늘 한국의 정치 부재와 정치 부패의 현실이라면, 노무현의 이 정리는 우리 정치가 어디로 나가야 하는지를 잘 알려 주는 것이라고 하겠다.

이렇게 패배자들을 챙겨서 함께 가는 것을 정치가의 핵심 과제로 보는 그는 지도자의 역사의식과 철학, 멀리 바라볼 줄 아는 통찰력과 판단력을 매우 중시하였다. 참여정부가 하도 비판받고 비방을 받으니까 그 탄생을 지지하던 사람들도 등을 돌렸고, 비서실 참모들, 심지어는 그 소신 강하던 대통령도 흔들리는 때가 있었다고 한다. 그러던 대통령이 "사실을 확인해 보자."는 생각에서 구체적으로 자료를 모으고 지표를 통해서 그 성과를 증명해 내고자 해서 엮어 낸 책이 대통령 보고서 『참여정부 4년의 국정 성과 – 미래를 향한 도전』이라는 책자라고 한다.[10] 참여정부 출범 5년 차인 2007년 6월에 그 보고서를 엮어 내면서 문재인 비서실장은 모든 지표를 모으고 분석하고 살펴보니 복지 부분의 예산과 해외 자원 개발 사업 등 "올라가야 좋은 것은 모두 올라갔고, 낮아져야 좋은 것은 어김없이 낮아졌다."라고 종합평을 했다. 노대통령의 사후 지난달 29일에 그렇게 만들어진 보고서를 다시 『노무현과 함께 만든 대한민국』이라는 제목으로 펴내면서 편집자들은 당시 언로가 막힌 대통령의 마지막 선택은 책이었다고 전한다. 노대통령은 당시 이 보고서를 통해서 참여정부 시절 특히 "경제가 문제"라는 지적에 대해서, 꼭 그런 것도 아니고, 그만하면 나무랄 것도 없고, 오히려 그가 정치를 그렇게 했듯이 경제에서도 "나라의 기초와 미래에 투자하고 있었다."는 것을 가슴 치며 호소하고 싶었다고 전한다.[11]

보고서가 만들어진 후 노 대통령은 참여정부 친구들을 모아 놓고 원래 두시간 예정으로 할 강연을 거의 여섯 시간을 들어서 그동안 참고 참았던 심정을 토로했다고 한다. 그는 거기서 분명히 밝히기를 "시장은 사람을 위한 시장"이어야 하고, "경쟁은 사람을 위한 경쟁"이어야 하며, 성장도 마찬가지여서 더 중요한 것은 "사람이 사람 노릇하고 사는 사회"를 만드는 것이 "근본적인 지향점"이라고 역설한다.[12] 당시 한나라당 등 대선 후보들의 공약들을 보고서 그는 경제는 경제 정책만으로 되는 것이 아니라 "한국이 추구할 가치와 역사적 과제가 무엇인지를 제시하는 전략다운 전략, 공약다운 공약"이 나오기를 기대한다고 일갈한다. '보수'와 '진보'가 무엇인가라는 논의에서도 보수는 강자의 사상, 기득권의 사상이라고 먼저 밝힌다. 그러면서 보수주의자들은 개인의 삶은 각자 노력의 결과이므로 강자가 주도하는 대로 따라가면 모두 좋아진다는 주장이지만, 그 보수인 강자는 경쟁 시장을 넓히기 위해서 개방을 하자고 하면서도 약자에 대한 국가의 보호나 지원에는 반대하고, 힘에 의한 평화와 힘에 의한 질서를 주장하는 것이라고 자신의 이해를 밝힌다.[13] 반면 진보란 "힘 있는 사람이 누리는 권력을 약자도 함께 누리도록 하기 위해서 힘 없는 사람의 연대와 참여를 중시하는 생각"이라고 분명히 정의하는데, 여기서 그는 다시 실현 가능한 대안이 있는 진보, 현실에서 채택이 가능한 대안과 타협 가능한 수준으로 정책을 만드는 진보, 자원 조달이 가능하고 배타적이지 않은 자주와 개방 지향의 진보를 지시한다. 그의 사후 우리는 그가 삶의 마지막 시간에 '우리는 어떤 사회를 만들고자 하는가?'라는 질문을 놓고 이 진보주의 논의를 치열하게 밀고 나갔다는 말을 들었다. 한국 사회가 나아갈 방향에 대한 고민으로 그는 "학자들도 혀를 내두를 만한 치열한 주제의식과 문제의식을 담은 글 수십 개를 의욕적으로 내놓았다."고 한다.[14] 그는 "근대 이후의 모든 사상은 결국 민주주의로 귀착된다는 결론에 도달했다."라고 말하면서 그 민주주의란 바로 "인간을 위한 사상"이고, "사람 사는 세상을 위한 사상"이며, 그것이 "경제발전에도 가장 적합한 사상"이라고 확신에 차서 지적한다.[15]

그는 이렇게 자신이 생각하는 "성숙한 민주주의, 진보적 민주주의, 통합의 민주주의"를 위한 지도자의 조건을 말하면서 그 마무리를 한마디로 "사람이 되어야 합니다."라는 것이라고 밝혔다. 그러면서 "'사람이 되자'에 앞서서 바보가 됩시다. 제가 바보 전략으로 완전히 성공한 사람 아닙니까? 하여튼 여기 성공의 증명이 있으니까요.… 말귀는 잘 알아듣는데 손해나는 일을 부득부득하는 사람, 이게 바보지요. … 눈앞의 이익을 볼 줄 모르는 바보가 되자. 앞으로 우리는 손해나는 일만 계속합시다. 그렇게 사람을 모아 봅시다. 함께 토론도 하고 공부도 합시다. 그리고 스스로 지도자가 되려고 노력합시다."라고 쓰고 있다.[16] 왜냐하면 그는 분명히 정치와 경제의 차이를, 정치가와 CEO의 다른 점을 알고 있었기 때문이다. 그리고 그는 거기서 정치가의 길을 가고자 했다. "정치는 가치를 추구하는 행위이지만 시장은 이익을 추구하는 것입니다. 이 시장이 우리 정치를 지배하게 됐을 때 가치의 위기가 발생하는 것입니다."[17]라고 지적했다.

노무현 전 대통령이 처음 선거에 나왔을 때 자신이 정치하는 것을 더욱 적극적으로 도와줄 것을 호소하는 그에게 권양숙 여사는 다음과 같이 응수했다고 한다: "당신이 정치 안 하면 한 달 수입이 얼만데, 당신을 내놓는 것만으로도 우리는 애국 충분히 하고도 남았어요."라고.[18] 이렇게 한국 사회는 자신들의 경제 활동과 이익 활동이 이루어질 수 있도록, 그 근본과 기초를 놓아 주는 '정치'를 위해서 모든 것을 내어놓은 대통령에게, 또한 그것을 같이 감내하느라고 많은 사적인 바람과 즐거움과 편안함을 희생한 그 가족들에게 고마워하고 존경을 보내기는커녕 오히려 작은 실수와 중요하지 않은 것을 과대하게 부풀려서 비난하고 그들을 죽음과 절망으로 몰고 갔다. 우리 시대는 그렇게 잔인했으며, 동정심이 없고, 연민이 없으며, 불신이 만연해 있다. 그래서 이제는 살아 있지 않아서 더 이상 아무 말도 할 수 없는 대통령에게 대한민국 검찰은 더 안전하게 '혐의'를 씌웠고, 우리는 거기에 대해서 하나도 놀라워하지 않는다.

4. 죽음의 방식, '자살'

노무현 대통령의 서거와 관련해서 가장 많이 논의되는 주제 중 하나가 그의 죽음의 방식에 관한 것이다. 한국 사회는 이번 일을 접하기 전에도 이미 여러 형태의 '자살'을 경험했으므로 그가 전직 대통령으로서 스스로 몸을 던져서 죽은 일은 형언하기 어려운 충격과 아픔을 주었다. 무엇이, 왜, 어떤 일들이 그로 하여금 그렇게 극단적인 선택을 하게 하였을까? 지금 글을 쓰고 있는 내 앞에는 그가 지난 4월 30일 검찰 출두를 위해서 검은 색 양복을 단정히 차려입고 차에서 막 내려서 걷고 있는 모습의 사진이 놓여 있다. 뒤에는 서류 가방을 든 문재인 전 비서실장이 따르고, 둘은 모두 입술을 지그시 물고서 약간 먼 곳을 응시하며 걷는다. 이로부터 한 달여 후 발생한 그의 죽음에 대해서 보수 언론은 말할 것도 없고 진보 그룹의 김지하 시인이나 『녹색평론』의 김종철 교수도 인간의 생물학적인 조건을 들어서 그의 죽음을 '자살'로 먼저 규정하고 반생명적인 선택으로 책망했다. 5월 29일 그의 영결식이 있은 후 한국 교회의 많은 목회자들은 그가 '자살'했으므로 '죄인'이고 '하늘나라'에 갈 수 없다고 설교했다고 한다.

어느 사람이, 어느 종교가 자기 목숨을 스스로 끊은 사람을 무조건 두둔하고 용납할 것인가? 하지만 이러한 한국 교회들의 일반적인 낙인과는 달리 '생명의 소중함'에 대한 확신과 '스스로 목숨을 끊는 것은 죄다.'라는 말을 이미 죽은 사람과 유족들에게 한 번 더 정죄의 낙인을 찍는 용도로 사용해서는 안 된다고 분명히 권고한 기독교 그룹도 있다.[19] 또한 그 권고문은 자살이라는 비극적인 결말만을 볼 것이 아니라 누군가를 자살에 이르게 한 과정에 대한 면밀한 성찰을 전제해야 하고, 스스로 목숨을 끊는 사람들에 대한 종교적인 불허의 언어가 오히려 "죽을 사람을 살리는 용도"로 쓰여야 함을 현명하게 지적하였다.[20]

그러나 필자는 여기서 더 나아가고자 한다. 앞의 김종철 교수는 "민주주의의 생물학적 뿌리"를 말하면서 모든 인간은 생물학적 조기 출산으로 인해서 유아적 나르시시즘을 가지며, 그 보상으로 부와 권력과 명성을 추구하는 것이라고 지시했다. 그것이 가장 잘 채워질 수 있는 사회·문화적 방식이 민주주의이지만, 그 반대가 '용산참사'나 '전직 대통령의 자살'을 불러왔다는 것이다.[21] 하지만 본 필자는 오히려 인간이 그 생물학적 조기 출산으로 자신의 생존과 인간적인 삶을 위해서 전개시킨 '정신'의 힘을 지시하고자 한다. 정신의 존재인 인간은 다른 동물들과는 달리 스스로 자신의 생물학적 목숨과 생명에게까지도 'no' 할 수 있는 힘이 있다는 것을 지적하려 함이다. 철학적 인간학자 막스 쉘러는 이 능력이야말로 인간의 모든 종교적 · 문화적 성취의 근거이고, 이 '자기부정'과 '자기희생'의 힘이야말로 동물과 다른 인간 고유성의 뿌리임을 밝혔다.[22] 노무현 전 대통령의 죽음을 먼저 이러한 인간적 자기부정의 용기로 보고자 한다.

그러나 굳이 이러한 서양 생물학자들의 이야기를 빌리지 않더라도 보통 '자결'이라는 이름으로 알고 있는 이 죽음은 우리에게 낯설지 않다. 맹자는 이미 오래 전에 인간은 누구나 살고자 하는 것보다 더 원하는 것이 없고 죽는 것보다 더 싫어하는 것이 없지만 그 죽는 것보다 더 싫어하는 일이 있는데, 그것은 이(利)와 의(義)가 충돌하였을 때 인간으로서의 본분과 이름을 망각하고 이익(利)과 짝하는 것이라고 했다. 그리하여 그는 인간에게는 그렇게 원하는 생(生)보다도 의와 이름을 더 중히 여기는 '사생취의'(捨生取義, 생을 버리고 의를 취한다)의 힘과 용기가 있음을 밝혀 주었다. 혹자는 이번 노 대통령의 죽음을 두고서 그는 지금까지 남들이 예상하지 못하는 결단의 방식으로 정치적 난관들을 헤쳐 왔으므로 이제는 자신의 목숨까지 내걸고 '승부수'를 띄운 것이라고 혹독하게 비난한다. 거기에 관한 한 대답은 죽음 앞에서도 그렇게 '승부수'를 운운하며 삶을 온통 승부와 경쟁의 일로 보는 일은 매우 비인간적인 태도라고 비판한다. 나는 이 두 평가를 모두 그대로 받아들일 수 없다. 왜냐하면 먼저는 노대통령의 죽음을 보고서 그가 왜 그런 승부수의 마음이 들지 않았겠는가 자문하기 때문이다. 다른 모든 방법이 막혀 버렸을 때, 자신의 지금까지의 이름과 정의가 땅에 떨어져서 아무 것도 아닌 것으로 되어 버리려 할 때 인간은 그렇게 원하는 생조차도 포기할 수 있는 힘이 있다고 하지 않았는가! 그러나 한 편 그러한 승부수의 마음이 아니었고, 오히려 한없는 절망과 좌절 속에서 더 이상의 추스름과 행위함을 포기하고 무(無)로 돌아가고자 결정한 것이 었다고 해도, 그것이 너무나 이해가 되지 않는가라고 반문하고 싶다.

노 대통령의 죽음을 보고서 많은 사람들이 그 죽음을 우리 역사상의 이 순신이나 조광조 등과 비교해 보기도 하지만 나 자신에게는 특히 여러 관 점과 부분에서 예수의 삶과 죽음과 오버랩 되었다; 예수가 하나님 나라를 선포하며 기득권과 보수 세력들이 운집해 있는 예루살렘으로 올라간 것 자체가 하나의 자살 행위가 아니었나? 그는 그렇게 자신이 죽는 것을 통 해서라도 마지막 승부를 띄워야겠다고 생각한 것은 아니었을까? 아니면 그가 '나의 하나님, 나의 하나님, 어찌하여 나를 버리셨습니까?' 라고 외 치며 죽어갔을 때 그는 예상 밖으로 너무나 일찍 찾아온 실패에 좌절했 고, 자신의 죽을 '운명' 에 전율한 것이 아니었을까? 그가 그 죽음의 십자 가 위에서 '부활' 을 상상이나 했을까? 이렇게 '사람의 아들'(人子) 예수의 죽음과 부활에 자살과 타살, 믿음의 자기 내어줌과 절망, 마지막의 희망 과 절망이 모두 중첩되는 것이라면 나는 똑같은 사람의 아들 노무현의 죽 음도 그와 그렇게 다르지 않을 것이라고 생각한다.

예수도 가장 가까운 사람에게서 실패를 경험했다. 그것도 그의 하나님 나라 사업을 금전적으로 뒷받침하고, 그가 사람의 아들이므로 어쩔 수 없 이 필요로 했던 몸과 생명의 필요물들을 채워 주는 사람들에 의해서였다. 나중에 성서기자들이 예수 운동의 회계 담당자 유다의 행위를 마치 하나 님이 모두 예정해 놓은 통과의례로 그려서 그렇지 여기서도 인간의 많은 실패와 좌절은 바로 그 몸적·물질적 필요물과 연관되어 일어난다는 것 을 보여 준 것이다. 이 일이 예수에게서도 너무나 인간적이었고, 노무현 전 대통령의 삶에서도 마찬가지였다고 생각한다. 그는 결코 영웅이 아니었고, 타고난 성자도 아니었으며, 가족들이 있었고, 사랑하는 자녀와 그 자녀들을 삶의 모든 것으로 여기는 아내가 있었으며, 가난했던 형제와 자매, 친척과 이웃들이 있었다.

오늘날의 역사적 예수(historical Jesus) 연구가들에 의하면 '인자'(人子: 사람의 아들)라는 명칭이야말로 이사야서 등을 열심히 읽던 예수가 자신을 지칭하는 말로 가장 확실하게 썼을 것이라고 한다. 노무현은 잘 알려진 대로 "사람 사는 세상"이 그의 정치적 목표였고, 그가 가장 좋아했던 노래가 '사랑으로', '상록수', '아침이슬' 등이었다. 그는 참으로 인간적인 사람이었던 것 같다. 그의 아들 노건호 씨에 의하면 보통 자수성가한 사람들에게서 보이는 냉혹함과 엄함이 그 아버지에게는 없었던 것 같다. 자신의 학벌이 낮으니 아이들에게는 매우 강요했을 것 같지만 아들 건호 씨에 의하면 그는 "사자 새끼를 절벽 밑에 떨어뜨린다든가 하는 스타일은 아니었던 것 같다."고 한다. 그가 고등학교 때 그렇게 하기 싫어하는 공문수학을 그만 두게 해 주었고, 후에도 그가 싫다고 하는 일을 강요한 적이 없으며,[23] 대학 갈 때 아들에게 그 이름이나 학과에 크게 좌우되지 말고 시민으로서 소양을 쌓기 위해서 간다고 생각하고, 나중에 다른 공부를 하고 싶으면 나이 40살까지는 아버지가 책임을 지고 정치를 그만두고서라도 밀어줄 것이라고 안심시켰다고 한다.[24]

그렇게 따뜻했던 노무현은 사람들이 자신의 삶을 이야기할 때 불우함에서 탈출한 이야기만 하지 오히려 그 불우한 사람들을 있도록 한 우리 사회의 구조에 대해서는 말하지 않는 것이 불만이라고 했다.[25] 그는 일반적으로 자수성가한 '졸부들'이나 '신흥부자들'과는 달리 개인적으로 승부하려 하지 않았고,[26] 공동체와 함께 하는 삶을 꿈꾸었으며, 그런 자신의 삶을 "시지프의 신화"의 삶으로도 비유했다. 자신의 지나온 삶은 언제나 성공과 실패가 하나인 삶이었다고 말한다. 패배는 승리의 이면에 도사리고 있었고, 새로운 도약은 좌절의 잿더미 속에서 모습을 드러냈다고 한다. 그것은 "단순한 의지 하나로는 헤쳐나갈 수 없었던 정치인의 길"이었고, "새로운 도전을 위해서는 그 산의, 또 그 강의 높고 깊음을 탓하기 전에 내가 먼저 변해야" 하는 길이었다고 한다. 그는 마지막으로 고백하기를, "성공을 위해서가 아니었다. 그것은 어쩌면 나의 숙명이었다."라고 하면서 우리가 오늘 그의 마지막 유서에서 들은 것과 유사한 고백을 이미 2000년대 초에 하고 있다.[27]

그는 자신의 삶을 '무모하다'는 식으로 편파적인 평가를 하는 것을 거부했다. 오히려 자신의 길은 "택도 없는 일의 시도"가 아니라 그와는 분명히 다른 "가능성이 있는 도전" 또는 "쉽지는 않지만 반드시 해야 할 일"을 해 오는 길이었다고 강변한다.[28] 그래서 그는 온갖 비난과 비방 속에서도 대통령직의 4년여를 지내고 난 시점에서도 "저는 그냥 제가 할 도리를 다한 것입니다"라고 고백한다. 그는 "자신을 사랑할 줄 아는 사람은 세상을 사랑"하므로, "세상을 사랑하는 사람들은 불의에 대해 분노할 줄 알고 저항"하므로, 그래서 세상 돌아가는 이치를 탐구해서 좋은 세상을 만들기 위한 방도를 찾고, 이를 실행하기 위해서 사람들을 모으고 설득하고 조직하고 권력과 싸우고 권력을 잡고 그리고 정책을 실행했다고 자신의 대통령직의 일을 설명한다.[29] 그렇게 그는 자신이 '숙명'으로 느꼈던 '세계 사랑'(L' Amor Mundi)에서 자신의 모든 정치와 행위의 힘을 얻었던 것이다.[30]

이렇게 살았던 노무현의 죽음을 위에서처럼 어떤 종교적 상상력을 빌려서 굳이 예수의 죽음과 비교하지 않아도 한 수의학자가 우리 사회에서 허용된 존엄사와 연관시켜 사고한 성찰이 좋은 지침이 된다. 그에 따르면 이제 우리가 육체적 조건에 따라 존엄사를 인정할 수 있는 사회가 되었다면, 정신적 이유에 의한 존엄사도 진지하게 생각해 봐야 한다고 제안한다.[31] 물론 정신적 존엄사 여부는 당사자만이 알 수 있지만, 이때 중요한

것은 죽은 자가 그동안 추구하고 살아온 삶의 자세와 가치가 중요하다고
지적한다. 노무현 전 대통령이야말로 철저히 비주류로서 그렇게 치열하
게 대한민국을 '사람이 사람 노릇하는 사회'로 만들고자 했고, '전략은
타협할 수 있지만 민주주의의 원칙은 타협할 수 없는 것'이라고 하면서
"어려움을 무릅쓰고 손해 보면서, 바보 노릇 하면서" 힘 없는 자들을 위해
서 끝까지 살았으니 그의 죽음을 존엄사로 보지 않을 이유가 없다. 아니
여기서 더 나아가서 그의 존엄사 이후에 온 나라에 퍼진 추모와 각오는
그도 부활했음을 선언한다. 이러한 모든 과정을 지켜보면서 나는 하나님
의 뜨거운 '세계 사랑'으로 이 땅에 온 예수의 부활도 이와 크게 다르지
않았을 것이라고 상상한다. '하나님의 아들', '사람의 아들'인 예수와 노
무현은 그렇게 부활했고, 우리는 이렇게 21세기 벽두에 이 한국 땅에서
사람의 자식들이 그리스도로 부활하는 모습을 지켜본다.

5. 노무현의 신앙과 종교, '보편종교'(religio catholica)

노무현 전 대통령은 자신이 한때 도덕적 엘리트주의에 빠져 있었다고
고백한다. 초선 국회의원 시절 어떠한 어려움이 있더라도 원칙을 관철하
는 자신의 눈에 보통사람들은 좀 우습게 보였다고 한다. 그러나 그러한
도덕적 엘리트주의를 넘어서는 것이 진정으로 "사람이 된다는 것" 같다
고 토로한다.[32] 그는 대통령직을 마무리할 즈음에는 "원칙을 뛰어넘을 수
있는 것"에 대해서 말하고, 그 대신에 "사람을 끌어안을 수 있는 그런 전
략"을 말한다. 그래서 그렇게 기회주의와 변절을 싫어했지만 2007년 6월
에는 "남의 기회주의는 용납합시다. 그러나 우리 스스로는 절대 기회주
의에 빠지지 맙시다. 오로지 소신과 원칙을 가지고, 그러나 사람을 널리

포용하면서 걸어갑시다."라고 말하고 있다.[33]

　그는 이전부터 삶의 정치에서 끊임없이 '보편'을 이야기해 왔고, '상식'과 '원칙'을 주창해 왔으며, '공정'과 '합리'를 말해 왔다. "누구나 공감할 수 있는 지극히 평범한 상식과 양심"을 주창했으며, 그래서 '대화와 타협', '통합과 조정'을 이야기했고, 그가 존경하는 링컨 대통령이 노예해방을 위해서 남북전쟁도 감수했지만 '연방의 통합'을 인권과 노예해방보다 오히려 위에 두는 것을 발견했다고 고백한다.[34] 나는 노무현의 참된 신앙과 신뢰가 바로 여기에 있다고 생각한다. 그가 기독교인이 아니라거나 여타 종교의식에 참여하지 않아서 단순히 '비신앙인'이거나, '비종교인' 또는 '무신론자'인 것이 아니라 그는 참으로 깊은 신앙인이었으며, "가장 적게 종교적이면서 가장 깊고 크게 신앙하는", 그래서 우리 시대에 참으로 '믿음'과 '신앙'이 무엇인지를 보여 준 사람이라고 본다.[35] 매우 드물지만 그가 '신'과 '진리'에 대해서 구체적으로 언급한 언술을 보면, 그는 신의 진리와 그 절대성을 주장하는 사람들이라도 그 진리를 인식하고 해석하고 전달하는 사람의 능력에는 한계가 있다는 것을 인정해야 한다고 말한다. 반면 그 사람이 진리를 인식할 수 있는 능력이 있다는 것은 "분명히 절대적이어야 한다"고 주장하는데, 그래야만 민주주의를 할 수 있을 거라고 덧붙인다.[36] 이것은 노무현의 인간에 대한 깊은 신앙과 신뢰를 표시한 것이다. 인간 인식의 오류 가능성에도 불구하고 궁극과 절대를 찾아가고자 하고, 또 찾을 수 있다고 믿는 식을 줄 모르는 열정이고, 그런 의미에서 그는 오늘 우리 시대 어느 누구보다도 진지하게 신앙의 길을 갔다고 보는 것이다. 오늘날 '현대 이후'(postmodern)의 사람들이 과거 전통의 형식과 구속을 넘어서 '세속적인 방식'(a secular age)으로, 그러나 그러면서도 더욱 더 진지하고 깊이 있게 새로운 종교와 영성의 길을 찾고자 한다면 노무현의 삶도 그런 길이 아니었나 생각한다. 설사 그가 그것을 잘 의식하지는 못했다 하더라도 말이다. 그래서 예전에 예수가 '신'을 모독했고 '성전'을 부수려 한다고 죽임을 당했듯이, 소크라테스가 '무신론자'이고 청년들을 선동하여 도시의 질서를 어지럽힌다고 처형되었듯이, 그는 우리 사회의 기득권과 질서를 지키려는 '보수'(conserve:지키다)에 의해서 죽어갔다. 그러면서도 그는 죽기까지, 죽는 순간까지 '사람'과 '이웃'과 '하늘'에 대한 믿음을 잃지 않았다("미안해하지 마라. 누구도 원망하지 마라. 운명이다").

요즈음 한국 사회에 다시 무서운 매카시즘의 광풍이 몰아치고 있다. 정치계나 노동계, 종교계, 학계, 문화계 등 삶의 거의 모든 분야에서 어떤 논쟁이나 토론이 일어나면 한쪽은 어김없이 다른 한쪽을 '좌파친북세력'이라는 말로 간단히 이름 지어버린다. 우리 사회의 '보수주의자'들이 주로 사용하는 이 단어는 마치 '절대악'과 '근본악'을 지칭하면서 자신들은 추호도 의심할 여지없이 '절대선'으로 긍정하는 언어처럼 쓰이고 있다. 그런데 과연 그런가? 하늘 아래 인간 세계의 어느 누가 그렇게 절대적인 선을 주장할 수 있으며, 이 세상의 어느 존재가 그 정도로 자신의 존재를 영속적으로 '보존'해야 한다고 요구할 수 있을까? 오늘 한국 교회가 그 절대주의적 배타성과 중세적 권위주의로 '뉴라이트'가 되어서 매번 하나님을 부르고 신앙에 대해 말하면서도 '절대악'을 상정해 놓는 것은 바로 자신들 스스로가 선과 악을 규정하려는 원죄적 '히브리스'(교만)가 아닌가 묻고 싶다. 또한 항상 "억눌린 사람들의 고통에 동참하겠다."고 선언하면서도 온갖 수단과 방법으로 '권력'과 짝하려 한다면 바로 이들이야말로 무신론자들이고 비신앙인이며, 반종교적인 모습이 아니겠는가 묻고자 한다. 70년대 조영래 변호사는 그의 『전태일 평전』에서 이러한 '사이비 신앙인'들이 주장하는 얼쩡거리는 동참과는 달리 전태일의 힘 없는 사람들과의 동참과 '돌아가겠다.'의 의미는 '목숨을 들어 돌아감'을 뜻하는 것이었고, "한 인간의 모든 것을 아낌없이 거는 단호한 투쟁을 의미하는 것"

이었다고 지적했다. 40여 년 후 그 전태일의 모습에 다시 노무현 전 대통령의 죽음이 겹쳐지는 것을 막을 수 없다.[37]

일찍이 서구에서 17세기의 유대교 사상가 스피노자(1632~1677)는 당시 신구교 사이의 극심한 종교 전쟁과 근대국가 태동기의 정치적 혼란기에 그 시대를 치유할 수 있는 새로운 종교로서 '보편적 종교'(religio catholica)를 제시하였다. 그는 당시 여전히 중세 말기의 시대 상황에서 계시종교가 무소불위의 권력을 누리면서 미신으로 전락하고, 이웃에 대한 사랑과 신뢰, 관용과 자유 대신에 미움과 불화, 불안을 불러일으키는 전쟁의 진원지가 되는 것을 보면서 그 종교들이 권위의 근거로 보는 성서를 '자연적이고' '역사적으로' 새로 해석하고자 했다. 그는 사람들이 올바른 방법으로 신에게 순종하고 평화를 원한다면 '종교'는 자신의 역사적 상황에서 '정치' 아래에 있어야 한다고 보았다. 왜냐하면 종교는 신에 대한 순종만이 아니라 이웃에 대한 보편적인 사랑과 보편적인 도덕적 가치로 이야기되어야 하기 때문이다. 성서의 세속적 해석과 선민의식에 대한 해부로 스피노자는 자신이 속해 있던 유대교에서 파문당했고, 기독교인이나 정통철학자들에게서도 무신론자나 철학적 이방인, 악의에 찬 영혼 등으로 비난받고 배척당했다.[38] 그런데 그가 그처럼 종교의 특권을 해체하고, 정치와 종교의 간격을 주장했으며, 성서의 계시를 역사화한 근거는 다름 아니라 역설적이게도 그가 나중에 "신에 미친 사람"이라고 불렀을 정도로 온 세상을, 이 세상 전체와 온 자연을 바로 신의 영역으로 보았기 때문이다.[39] 그는 어떤 특정한 장소나 시간, 인물이나 사물에만 신이 존재하는 것이 아니라 이 세상 만물과 전체, '보편'과 '이성', '자연'과 '자유' 모두가 신의 영역임을 믿은 것이다. 오늘 노무현 전 대통령의 목숨을 건 보편과 상식, 자연과 합리, 대화와 타협에 대한 강조를 보면서 이 스피노자의 고독과 신앙이 생각났고, 또한 오늘의 기독교 뉴라이트와 교회들에게 이 스피

노자 『정치론』의 일독을 권하고 싶다.[40]

그동안 많이 들었듯이 노무현 전 대통령의 학구열은 대단했다고 한다. 그가 그렇게 학벌 때문에 멸시를 당하고 조롱당했지만 그는 진정으로 "학자 노무현"이었고, 그래서 청와대 정책실장이었던 이정우 교수는 학자 군주 세종이나 정조를 들면서 그를 "학자 군주에 비견할 만하다."고 되돌아 보았다.[41] 나는 그의 모든 정치가 바로 이러한 '호학'(好學)에서 나왔고, 그의 모든 지역주의 타파와 권위주의 청산, 권력 분산과 지역균형 발전 등의 강조는 그의 '합리'(合理)에 대한 지칠 줄 모르는 신앙과 인간의 이성과 자유에 대한 끝없는 존경에서 나왔음을 말하고자 한다. "엄청난 시스템 혁신", "메뉴얼"과 "표준화"에 대한 강조와 그의 '위임형' 민주적 리더십은 앞의 스피노자가 '자연'과 '신'의 하나됨을 보면서 새로운 성서 비평과 '보편적 종교'로서 각자 독자적으로 성서의 본질에 다가갈 수 있음을 강조한 것과 비슷한 정신이다. 그래서 그가 비록 "학벌은 낮았지만", "상고 출신이지만" 그는 교육의 진정한 목표를 이루어 냈다고 보는 것이다. 한국 사회가 오늘날 교육에 그렇게 많은 것을 쏟아 부으면서 궁극적으로 이루려는 목표가 어떠한 환경에 처하게 되더라도 스스로 문제를 찾아내고 답을 찾아낼 줄 아는 '창조인'과 능동적이고 자발적이어서 스스로 정보를 모으고 생산하여 새로운 길을 제시할 수 있는 '능동인', 더불어 사는 삶의 정황에서 약자를 헤아리고 배려하고 책임질 줄 아는 '도덕인'의 양성이라면 나는 그 목표가 바로 노무현 전 대통령의 모습에서 이루어진 것이 아닌가 생각한다. 그는 그렇게 학벌 때문에 무시를 당하고 멸시를 받았지만 자신의 삶 전체로 우리 교육이 나아갈 방향과 방법도 가르쳐 주었다.

여성 문제와 페미니즘과의 관계에서도, 이번 서거를 맞이하면서 〈여성신문〉은 노무현의 참여정부가 여성정책에서만은 이의 없이 역대 어느 정부보다 우수했다고 지적한다. 노무현은 자신을 "논리적 페미니스트"라고 소개하며, 원래는 여느 경상도 한국 남성과 마찬가지로 여성을 무시하고, 심지어는 폭력도 쓰고, 젊었을 때 성추행도 했던 사람이지만 80년대 사회 운동을 하는 과정에서 젊은 학생들과 만나면서 자신의 여성관이 잘못되었음을 깨닫고 고치기 시작했다고 고백한다. 선천적으로 불합리한 차별을 싫어하고 엘리트주의를 거부하는 자신은 그래서 "필연적으로 여성의 편에 설 수밖에 없었다."고 말한다. 이렇게 배움을 통해서 끊임없이 자신을 새로움에 내어놓고 고쳐 가는 노무현은, 그래서 참여정부 아래서 호주제를 폐지했고, 성매매 방지법을 제정했으며, 여성 총리, 여성 법무장관 등을 배출했다.

노무현 전 대통령이 정치 생활 내내 한국의 언론 개혁을 부르짖었던 것도 오늘날 지식과 정보 사회에서 언론이 얼마나 중요하고, 거기서의 왜곡과 거짓이 어떻게 핵심적으로 국민들을 우민화하고 자유롭지 못하게 만드는지를 알았기 때문이다. 그는 조선일보의 가장 큰 문제점이 무엇이라고 생각하느냐는 질문에, 첫째 그들이 법 위에 있을 정도로 "너무 세고", 둘째는 과거 친일언론과 독재에 아부한 언론이 여전히 한국의 일등 신문으로 자리하는 것이 한국 국민에게 "너무 수치스럽고", 마지막으로는 "너무 많은 사람들이 겁을 내기 때문" 이라고 했다.[42] 그는 먼 후일 자신에게 참여정부에서 가장 보람 있는 정책이 무엇이냐고 묻는다면 "언론 정책, 언론 대응이라고 할 것" 이라고 분명히 밝혔다. 자신이 역부족이고 한계가 분명했지만 "민주주의의 진보에 꼭 필요한 과정" 임을 강조했다.[43] 그싸움에서 역부족이었던 그는 그렇게 갔고, 그러나 400년 뒤라도 '스피노자 르네상스'를 맞이하여 근래에 서구에서 스피노자 사상이 들뢰즈(Gilles Deleuze)나 안토니오 네그리(Antonio Negri) 등 가장 앞서 가는 정치사상가들에 의해서 다시 빛을 보는 것처럼, 나는 노무현의 죽음도 그렇게 헛되이 끝나지 않을 것이라고 믿는다. 그의 정신은 부활로 이어져서 남은 우리가 완성할 것이다. 그것은 '천명'이고 '운명'이기 때문이다(成之者性也).

6. 아시아 민주주의의 새로운 표준, 노무현 대통령

한 외국인 저널리스트는 노무현의 비극은 단지 한국에서만 일어나는 일이 아니라 민주주의를 이루고자 하는 주변국들에서도 유사하게 일어나는 일이고, 그에게 호의를 보이든 그렇지 않든 그것은 하나의 민주주의의 퇴보로 보인다고 썼다. 그렇게 볼 수 있다. 하지만 나는 그것이 전부가 아니라고 주장하려 한다.

아시아의 어느 국가 대통령이 그렇게 열악한 환경을 딛고서 대통령의 자리에 올랐으며, 낮은 학력에도 불구하고 치열하게 평생 공부하여 학자군주의 모습을 보여 주었고, 오늘날 세계가 서구와 미국과 그 언어와 자본에 한 없이 떨고 있을 때 아시아의 어느 지도자가 하나의 민족국가에서 태어나고 자라서 그 힘으로 자유롭고자 했으며, 나라의 위신을 높이고 국익을 증진하고자 애썼는가? 또한 어느 국가에서 그 지도자가 인류가 21세기가 되도록 풀지 못하고 있는 동서 이데올로기의 악제를 풀기 위해서 휴전선을 넘어갔으며, 퇴임 후에는 다시 고향과 농촌과 시골로 돌아가서 서민과 농부의 친구가 되고자 했는가? 한국 대학의 한 외국인 교수(Aaron Olds)가 이번의 세계금융 위기나 이라크 전쟁 등으로 전 세계에서 그렇게 많은 사람들이 손실과 고통을 입었는데도 미국 부시 대통령을 포함해서 어느 대통령, 어느 CEO, 어느 은행가 한 사람도 자신의 행위 때문에 후회하는 사람이 없고, 법정에 소환될까 봐 두려워하는 사람이 없으며, 더군다나 자기 몸을 던지는 사람이 없으니 그것만으로도 노무현에게 호의와 존경을 보내야 하지 않겠는가라고 했다.[44] 그런 지도자들에 비해서 노무현은 진정으로 자신의 실수와 한계 때문에 고민하고 괴로워했으며, 부끄러워했고, 그래서 마지막에는 자신의 몸을 던졌으니 그런 대통령을 어디에서 만날 수 있는가 묻고 싶다. 그래서 그의 삶과 죽음을 한 정치학자는 "한국 정치 지도자의 표준"(Korean Political Standard)을 만들어 냈고, 지금은 그러한 국가 지도자의 표준에 대한 "국민적 합의"(Korean Consensus)가 생겨 나는 과정이라고 평가했다. 이러한 노무현의 상징은 머지않아 "아시아 민주주의의 표준"이 될 것이며, 이제 그것으로 아시아에 대중문화의 한류를 넘어서 "정치문화의 새로운 한류"를 만들어 낼 것이라고 전망하였다. 나는 그러한 정치적 감지와 전망에 깊은 동감을 보낸다.[45]

하지만 나 자신은 여기서 더 나아가고자 한다. 이번 그의 영결식과 노제를 보면서 노무현의 상징은 단지 그러한 정치적 상징만이 아니라고 보기 때문이다. 오히려 그것을 세계 인류가 공동으로 동서의 핵심 종교 전통들을 가지고 함께 탄생시킨 '종교적 숭고'로 보고자 한다. 세계 어느 지도자의 영결식에 동서의 종교 전통들이 그렇게 모두 함께 했으며, 어느 누구의 떠나감에서 '불교'와 '천주교', '개신교', '원불교'에 이어서 인간의 보편적인 정서인 '샤머니즘'과 '유교'로부터도 그러한 감동적인 배웅을 받았겠는가? 그의 영결식에 이 모든 것들이 함께 했다면 바로 그의 삶 자체가 이 모든 전통의 젖줄에서 먹고 자라난 것을 의미한다. 그날의 의식 집행자들의 말대로 노무현 살아 생전의 삶에서 그 모든 종교 전통들이 함께 역할 한 것을 알 수 있다. 이것은 놀라운 일이다. 나는 21세기의 오늘에 인류의 종교 전통들을 그렇게 하나의 살아 있는 제의로 표현해 낼 수 있는 우리 민족의 가능성에 대해서 깊은 자부심을 느꼈으며, 그리고 무한한 책임감과 역할을 보았다. 세계 만방이 지켜본 그날의 비탄과 장엄과 부활은 민주주의의 퇴보가 아니라 더 높은 미래로 우리를 끌고 있는 강력한 힘이라고 생각한다.

그렇지만 예수가 떠난 후 예루살렘의 성전은 50년도 안 되어서 모두 허물어졌으며, 민족은 흩어졌고, 고통의 역사는 계속되었다. 순결한 이의 피는 그렇게 역사에서 값을 요구한다. 그래서 우리는 예수가 떠나면서 자신들에게 들려 주었다고 전하는 요한 공동체의 다음과 같은 말을 다시 우리 자신의 것으로 되새기며, 오직 하늘과 성령의 인자하심과 용서, 그리고 용기를 빌 뿐이다.

내가 진정으로 진정으로 너희에게 말한다. 나를 믿는 자는 내가 하는 일을 할 것이요, 그보다 더 큰 일도 할 것이다. 그것은 내가 아버지께로 가기 때문이다. 나는 너희를 고아처럼 버려 두지 않고, 너희에게 다시 오겠다. 조금 있으면 세상이 나를 보지 못할 것이다. 그러나 너희는 나를 보게 될 것이다. 그것은 내가 살아 있고, 너희도 살아 있을 것이기 때문이다. 그날에 너희는, 내가 내 아버지 안에 있고, 너희가 내 안에 있고, 또 내가 너희 안에 있음을 알게 될 것이다. (요한복음 12-14, 18-20)

II. 21세기 한국 여성 리더십에서의 유교와 기독교

1. 유교 문명과 기독교 문명의 만남 속에서 영근 한국 여성 리더십

세계경제포럼(WEF)이 2009년에 발표한 「2009 글로벌 성(性) 격차 보고서」에 따르면 한국의 성 평등 순위는 전체 대상국 134개국 가운데 115위이다. 이것은 일본(75위)과 중국(60위)은 물론 쿠웨이트나 요르단보다도 뒤지는 것으로 처음 조사가 시작된 2006년 이래로 계속 순위가 떨어져서 2008년 108위에 이어 다시 바닥권으로 추락한 것이라고 한다.[1] 이처럼 한국성 평등 점수가 낮은 것은 주로 의회, 고위 공무원, 경영진 진출, 경제 참여, 정치 권한 등 정치·경제 부문에서 바닥권을 벗어나지 못해서라고 하는데, 이러한 소식은 다시 한 번 많은 사람들의 실망과 염려를 자아냈다. 그러나 이와 더불어 다른 한편에서는 오늘 한국 사회에서 특히 젊은 여성들은 성 차별을 더이상 심각하게 느끼지 못하고, 그래서 그들에게 페미니즘 담론은 그렇게 매력적으로 들리지 않는다는 소식이 들린다. 또한 해외에서 한국 여성들의 활동상이 점점 더 두드러지는 것이 주목받고 있는데, 미국 오바마 정부의 시작과 더불어 그 주류 사회에 우뚝 서고 있는 한국계 여성들에 대한 소식이 이어지고 있다("美 주류사회 '코리안 여풍'이 무섭다"). 이들의 활동상은 과거 교민 사회에서 한정되었던 것을 넘어서 미국 주류 사회 내의 정계·학계·경제계 등으로 뻗어나가고 있으며, 그 중에서도 특별히 30대 여성들의 활동이 눈부시다고 한다.[2]

이처럼 오늘 한국 여성들의 리더십 실행과 평가에 있어서 모순이 보이는데, 이것은 한편으로 서구식 조사 방식에 따른 검토에서는 한없이 부족해 보이지만 또 다른 한편은 모두가 인정하는 대로 20세기 국민국가 한국이 이룩한 성취와 거기서의 여성들의 역할과 기여를 생각해 보면 다른 이야기를 할 수 있는 정황을 말한다. 잘 아는바대로 한국인들의 삶은 세계 어느 곳에 가더라도 견고한 가족주의로 이름이 높다. 이것은 여성들의 현존이 비록 그 수치상으로는 미미하지만, 그럼에도 불구하고 강력한 힘을 가지고 있음을 시사한다.[3] 그리하여 세계인들을 놀라게 하는 세계 무역 11위의 성취와 더불어 거기서 역할을 한 한국 여성들의 삶을 생각해 보면 그 강력한 힘이 어디에서 오는 지를 묻게 된다. 필자는 이러한 성취의 배경으로 여러 가지를 들 수 있겠지만, 그것을 특히 한국 여성들의 중첩된 종교의식에서 오는 정신적, 영적 힘이라고 생각한다. 오늘날도 한국에는 세계의 대표적인 종교 영성들인 기독교, 불교, 유교, 도교, 샤머니즘들이 모두 어우러져서 활발히 실행되고 있는데, 이것은 세계 종교·문화사적으로 볼 때 매우 특이한 일이다. 필자는 한국 여성들 리더십의 배경에 이러한 활발한 영적 실천을 통해서 매 종교 전통으로부터 배운 영성적 힘들이 중첩되어 오늘날 큰 실천적인 힘으로 작용하고 있다고 본다.[4]

본 연구는 이러한 관점을 가지고 특히 유교와 기독교의 대화의 맥락에서 오랜 유교 전통 속에 살던 한국 여성들이 어떻게 19세기 말과 20세기 초에 기독교를 받아들이며 변화했으며, 그 두 전통의 만남으로 한국 여성들의 삶에 어떠한 변화와 열매가 맺어졌는지를 살펴보려는 것이다. 유교 전통과 기독교 문명의 만남이 창조적으로 열매를 맺은 것이 오늘 한국 사회와 특히 한국 여성들의 리더십의 모습이라고 생각하며, 그 과정과 모습들을 좀 더 세밀하게 살펴보고자 한다. 주지하다시피 유교 전통은 19세기 후반 들어서 한국 사회가 서구 기독교 전통을 본격적으로 만나기 전까지 한국 여성들의 삶을 핵심적으로 이끌어왔다. 여기에 비해서 기독교 문명 은한국 여성들이 20세기가 되어서야 만나기 시작했지만 개인을 존중하고 주체의 자유를 중시하는 성격으로 큰 호응을 받았고, 20세기 후반에는 현대 페미니즘의 물결을 따라 한국 여성들에게 더욱 해방적으로 다가왔다. 그러나 유교와 기독교의 만남에서, 우리가 잘 알다시피 주로 북미 계통에서 조선에 온 서양 초기 선교사들은 조선의 전통이나 상황에 대해서 별다른 지식을 가지고 있지 않았고, 그래서 기독교 메시지가 심겨질 토양에 대한 존중 없이 서구 문명과 기독교를 동일시하면서 단순한 선악의 논리로 토착 문화를 대하였다. 그 결과 한국에서 기독교인이 된다는 것은 자신의 전통적 사상 기반으로부터 나와서 그것을 부인하는 것을 의미했고, 그리하여 수백 년에 걸쳐서 조선 땅에 영글은 유교적 가치들은 무시되고 악의 화신처럼 여겨졌다. 이러한 유교 전통과 서구 기독교 의식 간의 견원지간(犬猿之間)의 관계는 현대에도 그대로 이어져서 특히 오늘날 한국에서 페미니스트가 된다는 것은 한국의 지금이 있기까지 오랜 기간 동안 근원적으로 영향을 끼친 유교 전통을 부정해야만 하는 것을 의미하게 되었다.

그러나 우리가 다시 생각해 보면 그 오랜 기간 한국인의 삶을 이끌어 온 유교 전통 속에서 여성들이 단순히 억압받기만 했냐 하면 그렇게 말할 수 없다고 본다. 유교의 핵심 가르침이 '하학이상달'(下學以上達, 낮은 것을 배워서 높이 올라감)이고 '극고명이도중용'(極高明而道中庸, 높고 밝은 것을 극진히 해서 중용을 살아감)인 데서도 드러나듯이 낮고 천한 일로 여겼던 가정과 여성의 살림살이를 '예'(禮)와 '절도'(節度)의 대상으로 삼은 유교 전통 안에서 한국 여성들은 지극한 살림꾼으로서 삶의 역량들을 키워 왔기 때문이다. 유교 전통의 강한 가부장주의적 성격 때문에 많은 여성들이 여전히 억압을 경험하고 있고, 앞에서 지적한 대로 한국 사회의 정치·경제의 장에 여성들의 실질적인 진출이 낮아서 현대 한국 여성들이 유교 전통에 대해서 여전히 회의적이지만, 그러나 그들이 그 전통 안에서 오랜 기간 '예화'(禮化)의 과정을 겪으면서 일구어 온 '살림'과 '생명'의 영성을 부정할 수는 없다고 보는 것이다.[5]

오늘날 한 인물의 활동상과 삶의 평가에서 '리더십'이라는 항목이 자주 거론된다. 그런데 그 리더십이 우리 삶의 다양하고 개별적인 요소들을 어떻게 창조적으로 잘 엮어 내는가 하는 능력으로 우선적으로 평가되는 것이라면,[6] 유교 전통에서 뛰어난 살림꾼으로 거듭난 한국 여성들의 '살림살이'를 리더십의 관점에서 살펴보는 일은 유의미하다. 왜냐하면 그들의 살림살이야 말로 바로 인간 삶에서 필요한 모든 다양한 요소들을 어우르는 일이었기 때문이다. 따라서 21세기 한국 여성들의 리더십 구축을 위해서 그 전통을 부인할 이유가 없고, 여성들의 살림살이 능력이야말로 오늘날 어떤 정치·사회적 리더십을 위해서도 좋은 자산이 될 수 있다고 본다. 비록 규모에 있어서는 차이가 있을 수 있지만 그것은 본질적인 것이 아니라고 생각한다.

오늘날 '중국'과 '미국'으로 대표되는 동서양 두 문명의 만남이 인류 모두를 위해서 매우 중요한 화두로 떠오르고 있으며, 여성들의 삶을 위해서도 유교 전통과 기독교의 만남은 반드시 탐색해야 하는 주제라고 본다. 이것은 21세기에 보다 창조적이고 생산적인 여성 리더십 형성을 위한 일이 된다. 오랜 유교 전통 속에서 자신을 제어하는 법을 배워 온 한국 여성들이 기독교를 받아들여 자기 주체성을 밖으로 확산할 수 있게 되었고, 이제 다시 여기에 접목하여 진정한 '내성외왕'(內聖外王)의 유교 리더십을 여성의 몸으로 확립한다면 그 열매는 클 것이다. 21세기 한국 여성 리더십은 더 이상 자신의 전통에 대한 거부 아니라, 그 재발견을 통해서 서구 기독교 전통을 창조적으로 연결하고 통합시켜 나름의 고유한 원리로 구성해 낼 수 있다고 생각한다.[7] 이 일을 위해 서구에서 이민 생활을 하면서 삶의 각 분야에서 나름의 리더십을 이룩한 한인 여성 리더들의 예를 살펴보는 일은 좋은 탐색이 될 것이다. 왜냐하면 그들은 한국에 머물러 있는 사람들보다 더욱 뚜렷하게 자신의 문화적 전통을 의식했을 것이고, 그 의식과 더불어 서구 기독교 문명과의 만남을 첨예하게 경험하면서 나름의 고유한 관계를 이루어 왔을 것이기 때문이다. 그리하여 만약 여기에서 리더십의 성취를 이루었다면 그것은 두 전통이 창조적으로 만나서 이루어진 성과라고 할 수 있고, 그런 의미에서 21세기 한국 여성 리더십이 나아갈 방향을 위해서 시사해 줄 것이 많다고 보기 때문이다.

이상의 연구 배경과 목적을 가지고 본 연구는 먼저 한국 여성들의 서구 근대화 과정을 살펴볼 것이다. 당시 유교 문화의 말기적 상황 속에서 한국 여성들은 어떠한 처지에서 서구 기독교를 만났으며, 그로 인해 어떤 변화를 체험했는지를 주로 한국 개신교 선교의 역사 속에서 살펴볼 것이다. 다음으로 지금까지 서구 근대화와 기독교화의 과정에서 부정적으로 평가 되던 유교 전통의 문화가 한국 여성들에게 어떠한 정신적 기반이 되며, 당시 서구적 근대화의 획일화된 의식 속에서 어떤 긍정성의 본래적 씨앗들이 파묻히게 되었는지를 '유교 종교성'(Confucian Religiosity)이라는 시각을 통해서 살펴보고자 한다.[8] 본 연구는 미주 한인 1세대 내지는 1.5세대의 여성들 중에서 나름의 리더십의 성취를 이룬 한인 여성들의 실례를 살펴보면서 두 전통의 창조적인 만남을 살펴보고자 하는 것이다. 필자가 2008년 봄 학기 미국 워싱턴에 머물면서 만난 여성들과 이미 한국에서 여러 매체들을 통해서 알려진 미주 한인 여성들의 삶의 내러티브를 분석하였다. 마지막으로는 이 과정들을 통해서 밝혀진 한국적 여성 리더십의 특징을 세 가지로 명시하고, 그것이 앞으로 21세기 인류 삶에서 어떤 의미 있는 대안이 될 수 있는지를 살펴보고자 한다.

2. 기독교 유입과 더불어 변화된 한국 여성들의 삶과 여성적 자아의 확장

1) 기독교 유입과 더불어 변화된 한국 여성들의 삶

18세기 후반부터 조선의 실학자들에 의해 시작한 한국 천주교회가 대원군 시대의 병인 박해로 인해서 주춤하는 사이에 한국 개신교회는 주로 북미 출신의 선교사에 의해서 19세기 후반기부터 시작되었다. 그리고 한국 여성들의 삶이 실질적으로 획기적인 변화를 겪기 시작한 것도 이때부터이다. 주지하다시피 그때까지 한국은 오랜 유교 전통의 나라였다. 500여 년 동안 지속된 조선 왕조는 그 전 시대의 불교의 타락을 당시 새롭게 소개된 신유교로 극복하고자 했으며, 그 노력과 시도는 큰 성과를 거두어서 조선은 아시아의 어느 곳에서보다도 심도 깊은 유교화를 경험하였다. 그러나 임진왜란과 병자호란의 두 난을 겪은 후 유교적 가치관은 스스로 경색되기 시작했고, 특히 여성들의 삶을 존재론적으로 차등적으로 규정한 유교 남존여비 사상(음양론)은 여성들에게 매우 고통스러운 것이어서 기독교 복음을 본격적으로 받아들이게 된 19세기 말 조선 여성들의 삶은 비참했다.

북미 장로교 선교부의 파송으로 1884년 한국에 들어온 의사이자 선교사였던 알렌(H.N. Allen, 1858-1832)을 시작으로 극동의 오지로 선교를 지망하여 온 서구 선교사들은 은둔의 나라 한국 사회와 거기서 충격적으로 만난 여성들의 삶을 여러 형태의 기록물들 안에 남기고 있다. 캐나다 토론토 대학 출신으로 1888년 12월 한국에 도착한 게일(James Scanth Gale, 한국명은 奇一)은

1909년 『전환기의 한국』(*Korea in Transition*)이라는 한국 입문서를 발간했다.[9] "유서 깊은 동방의 한 나라를 위해 노력하는 미국의 젊은이들에게"라는 헌사가 있는 것을 보면 한국 선교를 준비하는 미국 젊은이들을 위해 쓴 책인 것을 알게 하는 책 서두에는 "시대에 대해 전혀 알지 못하고, 내세에 대해 무지한 채 자자손손 죽어 가고, 자기 만족의 담뱃대를 물고서 부유하고 재산을 증식하는 것 이외에는 아무 것도 바라지 않으며…"라는 서술이 있다.[10] 당시 중국과 일본, 러시아에 이어서 미국을 비롯한 서구 제국들의 탐욕 앞에 무지하게 노출되어 있는 조선의 사람들을 그린 것이다.

게일은 이러한 조선에 대해서 "한때 무식한 섬나라의 야만인들이라고 생각했던 일본인들"의 수중에 나라가 떨어지고, 황제가 축출되고 왕비도 무참히 살해되어 시신이 불태워지는 것 등을 보면서 이런 절망적인 상황 속에서 한국인들은 하늘을 쳐다보기 시작했다고 적고 있다.[11] 그러나 서양 선교사들이 "하나님이 세상을 사랑한다."거나 "여러분 하나님을 아나요?"라는 등의 말로 기독교 복음을 전하기 시작하면, 그들은 "하나님을 모르는 사람이 어딨어?"[12] 또는 "신을 모르는 사람이 어딨어? 우리를 짐승으로 아는건가?"[13]라는 말로 응대했다고 전한다. 그래서 게일은 한국인의 신앙을 소개하는 장에서 "한국인들은 신에 대하여 얘기한다. 그 신은 '하느님'으로서, 즉 유일하게 위대하신 분이다."라고 쓰고 있으며, 성서에 '태초에 어떤 분이 하늘과 땅을 창조하셨다.'라는 말이 있다고 하자 사람들은 즉시 "하느님이요?"라고 대답한다고 적고 있다. 이렇게 한국 사람들은 원래 하나님과 하늘에 대한 의식을 가지고 있었지만 서양 기독교가 그 하나님을 "보잘 것 없는 지상의 구유에 내려오시어 의지할 곳 없고 버림받은 사람들과 함께" 한 것으로 전하자 이해할 수 없어 했고, 그래서 그 이야기는 "마음을 사로잡고 신앙과 그 수락을 강요하는" 이야기가 되었다고 한다.[14] 즉 한국 사람 특히 한국 여성들에게 있어서 기독교 복음은 그들이 그때까지 알고 있던 하나님(神) 개념을 근본에서부터 흔든 것이었고, 그와 더불어 그들 삶에서 상상할 수도 없던 일들을 가능하게 하는 근거로 받아들여졌다. 예수에 대해서 소개받은 한 한국인은 자신은 항상 여자에게는 영혼이 없다고 생각해 왔는데, '천민'과 '하인'은 어떠냐고 묻자, "이 세상 모든 사람은 하나님 앞에서 평등합니다."라는 기독교 선교사의 답을 듣는다.[15] 이렇듯 한국인들에게 있어서 기독교 복음은 무엇보다도 먼저 그들의 오래된 신분 차별과 성 차별을 깰 수 있는 계기를 마련해 주었다.

서양 선교사 집에 고용되어 집안일을 맡아 하던 한 한국인 남성이 그동안 자신이 겪은 서양 사람들을 소개하기를, "지금 일곱 달쯤 지났는데요, 한 번도 남자가 여자를 때리는 걸 못 봤어요.…또 저 사람들은… 아주 조그만 일에도 거짓말을 안 해요."라고 했다.[16] 또한 존스(G.H. Jones) 선교사가 전하는 어느 한국 여성의 말은, "내가 예수를 믿기 전까지만 해도 남편과 같은 방에서 밥을 먹는다는 것은 알지도 못했지요. 남편은 사랑채에서…나는 부엌바닥에서 먹었으니까요.…화가 나거나 술에 취하면 두들겨 패는 것이 일쑤여서…남편이 예수를 믿은 후에는…사랑채에서 함께 식사하며 함께 기도하며, 내게 대한 말씨도 친절해졌고, 서로 대등한 위치에서 대화를 나눕니다."라고 하였다.[17] 기독교 복음의 전파로 한국 민중여성들의 삶이 어떻게 변화했는지를 잘 드러내 주는 대목들이다.

그때까지도 축첩의 악습이 행해지던 상황에서 기독교 복음을 받아들인 남성들은 자신의 죄를 고백하고 악습을 끊는다.[18] 당시 영국 여성 여행자 비숍도 지적했듯이, '장가야 마누라에게 갔지만 재미야 소실만한가?'라는 말은 여성들의 삶이 얼마나 비참했는지를 여실히 말해 준다.[19] 또한 기독교를 받아들이기 전까지 신분이나 혈연의 관계는 도저히 어찌 해볼 수 없는 천래의 것이라고 여겼던 한국인들은, 그래서 그때까지도 '족보'

를 두려워하며 어떻게 해서든지 그것을 마련하고자 했고, 무슨 수를 쓰든
지 양반이나 학자의 신분이 되고자 했다. 그러나 최고의 존재인 하나님이
낮고 낮은 인간의 몸으로 강림했다는 기독교의 메시지는 이들로 하여금
그러한 오래된 결박을 용기 있게 끊어내게 했고, 그래서 그러한 '자연'(性/
姓)의 속박까지도 더 이상 장애가 되거나 두려움을 줄 수 없음을 인식하게
했다.

일본의 우찌무라 간조도 자서전에서 유사하게 고백하듯이 많은 한국인
들은 기독교의 하나님을 받아들이면서 '귀신'에 대한 관심과 두려움을 극
복하게 되었다고 고백한다.[20] 여기서 귀신이란 주로 당시 무당들과 관계
된 제신들을 지시하는 것이었는데, 오늘날 포스트모던 한국 사회에서 샤
머니즘과 그 종교성이 다시 새롭게 의미화되고 있지만 당시 기독교의 인
격적 유일신은 무교의 부패한 다신 신앙을 물리칠 수 있는 계기를 마련해
주었다.[21] 많은 무당들이 기독교 신앙에 입문하였으며 다신적 귀신 숭배
를 넘어서 유일신적인 최고신과 직접 교류할 수 있는 길이 열려 있음을 배
움으로써 한국 여성들의 자아 정체성과 자기 존중감은 크게 신장되었다.

여기서 1903년 원산부흥운동에서부터 본격적으로 퍼져 나간 '회개와
중생의 체험'을 들고자 하는데, 그때까지 한국인의 종교 체험에서는 생소
했던 공개적인 죄의 자복이 하나의 집단적인 갱신 운동으로 퍼져 나갔고,
그러한 놀라운 회심의 체험을 통해서 많은 여성들의 삶이 변화하였다.[22]
"조선에서 가장 희망이 없는 도시로 간주"되던 평양에서 1886년 여름에
첫 개신교 세례신자를 배출한 한국 교회는 1908년경에는 5만여 명 신도
의 교회로 급성장했고, "오랫동안 유교에 깊이 심취되어 있었고, 생각할
수 있는 모든 신을 경배했고, 자신들의 정신적 오만함 때문에 접근할 수
조차 없었던 보수적인 한국 사람들이 슬픔과 회의 속에 잠겨 있다. 삶의
온갖 사악한 악습의 희생물이 되어 왔던 여성들은 하늘나라의 순결함을

가지게 되었다."고 관찰되었다.[23]

종교적 회개는 한 인간의 주체적 내면이 각성하면서 가능해지는 일이다. 특히 대다수의 한국 민중여성들은 그 이전의 비인간적인 대우로 인해서 자신들 인격의 주체성과 내면성에 주목할 만한 여력을 갖지 못했는데, 기독교의 유입은 그러한 한국 여성들의 인격적 주체성을 어느 다른 종교보다도 크게 신장시켰다.[24] 당시 그리스도인으로의 회심을 경험한 한국인(여성)들은 자신들의 변화에 대하여 공개적인 죄의 자복을 넘어서 구체적인 보상 행위로 실천하였고, 한층 성숙해진 도덕적 기준과 윤리적 결단을 실행하여 조혼, 노비제도, 술과 담배, 불결함 등 그때까지 전통 사회에서 죄로 인식되지 않던 일에 대해서도 높은 윤리 의식을 적용하여 사회 전체의 근대적 개혁에 중요한 역할을 하였다.[25] 최고 인격신과의 직접적인 교류를 전하는 기독교 신앙을 통해서 보다 대중적으로 근대적 자아의 삶에 다가간 한국 여성들은 나름의 고유한 방식으로 자신의 주체성을 표현하였다. 그것은 세계 기독교 선교사에서 매우 고유한 현상으로서, 예를 들어 사경회(성경공부) 교인들의 적극적인 전도 운동, 날연보―돈이나 물질 대신 시간을 바치는 헌신―로서 전도에 종사하고, 특히 복음이 들어가지 않은 다른 동네에 들어가서 전도하는 방식,[26] 빠르게 확산된 교회 자립(self-support)과 자치(self-government) 운동[27], 전도부인(Bible Woman)제도, 여선교회의 조직, 성미(誠米, 성의 있게 바친 쌀)[28]― 매 끼니 취사 때마다 한 줌씩 양식을 퍼서 담아 놓았다가 월말에 전도자의 생활비로 충당하는 것―의 실행 등이 그것이다.

미국감리회 선교사 무어(J. Z. Moore, 1874-1963)는 "다른 어떤 나라도 조선처럼 그토록 많은 사람들이 물질적인 보상도 없이 손에 손잡고, 마음과 마음으로 복음 전도의 일을 수행하는 것을 보지 못할 것"이라고 했고, 영적 갱생을 경험한 한국 여성들은 서양 선교사들에게만 의지하지 않고 "어떤 경우에는 여성들 자신이 지역 교회를 부흥케 하는 매개체"였다고 전한다.[29] 한국 선교에서 전도부인의 역할에 대한 기록은 이미 1890년대부터이고, 1916년 '여선교회'로 이름을 바꾼 여성들만의 조직에 대한 기록이 1901년에 이미 보인다. 감리교회도 1920년 전국 여선교회 연합기구를 탄생시켰으며,[30] 1931년에는 비록 외국인 선교사였지만 한국 최초 여성 목사를 배출하였다. 이상의 많은 것들과 함께 1886년 스크랜튼 여사가 세운 한국 최초의 여학교 이화학당이나 지방 미션 학교의 효시인 평양의 정의여학교(1894) 등, 굳이 한국 근대 여성 교육의 전개를 들지 않더라도 기독교의 유입을 통한 한국 여성들의 삶의 변화는 지대한 것이었다. 그것은 가히 "혁명 기간"이었다고 할 만하며, "어제의 원시에서 오늘의 근대를 목격"하는 것과 같다고 표현되었다.[31]

2) 근대 기독교의 한계와 유교 전통

그러나 이러한 모든 획기적인 변화에도 불구하고, 한국 사회에서의 기독교 유입은 이미 아시아의 핵심 종교 전통들이 뿌리 내려진 곳에서 이루어진 것이므로, 이런 모든 변화들을 단순히 기독교의 유입만으로 설명할 수는 없다고 본다. 또한 한국 여성들의 근대적 주체성의 형성과 관련하여서도 기독교의 역할을 다각도로 살펴보아야 한다.

근대 기독교가 한국 여성들의 건강한 주체성 형성에 부정적인 영향을 끼친 부분은 특히 민족의 독립과 관련된 부분이다. 처음 조선왕조에 천주교가 전래되었을 때 교회가 왕권에는 관심이 없다는 사실이 알려지기까지 심한 박해를 받았기 때문이라고 할 수 있지만, 개신교 전래 초기에도 "개종자들은 나라가 파멸하는 데 무관심한 것 같았으며, 따라서 애국과는 동떨어진 것이었다. 교회는 끝까지 일본이나 일본인을 적대시하지는 않았다. 그것은 옳은 일이 아니었다. 그들에 찬동하거나 반대하지 않는 미온적인 태도는 한국의 살아 있는 영혼들로부터 경멸을 받았다."라고 보고되고 있다.[32] 물론 기독여성들도 민족의 일원으로서 일본의 침략과 지배에 분노를 느꼈고, 그래서 근대에 들어와서 여성들이 국난에 대처하기 위해 모였던 '국채보상운동'에서 기독여성 부인들로 조직된 4개 단체가 31%를 차지하기도 했다. 또한 기독인사 16인이 선언서의 서명 날인에 동참한 3·1독립운동에서 유관순을 비롯한 기독여성 청년들의 활약이 컸던 것도 사실이다. 그러나 일본의 식민 지배가 더 악화되자 당시 사회의 대표적 여성 지도자들이었던 기독여성 지도자들이 친일 선동가로 나서면서 민중들을 더 큰 고통으로 몰고 갔고, 이것은 해방 후 기독교인 대통령 이승만 정권 시절에도 유지되었다. 지난 박정희 정권하의 대표적 여성 민주 인사였던 이우정 교수는 저서 『한국기독교여성 백년의 발자취』에서, 주로 미국 선교사들에게 복음을 전파받았고, 미선계 학교에서 교육을 받으며 성장한 기독교 지도자들이 "복음 자체와 복음의 전달자와 그들의 문화를 분리시켜서 생각하지 못했던" 미성숙에 대해서 비판한다.[33] 이러한 평가는 오늘에도 이어져서 당시 일본 당국에게 학교를 빼앗길 수 없다는 일념으로 친일을 할 수 밖에 없었다고 주장하는 김활란에 대해서 "여기서 눈에 띄는 것은 그 맹목성이 그녀의 기독교 신앙과 무관하지 않다는 점이다."라고 지적되었다.[34] 당시 한국 기독 여성들의 신앙과 민족의식 사이의 갈등을 말하는 것이다.

잘 알려져 있다시피 한국에 들어온 초기 서양 선교사들의 신앙관은 청교도 신앙과 경건주의, 복음주의 등으로 선교지의 토착 신앙에 대해서 대부분 배타적이었다. 그들은 서구 기독교 문명과 복음 자체를 거의 동일시하며 한국의 토착 종교와 문화보다 절대적이고 우월한 가치와 권위를 요구했다. 이러한 신앙관은 그대로 한국 기독인들에게 전달되어 일본 식민지 지배에 이어서 결국 또 하나의 식민 세력이 되었다.[35] 이때 시작된 한국 교회와 문화의 서구 종속화는 현대의 한국 여성들이 성 해방과 평등을 위해서 서구 페미니즘과 관계 맺으면서도 그대로 지속된다는 것이 필자의 관점이다. 한국의 많은 페미니스트들은 한국 반식민지 민족주의의 가부장성을 통렬히 비판하면서 민족을 '상상의 공동체'로 해체시키고, '민족'보다 '성'(性) 담론의 보편성을 강조한다. 그래서 한국의 문화적 종교적 전통과 관계 맺는 것을 원치 않고 서구 근대의 자아관에 집중한다. 하지만 이들이 외국에서 '이민자'의 처지가 될 경우는 국가와 민족에 대한 사고가 이와 많이 다르게 나타난다.[36] 그리하여 이민자로 해외에 나가 있으면서 자신의 '고국'에 대한 '갈망'과 '사랑'을 표현하고, 이러한 관심에서 예를 들어 일본 식민지 시대나 해방 후 독재정권 시대에 대한 '치유'(redemption)나 '용서'(forgiveness), '한'(ressentiment)의 회복 등을 이야기하지만, 여기서 이들이 제안하는 치유와 구원의 방식은 여전히 서구 기독교로부터의 구원을 말하는 방식이다.[37] 하지만 이렇게 서구에 이민자로 가 있으면서 거기서 한인 여성들이 제안하는 기독교적 대안은 그 안에 큰 한계와 딜레마를 내포하고 있다. 왜냐하면 바로 그들 자신이 그들의 일상에서 힘없는 이민자로서 기독교 문명국인 이민국에서 소외와 억압을 겪고 있기 때문이다. 즉 그들은 현재의 현실적인 소외에도 불구하고 그 기독교를 궁극적인 치유자로 삼고 있기 때문에 거기서 느끼는 딜레마와 분열이 크다는 것이다. 그래서 이 딜레마에 대한 의식을 피하기 위해서 그것을 무의식 안으로 집어넣으면서 감정을 왜곡하거나, 아니면 예전 버지니아 공대 총기 난사 사건의 조승희 군 경우처럼 극단적인 경우 아주 파괴적으로 폭발할 수 있다.[38]

결국 페미니스트들에게도 '민족'과 '(문화적) 전통'과의 관계 물음은 피할 수 없는 주제라는 것이 드러나는데, 특히 오늘날과 같이 세계화가 더욱더 가속화 되어 가는 상황에서 이 물음은 회피할 수 없다. 많이 회자 되듯이 미국 내 한인 기독교회의 보수성은 유명하다. 한인 이민자의 70% 이상이 교회에 나갈 정도로, 미국 내 한국 기독교회들의 역할은 단순히 종교적이고 신앙적 차원에서만이 아니라 그것을 넘어서 삶의 구심점 역할을 한다. 그러므로 그 교회가 교회 밖의 변화하는 세계와 이웃 종교와 문화전통에 대해서 배타적일 경우 그 해악이 매우 크고 광범위함을 알 수 있다. 90년대 미국 내 한인 이민 1세대 여성들의 삶에 있어서 교회 생활의 영향력을 탐색한 김애라(KIM AiRa)의 연구를 보면, 한인 교회가 이민사회에서 한인 여성들의 건강한 자아 형성과 적응에 도움을 주고 있지 못하다. 그녀의 관찰에 따르면 한국 교회의 보수성에 저항하는 여성일수록 이중성과 자기 분열, 혼돈 속에서 살아간다.[39] 물론 여기서 김애라의 연구는 주로 한국 교회의 가부장적 보수성에 맞추어서 행해진 것이지만, 필자는 한국 교회의 가부장적 보수성이 기독교 밖의 종교와 문화적 전통에 대한 보수성과 배타성과도 연결된다고 본다. 따라서 그러한 한인 교회는 여성들이 오히려 자신의 문화적 전통과 건강하게 관계 맺을 수 있는 기회를 차단하므로 이중, 삼중의 자기 부정과 분열을 조장한다고 보는 것이다.

이러한 한국 기독교의 위해적 모습은 이미 그 유입 초기에도 지적되었다. 외국선교사들에 대한 철저한 순종과 자기 희생과 더불어 개종 이전의 삶을 온전히 무가치한 것으로 부정해야 했던 전도부인의 의식에서도 이러한 회한과 자기소외를 볼 수 있다.[40] 예를 들어 한국 최초 여류 화가 나혜석(1896-1949)이나 최초 여류작가 김명순(1900-1951?), 한국 최초 여성 편집인 김일엽(1896-1970) 등이 어린 시절부터 부모의 영향이나 교육으로 근대 여성으로서 주체성 자각에서 기독교의 영향을 받았지만, 나중에는 그들 모두 그 신앙이나 공동체에서 소원해졌고 파국적이고 분열적인 삶을 맞이하였다. 목사의 딸이었던 김일엽은 나중에 불교에 귀의했다.

21세기 오늘날 한국 교회도 여러 가지 파행적 모습을 드러낸다. 신자유주의의 높은 파도 속에서 허우적대는 한국 민중과 여성들에게 교회는 오히려 신자유주의 무한경쟁주의와 경제환원주의의 최고 추종자로 보인다. 오늘날 "강남형 대형교회"가 계속 회자되고, "한국 교회는 아무리 시골구석에 위치한 작은 교회라도 '미국산 복음'(Gospel made in USA)에 흠뻑 빠져 있다."고[41] 지적받을 정도로 물질적 세속주의와 자본주의에 물들어 있다. 여기서 교회 구성원의 70%를 차지하는 여성 신자들은 "패스트푸드적" 종교 서비스에 만족하며 철저히 사적 인간으로 살아간다. 이것은 더 "세련된" 자기 소외라고 할 수 있으며, 인간 공동체의 공적 영역이 사라지고 대신에 소수의 사적 이익을 위한 수단만이 남은 모습이다. 그리하여 과거 공(公)과 사(私)의 대립에서 우선 공을 내세웠고, 의(義)와 이(利)의 대립에서 인간다운 사생취의(捨生取義)를 강조하였으며, 학식이나 (좁은 의미의) 종교적 비의 대신에 보편적 인격의 수양과 덕의 완성을 최고의 가치로 여겼던 유교 전통을 다시 되돌아보게 된다. 비록 조선 말의 왜곡과 오류를 겪지 않은 것이 아니지만, 그 유교 전통의 이상은 우리 삶의 구체적이고 실천적인 영역(身·家·國·天下)에서 도를 이루려는 것이고, 그 일을 위해서 개개인의 도덕적 수행을 큰 가치로 여겼기 때문이다. 기독교 문명이 20세기 초반 물질문명의 뛰어난 성과와 신분 타파와 성 해방의 기치를 가지고 한국 여성들을 해방시키는 데 지대한 역할을 했으며, 그래서 오늘날 한국 여성 리더십을 말할 수 있게 되었지만, 한편으로 오늘날 한국 교회와 여성들의 삶에서 위에서 지적한 것과 같은 한계가 보인다면 우리는 그 기독교의 이름으로 거부했던 유교 전통을 다시 검토해 보아야 한다. 그리하여 오늘의 한국 여성들이 있기까지 핵심적인 역할을 한 유교 전통이 앞으로의 바람직한 한국 여성 리더십 형성에 있어서 어떤 역할을 할 수 있을지를 알아보고자 한다.

3. 유교 전통의 삶에서 영근 한국 여성들의 '살림'(생명)리더십

1) 유교 전통과 페미니즘

한국 여성사가 장병인이 잘 지적한 대로 유교 전통의 조선 시대에 대한 한국 사회의 인식은 아직까지도 식민사관 극복이라는 과제를 안고서 '유교 망국론', '양반 망국론'이라는 명제를 벗어나지 못하고 있다. 이것은 조선 시대 여성사를 연구하는 데 있어서도 크게 다르지 않다.[42] 특히 서구 근대 페미니즘의 영향 아래 있는 조선 시대 여성사 연구의 주류적인 시각은 여전히 한국 여성의 지위는 조선 사회에서 유교 성리학의 도입과 정착으로 비관적으로 저하되었다고 본다.[43] 이러한 인식의 한국 여성사 이해는 여성들을 주로 역사나 민족적 삶의 피해자와 희생자로 파악하는 관점이다. 이 관점은 예를 들어 70년대 박정희 체제 아래 조국 근대화의 담론 속에서 전통 여성(조선여성)에 대한 이야기가 당시 6-70년대 여성들을 동원하고 통제하기 위해서 어떻게 재생산되었는지 등을 밝혀 주지만,[44] 그러한 정치·사회적 시각은 단편적이고 천편일률적이 되기 쉬워서 그럼에도 불구하고 거기에 실제로 존재했고, 살았으며, 선택하고 행위했던 여성들의 실제성을 무화시켜 버릴 수 있다. 6-70년대 한국의 근대화 과정에서 '공장의 노동자'로서, 가정의 '주부'로서 살아온 여성들도 단지 가부장적 '조국 근대화' 이데올로기에 의해 희생된 타자이기만 했냐 하면 그렇지 않다는 것이다. 이와 마찬가지로 가부장적 유교 전통의 조선 여성들이 단지 '희생자'였고, '피해자'였기만 한 것이 아니라 그들도 나름의 조건과 공간에서 또 하나의 '주체'였다는 사실이다. 이미 스피박(G. Spivak)이나 차테르지(P. Chatterjee), 바바(H. Bhabba) 등의 '하위주체'(Subaltern) 연구가들이 지적한 대로, 이들의 삶과 거기서부터 얻어진 경험들은 서구 근대 페미니즘의 좁은 성적 주체성의 축을 넘어서 민족이나 계급, 공간성 등 보다 다양한 정체성의 축들과 연결하여 이해할 때 훨씬 더 '실제적'(real)이 된다는 것이다. 즉 역사나 민족의 단순한 희생자나 타자가 아니라 나름의 방식과 공간에서 또 하나의 '주체'로서―비록 '하위주체'로 이름지어진다 하더라도―살아온 사람들로 보아야 한다는 것이다. 그렇게 조선 시대 유교 여성들을 보았을 때 비로소 한국 여성들의 '과거'나 '전통'이 오늘의 한국 여성들에게 단지 폐기되고 부정해야 하는 '반(反)동일화'의 대상이 되는 것을 멈출 수 있다는 것이다. 페미니즘도 궁극적으로 지향하는 '진정한 자아'(authentic self)란 결코 자신의 과거를 배제하거나 거부해서는 이를 수 없는 길이므로 다른 방식의 관계 맺음을 요청하는데, 여기서 전면적인 '동일화'나 '반동일화'가 아닌 '비동일화'(disidentification)를 이야기할 수 있다.[45] 과거와 전통과의 비동일화란 주관적인 동일화나 함몰을 넘어서서 또는 지금까지의 망각이나 거부 또는 단편적인 기억을 넘어서 다시 한 번 의식적으로, 그러나 보다 '공평무사한'(disinterested) 시선으로 그것에 관여하는 일이다. 이것은 일찍이 발터 벤냐민이나 레이몽 윌리암스가 그때까지 근대화에 의해서 타자화되거나 거부되었던 '공동체'라든가 '고향' 등의 기억을 다시 역사로 의식화해서 종래의 전근대/근대, 타자/주체, 야만/문명, 정신/물질 등의 이분법을 극복하고 근대의 폭력을 치유할 근거를 찾고자 노력한 것과 유사하다고 할 수 있다.[46] 또한 앞의 하위 주체 연구자들이 하위 주체의 다양한 이질성을 하나의 보편적인 정체성으로 동일화하고 환원시키는 것을 거부하면서 그 이질성을 바탕으로 해서 새로운 비서구적 근대화의 길을 모색하는 것도 맥을 같이 한다고 하겠다.[47] 필자는 그렇게 될 때 거기에서 지금까지 알아보지 못했던 생명과 삶의 보다 더 근원적인 기원을 발견할 수 있고, 이 기원에서 서구적 페미니즘과 더불어 근대화된 한국 여성들과 문화가 오늘날 다시 직면해 있는 근대적 삶의 모

순들을 치유할 수 있다고 본다.[48]

　서구 근대적 페미니즘은 여성들에게 진정한 자아의 회복을 약속했다. 그러나 오늘 우리가 경험하듯이 페미니즘도 포함하여 서구적 근대화 기제의 한계와 반생명성이 점점 더 노정되고 있다. 서구적 페미니즘으로 여성들이 '가정'에서 해방되었고, 몸과 성의 해방을 이루었다고 하지만, 반대로 이제 여성들조차도 모두 임금 노동자로 내몰려 혹독하게 신자유주의의 제국주의적 착취에 노출되어 있으며, 모든 문화의 '성애화'(sexualization)로 여성들의 몸은 더욱 무차별적으로 '여성적'(feminine)으로 치장되어 시장에 내몰리고 있다. 필자의 한국 유교 전통과의 대화는 바로 이러한 상황과의 대면에서 나온 것이다. 그것은 '근대적'(여)성 해방이 처해 있는 위기 상황을 전복하기 위해서 전통에서 '비근대'의 요소를 찾아내어 새로운 차원의 주체성의 해방(성숙)을 도모하려는 것이다. 그것은 '서구적' 근대성의 페미니즘 대신 '한국적' 페미니즘을 모색하려는 일과 다르지 않다. 여기서 필자는 이러한 한국적 페미니즘을 구축하려는 노력을 결코 "자기 중심의 보편주의"로 오해해서는 안 되고,[49] 오히려 그것은 "식민지 근대성의 질곡 속에서 한국 여성의 저항적 차이의 공간이 과연 어떻게 구축되고 있는가라는 물음"[50]에서 나온 보다 전개된 주체의식의 시도라고 주장하고자 한다. 왜냐하면 동아시아의 샤머니즘적 전통과 밀접하게 연결되어 있는 유교 전통이야말로 지금까지 한국 여성들의 삶에 가장 주도적으로 영향을 끼친 전통이고, 그래서 서구 근대화가 '전(前)근대화'로 가장 핵심적으로 배제하고 거부해 온 전통이므로 여기에서 한국 여성의 저항적 '비근대' 공간을 찾는 일이야말로 가장 고유하게, 진정으로 탈식민지적으로 '비서구적', '동아시아적' 페미니스트 주체성을 도모하는 길이라고 보기 때문이다.

2) 유교 전통의 세간적(世間的) 종교성

일반적으로 여성들에게 가장 적대적이었다고 여겨지는 유교 전통 속에서 필자가 서구적 근대 여성 주체성과는 다른 한국적 여성주체성을 구축하기 위해 주목하는 '비근대성'은 그의 '세간적 종교성'(seeular religiosity)이다. '궁극'과 '근원'(宗)에 관한 가르침(敎)이라는 뜻을 가지는 '종교'는 페미니즘을 포함한 서구 근대가 가장 배척해온 것 중 하나이지만, 필자는 우리 삶의 종교적 차원을 회복하는 일이야말로 근본적으로 비근대성을 확보하는 길이라고 여긴다. 그러나 여기서 주의할 일은 다시 '성'(聖 the sacred)과 '속'(俗 the profane)의 차원을 실체론적으로 과격하게 나누는 종래의 방식이 아니라 속 안에서 성을 보고, 가장 적게 종교적이면서도 가장 실천적으로 초월과 궁극을 지시하는 방식인 '세간적' 종교성의 방식을 말하는 것이다. 오늘날 세속사회(a secular age)에서 의미를 줄 수 있는 종교성은 바로 그러한 종교성이고,[51] '인간은 누구나 배움(學)을 통해 성인이 될 수 있다.'(學以至聖人之道)는 가르침을 핵심 도로 삼는 유교야말로 바로 그러한 경우라고 생각한다.[52] 전통의 상제(上帝)나 주술적인 (귀)신의 종교적인 의식을 '천'(天)이나 '천명'(天命) 또는 '인'(仁)이나 '덕'(德) 등의 인간론적인 개념으로 존재론화하고 인간화한 공자를 따라서 맹자가 그의 「진심장(盡心章)」에서 밝힌 다음과 같은 고백이 유교의 세간적 종교성을 뛰어나게 표현해 주고 있다고 본다.

"그 마음을 다하는 자는 (자신의) (본)성을 알 것이니, (자신의) 본성을 아는 일은 하늘을 아는 일이다. 그 마음을 보존하고 (본)성(性)을 닦는 것이 하늘을 섬기는 일이요, 요절과 장수는 서로 다른 것이 아니니, 몸을 닦아 기다림은 곧 명(命)을 세우는 일이다."

여기서 하늘(天)은 곧 나의 인간성의 본성(性)으로 내재해 계시고, 또 그 본성은 어느 먼 곳에 있는 것이 아니라 나의 '마음'과 '몸'의 모든 표현 속에 드러나는 이라는 것을 잘 지시해 준다. 그래서 사람의 본분(命)이란 이러한 내재적 초월에 대한 신앙을 가지고 생사를 초월하여 지금 여기서 충실히 살아가는 일이라고 밝힌 것이다. 필자는 이러한 유교적 종교성을 "일상의 모든 삶을 성(聖)으로 승화시키는 힘"이라고 명명하였고, 조선 시대의 심도 깊은 유교적 예화(禮化)의 과정이야말로 이러한 유교적 세간의 종교성이 참으로 진정성 있게 꽃핀 모범이라고 보았다.[53] 유교의 길은 일상의 삶에서 초월을 실현하려는 시도였기 때문에 불교나 도교, 또는 서구의 기독교처럼 일상과 속(俗)과 구별되는 성직자 그룹을 따로 두지 않는다. 또한 삶의 모든 일 속에서 도를 실천하려는 구도였으므로 '학'(學)이 곧 종교가 되었고, 정치의 일이 곧 '성인'(聖人)이 되고자 하는 길이다. 이렇게 학이나 정치 등의 '누구나'의, '모든 사람'의 보편적인 일상적 삶이 곧 '의미 추구'(초월성)의 관건이 되므로 유교 전통에서의 자아 의식은 매우 신장되었음을 알 수 있고, 조선 시대(구한말)서구적 주체성의 종교인 기독교(특히 개신교)의 유입은 바로 이러한 유교적 토대 위에서 이루어진 일임을 유의할 필요가 있다.

이숙인은 『논어』의 '능근취비'(能近取譬, 가까운 것을 들어서 다른 사람의 요구를 이해하는 법)의 이야기를 들어서 공자도 자기욕구를 강하게 가진 사람이야말로 진정으로 공동체적인 인간이 될 수 있다고 지적한 것을 상기시킨다.[54] 유교의 도는 인간의 욕망과 개체의 의지를 무조건 억누르거나 부정하는 것이 아니라 오히려 잘 살고 싶고 인간다운 대접을 받고자 하는 스스로의 마음을 잘 미루어서 타인의 상황을 짐작한다고 한다. 그래서 거기서 자신의 잘못된 욕망을 극복하고 다시 인간다운 관계를 회복하며(克己復禮), 자신의 선한 의지를 북돋아서 사람들을 편안하게 하기를 원한다(修己安人). 이렇

게 유교 종교성은 초월성을 인간주체의 가장 보편적인 욕구(性)나 직관력
(知), 감정(情) 또는 의지(意) 등으로 표현하고, 그것을 잘 육성해서 궁극에게
이르려고 하는 지향이기 때문에(求仁成聖), 세간적 유교 종교성이 과거 역사
에서 남존여비적으로 실행되었다 하더라도 오늘날에는 아주 적실하게 여
성들의 주체성 형성에도 기여할 수 있다고 본다. 즉 유교는 불교나 기독
교와는 달리 여성들을 오늘날의 페미니즘 시대에도 여전히 존재론적으로
소외시킬 수 있는 성직 제도를 따로 두지 않는다는 것인데, 그보다는 지
금까지 인류의 삶에서 '배움'과 '학'이라는 가장 보편적인(common) 인간의
일을 초월성의 차원과 연결시킨다. 따라서 이제 인류의 삶에서 과거 가부
장주의 사회에서의 성 차별과 남존여비의 실행을 더 이상 유효한 것으로
보지 않고, 그러한 실행들을 과거 인류적 삶의 생존적 정황들이 야기한 역
사적 한계로 보면서 거기서 자유로워지면 유교 전통에서 오늘 우리 삶에
도 여전히 유효하고[55] 더 나아가 이 시대가 더욱 긴급하게 요청하는 가치
를 발견할 수 있다는 것이다. 세간적 종교성의 유교적 성인지도(聖人之道)는
주체성의 차원을 놓치지 않으면서도 오늘 우리 시대가 절실히 요청하는
'간(間)주관성의 차원'을 어떤 다른 종교 전통보다도 핵심으로 가르치기
때문이다.

비록 삼강오륜과 남존여비적 실행이었다 하더라도 삶의 모든 영역에
서 의리(義理)적 의식의 실현을 추구했던 유교의 성인지도는 그것을 통해
서 여성들의 주체의식도 향상시켰음을 부인할 수 없다. 한국사 연구는 16
세기 말부터 17세기 중엽에 걸친 왜란과 호란 이후 양반 관료 체제의 구
열(龜裂)과 실학의 태동, 새로운 서민적 사회 기풍과 더불어 성행한 서민문
학과 예술에 대해서 지적한다. 이러한 새로운 기풍의 등장은 여성들의 삶
에도 많은 자극과 영향을 주어서 특히 18세기 이후에 그동안 학문과 글의
세계에서 소외되어 있던 여성들의 등장을 촉진시켰고 – 조선 중기의 신

사임당이나 허난설헌을 필두로 18세기의 임윤지당(任允摯堂), 서영수각(徐令壽閣), 『계축일기』, 『인현왕후전』, 『한중록』 등 – 그를 통해서 조선 유교 여성들의 자의식이 분출되는 과정을 볼 수 있다.[56] 또한 그 성 차별성에도 불구하고 여성들에게 부과되던 부덕의 도도 인간 자의식과 주체의식의 실천장으로 보아서 이러한 덕과 예의 실행을 통해서 조선 여성들의 자의식이 신장되었다고 본다.[57]

이향만은 그의 「천주교 수용과 여성의 근대 의식」에서 한국에서의 천주교 전교가 남인 소장학자들의 가계를 중심으로 해서 이루어진 것은 "전통적으로 가계 안에서 가치관을 전습하는 유교 전통"에서 자연스러운 일이었고, 남인 양반들의 자매와 부인들, 자녀들이 점차 입교하게 된 것은 "유교 사회 양반 부인들의 지적인 수준과 자녀들에 대해 갖고 있었던 도덕적 교육관에 힘입어…자연스럽게 진행" 된 것이라고 지적한다.[58] 이러한 지적은 여성들에게도 유교 전통의 시간이 단지 억압의 시간만이 아니었고, 앞에서도 지적했지만 학(學)과 배움을 중시하는 유교 세간적 종교성이 점차 여성들에게도 식자력을 확대하고 증진하여 새로운 사상의 적극적인 수용자와 전달자로 만들었고, 그리하여 선교의 실질적인 중심체가 되게 했다는 것을 보여 준다. 당시 양반 부녀였던 강완숙(姜完淑, 1761-1801)의 집은 주문모 신부가 거처하면서 천주교 신앙과 선교의 중심지가 되었고, 그 뒤를 이어 한신애(韓信愛, ?-1801) 등 양반 부녀들은 교회 안에서 중요한 역할을 담당하며 신분 의식의 변화를 크게 주도하였다.[59] 여기서 더욱 특기할 만한 사항은 가톨릭 여성사학가 김옥희가 밝힌 대로 초기 한국 천주교의 대표적 인물인 이벽(李檗)의 아내이며, 권철신(權哲身)의 질녀였던 류한당 권씨(柳閑堂權氏)가 이승훈이 북경에서 가져온 천주교의 대표 서적인 『천주실의(天主實義)』, 『칠극(七克)』, 『천학초함(天學初函)』 등을 번역했다는 사실이다.[60] 그녀는 또한 이러한 교과서 번역 외에 『언행실록』이라는 여교훈서를 지어서 당시 여신도들을 구체적으로 계몽하였는데, 이 『언행실록』은 그때까지의 전통적인 유교 여교훈서의 부덕을 천주신앙과 그에 근거한 여성들의 인격적 자각을 바탕으로 새롭게 해석한 것으로 여겨진다.[61] 이 것은 조선에서 그때부터 본격화된 서구 문화의 토착화 작업에서 여성들이 단지 수동적으로만 머물러 있지 않았다는 것을 보여주고, 특히 그때까지 남성들의 전유물이었던 식자력을 통한 참여라는 점에서 유교 전통의 고유한 기여라고 필자는 평가한다. 그 당시 유교 여성들이 보여 주었던 또 하나 주체적인 토착화의 예는 결혼하여 부부로 살아가지만 교회 앞에서 동정의 삶을 살 것을 서원하고 부부로서 자신들을 온전히 하나님과 교리 공동체에 헌신한 경우를 들 수 있다. 당시 양반인 유중철(柳重哲)과 사대부 가문의 이순이(李順伊, 루갈다) 등이 서원한 동정부부의 삶은 유교 통념상 받아들여지지 않던 동정의 삶을 가능케 하면서 많은 경우 후사를 위한 도구로 전락한 여성의 삶에 새로운 차원을 연 것으로 평가할 수 있다.[62]

이상에서 보이는 유교 전통의 문명적 의식은 당시 개신교 선교사들의 한국 사회 내러티브들을 통해서도 종종 드러난다. 앞에서 여러 차례 참조한 구한말 선교사 게일은 조선을 "대나무로 된 붓이 특산품"이 된 "학문을 숭배하는 나라"로 소개하고 있다. 전국 방방곡곡에 서당이 있고, "학문에 따르는 찬사의 아주 조그만 부분조차도 함께 나누려는 바람으로" 그 서당과 같은 의미의 '서방'(書房, 글 배우는 곳 또는 사람)이라는 칭호(박서방, 곽서방 등)로 전국의 모든 사람들이 불리고 있다고 아주 흥미롭게 설명한다.[63] 그는 당시 이미 '한글'에 대해서 경탄하면서 "이 세계에서 가장 간단"한 언어는 "너무 쉬웠기 때문에 쓰여지지도 않고 멸시만 당했"지만, "하느님의 신비로운 섭리로 신약성서와 다른 기독교 서적을 위해 준비된 채 자기의 날이 오기를 기다리고 있었다."고 적고 있다.[64] 자신이 이 신약성서의 번역에 참여하게 된 것을 "가장 선택된 은총"으로 여기고, 한국인들이 당시 쓰던 한문, 국한문 혼용, 언문 등으로 "중국이나 인도에서 아마 천 명 가운데 한 사람이 읽을 수 있는데 비한다면 조선에서의 읽기는 거의 보편적이다."라고 쓰고 있다.[65] 게일은 한국인들을 신약성서 요한복음 3장에서의 유대 지도자 니고데모와 같은 사람이라고 비유한다. 니고데모는 바리새파 지도자로서 하나님의 나라를 간구하면서 예수에게 주목하지만 낮에 찾아오면 체면을 잃을까 봐 밤에 찾아와서 예수를 하나님으로부터 온 "선생님"으로 고백하고, 그를 따르려는 준비가 되어 있음을 밝혔다. 그렇게 한국 사람들도 "특별한 헌신의 장소"로서 "이들 국민의 친절함, 높은 도덕심 그리고 그들 자신의 역사에서 부족했던 것임에도 불구하고 정의의 원칙을 지키려는 노력은 복음의 부흥을 위한 준비"라고 해석한다.[66]

게일은 거의 4반세기 동안 한국인들과 같이 살았던 사람의 맹세라고 하면서 "한국인들보다 더 점잖고 친절한 민족은 없다."고 고백한다.[67] 하지만 그는 또 한국이 " '얼굴' 의 상실과 더불어 파멸해 가고 있다."는 것도 지적하면서 체면치레와 '얼굴' 의 상실을 어떠한 파멸보다도 더 치욕스럽게 여기는 한국인들의 특성을 지적했다.[68] 또한 "서구인들은 그렇게 흐릿하게 이해하던 위대한 희생의 법칙이 한국에서는 흔히 알려져 있다."고 하면서[69] 조선을 하늘이 예비한 "전반구(全半球)를 돌리기 위한 축으로 사용되고 있음이 분명하다."라고 선언한다.[70] 필자는 당시 서구의 한 젊은 이가 조선이 아직 서구 세계의 세례를 본격적으로 받기 이전의 시기(1888년 2월)에 들어와서 관찰한 이 같은 내용들은 많은 것들을 시사하고 있다고 생각한다. 그리고 그것을 우리가 지금까지 업신여기고 잃어버렸던 유교 전통의 좋은 유산들이라고 이해한다. 조선 유교인들의 초월의식은 서양인들의 '하나님' 의식에 비하면 분명하지 않다고 평가할 수 있고, 또한 조선 유교 여성들의 자기 희생의 삶이 한없이 비주체적으로 보이기도 하지만, 공(公)과 사(私), 의(義)와 이(利)의 갈등 속에서 공과 의를 내세우는 그들의 의리 의식, 가족적 삶의 세간적 영역에서 지극하게 수행해 온 효(孝)와 '봉제사 접빈객'(奉祭祀 接賓客)의 실천 속에 참으로 진정성 있게 표현되어 왔다고 본다. 이러한 효의 실행에 대해 "신의 섭리가 없이도 부모를 신성한 존재로 여기는 데에는 숭고하고도 활기찬 어떤 의미가 존재하고 있다."는 지적을 받았다.[71] 또한 구한말 영국의 여성 여행가 비숍 여사가 와서 조선에 여관 등의 여행자를 위한 숙박시설이 없는 것을 보고 의아해했다가 그 이유가 조선 사회는 접빈객의 예절이 지극하기 때문에 그러한 시설이 따로 필요 없었기 때문이라는 것을 알게 되었다고 한 기록은 한국 여성들의 봉제사와 접빈객의 실천이 어느 정도였는지를 잘 드러내 준다.[72] 우리 나라 전통 종가의 종부 연구에서 한 종부의 접빈객의 예를 보면, 그녀는 안채에 있는 작은 문구멍을 통해 사랑채에 머무는 손님의 체구를 미리 가늠해 두었다가 떠날 때 그의 발에 맞는 버선을 내놓았다는 이야기가 있는데, 이것은 조선의 유교 여성들이 유교 윤리의 단순한 희생자가 아니라 간주관성 관계 윤리의 뛰어난 수행자들이었음을 보여 준다.[73]

필자는 이것을 유교 역사가 큰 효도의 모범과 "큰 지혜"(大智)로 칭송하는 순 임금의 '사기종인'(舍己從人)의 덕과 같은 맥락에서 이해해야 한다고 본다. 맹자는 공자의 제자 자로와 우(禹), 그리고 순(舜)의 경우를 들어서 "자로는 사람들이 그에게 허물이 있다고 말해 주면 기뻐하셨다. 우 임금은 선한 말을 들으면 절을 하셨다. 대순(大舜)은 그보다도 위대함이 있었으니, 선을 남과 함께 하여 자신을 버리고 남을 따르며, 남에게서 취하여 선을 행하는 것을 좋아하셨다."라고 하였다.[74] 같은 유교 국가들 중에서도 『효경』 공부를 특히 중시하는 전통을 가지고 있는 조선의 유교 여성들이 매일의 삶에서 체득한 덕이 바로 이러한 '사기종인'의 덕과 다르지 않다고 하겠다. 그것은 자칫 현대의 개인주의적 시각에서 자기 없음의 굴종과 자기 비하로 여겨질 수 있고, 또한 그러한 측면을 가지고 있음을 부정할 수 없지만, 그러나 유교 전통이 자신을 넘어선 타자의 인정과 세계와 역사의 소여에 대한 공적 감각과 삶의 간주체성을 끊임없이 가르쳐 왔음을 보게 된다.

퇴계 선생은 인간의 일이란 "인(仁)을 구하는"(求仁) 종신사업이며, 인을 구하여서 성인됨을 이루고자 하는 긴 여정(求仁成聖)이라고 밝혔다.[75] 이렇게 인을 통해서 참된 인간성을 이루고, 인간다운 세상, 사람 사는 세상을 이루려는 조선 유교의 가르침은 세대를 거쳐서 영향을 주었고, 여성들의 삶도 그 영향에서 벗어나지 않았다. 이 구인성성(求仁成聖)의 가르침이 그의 「성학십도(聖學十圖)」'서명도'(西銘圖)에 나타나는 대로 퇴계 선생은 유교 성학(聖學) 공부의 궁극점인 만물일체가 바로 인을 구하는 측은의 공부와 보살핌과 배려의 공부를 통해서라는 것을 지적하였다. 이 공부를 통해서 "세상을 자기 마음대로 보는 병통"(認物爲己之病)도 없어진다고 하였다.[76]그러므로 이러한 성학 공부의 영향 아래에 있던 조선 유교 여성들의 어머니로서, 또한 종부로서의 삶을 "지배층 남성의 이념을 내면화하여 스스로 그 모범이 되었던… (그래서) 밝혀지지 않은 수많은 여성들에 대한 억압을 정당화하는 빌미가 될 수도 있는… 명망 있는 사족녀"의 그것이라고 단순히 평가할 수 없다고 본다.[77] 또한 이러한 유교 전통 속에서 강인한 어머니와 종부의 삶을 살아온 여성들에 대해서 "유교 문화에서 남성은 명분의 세계에서 서로 명분 확보를 위해 싸워 나가는 과정에서 자신의 정체성을 확인했다면, 여성은 남성이 부여해 준 명분의 틀 안에서 가족의 이익을 확보해 나가는 과정에서 자신의 정체성을 확인하고 있다는 의미이다."라고 오늘의 시각에서만 보고 좁게 결론지어서도 안 된다고 생각한다.[78] 조선 후기 순조 32년까지 살았던 여성 선비 강정일당(姜靜一堂, 1772~1832)의 삶에서도 뚜렷이 보듯이 유교 전통의 삶에서 명분과 실리가 충돌할 때 오히려 부인들이 남편들을 일깨운 경우가 허다했고,[79] – 비록 잘 드러나지 않거나 기록되지 않았다 하더라도 – 그러므로 여성들은 항상 실리를 쫓았다는 이원론으로 유교 여성들의 주체성과 삶의 의미 추구를 폄하해서는 안된다고 보는 것이다.

장병인이나 김미영의 조선 유교 여성 연구는 지금까지 대부분의 현대 페미니스트 여성 연구처럼 조선 여성들을 단지 희생과 억압의 시각에서만 보지 않는다는 점에서 큰 의미를 가지지만, 그들도 역시 유교 성학의 '종교성'의 차원을 보지 못했다는 점에서 여전히 현대주의에 경도되어 있는 것으로 보인다. 그러나 오늘날 점차 더 다양하게 진행되는 종부 연구나 조선 시대 미시사 연구는 당시 조선 여성들의 사기종인과 봉제사 접빈객의 삶이 그러한 세속주의적 해석만으로는 모두 밝혀질 수 없는 것을 점점 드러내고 있다.[80] 이런 의미에서 천주교 유입시 조선 여성들이 어떻게 공동체의 실질적인 리더로서 역할을 했는지,[81] 또한 구한말, 처음에 여성 선교사와 선교사 부인들이 시작한 여학교가 조선 여성들에 의해 급속하게 확장된 일,[82] 그리고 하와이의 이민사 연구에서 점점 더 드러나듯이 사탕수수 노동자들의 척박했던 이민사에서 '사진 신부'로 넘어온 조선 여성들이 어떻게 삶의 실질적인 거름이 되어서 한인 사회를 살려냈고, 남다른 애국심과 민족의식으로 하와이 독립운동의 기폭제 역할로[83] 항일 독립 운동의 초석이 되었는지를 보여 주는 일들은 바로 조선 유교 여성들의 만물을 살리는 '생명 영성'과 '살림 영성'이 잘 드러난 것이라고 보고자 한다. 그것은 더 큰 도에 대한 자각에 근거한 것이고, 결코 비주체와 수동성과 실리주의의 가족 이기주의가 아니라 『중용』에서 말한 만물을 살려 내고 보살피고 도와 주는 "천지의 살리는 영성"(天地生物之心/道)을 뛰어나게 표현한 것이라고 본다.[84] 이러한 큰 어머니의 영성과 생명과 살림의 영성을 오늘 21세기 세계 각국에 흩어져 사는 한국 여성들의 삶에서도 여전히 그 뿌리와 흔적을 찾아 볼 수 있다는 것이 필자의 주장이다.

4. 유교와 기독교 전통의 합류를 통한 21세기 한국 여성 리더십
: 미주 한인 여성 리더들의 경우를 중심으로

지금까지 21세기 한국 여성들의 삶과 그 리더십이 단순히 서구 기독교 전통의 영향만이 아니라는 것을 살펴보았고, 이제부터는 그 구체적인 증거를 위해서 현재 미주 지역에서 활동하고 있는 이민 1세대 여성들을 주로 해서 그들의 삶과 활동 속에서 두 전통이 어떻게 만나는지 보려고 한다.

필자가 미주 한인 여성들의 삶 속에서 두 문명의 만남의 문제를 살펴보는 이유는 그들은 자신들의 뿌리로부터 떠나 살고 있는 경우이므로 이 합류와 만남을 더 예민하게 의식했을 것이고, 서구 기독교 문명의 심장부에 살면서 페미니즘적 사고를 포함하여 서구적 가치관에 더 가까이 다가가 있다고 보기 때문이다. 주지하다시피 1903년 하와이 옥수수 농장 노동자의 부인들로 미주 지역에 첫발을 내디딘 한인 여성들은 그 후 여러 차례 이민의 역사를 거쳐서 오늘에 이르렀다. 현재 백만 이상의 미주지역 이민자들 중에서 보통 이민 1세대 여성들이라고 하면 1945년 대한민국이 일제로부터 해방이 된 후 근대화 과정을 혹독하게 겪으면서 미주 지역으로 이민 온 여성들을 말하는데, 특히 70년대 초반 이후 획기적으로 그 수가 증가하였다고 한다. 중국이나 일본 등 다른 나라 이민 사회와 달리 한국 이민 사회의 특징으로 그들의 기독교 교회와의 강한 유대와 높은 자영업자 비율이 종종 지적된다.[85]

2006년에 행해진 한 연구에 따르면 남캘리포니아 한인들의 79%가 자신을 기독교인으로 여긴다고 한다. 또한 한인 이민자의 3분의 2 이상이 교회에 출석하고 있다고 하는데, 이는 본국에서의 비율보다 훨씬 높은 것이고, 이민 사회에서 교회가 종교·사회·문화·교육적으로 핵심적 역할을 하고 있음을 시사한다. 중국인들이 이민 오면 세탁소와 중국 음식점을 세우고, 일본인은 회사를 세우지만, 한국인들은 야채 가게와 교회를 세운다는 지적이 나오게 된 배경이다.[86]

이렇게 한인 이민사회에서 기독교회가 차지하는 비중과 역할이 막중하지만 한인 여성들의 리더십과 관련하여서는 그렇게 긍정적이지 않다는 것을 여러 페미니스트 연구들이 지적하였다. 또한 본인이 직접 목격한 바도 크게 다르지 않았다. 필자는 2008년 한 학기 동안 미국 버지니아주에 있는 조지메이슨 대학(George Mason University)에 연구교수로 가 있으면서 워싱턴 D.C.를 중심으로 살아가는 한인 사회와 교회들을 경험할 수 있었는데, 결론적으로 먼저 밝히면 한인 여성들의 경우는 교회와 덜 관계할수록, 그리고 한인 교회의 대중적 그리스도상에서 자유로울수록 더 의미 있는 사회적 리더십을 수행하는 모습이었다. 그들은 나름대로 자신들의 유교 전통에서 의미있는 긍정성을 보면서 그것을 고유한 방식으로 삶과 리더십에 통합시키고 있었다. 매번 두시간여의 집중적인 인터뷰와 설문 등을 통해서 알게 된 한인 여성 리더들과 또한 이미 국내에 저서로 알려져 있는 한인 리더 여성들의 경우가 그러한데, 필자는 그것이 21세기 한국 여성 리더십의 특징적인 모습이 드러난 것으로 보고자 한다.

1) 한인 여성 리더십의 이념적 토대

앞에서 지적한 대로 미주 한인들의 70% 이상이 교회에 출석하고 있고, 한국인들은 정착하면 무엇보다도 먼저 교회를 건립한다고 했다. 1945년 이후 이민 1세 한인 여성들의 미국 사회에서의 정착과 사회화 과정을 추적한 김애라의 연구에 따르면 많은 한인 여성들이 하루의 삶을 종교생활로 채우고 있다. 예전 고려 여성사의 기록에 나오는 고려 여성들이 살아 생전이나 사후에 자신의 집을 사찰로 내놓아 가정 절(寺)이 되게 했다는 이야기처럼 한인 여성들 중에는 자신의 집을 리모델링하면서 가정 채플을 두는 일이 드물지 않다고 한다.[87] 이렇게 한인 여성들은 그 삶의 전통에 따라 "가정 여사제"(household pristesses)의 역할을 하고, 늦은 시간까지 일하면서도 새벽기도회에 매일 참석하지 못하는 것을 제일 안타까워 할 정도로 그들의 삶에 종교적인 요소는 큰 영향력을 끼치고 있다. 하지만 김애라의 연구에 의하면 그러한 한인 교회가 여성들의 새로운 삶을 위해서 그렇게 긍정적인 역할을 하고 있지 못하다.

"교회가 여성들을 착취하고 있다."(the church exploits women)고 한 한인 여성은 지적했다.[88] 이런 상황에서 한인 여성들이 미국 사회에 적응하는 세 가지 유형이 나타난다고 하는데, 먼저는 여전히 "요리하고 서빙하는" 일만을 여성의 주된 일로 허용하는 교회에서의 경험으로 자신들의 사회생활을 모두 채우는 "회피형"(elusive mode)이 있고, 다음으로는 미국 사회에서 일하는 여성이 되어서 새로운 환경에서 'somebodies'가 되었지만 교회만 오면 'nobodies'가 되는 "이분법적·자기 분열적 형태"(dualistic/schizophrenic mode)가 있으며, 마지막으로 대부분의 여성들이 "막연하고·모호한 형태"(ambiguous/confused mode)의 적응으로 자신의 신앙과 사회 현실의 성속 분열 속에서 살아가는 유형을 말한다. 하지만 한인 교회는 이 고통 받는 여성들의 현실에 대해서 침묵하고 도움을 주지 않는다고 결론짓는다.[89]

한인 사회에서 교회가 고국의 민족적 전통을 담보해 내고 민족적 공동체의 경험을 유지시켜 주지만, 새로운 환경과 가치와 더불어 재해석된 것이 아니라 오히려 뒤틀린 전통상만 부추긴다면 그것은 한국 여성들의 새로운 정체성 형성과 성취를 위해서 좋은 영향을 주는 것이 아니다. 그래서 "여성들이 교회에 매달리면 매달릴수록, 미국 사회로부터는 더 멀리 벗어나고", 교회가 그들이 미국 사회 속에 통합되는 일을 방해한다고 지적받는다. 한인 1세 여성들의 하나님상은 매우 "성 차별적·신인동형적"

(sexist-anthropomorphic)이어서 성속의 괴리와 심리적 자기 분열 속에서 살아간다고 지적받았다.

① 오늘날 국내 교회 여성들의 삶에서도 많이 노정되는 이러한 모습과는 달리 필자가 만난 미주 한인 여성 리더들의 정체감은 건강했다. 그들 모두가 궁극과의 관계 속에서 '종교적인' 삶을 살고 있었지만 갈등을 이야기하지 않았다. 재미 여성사회학자이고 인류학자이면서 6명의 자녀들을 훌륭히 키워 낸 전혜성 여사는 아이들을 키울 당시 자신들의 종교생활이 어떠했는지를 적고 있다. 매년 300명 이상의 백인 교인들 틈에서 유일한 한국인 가족으로서 여름 캠프를 하면서 아이들에게 공동체 생활의 기쁨과 봉사 정신, 리더십의 책임을 가르쳐준 경험을 이야기한다.[90] 『엘리트보다는 사람이 되어라』, 『섬기는 부모가 자녀를 큰 사람으로 키운다』 등의 책으로 자신의 인생에서, 그리고 차세대의 교육에서 무엇을 최고 가치로 여기는가를 잘 드러내 주는 전혜성은 그런 의미에서 실질적인 궁극 개념과 초월 개념에서 한국의 유교 전통으로부터 많은 영향을 받고 있음을 보여 준다. 한국에서 자신의 부모님으로부터 "재주가 덕을 앞지르면(才勝德) 안 된다.", "한 사람의 위대함은 그가 얼마나 많은 사람들에게 도움을 주었는가로 평가된다."라는 말을 무수히 들으면서 자랐다는 그녀는 덕(德)이 사람을 이끈다고 믿고, 그 덕에 근거해서 미국에서의 삶과 자녀교육을 훌륭하게 이루어 냈다. 그런 점에서 그녀에게서 서구 기독교와 유교 영성이 뛰어나게 합류된 경우를 본다.

전혜성은 자신의 민족적 전통을 재해석하고 통합시켜서 가족들이 서구 사회에서도 리더십을 발휘할 수 있도록 했고, 그런 의미에서 그녀가 21세기 다문화 사회 차세대 지도자들을 위해서 내놓은 "오센틱 리더십" (Authentic Leadership)은 동서 문명을 조화시키고 통섭해서 이루어 낸 결과라고 할 수 있다.[91] 거기서 그녀는 특히 "역할 완수"와 문화적 자기 정체성과 그 이해 역량, 역사적이고 세계적인 안목에서 창조적인 통합력을 갖춘 대인관계 능력을 강조했는데, 필자는 그 '역할 완수'가 유교적 영성의 핵심인 '성'(誠)과 많이 상통함을 본다. 그녀에 따르면 자기 정체성이란 매일 이를 닦듯이 일생을 두고 끊임없이 재정립하는 것이고,[92] '나'란 단지 오늘의 '나'가 아니라 그것을 넘어 "어제와 내일을 잇는 연결고리"로서 조상의 자손이고 태어날 후손의 중요한 연결 고리가 된다는 것, 많은 젊은이들이 겪는 정체성의 위기는 그렇게 한 사람의 과거와 현재, 미래를 연결 짓기 어려울 때 찾아드는 것이라고 밝힌다. 그렇게 그녀는 아시아적 정체성 개념의 재발견을 통해서 21세기 한국 젊은이들이 삶의 뚜렷한 목적과 열정을 갖도록 독려한다.

② 워싱턴 D.C.의 조지워싱턴 대학에서 동아시아 어문학과 학과장을 오랫동안 역임하고 있는 김영기(Young-Key Kim-Renaud) 교수는 가톨릭 신자이다. 어머니가 『역사는 흐른다』, 『만남』 등을 발표한 여류 소설가 한무숙(韓戊淑, 1918-1993) 씨이고, 그의 장녀로서 한글학자인 그녀는 조지워싱턴 대학에서 1995년부터 매년 '한무숙 콜로키움'(Han Moo-Sook Collogium)을 열어 한국학의 지평을 넓히고 있다. 프랑스인 남편을 만나 40여 년간 프랑스계 성당을 다녔다는 그녀는 한국 전통문화의 가치와 향기를 조화롭게 간직하여 그것을 여러 가지로 표현하며 살고 있었다.[93] 그는 지금까지 자신을 이끌어온 가장 중요한 덕목으로 "평화와 조화"를 들었다. 만약 어떤 일의 성과가 구성원들 사이의 평화와 조화를 깨며 이룬 것이라면 그것을 성공이라고 보지 않는다고 했다. 이것은 인간관계를 삶에서 제일 중시하고 특히 '중화'(中和)의 덕을 지선(至善)으로 보는 유교적 덕과 이념을 상기시킨다. 그러나 유교와 기독교 사이의 상관관계를 묻는 질문에서 유교는 "완성(perfection)을

향해 가는", "굉장히 경직된"(rigid) 측면이 있지만 기독교는 "죄를 지을 수 있는 가능성"을 인정하고, 그래서 "용서"를 말할 수 있다고 핵심적인 차이를 지적한다. 하지만 여기서도 그녀가 특히 강조하는 것은 "기독교도 유교도 자신을 본질화하는 것"(essentialize)이 문제라고 하면서 오늘날 종교에서의 "광신자의 근본주의"(fundamentalism)를 지적한다. 종교적 "관용"(tolerance)과 궁극성 추구 사이의 긴장관계에 대한 이러한 언급은 한편으로는 꾸준히 기독교 공동체(가톨릭교회)에 속하여 종교적 삶을 살아오면서도 다른 한편으로는 특정 종교를 넘어서서 보편적으로 모든 인간 문화 속에 표현되는 인간 덕목들을 중시하는 그녀 사고의 특징을 드러낸다.

그녀는 자신이 제일 중시하는 것이 "겸손"(humility)이라고 하는데, 그 겸손과 더불어 "프라이드"에 대해서도 말하고, 외양적인 겸손을 넘어서서 각자가 자기 자신일 수 있는 "자유"에 대해서도 지적한다. 그런 맥락에서 "노블리티"(nobility)나 "예의"(civility)가 단지 유교적 추구만이 아니라 모든 고양된 인간 사회에서 지향하는 보편적인 가치라고 밝히고, 자신의 프랑스인 남편을 통해 경험했던 프랑스 집안의 고양된 예 의식(禮, ritual)을 소개한다.[94]

세종대왕의 한글을 한국인들이 가장 중시해야 하는 유산이라고 강조하는 그녀는 인간관계에서의 예(禮, ritual)를 매우 중시했다. 그에 따르면 "모든 사람은 본능적으로 ritual을 좋아하고", 인간이 인간을 생각하고 배려함이 있는 것이 "문명"(civilization)이지 그 반대가 아니라고 하는데, 그런 의미에서 그녀의 관심은 좁은 종교적 구분을 넘어선 인류 문명의 보편타당성에 더욱 다가가 있는 것으로 보였다.[95]

③ 김영기 교수처럼 필자가 만난 또 한 명의 한인 여성 고(故) 이정애 원장도 한인 교회나 대중적 기독교 신앙으로부터 자유로워서 다른 많은 한

인 여성들과는 구별되게 민족적 유산과 유교적 가치와 지혜를 삶에 잘 통합하고 있었다. 워싱턴 근교의 한인 상가 지역에서 한의원을 열고 있던 한의사 이정애 원장은 한국 기독교인으로서는 매우 독특하게 탈무드 등의 유대교 지혜에 깊은 관심을 가지고 있었다. 그녀는 이주민으로서의 유대인과 한국인들의 문화와 적응 방식들을 서로 비교하면서 미주 한인들의 건강한 정체성 형성을 위해서 물심양면으로 노력하고 있었다.[96] 한인 성결교회를 오래 다니다가 인터뷰 당시에는 교회 내분으로 참석을 쉬고 있다고 밝힌 그녀는 자신의 삶을 지탱해 주는 토대로 부모님에 대한 사랑(孝)을 들고, 특히 "돌아가신 아버지를 생각해서 이 힘든 것을 이겨 나간다."고 언술했다. 어린 시절에 가정교육으로 『소학』을 배웠다는 그녀는 예를 들어 스페인 이민자들과 한인 이민자들을 비교하면서, 한국인들은 그래도 유교 가르침을 통해서 인의예지 등의 인간적인 도리와 인간 사이의 신의를 배웠기 때문에 "거리를 헤매는" 그들과는 달리 "그렇게 나쁜 경우까지 안 된다"고 지적한다. 그러면서 자신에게도 "한국인이었기 때문에", "한국인으로서" 등의 한국인 의식이 삶의 지지대 역할을 해 주었다고 밝히고, 자신의 좌우명이 "홍익인간"임을 말한다.

한 이민자 여성이 삶의 좌우명을 '홍익인간'으로 삼고 있다는 것은 많은 의미를 내포한다. 그만큼 그녀는 한민족의 일에 깊은 관심을 가지고 있었으며, 자신의 삶도 태어나서 어떻게 "세상을 널리 이롭게 하는가"의 사명으로 생각하고 있다고 말한다. 그녀는 "기독교는 신앙적으로 받아들여서 위로는 될 수 있었지만", "막연한 맹신"이 되기 쉽고, 또한 구체적인 삶 속에서 "디테일하게" 가르쳐 주지 못한다고 지적한다. 그러나 유대교는 그와 다르다는 것을 강조하는데, 교회와 기독교 신앙에서 교육이 부재하고 한인 공동체에서 민족적 자기 정체성을 일깨워 주는 2세 교육이 없는 것을 비판하면서 구약성서나 탈무드를 통한 유대인들의 뛰어난 후대

교육을 강조했다. 예수가 어린 시절 부모님들로부터 구약성서를 배웠듯이 자신은 『소학』을 배웠다고 의미심장하게 비유하는 그녀는 한의사로서 진료하고, 가르치고, 연구하며 지역 봉사를 하는 가운데서도 2명의 자녀 교육을 훌륭하게 수행하고 있었다.

그녀는 타 지역에서 공부하고 있는 자녀들의 한국적 의식교육을 위해서 매일 저녁 이메일로 읽을 것을 보내 준다고 밝힌다. 이렇게 "한국 사람다운 미국인"의 교육에 "모세의 마음"으로 관심을 쏟는다는 그녀는 자신의 아이들뿐 아니라 모든 한인 사회의 2세들을 위해서 "유대인의 사고를 가지고 다시 보는 한국의 역사"라는 제목으로 책을 저술하고 있다고 소개한다. 그녀가 필자에게 복사물로 전해 준 머리말에 보면, "이 세상에서 추상적인 존재를 신으로 숭앙한 민족은 유대인과 한국인 두 민족 밖에는 없다."고 이해하고 있었다. 그래서 "한국인들은 한국인의 역사에 대해 유대인들이 한 것과 같은 치열한 고민과 토론을 할 필요가 있다."고 말하고, 그렇게 함으로써 "많은 정신적 방황을 경험하곤 하는 1.5세들"이 "한국의 것을 실감하면서 그 속에서 참된 삶의 철학을 얻는 교육이 이루어질 수 있다면, 그야말로 정신이 굳건하고 방황하지 않는 교포들이 될 수 있는 거라고" 생각한다고 밝힌다.[97]

이정애 원장의 시도는 매우 의미 깊어 보였다. 그녀는 유대인들이 창세기를 깊이 있게 토론하여 삶의 지혜를 얻어 내듯이 "한국인의 단군신화"를 유사한 방식으로 토론할 것을 제안했고, 종교란 바로 사람들에게 그렇게 지혜를 줄 수 있을 때 진정한 역할을 하는 것이라고 보았다. 그녀가 구약의 솔로몬서나 탈무드에서 찾아내어 정리한 "구별된 인(人)이 갖추어야 할 성품 12개" 조항은 율곡 「격몽요결(擊蒙要訣)」의 '구용'(九容)과 '구사'(九思)를 생각나게 했고, 그렇게 그녀는 자신의 방식으로 기독교 신앙을 유대교와 유교와의 대화를 통해서 인간 보편성의 지혜로 해석해 내고자 노력하고 있는 것을 볼 수 있었다.

④ 필자가 이 연구를 위해서 만난 또 한 명의 여성은 이고영수(Lee-Koh Yung-Soo) 여사이다. 그녀는 지난 80년대 미 전역의 아시아인을 대상으로 한 범아시아계 미 상공회의소(U.S. Pan Asian American chamber of Commerce) 주관 '엑셀런스 2000상'을 첼리스트 요요마와 태권도 사범 이준구 씨 등과 함께 받았다. 또한 2002년에 출간된『매릴랜드 역사에서의 위대한 여성들(Women of achevement in Maryland History)』에 매릴랜드주 350명의 위대한 여성들 가운데 당당히 이름을 올렸다.[98] 일찍이 60년대에 이민을 가서 국제통화기금(IMF)에서도 일했지만 1980년 컴퓨터 프로그래머가 된 남편이 '고시스템스'(Koh Systems, Inc)라는 회사를 남겨두고 갑자기 세상을 떠나자, 그 회사를 이어받아 10여 년 만에 연매출 2000만 달러와 300여 명의 직원을 갖는 회사로 키워 냈다.

2008년 4월 인터뷰를 위해서 워싱턴 근교의 한 식당에서 만났을 때는 현직에서 물러난 상태였지만 매릴랜드의 대표적인 여성 기업을 일구었던 CEO로서의 경험과 성취를 잘 이야기해 주었다. 미국 건국의 전 역사를 고스란히 담고 있는 매릴랜드주 350인 여성사(女性史)의 이영수 란에 보면 그 이름 아래 "나는 내 자신(고국)의 것을 부인하지 않으면서 이 나라의 방식들을 존중하는 것을 배웠다."(I have learned to respect the ways of this country without disavowing my own)라는 표제어가 먼저 나온다.[99] 이렇듯 이영수 여사는 45년 이민 생활을 5남매의 맏딸로서 어린 시절 유교 가정에서 배웠던 책임과 인내, 성실, 남의 의사를 존중하기, 양심을 지키고 사는 것 등의 유교적 가치와 미국의 기독교적인 장점인 약자와 마이너리티를 배려하고 기회를 주는 것 등을 잘 결합하여 오늘의 자신이 있게 되었다고 설명한다.[100]

그녀는 호수돈 여고를 나와서 20여 년간 소학교 교사를 지냈던 어머니로부터 많은 지혜를 배웠다고 한다. 유교의 남존여비를 비판하지만 한국 사람들의 특성으로서 "끝까지 인내하고 성실한 것"이 큰 힘이 되었고, 특히 인화를 중시해서 회사 직원들을 가족같이 여기면서 각종 보너스와 퇴직금 등 미국 회사들에서는 신경 쓰지 않는 부분들을 후하게 챙겨 주었다고 전한다. 그런 회사를 키우는 데 온 힘을 쏟느라 교회 활동에 많이 참여하지 못했다는 그녀는 그러나 "운"(luck)에 대해서는 많이 말한다. 자신이 유학생 아내 신분으로 왔지만 영주권을 받게 된 일, IMF에 취직하게 된 일, 매릴랜드 정부가 남편이 취득했던 소수계 특혜를 아내인 자신이 그대로 승계할 수 있도록 해 주어서 회사를 키워 나가게 된 이야기 등을 모두 "운이 좋았던 것"과 연결시킨다. 서면으로 답하기로는 "나는 성공적인 기업가 여성이 필요로 하는 이 운이 기독교 신앙으로부터 온다고 믿는다." 고 했다. 그러나 필자의 해석으로는 이영수 여사의 기독교 신앙은 많이 세간화되었고 보편적인 호혜와 선(善)으로 이해하고 있었는데, 자신의 신앙을 '운'으로 해석하는 관점에서도 잘 드러난다. 특히 일반적인 한인 교회의 배타적인 기독교 신앙과는 달리 미국 사회 속에 인간적인 배려와 정의로 토착화된 기독교 신앙의 모습을 그녀가 매우 존중하고 있음을 보았다. 그런 그녀는 다음과 같이 고백한다;

나는 내 자신의 것을 부인하지 않으면서 이 나라의 방식들을 존중하는 것을 배웠다. 나(고국)의 문화적 교육은 내가 사람들을 다루고, 갈등을 풀고, 그리고 무엇을 우선으로 할 것인가를 결정하는 일에 도움을 주는 많은 것들을 가르쳐 주었다. 그러나 나는 또한 자유롭게 생각하고, 위험을 무릅쓰고, 경쟁을 하고, 그리고 내가 필요로 하는 성과들을 얻고 하는 등의 미국적 가치들을 잘 이용했다. 그러므로 나의 이 성공은 두 세계의 산물이라는 것을 느낀다.[101]

⑤ 한국 이민 1세 여성으로서 이렇게 문화를 통합하고 신앙과 세속을 잘 결합하여 아름다운 꽃으로 피운 또 다른 예를 신비타스 수경(Sue-Kyong Shin Vittas) 여사에게서 본다. 사실 그녀는 이민 여성이라기보다는 중학교 시절 경제 관료였던 아버지의 해외 근무로 외국에 일찍 나오게 된 경우이다. 그 후로 미국 대학에서 경제학을 공부하고 그리스인 남편을 만나 네 명의 아이들을 낳아 기르면서 30년 이상 IMF에 근무하고 있었다. 5대째 가톨릭 신자인 어머니 밑에서 자랐고, 한국에선 가톨릭 학교인 성심여학교를 다녔기 때문에 어린 시절에는 가톨릭만을 유일한 종교로 알았다고 한다. 하지만 미국에 와서, 그리고 특히 세계 각국의 다양한 종교를 가지고 있는 사람들이 일하는 IMF에 근무하면서 모든 종교들을 존중하게 되었다고 밝힌다.[102] 이것은 일반적으로 한국 이민자들이 이민 와서 한인 교회에 출석하면서 오히려 더 폐쇄적이고 보수적인 기독교 신앙을 가지게 되는 경우와는 구별된다. 남존여비의 사고를 일찌감치 물리치고 딸과 아들을 모두 동등하게 대했다는 아버지의 영향으로 유교에 대해서도 좋은 의식을 가지고 있었다. 특히 한국의 유교 전통이 미국에서 공적 리더로서 살아가는 데 어떤 좋은 가르침을 주었다고 생각하느냐는 질문에 "나이에 대한 존중감"(respect for seniority)이라는 놀라운 답을 주었다. 왜 놀라운가 하면 우리는 지금까지 유교 전통에 대한 비판 중 하나로 '나이와 연결된 권위주의'를 자주 들어 왔기 때문이다. 이런 일반적인 유교 비판과는 달리 한국 여성으로서 그러한 답을 했다는 것은 그녀가 지금까지 어느 누구보다도 다양한 변수의 다원성 속에서 살아온 경험으로 그래도 '나이'야말로 어느 사회에서나 삶의 질서와 조화를 위해서 보편적으로 인정할 수 있는 기준이라고 생각한 결과가 아닌가 여겨진다. 여기서 맹자가 공동체를 유지시키는 '의'(義)의 구체적 내용으로서 '친친'(親親)과 '경장'(敬長)을 이야기한 것이 생각난다.[103] 그녀는 자신의 집안과 직장, 각종 공동체

생활 속에서 어떻게 다양한 세계 문화 전통들이 서로 자극하고 보완하면서 아름답게 어우러지는지를 여러 가지 예들, 특히 한국인 어머니와 그리스인 아버지, 그리고 미국에서 태어나고 자란 네 명의 아이들의 이야기를 통해서 잘 들려 주었다. 그녀는 분명 한국의 유교문명과 서구의 문명의 아름다움을 잘 조화하고 있었다.

⑥ 이미 여러 언론 매체를 통해서 한국에도 잘 알려진 전신애 전(前) 미 연방 노동부 여성국 차관보도 본 연구가 주목하였다. 그녀가 1996년에 펴낸 『뚝심 좋은 마산 색시 미국장관 10년을 해 보니』와 2009년에 펴낸 『너는 99%의 가능성이다』라는 책은 그녀의 개인적 삶과 공적 삶 속에 어떻게 동서의 두 문화 유산이 녹아 있는지를 잘 보여 준다. 그런데 사실 그녀는 동성동본의 결혼을 반대하는 아버지를 피해 미국으로 간 것이었다. "종친회 일을 자기 사업만큼 중요하게 여기는" 아버지의 딸로서 근면과 성실로 자식교육에 힘을 쏟던 전형적인 유교 집안에서 자란 그녀는 동성동본의 남성을 사랑하게 되었고, 그것을 용납하지 않는 아버지를 피해서 미국으로 간 경우이다. 또한 그녀는 고백하기를, 비록 기독교 대학인 이화여대를 다녔지만 자신이 교회를 나가게 된 것은 미국에 와서 어려운 처지에 있을 때 주변에서 행동하는 실천으로 사랑을 보여 준 크리스천들 때문이었다고 한다.[104]

필자는 전신애의 일과 인생에서도 그의 기독교 신앙의 경우는 많은 다른 한인 여성들의 경우와는 달리 그렇게 성속 분리적이지 않은 것이 역할을 했다고 생각한다. 그녀는 대학 졸업 직후 한국을 떠났고, 부모님 장례 때인 봄과 가을에 고향을 찾았다가 고국산천의 아름다움에 흠뻑 빠지게 되었다고 쓰고 있다. "관습이 무엇인지, 가족이 무엇인지, 정(情)과 사람이 무엇인지를 가르치고 보여 주고 싶어서" 아이들을 데리고 세 번 선산을 방문하면서 아이들이 더욱 견실하게 자아를 찾아가는 것을 보게 되었다고 고백한다. 또 아이들은 "자신들의 뿌리와 위치를 어렴풋이 찾으면서 자신들의 존재가 좀 더 엄숙하고 귀하다고 느끼는 것 같았다."라고 적고 있다.[105]

이렇듯이 지금까지 살펴본 한인 여성 리더들의 삶은 배타적이고 경색된 기독교 신앙이 아니라 그것이 한국의 유교 전통과 조우하면서 보다 보편적으로 전개된 모습으로 실천되고 있는 것을 보았다.

2) 한인 여성 리더들의 가족적인 삶

앞의 김애라는 한인 사회에서 특히 이민 1세 여성들은 그 출신 배경이나 학력 등 다양한 차이에도 불구하고 공통적으로 매우 진취적이고, 용감하며, 관습에 얽매이지 않는 특성을 보여 준다고 지적하였다. 그것을 그녀는 한국 여성들에게서 전통적으로 샤머니즘의 영향을 받은 "여전사"(woman-warrior)의 특성이 다시 나타나는 것이라고 보았고, 이것으로써 한인 여성들이 이민사회에 와서 가족을 살리고 재건해 내는 등 뛰어난 역량을 발휘하고 있는 것이라고 설명했다.[106] 필자는 이 설명에 일면 동의하지만, 그러나 한인 여성들의 여전사 상이 단지 샤머니즘의 영향만은 아니라고 본다. 또한 조선의 유교 전통이 단지 부정적인 역할만을 한 것이 아니라 오히려 한국 여성들이 진정한 '살림꾼'으로 거듭나는데 바탕이 되어서 여전사의 힘을 강화했다고 보는 것이다.[107] 앞에서 살펴본 한인 여성 리더들은 모두 한결같이 그들의 공적 삶 외에 가족적인 삶을 잘 이끌고 있었다.

여기서도 알 수 있듯이 동서 문명의 차이를 막론하고 '가정'과 '가족'이라는 그루터기는 한 인간의 성장과 인간 공동체의 유지와 전개를 위해서 필수불가결한 가치임이 드러난다. 한국의 유교 전통이 핵심적으로 중시하는 가치 가운데 하나가 그 가족을 보존하고 성장시키고, 이끌어 가는 것이라면 한인 여성 리더들의 삶은 그 충실한 실행자들이라는 것을 알 수 있다. 사회학자 장경섭의 『가족, 생애, 정치 경제』에 보면 해방 이후 한국이 이룩한 근대화를 특히 "압축성 근대화"(compressed modernity)로 이름 짓는데, 한국인들이 유례 없이 빠른 시간 안에 시간과 공간 차원에서 문명적 변화를 응축적으로 이룩한 것(자본주의 산업화, 사회적 다원화, 정치 민주화)의 근거는 그 "가족주의"라고 분석했다.[108] 물론 장경섭은 이러한 역할을 해 온 한국의 가족주의가 오늘 "기능적 과부하"에 걸려 있다고 지적하면서 그 변화를 강조하지만 그럼에도 불구하고 가족이라는 매개체가 가지는 개인과 사회 사이의 완충 역할을 인류 보편적인 가치로 재의미화할 것을 촉구했다.

① 필자는 앞에서 살펴본 미주 한인 여성 리더들의 삶이야말로 한국적 가족주의를 바탕으로 그것을 대안적으로 개혁하여 열매를 맺은 경우라고 생각한다. 6명의 아이들을 미국 사회에서 뛰어난 리더로 키워 낸 전혜성 여사는 그 친정아버지도 이미 그녀를 성(性)으로 차별하지 않았지만, 자신도 결코 "아이들을 위해서 내 행복을 희생했다고 생각해 본 적은 없다."고 고백한다. 자신이 자식들을 사랑하고 존경받는 어머니였지만, "나 자신의 행복을 포기하면서까지 자식에게 희생한 어머니는 아니었다."고 말한다. 대신에 스스로 삶의 주체로서 우뚝 서기 위해 공부하고 사회활동을 했으며, 그렇게 "부모가 삶의 주체로 당당히 사는 모습이 좋은 역할 모델이 되어 아이의 성공과 행복을 만드는 듯하다."고 했다.[109] 이것은 한국의 가족주의가 위의 장경섭이 제안한 대로 '가족-개인' 관계와 '남-녀' 관계를 대안적으로 적용하여서 여성과 어머니가 무조건적으로 남성이나 가족을 위해서 구속당하거나 헌신을 강요 당하지 않은 경우라고 할 수 있다. 이

러한 결과는 여성 본인은 물론 가정의 민주화와 또한 그가 살았던 미국 사회가 보다 더 성인지적으로 개화되었기 때문에 가능해졌음을 말해 준다.

② 한국의 가족주의가 또 하나의 고유한 방식으로 꽃을 피운 경우가 한국 여성으로서 '실리콘밸리의 신화'를 이룬 김태연 여사의 경우라 하겠다. 1948년생인 그녀는 1968년 미국으로 건너가서 태권도 사범으로 일하면서 수많은 좌절과 위기를 이기며 '실리콘밸리의 작은 거인', '여성 최초의 그랜드마스터' 등의 이름을 얻으며 미국 100대 우량 기업 TYK 그룹을 일구어 냈다. 이 과정에서 그녀는 비록 어릴적 유교 가부장주의 성 차별의 피해자이기도 했지만 유교 전통 가족의 큰살림과 가족주의를 배워서 그것을 실천했다. 그녀는 결혼을 하지 않은 상태로 직접 낳지 않았지만 인종과 출신 성(性)을 초월하여 6남 3녀를 입양하여 대가족을 이루었다. 거기서 며느리와 사위도 포함해서 그 자녀들과 함께 회사를 일구어내면서 극진한 효(孝)와 사랑의 가족관계와 인간관계를 미국 사회에 선보였다.[110] 여기서는 한국 가족주의의 '가족–사회' 관계가 대안적으로 적용된 경우라고 할 수 있다. 우리가 잘 아는 대로 지금까지 한국의 가족주의는 가족 외의 사회와 공동체에 대해서는 배타적이고 반(反)사회적 인간형을 키워 왔으며, 그래서 한국의 가족 중심적 사회는 "가족의 경계 바깥에 어떠한 안전지대도 마련하지 않고", "이 사회가 수많은 사람들을 무사회적 고립자, 거리의 사람들로 만든다."고 비판받아 왔다.[111] 그러나 김태연 회장의 경우는 가족이 결코 혈연으로만 구성되는 것이 아니고, 가족 간의 돈독한 사랑과 효가 가정 안의 이념으로서만 작용하는 것이 아니라 대사회적 영역으로 퍼져 나가서 사회 전반으로 확산될 수 있는 가능성을 잘 보여 주었다.

필자는 이 경우를 조선 시대 유교 전통의 '입후(立後) 제도'와 비교해 보고자 한다. 물론 입후 제도 자체는 유교 가부장주의의 혈연에 대한 집중이 빚어낸 결과이다. 하지만 여기서 조선 여성들이 생물학적인 '부모-자식'의 관계를 떠나서 입후된 자식들과 맺어 온 극진한 모자녀 관계를 보면 오히려 현대 핵가족주의에서 가족주의가 더 배타적이고 생물학적인 실체론으로 굳어진 것이 아닌가 의문시된다. 그런 의미에서 장병인은 오늘날의 페미니즘 연구가 자칫하면 "근대 사회가 져야 할 성 차별의 책임을 전통 사회에 전가하는 역기능"을 불러일으킬 수도 있다고 지적하였는데, 매우 타당한 지적이라고 여긴다.[112] 그런 맥락에서 필자도 조선 유교 여성들의 봉제사 접빈객이 단지 사적 영역의 일이 아니라 당시 가장 중요하게 여겼던, 가계의 존속과 계승이라고 하는 공적 의식에서 행해진 일임을 지적하였다.[113] 장경섭도 "흔히 전통적인 요소로 이해하는 가정을 둘러싼 남녀 간 활동 영역의 분리는 오히려 현대적인 성격이 강하다."고 분석하였다.[114]

③ 한국 가족주의가 그 삶과 활동에 깊게 영향을 미친 경우로 이정희 APEX(Health Management) 원장의 경우를 꼽을 수 있다. 그녀는 고등학교를 졸업하고 미국에 가서 노인복지학을 공부하였고, 열정과 헌신을 기울인 노력으로 이미 36살에 입원실 100개의 병원을 인수해서 운영했다고 한다. 또 인터뷰 당시는 직원 600명에 입원 환자 500명, 연매출 300억을 올리는 노인전문병원을 경영하고 있었다. 한국에서 유명한 아나운서가 자신의 며느리라고 밝힐 정도로 두 아들을 모두 자랑으로 여겼는데, 아이들이 사춘기 때 이혼한 후 어떻게 자녀 양육과 노인병원 운영을 함께 해오면서 노력했는지를 열정적으로 들려 주었다.[115]

그녀는 지금까지 38년을 미국에서 살면서 자신에게 가장 큰 버팀목이되어 준 것은 부모에 대한 효였다고 고백한다. 가정과 일, 학업의 병행으로 하루 16시간씩 일하는 가운데 결국 남편의 냉담과 시기로 이혼하게 되었지만, 그녀가 그 모든 과정을 참고 나간 것은 부모님께 자신도 잘 할 수 있다는 것을 보여 주고 싶은 마음이었고, 그래서 그녀도 "자식의 일이라면 지구 끝까지 쫓아간다."는 심정으로 이혼 후 아이들이 잘못되지 않도록 최선의 노력을 기울였다고 한다. 그녀는 노인병원 운영의 일로 무척 바빴지만 아이들이 학교에서 돌아오는 3시 15분이 되면 언제나 자신이 직접 나가서 스쿨버스에서 아이들을 맞았고, 집에 데려와 간식을 챙겨 주고 숙제를 준 후 다시 일하러 나갔다고 한다. 사춘기 때 부모의 이혼을 겪은 둘째 아들이 방황할 때 밤을 새워서 술집 앞에서 아들을 기다렸다가 안전하게 귀가시키며 어려운 시간들을 견뎌냈다고 이야기해 준다.

이원장은 이혼을 통해서 '남-녀' 관계를 새롭게 설정했지만 한국적 가족주의의 좋은 점을 응용하여 삶의 위기를 극복했고 성취를 이루어 낸 경우라고 하겠다. 자신이 노인복지사업에 힘을 쏟는 것도 부모님께 못다 한 효를 대신한다는 생각이라는 그녀는 인터뷰 전날인 어머니날에 병원의 노인들을 위한 어머니날 행사를 하면서 눈물을 흘렸다고 고백한다. 또한 한국에서는 흔하지만 미국 요양병원에서는 볼 수 없는 방식인, 아침에 가가호호 방문해서 모셔 오고 저녁에 다시 가족들이 있는 집으로 모셔다 드리는 요양 방식을 시행해 보았는데, 매우 인기가 있다고 한다. 즉 한국식 가족주의적 요양방식을 일면 응용하는 것이다.

3) 한인 여성 리더들의 공적 삶

가족적인 가치를 매우 중시하고, 모성의 역할이 특별히 두드러지는 한국 여성 리더십은 그 모성의 역할 반경을 범사회적으로 널리 확장할 수 있음을 잘 보여 준다. 지금까지 한국의 유교 전통은 그 가족주의적 폐쇄성으로 인해서 많은 비판을 받아 왔다. 그러나 오늘날은 여러 한인 여성 리더들의 경우에서 나타나듯이 유교 전통과 기독교 전통이 창조적으로 만날 때 가족적인 가치와 특히 모성이 공적이고 범사회적인 실천력으로 승화할 수 있음을 보여 주었다. 사실 유교 성인지도의 학문과 종교성은 궁극적으로 만물일체의 경지를 추구한다. 『대학』의 마지막 '평천하'(平天下) 장에서 주자는 앞의 전문 3장에서 『시경(詩經)』의 언어로 밝혔던 '친(親)·현(賢)·락(樂)·리(利)' 네 단어를 다시 언급하는데, 여기서 이 네 영역 중, 친이란 '가족적 삶'을 이끄는 원리이고, 현이란 인재등용과 관련한 '정치의 원리'를 말한다고 할 수 있다. 또 락이란 인간 마음과 감정의 순화와 관련된 공동체의 '문화적 원리'를 지시하고, 리란 '경제적 삶'을 의미한다고 하겠는데, 이 네 가지 원리는 우리 삶을 거의 모두 포괄하는 원리이다. 이 네 영역에서 참된 도가 펼쳐지기를 바라는 유교 전통의 영향으로 한국 여성들의 의식에도 바로 이러한 전일성과 통합성에 대한 의식과 관심이 자리하고 있다.[116]

① 전혜성은 이미 잘 알려진 대로 '동암문화연구소'(East Rock Institute)라는 한국학 연구소를 세웠고, 지금은 전임 교수를 둘 정도로 미주에서 튼튼한 연구·교육·출판의 센터로 키워 냈다. 그녀는 이 연구소를 자신의 "일곱 번째 자식"이라고 명명한다.[117] 그만큼 평생을 기울여 키워 온 과업이라고 할 수 있는데, 21세기 여성 리더들을 위한 그녀의 책 『여자야망사전』에 보면 그녀는 이미 유학 전 10대에 당시 대한민국에서 해방 후 모두가 서양 문물이 최고라는 생각이 지배적이었을 때 자신은 강대국 사이에서도 5천여 년이나 한국 문화가 지속된 데는 그 나름의 뭔가가 있을 것을 생각했다고 한다. 그래서 "삶의 철학은 5천 년의 문화를 가능하게 한 한국 문화의 특성에서 배우되, 그 방법론은 서양에서 배우자."고 마음먹어서

미국 유학을 선택했고,[118] 미국에 와서도 고국의 발전에 이바지하겠다는 목적을 가지고 박사학위 논문 주제를 선택할 때도 모두가 반대했지만 결국 조선 사회 연구인 「조선 사회의 종교 및 사회제도가 경제 발전에 어떤 영향을 주었는가」를 택해서 가까스로 밀고 나갔다고 진술한다.[119] 이렇게 전혜성은 투철한 공적 의식과 삶의 넓은 반경에 대한 관심을 가지고 자신의 일과 가정을 동시에 이끌어 나갔다. 오늘날 여성들에게 "여성일수록 사회 현안에 대해 항상 안테나를 세워야 한다."고 조언하고,[120] 자식을 훌륭히 기르려면 어머니부터 실력을 키워야 하고, "여성에게 '일과 가족'은 마치 새의 양 날개와 같다."고 지적한다.[121]

그녀는 미국 이민 사회에 뿌리를 내린 비교문화학자로서 한국 문화를 전 세계에 알리는 일을 평생의 과제로 삼고 있었다. 그러한 가운데서 착안하게 된 컴퓨터를 이용하는 비로마자(non-roman character)의 컴퓨터 코드화 작업을 위해서 '비교문화 정보 체계'를 개발한 일을 특히 쾌거로 생각하고 있었다. 그녀는 비교문화학자로서 한국인의 큰 자산을 "통합하는 창조력"[122] 또는 "제3의 결론을 내릴 수 있는 힘"으로 보았다.[123] 한국 여성의 역사에서 소서노, 인수대비, 황진이, 대장금 등을 이런 통합적 창조력의 예로 드는 전혜성은 '네트워크 시스템'의 힘을 특히 강조한다. 1985년부터 동암연구소는 미국 중·고등학교 교사들에게 한국의 역사와 문화를 소개하는 일에 중점을 두고 있다고 한다. 이와 더불어 코리안 디아스포라 시리즈, 재소·재일·재중·재미 한인 사회에 대한 비교연구를 진행시켜 그것을 디지털 자료화하고, 여러 책과 논문집 등으로 출판해 오고 있다고 한다. 이것은 실로 방대하고 한민족의 미래를 위해서 그 의미를 다 헤아릴 수 없는 그녀 고유의 통합적 창조성의 결실인데, 그래서 이런 모든 일에 대해서 "이것은 한국 정부도, 대학도 하지 못한 일이다."라는 평가를 받는다.[124]

② 이러한 한국 여성 리더들의 세상을 향한 공공적 배려와 관심을 앞의 김영기 교수는 일찍이 1992년에 *King Sejong The Great*라는 책을 편집해 내면서도 표현했다. 편집자의 머리말을 "조선 왕조의 제4대 왕이자 한국이 배출한 가장 훌륭한 언어학자인 세종대왕을 전 세계에 알리는 것은 나의 오랜 소망이었다."라는 말로 여는 그녀는 이 책이 다루는 것은 단순히 한 위인에 대한 개인 숭배적 전기가 아니고 그보다는 "먼 옛 시대에 살았던 이 왕의 업적은 서로 점점 거리가 멀어지는 인문학적 문화와 과학적 문화를 화합하고 통합하려는 현대의 우리의 노력에 강한 공명을 불러일으킨다."고 밝히고 있다.[125] 즉 인문학자로서 어느 누구보다도 먼저 세종대왕 리더십의 통합적 성격을 알아차린 것이다. 그런 그녀가 지난 2008년 또 한 번 의미 깊은 공공적 리더십을 발휘했는데, 그것은 미국 워싱턴의 의회 도서관이 독도의 검색어를 '리앙쿠르 바위'(Liancourt Rock)로 바꾸려는 것을 무기한 보류시킨 일이다. 캐나다 토론토 대학의 동아시아 도서관 한국학 책임자인 김하나 씨와 함께 여러 네트워크를 통한 신속한 대응으로 강력한 반대 입장을 밝혀서 독도의 이름을 지켰다고 한다. 이 일로 두 여성은 그해 제8회 비추미 여성대상 특별상을 받았다.[126]

③ 한국 여성 리더들의 이러한 세계를 향한 관심과 보살핌의 통합적 리더십은 고(故) 이정애 원장의 생활에도 배어 있었다. 그녀는 살아생전 한의원 원장으로서 주변의 많은 사람들과 특히 한의원 주변의 라티노 일일 노동자들에게도 음식과 치료를 베풀었고, 집 뒤의 뜰에 한약재료 찌꺼기를 이용해서 채소밭을 일구어 이웃들이 원하는 만큼 가져가게 했다. 앞에서 밝힌 대로 구약성서와 유대교의 탈무드 정신을 매우 의미 있게 생각한 그녀는 그 정신을 더 널리 보급하고자 여성들의 탈무드 공부 모임을 이끌기도 했고, 그것을 번역 출판해 내는 일에 깊은 관심을 가지고 한국에서

도 더 많은 연구가 이루어는 것을 바래서 탈무드 23권 전집을 한국 대학 도서관에 기증하기도 했다.[127] 불의의 사고로 작년에 세상을 떠났지만 나중에 남편의 서술에 의하면 한인 노인들이 사는 아파트에 정기 이동 진료를 다니면서 노인들을 위해서 봉사했고, 의학공부를 하는 두 자녀들에게도 항상 "돈에 연연하지 말고 환자를 돕는 일에 나서라."고 강조했다고 한다.[128]

④ 'Koh Systems'의 CEO였던 이영수 여사는 남편이 갑자기 세상을 떠나자 IMF의 안정적인 직장인의 자리에서 내려와 회사를 계속 이어 나가고자 결정한 것은 "책임감" 때문이었다고 전한다. 공적인 기구로 회사를 설립했고 그와 연결해서 책임져야 하는 회사 식구들이 있는데 그들을 그냥 저버리는 것은 옳지 않다고 여겼기 때문이라고 한다. 그래서 5남매의 맏딸로서 터득했던 책임감과 생활의식으로 많은 사람들의 염려와 반대에도 불구하고 회사를 떠맡았다고 한다. 필자는 이것도 한국 여성들의 '역할 완수', '성'(誠)의 덕목을 잘 실천한 사례라고 보고, 그녀가 다음 세대의 리더들에게 제일 바라는 덕목으로 "근면"(work hard)과 "인내" 그리고 "주변사람들과의 좋은 관계"를 든 것을 모두 같은 맥락에서 이해할 수 있다고 본다.

⑤ 이렇게 만물을 이루어 주려는 역할 완수의 덕목은 이정애 APEX원장에게서도 두드러진다. 그녀는 600여 명 직원이 일하는 노인요양병원 경영 이외에도 각종 사회봉사 활동에 적극적이었다. 10여 년 전부터 열심히 참여하는 '글로벌 어린이재단'(Global Children's Foundation)은 한국 어머니상에 대한 강조를 통해서 자기 자식만을 위한 어머니가 아니라 전 세계의 어려움에 처한 어린이들을 위한 어머니 역할을 실천하는 단체라고 한다.

회원들은 시간을 정해 놓고 자신들의 경비로 도움을 필요로 하는 현장에 직접 찾아가서 봉사하는데, 그해에는 미얀마로 간다고 전했다. 또한 그녀가 열심히 참여하는 '워싱턴 한인봉사 센터'(Korean-American Commynity Service Center)는 미국으로 이민 온 한국 사람들의 정착을 도와 주는 단체로 그들의 영어 공부, 집을 구하는 일, 생업을 찾는 일 등을 도와 준다고 했다. 그녀는 앞으로 자신이 실현하고 싶은 큰 꿈은 한국 노인들이 모여 살면서 편안하게 노후를 보낼 수 있는 요양원을 짓는 것이라고 했다.

⑥ '21세기 우리 시대가 가장 필요로 하는 덕목이 무엇이라고 생각하는가.'라는 질문에서 "통합성"(Integrity)과 "고상함"(royalty)을 들고, 자신과 가족, 사회를 위한 "정직"(honesty)과 "책임감"(responsibility)을 차세대 리더들이 꼭 갖추어야 하는 덕목이라고 보는 신수경 여사의 사고도 성실함(誠)의 공공적 역할 완수 이념과 다르지 않다.

또한 마지막으로 전신애 전 차관보는 미국에서의 공직생활 중에서 "르네상스 우먼"이라는 칭송을 들었다고 고백하는데, 그녀 자신도 그것을 매우 특별하게 생각하는 것에서 한국 여성 리더들의 전일성과 만물을 향한 관심과 지향이 다시 드러나는 것이라고 생각한다. 그녀는 밝히기를,

"나는 '르네상스 여인, 르네상스 여인'이라고 되새기고 되새겨 보았다. 자꾸 되풀이하다 보니 서서히 내게 익숙하게 들려왔다.⋯오십 고개를 넘어가는 여성들은 모두가 르네상스 여인들일 것이라는 생각이 내 머릿속을 스쳐 지나갔다. 보릿고개 같은 배고픔은 아니지만 그래도 넉넉지 못한 살림살이를 꾸려 나가면서 돈을 쪼개고 또 쪼개어 가면서 살아온 여인들⋯. 평생을 많은 식구들 세 끼 밥 챙겨 먹이느라고 자기 시간을 가져 보지 못한 여인들⋯. 이런 환경 속에서도 좌절하지 않고 자기를 지켜온 한국의 여

성들…. 가정과 일터, 이 둘을 모두 쥐어 보겠다고 남보다 두 배로 뛰어다니는 나의 미국 여성 동료들…. 이들의 얼굴이 내 눈앞에 떠올랐다. 그들이 살고 있는 동서를 가릴 것 없이 이들이야말로 르네상스 여인들이 아니겠는가. 열심히 사랑하고 지식을 흠모하면서 끊임없는 자유와 무궁한 창조를 부르짖는 이 여인들, 강한 의지로 힘차게 살아 나가는 생명들은 누구나가 르네상스 여인임에 틀림이 없으리라.”[129]

5. 21세기 한국 여성 리더십의 세 차원

지금까지 긴 탐색을 거쳐서 21세기 한국 여성 리더십의 종교·문화적 뿌리를 탐색했고, 그것이 특히 미주 한인 여성 리더들의 삶에서 실제적으로 어떻게 표현되었는지를 살폈다. 미주 한인 여성들의 삶의 자리가 바로 유교 문명과 기독교 문명이 가장 첨예하고 긴밀하게 만나는 장소라고 보았기 때문이다. 전 장에서 살펴본 대로 10여 명의 한인 여성들의 삶의 내러티브 속에서 그들의 리더십이 크게 세 가지 요소와 차원으로 특징지어질 수 있는 것을 본다. 이 세 가지 요소들을 필자는 유교 문명과 기독교 문명이 창조적으로 만나서 이루어 낸 결과로 보고, 물론 그것도 나름의 사각지대를 가지고 있지만 앞으로 21세기 인류의 삶을 위해서 귀중한 기여가 될 것이라고 생각하여 제시하고자 한다.

1) 세간적 종교성의 ‘통합’의 리더십(聖)

먼저 그들은 모두 자신들 고유의 종교성에 근거해서 뚜렷한 가치의식과 목적의식을 가지고 살아간다는 것이다. 하지만 여기서 그 가치의식은 어떤 과도한 탈세속적인 초월의식이 아니라 오히려 '덕'이라든가 '책임 감', '효'와 '인간성' 등 매우 세간적이고, 덕 윤리적인 궁극의미에 대한 의식을 말한다. 필자는 그것을 그들이 근대 기독교의 영향으로 더욱 분명 하게 주체의식과 도덕적 정체성 의식에 이르게 되었지만, 이와 더불어 많 은 다른 한인 기독여성들의 경우와는 구별되게 한국 기독교가 점점 더 빠 져들고 있는 배타주의와 그리스도교적 우월주의에서 좀 더 자유로울 수 있었기 때문에 가능한 일이었다고 본다. 앞에서 재미 한국 여성신학자 김 애라의 연구에서 보았듯이 이들 리더들이 한인 교회의 게토에 갇혀 있지 않았고, 이와 더불어 특히 고향 한국의 정신적 전통을 귀중히 여겼기 때 문에 가능한 일이라는 해석이다.

오늘날 우리가 철저히 세속화된 세계에 살고 있지만 우리 행위나 판단 이 근거할 뿌리나 지향점은 더욱 요청되는 상황이다. 물론 그 뿌리나 지 향점이 다시 예전의 성속 이원론적이고 탈세상적인 초월론이 되어서는 안 되지만 요즈음 심각하게 겪고 있는 인간·자아 중심주의나 '세계 소 외'의 오류에서 벗어나서 그것이 우리 삶에서 나침반과 지렛대의 역할을 할 수 있으려면 다시 어떤 초월적 토대에 근거해야 한다고 보는 것이다. 그런 의미에서 유교 종교성과 기독교 종교성을 잘 조화시킨 한인 여성들 의 초월의식과 가치의식, 그리고 목적의식─설령 그들이 그렇게 디테일 하게 구분하여 의식하지 못하고 있다 하더라도─은 좋은 예가 될 수 있다. 앞의 유교 종교성의 탐색에서 드러난 대로 유교 전통의 '천명'(天命) 의식 이나 '경'(敬) 의식은 그렇게 최소한으로 종교적이면서도 뛰어나게 우리 행위와 도덕의 뿌리와 근거가 될 수 있다.[130] 그러므로 자아에 대한 주체 의식과 더불어 이러한 "종교적 최소주의"의 유교적 종교성을 담지한 한 국 여성 리더들의 리더십은 그런 의미에서 앞으로의 세대들을 위해서도 좋은 지침이 될 수 있겠다.

필자는 한국 페미니즘 리더십이 이러한 초월성의 차원을 회복해야 한다고 본다. 단순히 '주체'(자아)나 '몸'(쾌락)의 차원만 관계하는 페미니즘은 자칫 허무주의와 냉소주의, 무정부주의적 방향 없음에 빠지기 쉬운데, 오늘날 한국 페미니즘 담론도 대면하고 있는 위험이다. 이런 맥락에서 프랑스 여성철학자 루스 이리가리가 자신의 페미니즘적 사고에서 점점 더 새롭게 영적이고 종교적인 차원을 지시하는 부분이 흥미롭다. 그녀는 우리 시대를 "문화적 돌연변이"(cultural mutation)의 시대로 정의하면서 외부로부터의 전통적인 권위나 어떤 기구, 체제로서의 종교보다도 "각각의 남녀가 신적으로 되어 가고"(the divine becoming of each man and woman), "신적인 완성을 향한 인간적인 되어 감의 길"(To pursue human becoming to its divine fulfilment)을 도와주고 가능하게 하는 모든 일이야말로 종교적이고 영적인 일이라고 규정했다.[131] 이리가리의 이러한 종교성 이해야말로 지금까지 본 연구가 탐색해 온 기독교 종교성과 유교 종교성의 창조적 통합과 매우 유사한데,[132] 한인 여성 리더들이 보여 준 목적의식과 추구가 그 좋은 예라고 생각한다. 21세기 페미니즘은 한국적 여성 리더십에서 이러한 자기 수행의 영성을 배울 수 있다. 삶에 뚜렷한 목표의식을 가지고 있고, 그 목표의식이 영성적 차원에 연결되어 있어서 근대의 단차원적인 뿌리 없음을 넘어서지만, 결코 인간적 보편성과 분리되지 않다는 점에서 21세기 인류의 보편적 리더십으로 손색이 없다고 보는 것이다.

함석헌도 그의 『뜻으로 본 한국 역사』에서 '덕'(德)이란 "자기 속에 전체를 체험하는 일"이라고 했다.[133] 또한 한 정치학자는 서구적 자연법 사상의 한계를 다음과 같이 밝혔다; "자연법적 전통에서와 같이 법이 정치 세계 외부에 존재하면서 정치의 내용과 형식을 규정하고 제약하는 권력으로 작용해서는 공동세계를 구축할 수 없으며, 오직 인간의 행위 능력에 내재하는 원리를 반영하고 상호성을 촉진하는 인간 사이의 관계적 법이

어야만 그 기능을 다할 수 있다."[134] 이 지적은 결국 자연법조차도 인간의
관계적 덕으로 이해해야 함을 말하는 것인데, 앞에서 살펴본 한국 여성의
리더십을 이러한 내재적 자연법인 '덕'으로서의 종교성에 근거한 리더십
이라고 보면서 21세기의 인류문명에 줄 수 있는 것이 많다고 생각한다.

2) 건강한 '가족주의'의 리더십(性)

앞에서 살펴본 여러 여성들의 예에서 잘 드러났듯이 이들의 뛰어난 공
공성은 가족생활이 그 뿌리임을 알 수 있다. 물론 여기서 말하는 가족생
활이란 지금까지 전통적으로 한국 사회에서 말하는 정형화된 것만을 주
장하는 것이 아니라 여성이 더 외향적인 경우도 있었고, 국제결혼이나 이
혼모, 싱글맘으로서 다자녀 입양 등 여러 형태를 포함하는 모습이다. 그
러나 그러한 외형적 다양성과 변화에도 불구하고 이들 모두는 가족생활
을 베이스캠프로 해서 삶의 힘을 얻었고, 목표를 추구했으며, 거기에 도
달하는 방식도 그 가족생활의 모형에서 얻은 덕목이 기초가 되었음을 알
수 있다. 『맹자』 '진심장'(盡心章)에 보면 "인(仁)하지 못하고도 한 '나라'(國)
를 얻는 자는 있었으나, 인하지 못하고서 '천하'(天下)를 얻는 자는 없다"
는 구절이 있다. 이 구절이야말로 인간의 리더십이 진정으로 참된 리더십
이 되려면 섬세하게 닦여진 인간적 마음(仁)에 기초해야 하고, 그 기초적
인 인간적 힘이야말로 오늘날 많은 사람이 추구하는 '천하를 위한 리더
십'(CEO의 리더십)의 근거임을 잘 지적해 주는 지혜이다. 그런데 그 기초적인
인(仁)의 힘, 사랑과 배려와 남의 사정을 알아차리고 돌보아 주는 힘이란
바로 작은 반경의 인간 관계, 특히 어린 시절부터 이루어지는 가까운 삶
의 반경에서, 몸으로, 감정으로 체험하면서 습득되는 인간적인 힘이라는
것이다.[135] 이것은 인류 문명과 문화가 지역적으로, 성별로, 종교적 전통

으로 아무리 차이가 나도 모두 공통적으로 적용되는 진리이다. 그러므로 지금까지 이 작은 반경의 가족적인 삶을 세계 어느 곳에서보다도 농도 짙게 일구어온 한국 여성들의 리더십이 힘이 있는 것은 전혀 의아해 할 일이 아니다.

그런데 앞의 장경섭 교수도 잘 지적했듯이 한국의 가족주의가 지금까지 크게 역할해 왔지만 오늘날 그 피로가 임계점에 도달했다는 것이다. 그 반영으로 여성소설가 정이현의 『너는 모른다』는 황폐한 가족적 삶의 축적 속에서 개인들의 감정과 감수성과 생명이 어떻게 죽어가는지를 극명하게 그려주고 있다.[136] 부모들의 이른 이혼과 더불어 생모와 외할머니에게서도 삶의 온기를 받지 못하고 자란 주인공 남매의 누나 은성은 어떤 야채도 먹지 않는 편식 습관을 가지고 있다. 상대를 가리지 않고 즉각적으로 자신의 몸을 내주면서도 그들이 떠날까 봐, 그리고 떠나가게 한 후 비참과 외로움에 자해하고 울부짖는 은성의 모습이 비참하다. 그녀에게 유일하게 지속적인 인간 관계가 되는 남동생 혜성은 중국과 장기밀수업을 하는 것으로 밝혀지는 아버지와 새엄마, 배다른 동생 유지와 함께 살지만 세상의 어느 대상과도 관계를 맺지 못하고, 살아 있지만 그림자와도 같은, 살고 있는 빌라의 경비원에게조차 그림자일 뿐 "존재하지 않는" 존재로 살아간다. 이 소설에 나오는 모든 인간 군상들이 그렇다. 부부로, 애인으로, 부모 자식으로, 사업 파트너로, 시신과 시신 부검자로, 장기 제공자와 장기수여자로 맺어져 있지만, 서로가 서로에게 숨겨 둔 비밀과 불신을 가지고, 관심과 집중할 수 있는 능력을 철저히 상실한 채 불행한 자들로 그렇게 살아간다.[137] 한국에서 자란 중국 화교들이 대를 이어가며 겪는 소외도 이 소설 속에 그려지고, 끔찍한 장기 밀매의 현실, 심지어는 그런 가운데서 어떻게 초등학교 저학년의 여아조차도 일찌감치 세상을 향한 문을 닫고 자기 속으로 들어가서 작은 씨처럼, 그림자처럼 사라져 버릴 수 있는가를 아프게 보여 준다.

그렇게 '인간'(人間)이 모든 존재 중의 존재이고, 만물의 영장이라고 소리치지만 '간'(間, 사이)을 만들 수 있는 능력을 상실할 때는 아무 것도 아니라는 것을 알려 준다. 그 '사이'(間)를 만들 수 있는 힘이란 어린 시절부터 지속적인 관계 맺음의 경험이 아니고는 잘 자라지 않는 것이므로 '가족'과 '모성적 돌봄'과 '세대의 연결'이 그렇게 중요한 일이라는 메시지이다. 지금까지 한국 여성들과 어머니들이 뼛속에 사무치도록 희생하면서 일구어 낸 이 '모성'과 '가족'이라는 밥과 약을 그러나 이제 그들의 피로가 임계에 도달했으므로 남성과 사회, 국가와 공동체가 적극적으로 함께 그 책임을 나누어지어야 한다는 것이다. 육아나 교육, 노인 부양 등 여성과 가족이 지금까지 수행하던 기능을 삶의 핵심과 기초로 여기고, 이 인류 보편적인 가치와 지혜를 더욱 공공화하여 잘 다듬고 일구어 나가도록 하는 것이 한국 여성 리더십이 사회에 주는 두 번째 메시지라고 하겠다. 그런 의미에서 오늘날 우리 사회에서 "흔들리는 리더십"을 바로 세우기 위해서는 한 개인이 주체로서의 자연권을 갖는다고 가정하는 것을 넘어서자는 제안은 매우 의미있다.[138] 그것은 오늘 우리 시대를 위해서는 다른 사람과의 상호 주관적 관계 혹은 상호 협력적 행위 속에서 주체가 되어 가고, 자신의 권리와 사회적인 인민 주권의 갈등 관계를 넘어서서 진정으로 평등하게 자유로운 주체가 될 수 있음을 상정해야 한다는 것을 지시한다.[139]

3) 역할 완수의 '지속성'의 리더십(誠)

『중용』32장에는 다음과 같은 구절이 들어 있다; "오직 천하에 지극히 정성된 사람이어야 천하의 위대한 인륜을 제대로 다스릴 수 있고, 천하의 위대한 근본을 세울 수 있으며, 하늘과 땅의 화육을 알 수 있는 것이다. 대저 무엇에 의지하겠는가?" 여기서 다른 어느 경전보다도 유교 종교성을 지극하게 표현하는 『중용』은 '지성'(至誠)에 대해서 말하며, 그것이야말로 천하 만물을 살리고, 화목하게 하고, 육성하는 생명의 힘임을 밝힌다. 필자는 한국 여성 리더십의 영성이야말로 이러한 '지극한 정성'의 체현이라고 본다. 앞의 여러 예들을 통해서 살펴보았듯이 한국 여성들의 세상을 향한 책임감과 정성은 그들의 사랑과 배려가 단순히 좁은 가족적인 범위에만 머물지 않고 더 큰 반경의 사회와 공적 영역에로 뻗어 갈 수 있음을 보여 준다. 물론 한국 여성들의 '가족이기주의'에 대한 지적도 끊임없이 제기되고 있으며, 오늘날 한국 사회의 많은 병리 현상들, 사교육 열풍과 부동산 투기 등이 모두 한국 여성들의 오도된 열정이 자아낸 것이라고 비판받곤 한다. 그러나 그럼에도 불구하고 외국인들이 보기에도 한국 여성들, 특히 "60세 이상의 여성들"(Korean Women over 60)은 한국을 대표하는 놀라운 것 10가지 가운데 두 번째로 뽑힐 정도로 인정되었고, 한 외국인 영어교수가 한국 여성들의 강인함과 삶의 내러티브들을 'Mothers and Tigers'란 제목의 연극으로 올렸듯이[140] 한국적 여성 리더십의 살림살이 영성과 지극한 정성의 영성은 긍정적으로 확장할 수 있는 여지를 많이 가지고 있고, 오늘날 일일이 열거할 필요도 없이 그 예들이 주변에서 더욱 드러남을 본다.

앞에서 지적했듯이 전혜성은 한국적 여성 리더십의 고유성(authenticity)과 그 의미의 차원을 "역할 완수"(Role dediction)라는 개념으로 표현하였다. 그러면서 오늘의 여성들에게 주는 메시지로서 그녀는 "서양에서는 자기 성장, 자기 계발이 중요하다고 여기지만, 한국에서는 꼭 자기 성장을 추구하지 않아도 역할을 완수하다 보면 자기 완성도 함께 이루어진다고 본다."고 밝혔다. 이와 더불어 "역할 완수는 한국 문화의 전통에서 돋보이는 우수한 가치"라고 지적하며, 그 역할 완수와 효가 매우 밀접하게 연관되어 있는 것이 한국적 효(孝)의 특징이라고 설명한다. 한국적 효는 나 개인이 추구하는 목적을 지향하는 것이 아니라, 조부모의 손녀와 손자, 부모의 딸과 아들로서의 목적 완수를 지향하는 것으로서 거기에는 '나'의 개념 자체가 "시간성을 포함"하고 있다고 지적한다. 그것이 한국 문화와 한국 여성 리더십의 특징이라는 것이다.[141] 필자는 여기서 '역할 완수'라는 개념으로 밝힌 한국 문화의 특성, 또는 한국 여성들의 삶의 특징을 특별히 『중용』에서 강조하는 '성'(誠)의 의미와 다르지 않다고 보았는데, 윤성범과 같은 기독교 신학자는 이미 이 성을 하늘 부모에 대한 극진한 효를 실천하는 한국적 그리스도의 상징으로 이해했다.[142] 이와 유사하게 한국 여성 리더들은 자신들의 삶을 부모에 대한 효의 관점에서 살폈고, 그 효의 역할 완수를 사회와 공동체로 확장해서 만물에 대한 관심과 사랑, 배려로 크게 넓혔다. 즉 공적 책임의 일로 온 세상에 확장시킨 것이다.

『중용』은 '자신'을 이룰 뿐(成己)아니라 '타인'(成人)과 '만물'(成物)을 이루는 '성실함'(誠)을 핵심 메세지로 전한다. 자신과 자기 가족만을 이루는 데 그치지 않고 그 성실함의 배려와 생명 살리기의 일을 온 만물에까지 지속적으로 확장하면서 우리 안의 성스러움(聖 또는 性)을 이루는 일을 말하는 것이다. 그런 '지속함'(不息則久)을 통해서 변화가 나타나고(久則微), "유구함은 물(物)을 이루는 까닭"(悠久所以成物也)이라고 보았기 때문이다. 이런 지속성과 성실함의 영성이 한국 여성 리더십의 고유한 특징이라는 것을 앞에서 여러 한인 여성들의 삶과 사고를 통해서 보았고, 그것이 21세기 인류의 삶에서 더욱 크게 쓰여지기를 소망한다.

이상의 긴 탐색을 통해서 21세기 한국 여성의 리더십에 어떻게 유교 전통과 기독교 전통이 합류하게 되었는지를 살펴보았다. 맨 처음의 문제의식에서도 밝혔듯이 한국 여성의 경우 사회 진출이나 통계적인 평등지수는 많이 떨어지지만 그들의 경우는 그것만이 모든 것이 아님을 살펴보았다. 개인적으로나 국가적으로 그 성취 뒤에는 한국 여성들의 뛰어난 리더십이 자리하고 있었고, 그것이 특히 페미니즘을 포함한 서구 기독교 문명과 그 이전의 동아시아 주체성의 원리인 유교 전통의 창조적 만남으로 가능해졌다고 보았다.

오늘날도 유교 전통은 여성들에게 많은 경계와 의구심을 불러일으킨다. 그러나 앞에서 여러 측면에서 밝혔듯이 그런 과거의 성 차별적인 실체론을 걷어 내고 그 전통의 핵심인 '성인지도'(聖人之道)와 '내성외왕'(內聖外王)의 자기수행적 가르침을 여성들이 적극 받아들인다면 앞으로의 시간에서 삶의 모든 분야에서 리더로 나설 여성들에게 꼭 필요로 하는 덕목들을 가르쳐 줄 수 있다고 보는 것이다. 필자는 그것이 '한국적 페미니즘'(Korean feminism)의 모습이라고 생각하고, 그것을 잘 영글게 해서 한국적 대안으로 제시할 수 있다고 본다.

항상 삶에서의 '궁극성'을 묻는 물음, 지금 여기서 보는 것이 모든 것이 아니라는 전체와 궁극을 생각하는 자세, 개인적 삶과 공동체적 삶을 같이 배려되지 않으면 결코 인간적 삶을 지속할 수 없다는 새로운 가족의식, 그 안에서의 배려가 좁은 의미의 가족을 넘어서서 더 큰 사회 공동체와 세계로 뻗어나갈 수 있는 가능성, 그것을 만물에까지 확장할 수 있는 커다란 모성적 살림의 영성, 이런 것들이 한국 여성 리더십의 참모습이고, 그런 영성을 일구어 가는 데 우리 시대의 모든 여성과 남성들이 초대받았음을 말하고자 한다. 앞으로 유교 문명과 기독교 문명이 더욱더 창조적으로 만나서 새로운 인류 문명을 이루어 가는 데 한국 여성 리더십이 좋은 예가 될 수 있을 것이다.

Ⅲ. 졸부와 불신의 한국 사회에서의 종교와 정치 그리고 교육*

1. 졸부와 불신의 한국 사회에서의 '종교'

이 땅에 살면서 요즘처럼 '역사의 현장' 속에 살고 있구나라는 것을 실감하는 때도 드문 것 같다. 2007년 '성공한' CEO 출신 대통령 정부가 들어선 이후 얼마 지나지 않아서 촛불의 분화를 경험했고, 그 후 다시 이어진 용산 참사, 미네르바의 구속, 미디어법과 금융지주회사법의 처리, 4대강 사업, 쌍용자동차 파업, 연기군 행정도시안 수정 등을 보며 모두가 그 강도와 속도에 놀라고 있다. 이런 와중에서 한국 국민은 채 3개월도 못 되는 간격으로 두 명의 전직 대통령을 떠나보냈다. 역사상 초유의 일이다. 그러나 그 가운데서도 참으로 독특한 경험을 했다. 노무현 전 대통령의 장례에서도 그랬고 가톨릭 신자로 알려진 김대중 전 대통령의 국장식에서도 서로 다른 네 종류의 종교예식을 동시에 치르는 것을 본 것이다. 가

---

* 본 논문이 처음 쓰여진 시기는 2009년 여름이었다. 그후 우리 사회는 또 많은 일들을 겪었고, 변화도 있었지만 우리 시대를 읽는 본인의 시각은 그대로여서 그동안의 일들을 모두 따라잡지 않았다.

톨릭, 개신교, 불교, 원불교의 종교의식이 그것인데, 노무현 대통령의 노제에서는 유교 상례가 행해졌으므로 모두 다섯 가지의 종교를 선보인 것이다.

이렇게 한 나라 원수의 배웅에서 세계 인류의 대표적 종교군이 모두 등장한 경우는 드물 것이다. 거의 유일무이할 것이며, 앞으로도 보기 힘들 것이다. 이 일을 경험하면서 두 가지 생각이 떠올랐다. 우선은 무척 놀라웠고 자랑스러웠다. 한국의 문화와 정신이 그와 같은 정도로 인류의 대표적 종교 전통들을 두루 포괄하여 하나의 종교적 제의로 표현해 낼 수 있는 것에 대해서 긍지를 느꼈다. 세계 어느 곳에서도 찾아보기 힘든 나름의 종교적 통합에 대한 경험일 것이다. 그러나 한편 다시 드는 생각은, 특히 김대중 전 대통령의 영결식에서 느낀 것이었는데, 오늘의 세속사회에서 그것이 여느 종교 지도자의 영결식도 아니고 한 '국가'와 '정치'의 수장이었던 분을 떠나보내는 마당인데 그렇게 긴 시간을 할애해서 한둘도 아닌 네 종류의 예식들을 모두 행했어야 하는가라는 것이다. 그곳에 참여한 사람들 중에는, 또한 그를 떠나보내는 국민들 중에는, 자신을 '종교인'이 아니라고 생각하는 사람들도 많이 있었겠고, 그와 더불어 자신은 거기서의 네 종교에 속하지 않는다고 생각하는 사람도 있었을 터인데, 그렇다면 그 예식은 오직 '종교인'과 다시 더 좁혀서 '네 종교'에 속하는 사람들만을 위한 것이었나? 그렇지 않고, 또한 그럴 수 없음이 분명하니 이 물음에 대해 성실히 답하는 것이 오늘 한국 사회와 종교인들이 담당해야 할 과제일 것이다.

사실 오늘 한국 사회에서 '개신교 기독교인'이고, 그것도 한 특정한 교회 공동체의 멤버였던 사람이 나라의 수장이 되면서 종교는 공공의 영역에서 더 이상 터부가 아닌 것이 되었다. 오히려 아주 강력한 '힘'과 '권력'으로 사회적 삶에 등장하고 있는데, 소위 집권여당과 정부의 정책노선을 적극 뒷받침하고 있는 '뉴라이트'(new right) 운동 그룹이 그 대표적인 모습이다. 이들이 관여하지 않는 문제는 거의 없는 것 같다. 먼저는 한국의 통일 외교 정치에 막대한 영향을 끼치고 있다. '친북좌파'라는 아주 간단한 이름으로 남북의 화해와 통일을 염원하는 그룹들을 신적 악마로 모는 이들은 현 정부의 대북 정책에 영향을 주고 있다. '교과서 포럼' 등의 그룹은 한국 중등교과서의 역사 서술 자체를 손질하려고 한다. 또한 이들은 '자유주의 교육운동연합' 등으로 교육 정책에 큰 힘을 발휘하고 있으며, 미디어법 개정과 관련한 역할 등 정치, 경제, 문화, 교육의 전 영역을 넘나들며 우리의 공동 삶에 영향을 끼치고 있다.

그런데 참으로 이상한 것은 이렇게 종교적 무늬의 구호가 한국인들의 모든 삶 속에 널리 퍼져 있고, 종교인 통치자의 영향으로 나라의 각료를 선출하는 데도 그가 어느 종교 공동체 출신인가가 거론되는 현실이지만, 한국 사회와 문화는 오히려 점점 더 불신과 미신이 거세지고 반인륜적인 일들이 속출하고 있는 것이다. 세계에서 자살률이 제일 높고, 출생률은 반대로 한없이 떨어지고 있으며, 북한과의 관계는 한치 앞도 내다볼 수 없을 정도로 긴장되고 있다. 삼성 그룹의 불법적 경영권 승계가 면죄부를 받았고, 금융지주회사법이 구렁이 담 넘어가듯이 통과되어서 앞으로 경제적 양극화 현실은 더욱 심화될 전망이다. 이와 함께 국민 한 사람 한 사람이 직접적으로 연관되어 있는 교육에서의 무한경쟁주의는 그 끝을 모르고 진행되고 있고, 미디어법의 날치기 통과는 지식 기반 사회의 뇌관을 차지하려는 기도이므로 더욱 염려된다. 연기군 행정수도안은 법으로까지 합의한 사항이었고, 대통령 후보 시절 수 차례의 공개적인 언술로 약속한 것이지만 그 약속이 아무런 구속력을 갖지 못하면서 무너져 내려 온통 불신과 분열만 조장하고 있다.

상황이 이렇다 보니 다시 묻게 된다. 우리 삶에서 '종교'와 '정치'의 바람직한 관계는 어떤 것일까? 오늘과 같은 세속사회에서 한국 문화의 종교적 열성은 정치적 삶에 긍정적인 영향을 미치는가 아니면 그 반대인가? 또한 정치와 경제의 관계는 어떠해야 하는가? 오늘 우리의 삶이 철저히 무한경쟁의 경제환원주의에 영향을 받고 있다면 그 경제와 문화와의 관계, 교육과의 관계와 거기서의 정치와 종교의 역할과 의미 등을 묻게 된다는 것이다. 요즘 한국 대학가에서 음식점과 옷가게와 더불어 가장 눈에 띄는 것이 사주와 팔자, 운수를 살펴 준다는 점술 판매대이다. 이 현상을 어떻게 이해해야 할까? 이 땅에 세계의 주요 종교군들이 두루 실행되고 있으니 사주팔자의 운수 감정도 세속사회의 젊은이들에게 널리 퍼져 있는 종교 활동으로 보아야 하는가? 아니면 이렇게 종교가 번창해 있지만 정작 삶에서는 '불신'과 '불안'이 만연해 있어서 스스로의 건강한 판단력을 잃고 모두가 그토록 우왕좌왕하고 있는 모습인가?

　우리 시대와 사회를 '불신'과 '불안', '광대'와 '매춘'의 시대로 규정하는 데 이의를 제기할 사람들이 그렇게 많아 보이지 않는다. 그렇다면 이 이율배반은 어디에서 오는 것이며, 어떻게 이 불신과 불안을 넘어서 가능한 한의 삶의 '진정성'(authenticity)을 회복하고 '사람이 사람 노릇하는 세상'을 희망할 수 있을지를 살펴보고자 한다. 종교와 정치, 경제, 교육(문화)의 관계가 서로 어떻게 연관되며, 어떤 관계 속에서 오늘 우리 사회의 총체적인 비인간화를 불러오는지를 찾아보려는 것이다. 이 일을 하면서 특히 스피노자와 유영모, 칼 폴라니와 노무현, 한나 아렌트 등을 많이 언급할 것이다.

2. '보편종교'(religio catholica)에서의 종교와 정치
: 스피노자와 유영모의 경우

최근 한국에서도 번역 소개되어 회자되고 있는 칼 폴라니(Karl Polanyi 1889~
1964)의 『거대한 전환-우리 시대의 정치·경제적 기원』을 보면 서구 정신
은 지금까지 세 가지 차원에서 삶의 실제에 대한 깨달음을 얻어 왔고, 그
것으로 자신들의 의식을 구성해 왔다. 그것은 '죽음'과 '자유'와 '사회'
에 대한 자각인데, 앞의 두 차원이 구약과 신약의 예수의 복음을 통해서
얻은 것이라면, '사회'의 발견은 겨우 19세기나 되어서 로버트 오언(Robert
Owen, 1771-1858) 등의 사회주의 의식을 통해서였다고 한다.[1] 폴라니는 오언
을 따라서 이제 서구 문명의 삶은 개인의 자유에 초점을 맞추던 기독교
시대를 넘어서 사회와 공동체의 협동을 크게 도모하는 "기독교 이후"
(postchristian) 시대로 들어섰다고 보고, 이 "복합사회"(complex city)의 치리를 위
한 경제적 정의의 실현을 매우 강조한다.

그런데 폴라니가 여기서 서구 문명이 근대 산업사회를 거치면서 전통
적 '자유' 의식의 불충분성을 깨달으며 얻었다고 하는 '사회' 의식은 사실
아시아, 특히 유교 문명권이 오래 전부터 가르쳐 온 핵심 메시지였다. 하
지만 21세기 현재 그 유교 문명권의 핵심에 놓여 있던 한국도 서구 어느
나라 못지않게 산업화되어서 개인주의가 더 극성을 부리고 있고, 개인의
안녕과 관련된 종교 활동만이 힘을 받고 있다. 이미 들뢰즈(G. Delerge, 1925~
1995)나 네그리(Antonio Negri 1933~) 등 포스트모던 정치사상가들이 매우 의미
있게 발견하고 있지만 필자는 오늘 한국 사회에서 뉴라이트 개신교회와
현 정부의 정치에 17세기 네덜란드 사상가 스피노자(1632~1677)가 줄 것이
많다고 생각한다. 스피노자는 17세기 바로크 시대에 인간의 삶이 아직 중
세적 계시종교의 독점에서 온전히 벗어나지 못하고 근대가 시작되지도

못한 상황에서 종교와 정치가 어떻게 관계 맺어야 하는지를 그의 저술 『신학-정치론』에서 지시해 주었다. 그 출발점은 다음과 같은 질문들이었다; '사람들은 왜 그토록 비합리적인가?' '어찌하여 자신의 예속을 오히려 최고의 명예로 여기는가?' '어찌하여 인간은 예속이 자신들의 자유가 되기라도 하듯 그것을 '위해' 싸우는가?' '왜 종교는 사랑과 기쁨을 내세우면서 전쟁, 편협, 악의, 증오, 슬픔, 양심의 가책들을 불러일으키는가? 등이다.[2] 스피노자는 당시 다른 지역에 비해서 비교적 넉넉한 종교적·정치적 자유를 누릴 수 있었던 조국 네덜란드에서도 칼뱅 파가 공화주의를 무너뜨리는 것을 보고서 종교의 독단과 폭력, 위선과 아집을 폭로하고 인간의 건전한 이성과 자유를 찾기 원했다. 불안정과 두려움은 사람들을 미신에 빠지게 하고, 당시의 종교가 중세적 아집으로 인민들을 계속해서 예속 아래 잡아 두려는 것을 보면서 그 음모들을 들추어 내고자 한 것이다.

스피노자에 따르면 종교는 인간 인식의 또 하나의 '결과'로서,[3] 그때까지 대부분의 계시종교가들이 주장하는 대로 인간의 이성이나 언어와 무관한 배타적인 초월이 아니다. 당시의 종교가들은 교회나 교회의 직무와 성서의 언어를 할 수 있는 한 비의화하고 신비화해서 보편적으로 다중의 삶을 치리하기 위해 필요불가결한 공공의 권위(정치)도 무시하고, 독점적 초월 권력으로 무소불위의 힘을 누리려고 했다. 그러나 스피노자에 따르면 그러한 종교 권력은 틀림없이 '미신'으로 전락하고, 싸움을 불러일으키고, 공동체를 분열시키고 사상과 행위의 자유를 한없이 억압하게 된다. 그래서 그는 성서의 언어학적·역사적 해석 방식을 주창하였고, "개인의 믿음은 오직 그의 행위에 따라서만 평가해야 한다."고 주장하였다.[4] 성서 해석의 방법은 "자연 해석의 방법"(interpretatio naturae)과 다르지 않다는 것이 그의 주장인데, 진실한 신앙심에 대한 가르침은 "신을 사랑하고 이웃을 자신처럼 사랑하라.”는 계명처럼 가장 일반적이고, 단순하며 쉬운 말로 표현된다는 것이다.

그는 성서를 자연 해석의 방식으로 이해한다는 것은 성서의 진리가 성서 자체에서 나오고 성서 안에서만 의미를 끄집어 낼 수 있음을 말하는 것이라고 밝힌다. 예를 들어 유대교 대제사장의 권위는 신명기 17장 11-12절과 33장 10절 등에 근거해 있지만, 가톨릭 교황은 그런 종류의 증거도 제시하지 못하기 때문에 “그 권위는 매우 의심스럽다.”고 잘라 말한다.[5] 즉 당시까지도 거대한 권위로 자리 잡고 있는 가톨릭 교회와 교황의 권위는 단지 과거 유대 구약 시대의 한 특수한 예를 흉내냈을 뿐 신약 시대에 와서, 또한 그 이후의 보편적 시민사회 시대에는 결코 권위로 주장할 수 없다는 것이다. 모세 시대에는 모세의 율법이 곧 국가법이었던 제정일치시기였으므로 그것을 지탱하기 위해서 대제사장의 권위를 공공적인 권위로 세워야했지만, 그런 특수한 상황과는 전혀 다른 신약시대 이후는 그렇게 해서는 안 되며, 대제사장을 필요로 한다는 생각을 결코 해서 안 된다고 강조한다.[6] 스피노자가 이미 17세기의 가톨릭 교회에 대해서도 이렇게 말했는데, 21세기 한국 개신교 교회들이 중세의 가톨릭 시대를 넘어서 더 멀리 구약 시대의 대제사장 시대로 돌아가려는 경향을 보인다면 그것은 매우 어불성설이다.

스피노자는 ‘종교’와 ‘정치’는 확연히 다른 것이라고 주창한다. 정치란 인간이 본성상 홀로 살 수 없고 ‘다중’(multitude)으로 살아가야 하기 때문에 그 다중이 조화를 이루고 살아갈 수 있도록 하기 위해서 누구나 공동으로 복종해야 하는 공공적인 권위를 필요로 한다.[7] 하지만 종교는 이성과 더불어 상상의 인식으로 도덕적 의미를 찾는 내면의 일이므로 법이나 공공의 권위에 종속되지 않고, 모두가 각자 스스로 최고의 권위가 되어야 한다. 그러기 위해서는 의견의 완전한 자유라는 최고의 원리를 보장해야 한다는 것이다. 이에 반해서 다중의 공동체적 삶에서는 만약 각자가 자신의 견해에 따라 공공의 법을 임의로 해석할 자유를 갖는다면 그 어떤 공동체도 유지될 수 없다. 따라서 스피노자는 시민의 삶은 공공적 권위를 요청하고, 심지어는 사고와 의견의 자유를 보장하는 조건이라면 그 최고 정부권력이 시민법뿐 아니라 종교적인 법에 대해서도 수호자와 해석자라는 것을 인정해야 한다고 지적한다.[8]

이렇게 스피노자는 매우 현실적이고 실천적이다. 그는 당시에 이미 인간 삶의 현실적 조건인 '다중'의 다원성을 백분 인정했고, 그 다원성이 현실적으로 조화롭게 기능하도록 하기 위해서 당시에도 여전히 최고 권위임을 주장하는 종교의 초월적 권위나 비현실적인 철학적 이성의 인도가 아닌 공공법으로서의 시민법을 주창했다. 그가 정치와 도덕을 분리시키면서 현대정치의 문을 연 마키아벨리를 지지하며 군주정과 귀족정을 거쳐서 민주정을 최고의 정치 체제로 제안하는 구체적인 내용이 그의 『정치론』이다. 그것은 미신으로 전락하는 종교적 권위의 횡포와 폭력에 맞서는 것이었다. 그에 따르면 다중의 삶이 유지되기 위해서는 누군가의 선한 믿음에 의지하거나 이성적 명령에 따를 것이라고 믿는 철학적 낙관은 너무 안일하다.[9]

그러나 스피노자는 이렇게 인간조건의 다중적 삶을 실천적으로 인도하기 위해서 '국가'나 '법'을 최고의 권위로 인정하지만, 그것이 결코 리바이던이 되어서는 안 되고, 궁극에서는 더 근원적인 '자연법'(모든 자연물이 각각 자신의 존재를 보존하려는 의지) 내지는 '전쟁법'(존재의 보존을 위협받을 경우 각자 스스로 지키기 위해 전쟁을 일으킬 수 있는 권리)에 종속되기 때문에,[10] 한 사회에서 특히 법을 해석할 수 있는 국가적 권위와 공적 직무에 대해서 제한되지 않는 판단을 허용해야 한다고 강조한다. 이것은 국가와 종교, 사상(철학)이 각각 자신의 고유한 역할과 분담을 가지고 있음을 밝히는 것이며, 이 관계의 비이성적인 혼합이나 허황된 통합을 매우 경계하는 것이다.

스피노자는 종교에 대해서 어떠한 예배당이라 하더라도 공공의 비용으로 세워서는 안 된다고 강조한다. 그런 반면 그것이 국가의 근본을 뒤집어엎는 것이 아니라면 믿음에 대해서는 법이 왈가왈부하지 말아야 한다고 강론한다.[11] 그는 결국 인간 공동 삶을 최선으로 이끌 종교로서 『신학–정치론』에서 설파한 "보편종교"(religio catholic)를 다시 제안하는데, 신과 이웃에 대한 사랑을 성서의 가장 보편적인 가르침으로 삼는 이 종교를 국가 종교로 삼음으로써, 공직자 스스로가 종교적 분파를 나누고, 자신의 선호를 내세우고 미신에 경도되어 사람들의 말의 자유를 빼앗는 폐해를 피할 수 있다고 본 것이다. 또한 인민의 입장에서는 그들 각자가 자신의 의견을 말할 자유를 가지고 있지만 "큰 규모의 비밀집회는 금지해야 한다."고 못 박는다.[12]

이렇게 스피노자가 '보편종교'를 이야기하면서 국가와 정치의 법적 객관성을 온전히 인정하고, 동시에 종교적, 정치적 자유를 최대한으로 요청한 것은 철저히 그의 시대를 뛰어 넘는 "전복적" 세계관과 형이상학(『윤리학』)에 근거한 것이다.[13] 이 세상(자연)과 신이 결코 나뉠 수 없고, 만물의 존재가 다양한 신적 양태의 표현이기 때문에 그 만물이 신적 '자연의 빛'을 담지하고 있다는 통찰을 말한다.[14] 그는 우리의 "이성 자체뿐 아니라 예언자들과 사도들의 말도 다음과 같은 것을 명백하고 당당하게 선포"한 것이라고 밝힌다. 그것이란 다름 아니라,

> 영원한 말씀과 신의 영원한 계약과 진실한 종교는 사람의 마음, 즉 신이 부여한 사람의 정신 안에 씌어졌다는 것, 그리고 그것이 신의 진실한 원문이라는 것이다. 신은 그의 신성함에 대한 관념으로서 자신에 대한 생각을 봉인함으로써 이 사실을 드러냈다.[15]

이러한 언술로 그는 당시 무신론자이고, 유물론자이며, 비도덕적이라고 심지어 같은 인과율을 말하는 데카르트주의자들에게까지 배척받았다. 하지만 21세기 오늘날에는 진정으로 다시 "이 세계의 지평에 영원의 의미를 복원시켜 준" 사상가로 평가받는다. 즉 역사의 종말을 이야기하거나 냉소적 존재론으로 실천으로부터의 이탈을 변명하는 나약한 포스트모더니스트들과는 달리 다중의 실천과 변화를 위해서 참으로 기여한 실천가라는 것이다.[16] 우리가 그의 말이라고 많이 들어온 '내일 세상의 종말이 와도 나는 오늘 한 그루의 사과나무를 심겠다.'라는 지극한 실천성의 고백은 바로 위의 그의 말처럼 '오늘'과 '여기'와 '자연'에서 '영원'(eternity)을 보고 '하늘'을 감지하기 때문이다. 들뢰즈는 스피노자는 좁은 의미의 희망을 말하지 않지만 모든 존재의 삶이 신적 기도 안에 있다는 큰 통찰의 기쁨과 믿음을 가졌으며, 그래서 겸손과 검소, 순수와 간소함 속에서 자신이 영원하다는 것을 느끼고 경험하며 단지 그것을 보여 주려 했을 뿐이라고 서술한다.[17] 그렇게 그는 400여 년을 선취(先取)하여 종교에 관한 최고의 권위는 각 개인에게 속해 있는 것이고, 믿음은 오직 행위에 따라서만 평가받아야 한다고 하면서 국가의 근본과 궁극적인 권위는 '다중'에게 있음을 분명히 했다. 그렇게 함으로써 그는 종교와 정치, 두 분야에서 모두 혁명가가 되었다.

이러한 스피노자의 사고를 살피면서 유교『중용』 25장의 "성(誠)은 스스로 이루고, 도(道)는 스스로 찾아간다."(誠者自成也, 而道者自道也)라는 가르침이 생각났다. 또한 이(理)와 기(氣)라고 하는 나름의 '존재 생명'(코나투스, 性)에 대한 인식을 가지고 스피노자가 당시 정쟁에서 "야만의 극치"(Ultimi barbarorum)로 겪었다고 하는 잔인함보다 덜하지 않았을 조선조 사화 속에서 살다간 퇴계와 율곡 등, 조선 유교의 내재적 초월 신앙자들이 생각났다. 그리고 특히 오늘날의 다석 유영모(柳永模, 1890~1981)와 잘 연관될 수 있음을 본다. 다석 유영모도 스피노자와 마찬가지로 쉽게 '믿음'을 이야기하지 않는다. 15살 때부터 교회에 다니기 시작했지만 그 후 쭉 믿음을 추구하여 52세가 되는 1942년에야 자신이 참으로 믿음이 들어갔다고 고백하며 그날을 자신의 중생일로 꼽았다. 그의 「믿음에 들어간 이의 노래」를 보면 "몸을 잊자! 낯을 벗자! 맘을 비우자 그리고 보내신 이의 뜻을 품자! 주를 따라 아버지의 말씀을 이루자!"고 고백한다.[18] 이것은 하나님을 불교식으로 공(空)이라고도 했고, 유교식으로 성(性)이라고도 한 유영모가 오랜 시간에 걸친 믿음의 추구에 있어서 참된 깨달음에 도달하게 되었음을 고백한 것이다. 물론 스피노자가 당시 결코 계시를 부인하지 않았고, 성서의 권위가 예언자의 권위에 의존함을 밝혔으며, 다중을 위한 순종을 통한 구원을 말하였지만,[19] 그럼에도 불구하고 당시 교회가 쉽게 신앙과 믿음을 내세우며 자신들을 무오한 영적 권위로 내세우는 것을 비판하면서 미신과 반이성 대신에 보편종교의 참된 신앙을 밝힌 것과 유사하다고 하겠다. 우리가 알다시피 유영모는 모든 인간 속의 '얼나'와 '씨올'을 믿고서 누구나 그리스도가 되는 도상에 있음을 강조했다. 그래서 그의 그리스도론은 '부자유친'의 그리스도론이 되었으며, 예수가 큰아들이라면 자신은 작은아들이라는 의식을 가지고 살았다. 그에 의하면 우리 모두는 제 속에 그리스도를 가지고 있고, 그런 의미에서 모두가 천자(天子)인 것을 깨달아야 한다.

그러므로 밖에서 그리스도/부처/성인을 기다리는 것은 어리석은 짓이다. 제 속에 그리스도가 있고, 부처가 있고 성인이 있다. 그리스도나 부처나 성인이란 내 속의 영원한 생명인 것이다. … 제 속에 온 천명(天命)의 그리스도/부처/성인을 모르면 밖으로 오는 그리스도/부처/성인도 알아주지 못한다. 그러면 거짓에 속기만 한다."[20]

이러한 전복적인 그리스도론 이해는 그래서 그를 전통적인 교회나 성직제도 밖에 있게 했고, 자기 자신을 매일의 일상에서 제사물로 드린다는 의식으로 하루에 한 끼만 먹게 했으며, 항상 무릎 꿇고 앉고 걸어 다녔고, 52세 이후로 해혼의 삶을 살게 했다. 그의 잘 알려진 '오늘'(today)의 '오(oh!) 늘(always)'로의 해석은 그야말로 '오늘'을 살면서 '영원'(eternity)을 산 사람이라는 것을 잘 드러내 준다. 스피노자가 이 세상과 자연이 그대로 하나님이라는 것을 통찰하고 『윤리학』과 『정치론』을 썼듯이 유영모도 오늘이 바로 영원이라는 깨달음 아래 자신의 온 삶을 오직 '실천'에 바쳤다; "내게 실천력을 주는 이가 있다면 그가 곧 나의 구세주이시다."[21]

스피노자도 유영모도 일면 비정치적이었던 것처럼 보이기도 한다. 하지만 그들의 성서나 교회나 그리스도 이해는 어떤 정치가나 윤리가의 그것보다 더 근본적으로 사회를 개혁하고 민중들을 실천에로 이끄는 기폭제가 되었다. 그들에게는 세계의 모든 영역과 시간이 하나님의 영역과 시간이었으므로 비록 현실에서는 각자의 역할이 있고 영역이 있음을 강조했지만 그 둘이 나뉘는 것이 아님을 분명히 했다. 스피노자는 자신의 생계를 위해서 안경알을 갈았고, 유영모는 농사를 지었으며 꿀벌을 쳤다. 유영모는 다른 사람에게 사소한 심부름을 시키지 않았고, 자신의 재산을 팔아서 이현필의 동광원을 위해서 땅을 사 주었다고 한다. 오늘 한국 사회에서 종교와 정치의 관계가 왜곡되어 있고, 모두가 모든 것을 가지려고 욕심을 부리고 있을 때, 그 결과 그렇게 모든 것을 가진 소수의 사람들 이외의 다중은 점점 더 인간적인 삶에서 소외되고 있는 상황이므로 스피노자와 유영모와 같은 이가 더욱 그리워진다.

3. '정치'와 '경제' 사이의 거리두기와 관계 조정하기

오늘 한국 사회에서 종교와 정치와의 관계만큼이나 건전치 못한 관계가 '정치'와 '경제' 사이의 그것이다. 종교적인 권위로 정치의 영역에서도 자신들의 힘을 발휘하려는 그룹과 종교적인 권위를 가지고 이미 가진 자신들의 정치적인 힘을 더욱 곤고히 하려는 일련의 한국 사회 기득권 그룹들은 이제 당연히 경제의 영역에서도 힘을 갖고자 한다. 오늘날 많이 회자되는 신자유주의 시장경제 주창자들이 빠지기 쉬운 위험인데, 그들은 자신들이 이미 가지고 있는 종교적 · 정치적 힘을 동원해서 경제적 이익을 극대화하려고 하면서도 경제활동을 위한 모두의 무제약적인 '자유'를 외치고, 시장의 '자기 조정'을 강조하며, 그런 자유주의적 시스템만이 가장 효율적으로 부를 창출할 수 있다고 주창한다.[22]

앞에서 우리가 언급한 칼 폴라니는 그렇게 경제적 부의 불평등과 불의가 지속될 수 없음을 "거대한 전환"(The great transformation)이라는 개념으로 밝혀 주었다. 유럽에서 중세 봉건제 이후로 시장주의 경제가 발생하여 18세기와 19세기를 거치고, 20세기 파시즘과 공산주의를 겪으면서 두차례 세계대전에 이르기까지의 긴 시간을 정치경제사적으로 길게 탐색하는 그에 따르면 인류 경제의 비약적 발전은 사회적 삶의 근본적 해체를 대가로 얻은 것이다. 그에 의하면 시장주의 경제란 정치와 경제, 사회와 경제를 아주 인위적으로 나누어서 사회를 시장에 딸린 부산물로 보는 것이고, 전체 사회관계 안에 경제가 묻어 들어가는 것이 아니라 오히려 그 사회를 시장 논리에 종속시키는 것이다.[23] 그러나 인간 삶의 본래적 모습은 그것들이 서로 "묻어 들어 있는"(embedded) 것이며, 인간은 한결같이 '사회적 존재'라는 것이다. 그래서 개인에게 정작 결정적으로 중요한 일은 사회적 유대를 유지하는 일이다. 하지만 시장자본주의 역사는 인간을 철저히 '노동력'으로, 우리가 사는 자연을 '토지'로, 그리고 생산을 '상품화폐'의 생산으로 대치하면서 모든 것을 필요와 유용의 산물로 바꾸어 버렸다. 폴라니는 19세기 '자기조정시장'(self-regulating market)이라는 이상이 어떻게 하나의 '이데올로기'이고 결코 실현될 수 없는 '유토피아적 허구'로서 인간 사회를 해체시켜 왔는지를 밝힌다. 그에 따르면 자기조정시장은 19세기의 독특한 문명과 연관되어 발흥한 것이다.[24] 그것은 자유로운 노동시장, 자유무역, 금본위제라는 자기조정 통화메커니즘을 연결하면 생산성은 더욱 늘어나고, 이것으로써 가난한 자도 포함해서 모두가 혜택을 본다는 이념인데, 그것이 결코 진실이 아니라는 것이다.

폴라니는 사람들 마음속에 단순한 생계 유지라는 동기는 사라지고 '이익추구'라는 동기가 그 자리를 차지하고, 모든 생산을 시장에서의 판매를 목적으로 하는 활동으로 생각하면서 어떻게 지금까지 상상할 수도 없는 비참한 일이 일어났는지를 역사상의 여러 예들을 통해서 살핀다. 즉 17세기 영국에서의 종획운동, 산업혁명 시기의 도시노동자의 비참, 아프리카 노예선의 실상 등이 그 예들이다. 그리하여 그는 말하기를, "이 자기조정 시장이라는 아이디어는 한마디로 완전히 유토피아다. 그런 제도는 아주 잠시라도 존재할 수 없으며, 만에 하나 실현될 경우 인간과 자연이라는 내용물은 아예 씨를 말려버리게 되어 있다. 인간은 그야말로 신체적으로 파괴될 것이며 삶의 환경은 황무지가 될 것이다."[25] 폴라니에 따르면 "노동을 인간의 다른 활동에서 떼어 내서 시장법칙에 종속시키면 인간들 사이의 모든 유기적 존재 형태는 소멸되고 그 자리에는 대신 전혀 다른 형태의 조직, 즉 원자적 개인주의의 사회조직이 들어서게 된다."[26] 폴라니는 그러한 시장경제라는 경제환원주의에 노출된 인간의 삶을 "사탄의 맷돌"에 노출된 것으로 그리는데, 그렇게 되면 "무지막지한 상품 허구의 경제 체제가 몰고 올 결과를 어떤 사회도 단 한순간도 견뎌내지 못할 것이다."[27]라고 예언한다.

21세기 오늘 한국 사회에서 신자유주의 시장경제의 이상을 더욱 찬미하면서 행해지는 모든 일들 – 몇 가지 예를 들어보면 4대강 개발, 그린벨트 해체, 금융지주회사법, 종부세 감산 등 – 에도 적용할 수 있는 그러한 시장만능주의는, 폴라니에 따르면, 사회 스스로도 그것을 지속적으로 감내해낼 수 없다. 그래서 사회는 스스로를 보호하기 위해 조치를 취하지 않을 수 없는데, 그에 의하면 과거의 빈민구제법, 노동계급운동, 두 차례의 세계대전과 공산주의와 파시즘의 등장도 사회가 스스로를 보호하기 위한 '전환'(Transformation)의 나타남들이다. 그러나 우리가 경험했듯이 파시즘이나 전쟁을 통한 전환은 엄청난 파괴와 비참을 수반한다. 그리하여 그는 인간 사회의 이성적인 전환을 촉구한 것이고, 그 열쇠를 '사회'라는 실재의 발견에서 본다. 그는 인류가 "경제적 자유주의가 일종의 세속 종교로 변질"된 상황을 넘어서 더욱 더 공동체의 문제로 눈을 돌려야 한다고 촉구한다.

폴라니는 19세기 산업혁명 이후의 인간의 사회를 "복합사회"(complex society)로 부른다. 그에 따르면 시장경제의 개인주의적 차원을 극복하고 '사회'로서의 인간 삶을 본격적으로 발견한 사람은 19세기의 로버트 오언이다. 오언은 인간에게 주어진 가능성에는 한계가 있지만, 그 한계를 결정하는 것은 시장법칙이 아니라 사회 스스로의 법칙이라는 것을 인식하는 과업을 맡았다고 지적한다.[28] 20세기의 혹독한 파시즘과 공산주의와 더불어 제2차 세계대전을 겪는 와중에 이 책을 출간한 폴라니는 산업혁명 후의 인류 기계문명 속에서도 "거대한 전환"이 아직 끝나지 않고 진행 중이라고 판단했다.[29] 그러면서 그러한 "새로운 세계"로 나아가는 길목에서 "이러한 방향으로 나아가기 위해서는 불가피한 요소인 계획과 통제가 지금 자유의 부정이라는 이름으로 공격당하고 있다."고 오늘 한국 사회에서도 유사하게 많이 듣는 이야기를 해주었다.[30] 이 지적과 더불어 그는 이제 인간이 예전에 믿었던 모습의 자유가 종말을 고했음을 알아야 한다고 강조하는데, 대신에 "이제 인간은 자신의 모든 동료들이 누릴 수 있는 자유를 창조해야 한다는 새로운 과제를 안게 되었다."고 역설한다.[31] 이것이야말로 복합사회에서의 진정한 자유의 의미라는 것이다.

이상의 모든 이야기들은 오늘날 세계 신자유주의 시장지상주의가 지구를 또 한 차례 휩쓸고 난 후 그 의미가 더욱 드러난다. 폴라니의 핵심 가르침은 신자유주의자들이 주장하는 것처럼 경제가 결코 '정치'나 '사회'의 체제 밖이나 위에 있어서는 안 되고 오히려 '사회'(정치)의 규제 아래 있어야 한다는 것이다. 그렇게 되도록 하기 위해서는 경제에서의 이익 당사자들이 정치를 주무르거나, 정치 담당자와 경제 담당자의 경계를 쉽게 허물어서는 안 된다는 가르침이다. 여기에 반해서 한국에서는 CEO 출신의 대통령과 여당대표를 두고 있고, 또한 복합사회의 입과 귀인 언론마저도 경제 원리에 깊이 침식당하고 있다. 2009년 5월 큰 충격을 주고 떠난 노무현 전 대통령은 이 사실을 분명히 알고 있었다. 그는 경제 CEO와 정치 지도자의 차이를 축구경기에서의 선수와 관리자로 비유했다. 경제 CEO는 축구시합에서 그 자신이 어떻게든 골을 넣으려는 선수이지만, 정치지도자는 그 시합 자체를 잘 운영하고 공정하게 관리하는 관리자의 역할이라는 것이다. 노무현은 정치가에게는 경제 CEO에게서와는 달리 패배자를 챙겨 가는 일이 무척 중요하다고 강변했다. "CEO에게 패배자라는 건 무의미한 것이지만 정치가에게는 패배자야말로 중요합니다. 정치가는 패배자들을 챙겨서 함께 데리고 앞으로 나아가야 하는 사람입니다."라고 두 역할의 차이와 정치의 본분이 어디에 있어야 하는지를 분명히 지적해 주었다.[32] 폴라니가 그렇게 강조한 것과 같이 정치는 사회와 관계하는(embedded) 일이며, 경제도 바로 그 사회를 세우기 위해 있는 일임을 밝힌 것이다.

물론 앞의 폴라니도 영국의 산업혁명 시기에 가난한 이들이 스스로 벌어들이는 수입과 무관하게 마치 "신이 내린 시장"(boondoggling)과도 같이 국가에서 기본 소득을 영원히 보호해 주는 '스피넘랜드 법'(Speenhamland Law)이라는 구제법이 어떻게 장기적으로 일반 대중들의 인간적이고 사회적인 자긍심과 존엄을 잃게 하고 마치 우리 안에 갇힌 짐승처럼 구호 대상 극빈 노동자의 수준으로 침몰시켰는가를 그려 주었다. 그에 따르면 그것은 노동시장이 없는 자본주의적 질서를 만들어보고자 했던 시도가 끔찍한 재난으로 귀결되는 실패를 보여 준 것이다.[33] 그래서 그는 시장주의 경제로 전환하는 데 한 근간이 된 토지의 개조와 개량이 지속적으로 벌어지지 않았다면, 인간의 삶은 지금도 원시적 수준에 머물고 있었을 것이라고 지적했다.[34]

이것은 폴라니가 시장 사회를 무조건 반대하고 매도한 것이 아니라는 사실을 보여준다. 그가 자연과 사회가 때에 따라서 거대한 '전환'(Transformation)을 불러오는 것을 보여 주고, 경제 체제를 사회의 우위에 두어서는 안 된다고 강조한 것은 시장 자체를 부정하기 위한 것이 아니었다. 오히려 인류 사회의 지속가능한 성장을 더 보편적으로 도모하기 위해서였다.

노무현도 그랬듯이 폴라니는 지속가능한 성장의 전개가 인간 본성의 요구에 더 적합한 것이라고 보았다. 따라서 산업문명이 인류를 절멸시키는 방향으로 나아가지 않으려면 그것은 인간 본성의 요구에 종속되어야 한다고 강조한다. 폴라니에 따르면 '파시즘'의 승리란 이러한 방향으로 나가기 위해서 필요한 계획·규제·통제를 자유의 부정이라는 왜곡된 선전으로 철저히 막아 버린 데서 오는 부정적 결론이다.[35] 노무현 대통령 이후 파시즘의 의혹을 자아내는 한국 사회의 전개를 보면서 많은 것을 생각하게 하는 통찰이다.

노무현 전 대통령이 추구하던 사회도 이런 사회가 아니었을까 생각한
다. 그는 한편으로 인간의 자유라는 것을 근대 이후 삶의 가장 근본적인
가치로 보았지만 다른 한편 사회의 실재라는 현실도 간과하지 않아서 어
떻게 한국 사회가 지속가능한 성장의 동력을 이어갈 수 있을까를 고민하
였다. 그는 그것을 "사람이 사람 노릇 하고 사는 사회"로 규정하였고, 그
래서 "시장은 사람을 위한 시장"이어야 하고, "경쟁은 사람을 위한 경쟁"
이어야 한다고 강조하였다.[36] 다른 이야기로 하면 그것은 "성숙한 민주
주의, 진보적 민주주의, 통합의 민주주의"를 말하는 것이다. 그러나 그는
우리 사회의 보수와 진보 양쪽 진영에서 모두 두들겨 맞았다. 진보는 한
미 FTA, 비정규직법, 이라크 파병 등으로 너무 시장주의적이고 실용주의
적이라고 비판했고, 시장자유주의자들로부터는 항상 좌파 색깔을 들먹이
는 비난의 대상이었다. 하지만 그의 사후, 한국 사회가 어떻게 '노무현 이
후 시대'에 새로운 길을 모색해 나가야 할까로 고민하는 한 연구자에 따
르면, 우리 사회의 가장 큰 문제점은 그 진보와 보수 그룹 모두의 지적 바
깥에 있다. 즉 그의 관찰에 의하면 우리 사회의 가장 큰 문제점은 노무현
을 비판하던 진보 그룹도 포함해서 이미 기득권을 가진 노블레스의 그룹,
즉 그 연구자에 의하면 정규직, 공공부문의 근로자들, 전문직들, 재벌 및
대기업, 사학재단, 부동산 부자 등 이들이 자신들의 하는 일과 기여에 비
해 너무 많은 경제적 잉여를 가져가는 것이라고 한다.[37] 다시 말하면 우리
사회에서 고용안정과 민영화 반대, 신자유주의 반대 등이 진보의 대표상
품이 되었지만, 오히려 그가 보는 문제점은 진보주의자들도 포함해서 기
득권 그룹이 자유롭고 공정한 경쟁을 적용하지 않고 너무 많은 특권과 사
회적 부의 생산을 독점하고 있다는 것이다. 그래서 예를 들어 대학에서
신자유주의 시장정책을 비판하는 진보주의 전문가 교수그룹도 그들 학교
에서 부당한 대우를 받고 있는 비정규직 시간강사에 대해서는 침묵하고

있는 것 등이다. 위의 김대호의 연구를 보면, 한국 사회에서 친시장 정책을 거부하는 그룹은 보수나 진보를 초월한 한국 대부분의 기득권자들이다.[38] 그의 평가에 의하면 노무현의 참여정부가 범한 오류는 이러한 한국 사회의 뿌리 깊은 모순과 부조리를 직시하지 못했고, 그래서 이러한 강력한 보수, 진보 기득권 세력과 싸워 법과 제도를 "먼저 잡아 놓지 않고" 서둘러 분권화·자율화·탈권위를 추진해서 오히려 진보와 보수 양쪽 기득권층의 잔칫상만 풍성하게 해준 측면이 있다고 한다.[39]

뼈아픈 지적이다. 노동조합을 포함해서 우리 사회의 기득권 그룹은 자유롭고 공정한 경쟁을 자신들에게는 적용하지 않고 이미 얻은 것 안에 안주하며 양극화 현상을 심화시켰다는 지적이다. 이 지적은 상황은 다르지만, 앞에서 폴라니가 '스피넘랜드법'의 장기적 적용으로 노동시장이 파괴되고 인민들은 철저히 무능력자와 구조 대상자로 전락한 것을 보여준 예를 생각나게 한다. 더불어, 상황이 이러하므로 '정치'를 살려서 '정경관언법'(政經官言法)의 유착을 끊고자 했던 노무현이 더욱 생각난다. 정치지도자와 경제 CEO의 역할을 분명히 구분하여 파악했던 그는 거기서 더 나아가서 정치란 "가치를 추구하는 행위"임을 밝혀 주었기 때문이다. 그래서 이익을 추구하는 장이 정치를 지배하게 될 때 "가치의 위기"가 발생한다고 했다.[40] 노무현의 이러한 '이상주의'가 그 자신을 죽음으로까지 몰고 갔다고 비난할 수도 있지만,[41] 필자는 노무현의 유산이 바로 여기에 있다고 생각한다. 위의 김대호는 "법과 제도를 먼저 바로 잡아 놓고" 분권화와 자율화를 실행했어야 했다고 말하지만 노무현은 그러한 방식이 자칫 파시즘의 독재를 불러올 수 있다는 것을 알았다. 그래서 노무현은 그런 방식보다는 정치의 영역에서도 '상식'과 '원칙', '보편'과 '합리', '대화와 타협'이 실현되기를 원했다. 지도자의 조건을 한마디로 "사람이 되어야 합니다."라고 말하고, 곧 이어서 "'사람이 되자'에 앞서서 바보가 됩시다."라고 제안했다.[42] 즉 그는 정치가 한편으로 시장의 경쟁을 잘 정리하고 공정하게 운행되도록 조정하는 일이지만 그 일을 넘어서서 '가치'와 '세계관'과 '믿음'의 행위가 요청되는 일임을 알았고, 그의 지칠 줄 모르는 상식과 원리, 보편과 공정, 합리와 "사람이 사람 노릇 하는 사회"에 대한 강조를 그래서 그의 '보편종교'(religio catholic)로 볼 수 있다.[43]

400여 년 전 스피노자가 종교전쟁과 기성종교의 타락, 정치적 분쟁의 소용돌이 속에서 인간을 이끌 새로운 종교로서 '보편종교'를 제안했다면 노무현의 정치철학이 바로 그것이라고 할 수 있다. 칼 폴라니가 19세기 당시 무신론자로 낙인찍힌 로버트 오언의 "새로운 사회"(New Society)운동을 다름 아닌 시장경제를 넘어서는 사회적 구성의 방법을 찾아 내고자 하는 운동으로 보고서 그것을 기독교 시대를 넘어서는 '기독교 이후 시대'(postchristian)의 선구로 본 것 등은 모두 같은 맥락에서 이해할 수 있겠다. 스피노자도 폴라니와 노무현도 한결같이 우리가 살아가는 삶이 '사회적 삶'("다중사회", "복합사회", "지역통합")이라는 것을 깊게 인지했다. 그 사회적 실재가 피해갈 수 없는 현실이라면, 거기에는 정치적 과정을 통해서 통제가 행사될 수 있도록 보장하는 제도적 절차가 필요하다고 본 것이다.[44] 더군다나 이들은 그 통제가 소수 엘리트나 전문가나 특권계급에 의해서 이루어지는 것이 아니라 인간 누구나가 보편적 이성과 판단의 힘으로 스스로를 제한하면서 이루어질 수 있기를 희망했다. 그것이 가장 강력하고 인간적인 방식이며, 지속가능한 방식이라고 보았는데, 우리 모두는 하늘과 자연의 '사람'이고(天命之謂性) '씨올'이라고 보았기 때문이다.

이 씨올에 대한 믿음을 가지고 한국의 함석헌도 매우 선구자적으로 현대 인류의 문제는 바로 "보편적 세계 사상의 결핍"의 문제라고 보았다. 그래서 이제 인류가 "'하나'를 어서 의식해서", '씨족'과 '민족', '나라', '종교'의 분파를 뛰어넘는 "새 종교, 하나의 종교, 참종교"를 열어야 한다고 역설하였다.[45] 스피노자가 종교(기독교)는 신에 대한 순종만이 아니라 이웃에 대한 보편적인 사랑과 보편적인 도덕적 가치로 이야기되어야 하기 때문에 올바른 방법으로 순종하고 평화를 원한다면 자신의 구체적 역사적 정황에서 정치 아래에 있어야 한다고 보았고, 오언이 전통 기독교 복음이 인간의 개인화를 열었지만 이제 인류는 산업사회와 더불어 그것을 넘어야 한다고 본 것 등을 모두 같은 맥락에서 이해할 수 있다. 그래서 폴라니도 인간이 예전에 믿었던 모습의 자유는 종말을 고했고, 자유주의 경제는 자유라는 우리의 이상을 그릇된 방향으로 오도했으므로 오늘 우리의 질문이 "자유라는 것의 의미 자체에 대한 질문에 닿아" 있다고 밝혔다.[46] 여기서 우리는 한나 아렌트가 그녀의 "자유란 무엇인가?"(What is Freedom?)라는 탐색에서 자유란 결코 우리 내면의 "의지"(will)의 문제가 아니라 '다원성'을 특징으로 하는 정치적 "행위"(acting)와 "실행함"(doing)의 문제라는 것을 줄기차게 주창한 것이 생각난다.[47] 그녀에 따르면 자유란 원래 타자의 존재가 요청되는 공론 영역이 아니고서는 드러나지 않는 것으로 우리 각자의 개별적인 의지나 동기보다도 훨씬 더 보편적(universal)이고 밖으로부터 우리들의 행동을 유발하는 "원리들"(principle, 理나 德)의 요청에 따라 행위할 수 있는 능력이다.[48] 하지만 서구 정신사가 진행될수록 그 자유를 철저히 인간 내면의 문제로 환원해 버려서 '완전한 자유는 사회와 결코 병립할 수 없다.'는 극단적 개인주의를 불러왔고, 정치적인 '주권'(sovereignty)과 '자유'의 완전한 일치를 주장하는 허구를 불러일으켰다고 비판한다. 아렌트는 이렇게 자유의 본래적인 의미를 밝힘으로써 우리의 삶이 본래적으로 사회와 더불어 살아가는 삶이라는 것을 밝힌 것이다.

유영모와 함석헌 선생은 씨올은 '자기'(自)가 곧 '까닭'(由)인 것을 아는 존재라고 했다. 그리고 거기서 더 나아가서 그 자기가 궁극적으로는 하느님에게 근거해 있는 것을 아는 존재이다. 그래서 동시에 '믿음'이다. 유영모는 믿음을 '밑의 소리'로 풀었는데, 믿음을 가졌다는 것은 그래서 그 밑바닥의 소리를 듣는 일, 겉으로 드러나는 탐욕과 분노와 욕망의 자아를 넘어서 참된 본성과 얼의 소리, 근본의 소리를 듣고 따르는 일이고, '밑의 소리', '밑바닥 사람들의 소리', '민중'의 소리, '이웃'과 '객관'과 '보편'의 소리를 듣는 일인 것이다. 한국의 노무현 정치가 바로 그런 기독교 이후 시대의 보편종교의 정치를 실험하다가 간 일이었다고 생각한다.

4. 졸부와 불신의 한국 사회에서의 '교육'과 '문화'

자신이 변치 않는 최고의 진리를 가지고 있다고 생각하고, 그래서 그 진리로 다중의 삶을 치리(정치)하기 원하는 종교와 정치 합병의 보수 그룹들은 온갖 방식으로 경제적 이익도 독점하고서 이제 그 이룬 것을 영구히 하고자 문화적 독점을 기획한다. 출범 때부터 '고소영' 정부, '강부자' 정부라는 지적을 받아 온 현 정부하에서 이 전방위적 독점에 대한 우려가 높아지고 있다. 이제 보수종교로 무장한 경제인이 국회의원도 되고 사학재단도 사들인다. 아니면 보수교회의 목회자가 정치인이 되고자 하고, 문화사업도 벌이기 원하며, 언론과 교육도 다루고자 한다. 또는 '성공한' 종교인과 정치인, 경제인은 자신의 후세대들이 최고의 '교육'을 받고서 '문화'의 엘리트가 되기를 바란다. 자신들의 이름을 더 영속적으로 보존해 줄 '문화재단'이나 '교육재단'을 소유하고 싶어 하기 때문이다. 이상의 이야기들은 오늘 우리 사회에서 흔히 듣는 이야기이다. 우리 사회의 종교·정치·경제 기득 세력의 독점이 그 한계를 모르고 무한정으로 뻗어나가면서 생기는 졸부 이야기인 것이다.

일찍이 한나 아렌트는 근대 산업사회가 들어서면서 부의 축적과 더불어 등장한 부르주아 계급이 어떻게 19세기 제국주의 시대를 거치면서 '졸부'로서, '신흥부자'로서 하늘의 별이라도 딸 수 있으면 하는 바람으로 '성공'과 '팽창'을 향해 나아갔는지를 잘 보여 주었다.[49] 그녀는 특히 유대인 사회가 당시 본격적으로 시작된 유럽 사회의 유대인 동화정책(assimilation)에 따라서 내면으로는 '선민'이라는 종족적 의식을 가지고, 그러나 다른 한편 사회적 삶에 있어서는 어떻게 '부'와 '교양'과 '교육'을 수단으로 자신들을 "예외적인 성공한 유대인"으로 만들어서 주류사회에 들어가려고 했는지를 잘 지적하였다. 그 모습이 오늘 우리 한국 사회에서도 정치의 최고 통치자로부터 시작해서 많은 종교인, 학자, 정치가, 경제인, 문화인들이 빠져 있는 의식과 다르지 않으며, 우리 사회에 나타나는 병리현상들은 이 졸부의 추구와 거기서의 좌절이 가져다주는 폭력과 비참함과 별로 다르지 않다. 아렌트에 따르면 당시 부르주아 사회의 성공신화에 사로잡힌 사람들의 의식은 전형적인 "졸부"(parvenu)의 그것이었다.[50] 그것은 "팽창이 전부"이고, 팽창이 목적 그 자체가 되어서 "자신의 경제적 목적을 위해 국가와 공권력을 이용하고", 부의 무제한적 축적에 대한 희망으로 "목표도 없이 권력을 끝없이 축적하는" 제국주의 시대의 의식과 다르지 않다. 이 졸부그룹의 특성을 아렌트는 『라헬 반하겐―한 유대인 여성의 삶』(1771-1833)이라는 저서와 나중에 홀로코스트와 세계대전을 겪고 쓴 『전체주의의 기원』(1951)에서 잘 추적해 주었다.

아렌트에 따르면 이들은 태어나면서부터가 아니라 그들의 피나는 노력으로 위치에 도달한 사람들이 갖는 독특한 문화적·인격적 아우라를 가지고 있다.[51] 우선 이들은 자기 자신을 잘 드러내지 않는다. 어떻게든 자신의 과거와 현재로부터 도망쳐서 이상의 미래로 가기 위해 몸부림쳐 온 그들이므로 끊임없이 '과거와 미래 사이'(between past and future) 사이에서 갈등하지만 그런 자신들을 잘 드러내지 않는다. 그러면서도 자신에 대한 과 대한 평가나 주장을 가지고 있는 그들은 "청중과 인정을 향한 갈구"와 "남의 추인"에 매우 민감하다. 하지만 그들은 정치적 권리나 시민적 권리에 대해서는 무관심하고 어떻게든 개인적으로만 성공하려 한다. 18세기 말 당시 베를린에서 훔볼트 형제, 슐레겔, 겐츠, 슐라이에르마허, 프러시아의 페르디난드 왕자와 그 정부, 파울린 비젤, 문헌학자 볼프, 브렌타노 등 젊고 전도양양한 낭만주의 지성인들의 살롱을 이끌었던 라헬(1771-1833)도 포함해서 당시 유대인들은 자신들의 유대인성을 개인의 문제로 여겼다.[52] 그것을 자기 개인의 약점과 "창피함"(shame)으로 여겼기 때문에 어떻게 해서든지 개인적으로 거기서 벗어나고자 했다. 그래서 그들은 "유대인이고자 하면서도 동시에 유대인이 아니고자" 노력했으며, 각자 "비록 유대인이지만 유대인이 아니라는 것을 증명해야만" 했다.[53] "거리에서는 일반인이고 집에서는 유대인"이라는 가혹한 현실에서 살면서[54] 유럽 주류사회로 진출하기 위한 확실한 "허가증"을 위해서 모두가 개인적으로 "예외적인 유대인"이 되고자 했으므로 유대인 문제가 "교육과 교양의 문제"로 간주되도록 했고, 그것이 "교육적 속물주의"(educational philistinism)로 나타났다고 아렌트는 관찰한다.[55]

아렌트는 바로 여기에서 유대인 사회의 실패를 본다. 그녀의 통찰에 따르면, 유대인이 정치적·사회적 추방자이기를 감추는 곳에서는 어디서나 그들은 "사회적 하층민"(pariah)이 되었다. 그래서 "유대 민족사에서 가장 불행한 사실 가운데 하나는, 유대인의 친구들이 아니라 적들만이 유대인 문제가 '정치적 문제'라는 점을 이해하고 있었다는 것"이라고 밝힌다.[56] 그녀에 의하면 19세기 유럽 사회에서 유대인들이 취할 수밖에 없었던 세 가지 상황이란, 첫째 언젠가는 떠돌이 하층민으로서 사회 밖에 존재하든지(pariah), 아니면 벼락부자가 되든지(parvenu), 또는 세 번째로 자신의 출생을 숨기기보다는 "자기 출생의 비밀로 민족의 비밀을 팔아 넘겨야" 하는 파괴적인 상황에 처하는 길이다.[57] 이러한 딜레마적 상황 속에서 라헬의 살롱도 "공적인 사회 바깥에서" 자신들만의 "다른 사회적 삶을 정착시키려 했던 독특한 시도"였지만 실패했다고 아렌트는 본다.[58] 그 이래로 "떠돌이 하층민이나 벼락부자의 길은 극단적 고독의 길이었으며, 순응주의의 길은 끝없는 후회의 길"이 되었다고 한다.[59] 당시 유대인들은 벼락부자가 되지 못했다는 하층민의 회환과 민족을 배반하고 평등권을 개인의 특권과 교환했다는 벼락부자의 양심의 가책을 동시에 느꼈다고 지적한다.[60]

이러한 감정은 20세기 근대 자본주의 시대 이후의 한국의 민중과 대중들, 일제 강점기의 친일앞잡이들이나 오늘날 미국 이민사회의 성공한 코리안 아메리칸들, 아니면 오늘 한국 사회에서 성공한 졸부들이나 어떻게든 재산이나 자식들의 교육을 통해서 성공하고 상승하려는 보통의 한국인들이 느끼는 감정과도 유사하다.[61] 아렌트의 관찰에 따르면 바로 여기에 정치적 반유대주의가 아니라 "사회적 차별"로서의 유대인성, "'유대인이라는 것'(The Jew)의 유령"이 발견되는 근거가 있으며, 유대인 사회가 그들의 사회적 안정을 얻기 위해 "마술 지팡이"라고 생각한 "교육에 대한 그들의 강한 갈증"이 있다고 한다. 그런 그들을 풍자하기 위해 그들을 속물과 벼락부자의 "원칙"(principle)으로 묘사하는 일이 시작되었다고 한다.[62] 이러한 정치적인 무자각으로 당시의 유럽 사회에서 유대인 사회가 하나의 정치권으로 자라지 못했고, 그 때문에 그 후에 벌어지는 드레프스 사건을 포함해서 나치 독일의 상황에서 그렇게 엄청난 희생을 치르게 되었다고 아렌트는 이해한다.

그녀는 『전체주의의 기원』 2부 「제국주의」를 영국 제국주의의 화신 세실 로즈(Cecil J. Rhodes, 1853-1902)의 말, "할 수만 있다면 저 별들을 훔쳤으면 좋으련만"(I would annex the planets if I could)을 인용하면서 연다. 거기서 그녀는 그때까지 인류의 경험에서 전혀 생소한 제국주의가 어떻게 상상을 초월하는 사악한 방식으로 인류 삶을 파국으로 이끌고 갔는지를 밝혀 준다. 이렇게 지구 땅의 정복을 넘어서 우주의 별이라도 따고자 하는 제국주의의 팽창과 자본주의야말로 바로 그보다 300여 년 전 토마스 홉스가 『리바이던』(Leviathan, 1651)의 세계로 그리던 '만인의 만인에 대한 영원한 전쟁'의 이념을 실천한 것이라고 본다. 그런 의미에서 홉스는 "진정한 부르주아 계급의 철학자였다."고 갈파한다.[63] 그녀의 서술을 읽으면서 그 리바이어던의 세계관과 가치관이 오늘 21세기 신자유주의 세계 정치와 한국 정치, 그리고 그 문화와 교육에도 여전히 충실하게 적용되고 있는 것을 본다. 그래서 안토니오 네그리가 이제 '제국주의'는 사라졌지만 '제국'(empire)이라는 개념은 여전히 유효하다고 보고 그것으로 오늘날의 전 지구적 상황을 표현하고 있는 것도 매우 시사적이다.[64]

아렌트에 따르면 19세기 서구 제국주의는 자본주의 생산을 지배하는 계급이 국가의 한계를 뛰어넘어 경제적으로 계속 팽창하려 할 때 탄생했다. "영구적 경제성장"을 자신들 고유의 경제 법칙으로 삼은 자본가들은 그 체제를 계속 작동시키기 위해서 모국의 외교 정책에도 그 원리를 천명하도록 했다.[65] 그런 의미에서 제국주의를 자본주의의 마지막 단계로 보기보다는 부르주아 계급 정치 지배의 첫 단계로 보아야 한다고 지적한다.[66] 여기서 홉스 『리바이던』의 국가이론인 '법'에 의한 것이 아니라 '사적 이익'이라는 법칙 위에 세워진 국가관이 배타적으로 적용된다. 여기서 권력은 개인이 자기 이익의 기여라는 방식으로 가격을 결정하고 수요와 공급을 결정하는 힘이 된다.[67] 홉스는 인간은 누구나 권력 투쟁에서나 권력을 얻을 수 있는 능력에서 평등하다고 보았다. 왜냐하면 인간은 누구나 원래 다른 사람을 죽일 수 있는 힘을 충분히 가지고 있기 때문이다. 이 "잠재적 살인자로서의 평등"이 국가 존재의 필요성을 불러왔고, 국가의 존재 이유는 바로 이렇게 자신의 동료 인간에게 위협을 느끼는 개인의 안전을 위해서 라는 것이다.[68] 아렌트는 홉스가 이 새로운 부르주아 계급의 욕구와 이해관계는 바로 그들 자본의 무제한적 축적을 위해서 무제한적 권력을 가진 정치 체계를 필요로 할 것이라는 사실을 알아차렸다고 한다. 왜냐하면 증가하는 재산은 그것의 보호를 위해서 점점 더 큰 권력과 수단을 요청할 것이기 때문이다. 홉스가 이해하는 국가 공동체에서의 권력은 본질적으로 목적에 이르는 수단이기 때문에 오직 더 많은 권력의 획득만이 공동체를 유지하는 유일한 길이 된다. 이 상태에서 다양한 개별국가는 개인들이 국가의 권위에 복종하기까지 서로 대치해 있는 것과 마찬가지로 그렇게 대치해 있고, 이 상존해 있는 전쟁의 가능성이 바로 국가의 영속성의 전망을 보증해 주는 것이 된다는 것이다.

아렌트에 의하면 위대한 성공의 우상숭배자 홉스의 이론이 성공하기까지 3세기가 걸렸다. 그의 리바이던은 새로운 계급의 발생에서 도출한 "결과의 계산"(reckoning of consequences)인데, 이 계급의 실존은 하나의 동력으로서 재산과 새로운 재산 생산 장치에 묶여 있다.[69] 이러한 부르주아지를 탄생시킨 자본의 축적은 재산과 부의 개념을 변화시켰다. 즉 재산과 부는 더 이상 축적과 획득의 '결과'가 아니라 '시작'이었고, 부는 영원히 끝나지 않는 더욱 더 부자되는 과정이 되었다. 이 부르주아지 계급을 단지 하나의 '유산계급'(an owning class)으로만 특징짓는 것은 피상적이라고 했는데, 이 계급의 특징은 삶을 영원히 부자되는 과정으로 생각하기 때문이다. 돈을 단순히 소비를 위해 유용한 물건이 아니라, "어떤 신성한 것"(something sacrosanct)으로 간주하는 사람이면 누구나 여기에 속할 수 있다고 보았다.[70]

이렇게 부의 무한정한 축적에 사로잡혀 있는 부르주아지 졸부는 그 무한정한 축적을 도모하는 과정에서 남겨 두는 것이 없다. 자기 주변의 모든 것을 자신의 성장과 팽창을 위한 도구와 수단, 필요물로 전락시키므로 그에 의해서 세계는 황폐해질 대로 황폐해지고, 마침내는 자신들의 방식이

"애초에 전 지구를 계산에 넣고 있었다."(from the beginning had been calculated for the whole earth)는 점을 인식하게 된다.[71] 그래서 이들 졸부의 또 다른 특성은 '지속적인 것'(immortal)의 가치에 둔감하며, '정말로 그리워하는 것'이 없다는 것이다. 이들은 자신들의 성공을 위해 현재와 거기서 만나는 모든 대상들을 자신의 더 큰 성공을 위한 과정물로 보기 때문에 그 대상들과 깊게 관계하지 못하고, 그래서 무엇을 보존해야 하는지, 무엇이 우리의 필요와 요구에 상관없이 그 자체로서 고유의 권리를 가지는지를 분간하지 못한다. 즉 이들의 철저한 '세계 없음'과 "세계 소외"를 말하는 것이다.[72]

아렌트는 서구 제국주의 역사에서 세실 로즈로 야기된 보어 전쟁, 파나마 운하 스캔들, 세기말에 유럽 각국에서 터진 각종 금융사기와 주식 시장 투기 등 유럽의 안팎에서 "단순한 강탈의 원죄"를 반복하면서 마침내는 두 차례의 세계대전으로 치닫게 되는 과정을 추적했다. 이 과정에서 잉여자본과 잉여인간인 "폭민(the mob)의 발생은 공산주의, 파시즘, 인종주의를 탄생시켰다. 그녀에 따르면 '인종'은 정치적으로 보면 "인류의 시작이 아니라 종말이고, 민족의 기원이 아니라 쇠퇴이며, 인간의 자연적 탄생이 아니라 그의 부자유스러운 죽음"이다. 왜냐하면 인류 이념의 가장 중요한 상징은 "인간종의 공동 기원"인데, 이렇게 만인 대 만인의 영원한 저쟁 상태에서 모두를 경쟁상대로 보고 자신들의 이용 가치에 따라 차별하는 인종주의로 인해서 공동의 인류 이념은 더 이상 유효하지 않게 되었기 때문이다.[73]

그러나 아렌트가 이러한 분석을 거친 후 부르주아 계급의 무한정한 자본 축적 방식이 끝없이 작동될 수 없음을 밝히는 가장 강력한 지시는 바로 인간 누구나가 맞이하는 사실적인 종말인 '죽음'이다. 중앙아프리카에 '로디지아'라고 하는 거대한 왕국을 세워 놓고 왕국을 더 넓히기 위해 보어 전쟁을 일으켰더 세실 로즈도 49세의 젊은 나이에 죽었고, 유대인으

로 태어나서 가장 위대하게 "예외 유대인"의 길을 갔던 디즈레일리도 성
공과 팽창을 위한 일편단심으로 "런던 사회의 가장 위풍당당한 인물"이
되었지만 80년을 살지 못했다. 팽창의 가도에서 세실 로즈도 포함해서 부
르주아 제국주의 문화가 두려워하며 보기 시작한 것은 "인간의 조건"과
"지구의 한계"였다. 또한 이 멈출 수 없고 안정을 이룰 수 없는 과정이 오
직 파괴를 통해서만 가라앉혀질 수 있음을 감지한 것이 세기말의 '허무주
의'와 '권력의 철학'(니체)이라고 아렌트는 지적한다.[74] "소비하지 않고 소
유물을 확대하려고만 하는 재산 임자는 불편한 한계, 즉 인간은 죽어야만
하는 불행한 사실을 발견하게 된다." "지구의 한계가 정치 체제의 근거인
팽창에 도전하는 것처럼 개인적 삶의 유한성은 사회의 토대인 재산에 심
각한 도전장"을 던진다.[75] 그러므로 우리가 삶에서 재산과 획득을 결코
우리의 "정치 원칙"으로 삼을 수 없다는 것이 아렌트의 가르침이다.[76]

거기서는 모든 것이 황폐해진다. 남아나는 것이 없고, '지속적'이고
(immortal), '영속적인'(eternal) 것에 대한 관심이 사라지기 때문에 '문화'도 전
개될 수 없다.[77] 대신 불신과 불만, 미신만이 난무하고 찰나적인 욕구와
허무가 삶의 주된 색깔이 된다. '어린 시절'도 사라지고, '노년'의 안정도
기대하기 어렵고, 산도 강도 갯벌도 녹지도 사라진다. 우정이나 동료의식
은 헛된 꿈이고, 상식과 보편은 기대할 수도 없는 옛 이야기가 된다. 오늘
우리 삶에서도 잘 경험하듯이 여기서의 인간의 평등은 "능력"의 평등으
로 해석되므로 개인과 사회와 국가 공동체는 "이익에 가장 이바지하는"
것 외에는 다른 행동 법칙을 따르지 않으며 그래서 서서히 약자, 약한 국
가를 멸망시켜 "모든 사람에게 승리, 아니면 죽음을 제공하는" 최후의 전
쟁에 이르게 된다는 것이다.[78] 인간을 철저히 권력 축적 기계의 한 부품으
로 강등시키고, 이 기계는 자신의 작동을 계속하기 위해서는 무한한 과정
으로 재료들을 삼켜 버린다. 만약 "혹성을 합병하는" 길로 나아가지 않는

다면 권력 생산의 무한한 과정은 다시 시작하기 위해서 결국 스스로를 파괴하는 길로 나갈 수밖에 없다는 것이 아렌트 전체주의의 메시지다.[79] 오늘 한국 사회도 끝없는 불신과 불안, 경쟁에 사로잡혀서 생명의 마지막까지도 축적과 경쟁에 쏟아 부으면서 올인하고 있다. 이런 상황에서 '보험금을 타서 강남에 살고 싶어서'라며 자신의 엄마와 누나를 방화 살인토록 한 17세 청소년을 우리 사회가 낳았고, 홍세화의 칼럼을 보면, 이 사건 자체보다 더 끔직하고 충격적인 일은 이 충격적인 사건에 대해서 한국 사회가 놀라는 기색을 보이지 않는다는 것이다. "심각하다는 말로도 부족한, 끔찍한 사회 병리 앞에서 교육계도 종교계도 언론계도 꿈적하지 않는다. 토론도 없고 모색도 없고 그에 따른 실천도 없다. 엽기적인 일에 놀라지 않는 것보다 더 엽기적인 일이 없는" 상황이라고 그는 지적하는데, 그런 의미에서 우리는 모두 "이미 '루저'들"이라고 그는 지시한다.[80]

5 '오늘'을 살면서 '영원'을 살기

아렌트는 이 전체주의적 제국주의가 1880년대 아프리카 쟁탈전으로 들어섰을 때 사업가와 정권뿐만 아니라 "놀랍게도 광범위한 교육계층이 이를 환영했다."고 지적했다. 그때나 지금이나 교육은 쉽게 하나의 공리주의가 되어서 팽창과 부 축적의 도구로 전락하는 것을 말한다. 당시에도 교육적 속물주의는 사람들을 경쟁에서 "예외로 존재한다는 것을 자랑스러워할 수 있는 개인으로 뛰어나도록" 부추겼고, 모든 사람들에게 "힘센 마법사"가 되어서 자신을 예외인간으로 만들라고 몰아쳤다. 이러한 기만과 잔인과 폭력의 사회에서는 세계와 관계하는 문화도 단지 '소유'나 '소비'의 일이 되어서 '명품' 아니면 '오락'의 수준으로 전락한다.[81]

그러나 아렌트의 전망은 여기서 끝나지 않는다. 그녀는 "사멸성"이라
고 하는 인간의 조건과 더불어 또 다른 부인할 수 없는 "탄생성"(matality)의
조건을 들어서 이 모든 파괴와 불신과 비참을 넘어서 "한 아기가 우리에
게 태어났도다."(A child has been born unto us)라고 선포하며 시대의 전체주의를
극복할 가능성을 다시 '정치'와 '교육'에 대한 희망으로 표현한다.[82] 그
아기는 세상이 전혀 예견할 수 없는 방식으로 삶에 "새로움"을 가져오므
로, 그래서 우리의 관건은 이제 우리 '세계사랑'(Amour Mundi)의 방식으로
어떻게 이 아이가 가져온 새로움을 잘 보듬고 키워 내는가 하는 일이 되
는 것을 지적한 것이다.[83] 아렌트는 "새로 시작하는 힘"과 "용서하는 힘",
"약속하는 힘"을 인간의 가장 고유한 행위 능력으로 보았다. 그래서 이
새로 시작하고, 용서하고, 약속하는 일로써 우리 삶을 다시 시작할 수 있
으며, 이제 우리가 사는 방식은 '오늘'을 살면서 여기에서 '영원'을 사는
'행위'(action)이어야 함을 밝힌 것이다. 앞의 유영모 선생도 오늘 속에서 영
원을 살 수 있는 힘을 인간 속의 '얼'과 '씨올'로 보았고, 스위스의 교육가
페스탈로찌의 「은자의 황혼」을 읽고 자신의 일기에 그의 탄생과 죽음날
을 기념했다.(1956.5.12)[84] 그는 하나님을 인간의 바탈에서 찾았다. 그리고
그런 자신의 생각과 페스탈로찌가 인간의 자연 속에서 "신적 불꽃"으로
파악한 믿음이 같은 것이라고 보았다. 서구교육사에서 민중교육으로의
전환을 통해서 교육에서의 코페르니쿠스적 전환을 이룩한 페스탈로치의
사상을 한마디로 정리하면 인간은 "자신이 해야 하는 것(soll)을 자신이 원
하는 것(will)으로 만들 수 있는 능력이 있다"는 것이다. 이 인간의 내적 힘
을 인간 공동 삶을 위한 "근본 힘"(Grundkraft)으로 키우는 것이 페스탈로찌
의 모든 정치와 교육의 노력이었다.[85]

인간이 자아와 자신의 감옥에서 나와서 '가장 자연스럽게', '가장 안정
적으로' 세계와 타자를 발견하고 인정할 수 있는 길이 어디에 있는가? 내

가 기억할 수 없는 시간부터 나를 무조건적으로 사랑하고 키워 준 부모님, 나의 그리운 고향이 된 집과 동네, 거기서 어린 시절을 보내면서 자연스럽게 얻어진 감사와 은혜와 순종과 기쁨의 인간적인 덕목들, 아렌트도 이러한 오래된 동양적 가르침이나 페스탈로찌가 새겼던 자연스러운 덕목들이야말로 위기에 놓여 있는 세계를 구하고 세계를 보존할 수 있는 길이라고 그녀의 "문화의 위기"(the orisis of culture)에 대한 성찰에서 밝히고 있다. 또한 우리 삶에서 가장 마지막으로 남는 것은 '언어'(language)라고 했다. 그러나 오늘날 우리 사회에는 자신의 모국어조차도 남겨 두지 않는 외국어 광풍이 불고 있고, 그래서 아이들은 이제 '모국어' 조차도 나중에 '교육'을 통해서 배워야 하는 일이 생기게 되었다. 이것은 우리 문화와 교육이 어느 정도까지 전체주의적 도구주의와 실리주의에 빠져 있는가를 드러내 주는 일이다. 아렌트는 그녀의 전체주의에 대한 마지막 성찰에서 전체주의는 마침내는 "인간의 자연"(human nature)까지도 바꾸려 하지만 그러나 그 자연은 "고쳐질 수 있는 것"(chaning)이 아니고 다만 "파괴될"(destroying) 뿐이라고 지적했다. 그래서 '자연'(nature)인 것인데, 이 자연과 더욱 깊이 관계하는 교육에서의 전체주의는 그래서 더욱 위험한 결과를 초래할 수 있다.[86]

오늘 우리 사회에서 여러 모양의 전체주의적 광란이 기승하는 때에 자신의 게토에 머물러서 개인적으로 모든 안정을 확보해 놓고 그곳만은 안전하리라고 생각하는 졸부들, 그러나 연대하지 않고 그렇게 혼자서 모든 것을 가지고 주변과 사회를 배려하지 않을 때 결국 그 개인이 맞이하는 미래도 비참과 사별이라는 것을 아렌트의 전체주의 탐색은 분명히 가르쳐 주었다. 오늘 우리 사회에서 전체주의적 광란의 주범은 교회와 정치와 교육의 언저리에 진을 치고 있다. 그래서 아이들을 포함해서 너무나 많은 사람들이 이 몰인정과 잔인의 사회에서 신음하고 있는데, 우리의 침묵과 행위 없음과 이기심을 과연 어떻게 할 것인가?

종교聖 · 여성性 · 정치誠의 한 몸짜기

지금까지의 역사 속에서 교회는 다른 것들(그리스 · 로마사상, 근대 계몽주의와 과학주의 등)과의 만남을 통해서 자신을 창조적으로 변화시키는 역동성을 보여 왔다. 그 기독교가 오늘날 맞이하고 있는 새로운 대화의 파트너는 아시아의 종교, 특히 이번에는 유교 전통이다. 이번의 만남은 지금까지 서방이 세계 정치를 주도해 온 이후로 처음으로 정치의 영역에서도 서방과 대등한 관계를 요구하는 그룹과의 만남이다. 그리하여 이 만남은 지금까지 서구적인 세계관 속에만 갇혀 있던 기독교가 더욱 급진적으로 그 폐쇄에서 벗어나서 자신을 새롭게 하도록 요청한다. 이러한 일들을 위해서 특히 한국 교회는 좀 더 개방적인 평신도성과 사회 실천성, 그리고 개인의 수행성을 회복하는 일을 필요로 한다. 사회 정의의 실현과 영성의 회복, 진보와 보수의 화해, 각자의 위치에서 서로의 한계를 인정하고 진정한 종교인으로 거듭나는 일이야말로 미루어 놓을 수 없는 에큐메니컬 운동의 과제이며, 오늘날 우리 모두는 이 일을 위해 초대되었다.

에큐메니컬 운동의 미래와
한국적 聖·性·誠의 여성신학*

- 2013 WCC 부산총회를 전망하며 -

1. 21세기 인류 문명과 기독교 에큐메니즘

현대 과학이 추정하는 지구의 나이는 대략 45억 년 정도라고 한다. 거기서 인간다운 인간인 '호모 사피엔스'(homo sapiens)가 살기 시작한 10만여 년 전부터 21세기가 된 오늘날 정말로 세계가 하나 되었음을 느낀다. 세계의 수많은 사람들이 쓰고 있는 각종 통신장비나 미디어, 여행이나 국제 정치와 경제 등을 들지 않더라도 지구는 진정으로 우리 모두의 집이며, 인류는 한 운명공동체라는 것을 더욱 실감하고 있다. 떼이아르 드 샤르뎅은 인류는 이미 19세기 말부터 그동안의 의식의 팽창기를 거쳐서 그 팽창한 의식이 하나로 통합되는 압축기에 접어 들었다고 지적하였다.[1]

그런데 오늘날 이러한 인류 공동의 집(오이쿠메네, οικουμενη)에 문제가 생겼

---

* 본 논문은 2010년 6월 8일(화) 서울 YWCA에서 열렸던 〈박상증 목사 평전출판기념회 및 기념 심포지엄〉에서 발표된 글을 수정 보완한 것이다.

다. 그 문제는 지금까지 인류가 상상하지 못한 총체적 차원의 것이고, 전적으로 새로운 것이어서 해법을 찾기가 쉽지 않고, 그래서 이 상황을 이해하기 위해 여러 이름들이 나온다. 동아시아적 문명의 세계에서는 '대동세계'(大同世界)를 이루기 위해서 거쳐야 하는 '소강'(小康) 시대에 대해서 말하고,[2] 한국적 우주론과 문명론은 신천지, 신사회, 신인간의 탄생을 위한 '후천개벽'을 지시한다.[3] 이렇게 지구 집에 생긴 문제 중에서 가장 포괄적이고 존재론적인 문제는 '자연이 파괴될 수 있다'(die Verletzbarkeit der Natur)는 것이다. 지난 80년대 유럽에서 한스 요나스(Hans Jonas)가 기술문명이 불러올 수 있는 자연 파괴의 문제를 근본적으로 "존재론적인" 문제로 부각시키면서 "책임의 윤리"(das Prinzip der Verantwortung)를 호소했을 때는 그래도 덜 긴박했다. 하지만 지금은 지구 곳곳에서 '임계점에 이른 기후 변동'의 추이를 더욱 자주 겪고 있고, 그 위기가 초래할 '생지옥'(dystopia)의 가능성이 점점 더 현실화되므로[4] 이 환경의 문제를 보며 인류는 점점 더 한 가족임을 자각한다. 다음으로 지적하고자 하는 문제상황은 서구 근대성(modernity)의 성과물로 이야기되는 '시장경제'(market economy)와 '공론장'(public sphere), 그리고 '인민 주권'(self-governing people)의 세 가지와 잘 연관될 수 있다.[5] 먼저 근대인들의 의식을 이루는 데 첫 번째 역할을 한 '경제적인 것'은 오늘날 보다시피 인간 삶의 다른 모든 차원을 잠식해 버렸다. 개인적 삶뿐 아니라 국가적 삶에서도 경제적 이익 추구는 행위자의 제일 원리가 되어서 특별히 자본주의나 공산주의를 가릴 것도 없이 오늘날 인류 삶을 가장 잘 지시하는 언어가 '경제 제일주의'가 되었다. 이 경제제일주의와 공리주의적 도구 이성은 갈수록 점점 더 어떤 공론의 장도 남겨 두지 않는다. 모든 개인들은 자신의 경제적 이익 추구를 위해서 사적 영역으로 숨어 버리고, 참된 권위와 책임을 가진 공적 인간은 정치의 영역에서는 물론이고 종교의 영역에서도 찾아보기 힘들어서 근대의 '공론장'(a common space)은 점점 더 위축되거나 왜곡되어 간다. 남는 것은 오로지 파편화된 경제적 동물로서의 개인들뿐이다. 이런 가운데서 '인민 주권'의 이상은 "자기중심적인 세대"(me generation)와 주관주의에로의 함몰로 부패하고,[6] 한나 아렌트가 이미 세계 소외(world alienation)로 유사하게 지적했듯이 한국 사회뿐 아니라 인류의 집은 자기도취에 빠진 개인과 인간과 정신의 문제로 몸살을 앓고 있다.[7] 특히 오늘날은 지금까지 인간적인 상식과 이성으로 보편적으로 파악되던 자연 세계의 실재(reality)가 무너지고 현실감각과 신체적 세계를 떠나서 한없이 가상적(virtual) 세계로 날아가는 인간 주관의 부패가 심각하다. 이와 더불어 지구 밖의 우주적 집의 건설을 위해서 상상할 수도 없는 정도로 지구적 힘과 에너지가 '우주정복'에 쏟아부어지고 있는데, 이것은 또 하나의 인간적 자아도취와 세계소외의 표현일수 있다.[8]

현대(근대) 사회의 경제제일주의와 자아 중심주의, 공적 영역(또는 지구적 실재)의 소멸 문제는 결국 궁극과 초월에 대한 물음으로 자연스럽게 연결된다. 즉 '종교'(궁극적인 것宗에 대한 가르침教)의 문제를 말하는데, 왜냐하면 지금까지 세계의 종교들은 그 사용하는 언어와 표현 양식은 달랐지만 한결같이 경제(물질)가 궁극이 아니고, 자아를 넘어서는 초월이 있으며, 모두가 인정하고 배려해야 하는 더 근원적인 기반(공적 영역 또는 역사적 실재)이 있음을 줄기차게 지시해 왔기 때문이다. 하지만 이렇게 인간중심주의와 물질주의, 주관(개인)주의의 문제로 지구 집(오이쿠메네)이 존재론적인 위기에 처해 있지만 그럼에도 불구하고 제 종교들이 화합하지 못하고 있으며 오히려 갈등의 주된 요인이 되는 것이 지구 집의 또 다른 문제이다. 즉 종교 간의 갈등과 불화를 말하는데, 오늘날 인류 문명 간의 충돌이 이야기된다면 그것은 곧 종교 간의 반목과 불화를 말하는 것이다. 중동지역의 유대교, 기독교, 이슬람 사이의 오래된 반목, 인도나 중국, 티벳 지역에서의 갈등과 동아시아에서의 유교, 불교와 기독교의 갈등 등 전 지구적 차원에서 자신들 공동의 집이 존재론적 위기에 처해 있지만 그들은 여전히 서로 반목하고 있다. 다시 더 지평을 좁혀서 기독교 내에서만 보아도 가톨릭과 동방정교회, 개신교 사이의 불화, 개신교 내에서도 교파 간의 싸움은 에큐메니칼 70여 년의 역사에서도 크게 줄어들지 않고 있다.

에큐메니컬 운동의 미래를 지금까지의 교회 내에서의 일치의 문제를 넘어서 보다 근본적으로 지구 집의 '살림'의 문제로 보고자 한다. 위에서 서술한 대로 인간 공동의 지구적 집이 당면한 현실 앞에서 종교가 어떤 역할을 할 수 있는지, 그 종교의 기독교적인 표현인 WCC 총회가 2013년 부산에서 열리는 것을 앞두고서 풍성한 종교적 전통의 나라 아시아의 한국에서 열린다는 것의 의미가 무엇인지 등을 에큐메니컬 운동의 미래와 연관 지어 생각해 보려고 한다. 특히 여성신학자로서, 또한 아시아의 풍성한 종교 전통 중에서도 '유교' 전통에 주목하면서 이 이야기를 풀어 가려고 한다.

2. 한국에서 제10차 WCC총회가 열리는 것의 의미
: 유교적 '성'(聖)의 종교성 회복

1948년 네덜란드의 수도 암스테르담에서 창립된 세계교회협의회(World Council of Churches)는 지금까지 모두 아홉 번의 총회를 세계 곳곳에서 열었고 앞으로 대한민국 부산에서 제10차 총회(2013년)를 앞두고 있다. 제2차 세계대전 이후 서구 교회가 주도한 세계교회협의회 교회연합 운동은 제3차 총회(1961.11.19-12.5)를 인도 뉴델리에서 연 이후 아시아에서 두 번째로 총회를 열게 된 것이다. 지금까지 매번 대회가 열리는 장소에 따라서 나름의 의미화를 해 왔지만 이번 한국에서의 대회는 여러 차원에서 새로운 의미를 갖는다.

오늘 우리 시대를 인류 제2의 차축시대라고도 하고 '유교의 제3의 물결'(the third wave of Confucianism)을 말하는 지적과 같이 21세기에 들어선 세계는 크게 '중국'과 '미국'이라는 두 나라로 대변되는 유교 문명권과 기독교 문명권이 마주하는 상황이 되었다. 이러한 정황에서 유교 문명권의 핵심 나라인 한국에서 세계교회협의회 총회가 열리는 것은 여러 의미를 가지고, 그것은 이전 아시아의 다른 종교 전통인 불교와 만났을 때와도 또 다르다. 이번의 만남은 불교와 같은 '무위'(無爲)의 종교가 아닌 같은 '유위'(有爲)의 전통과의 만남이고, 그래서 서구 기독교가 로마 문명권의 국교가 된 이후 처음으로 정치적으로도 자신과 대등함을 주장하는 비서구 문명권과의 만남이 되기 때문이다.[9] 한국은 주지하다시피 유교 문명권의 핵심 나라로서 지금까지 그 근원지보다 더욱 포괄적이고 깊이 있게 유교 문명을 가꾸어 왔다. 18세기 말 가톨릭과의 만남과 19세기 후반 더욱 폭넓게 기독교 복음과 만나면서 세계에서 유래 없는 교회의 모습으로 성장하기까지 거기에는 유교 전통이 큰 역할을 해 왔음을 부인할 수 없다. 비록 한국 교인들 스스로가 뚜렷이 인지하고 있지 못하다 하더라도, 또한 당시의 배타적인 제국주의적 기독교 신앙으로 인해서 잘 인정되지 않았다 해도 그것은 부인할 수 없는 사실이다. 이와 더불어 앞에서 지적했듯이 21세기의 인류 문명의 정황이 그 두 문명 간의 대화를 더욱 요청하기 때문에 2013년 한국 대회를 계기로 삼아서 그 만남을 더욱 진척시키는 것이 한국 교회의 긴요한 과제이고, 그럴 경우에 한국 대회의 고유성과 열매를 풍성히 기대할 수 있다고 본다.

인류 종교문화사 속에서 한반도는 아주 독특한 위치를 점하고 있다. 지구라는 생명체에서 인류가 가꾸어 온 대표적인 종교군들인 '지혜' 종교군에 속하는 샤머니즘이나 유교와 도교, '신비가' 종교군에 속하는 힌두교나 불교, 그리고 '예언자' 종교군의 유대교나 이슬람, 기독교의 세 종교군[10] 모두가 이곳에서 꽃을 피웠으며, 21세기 세속화 사회에서도 지구상의 어느 곳에서도 유례를 찾아보기 힘들 정도로 여전히 모두 활발하게 실행되고 있다.[11] 세계교회협의회 총회가 이러한 한국 땅에서 열린다는 것은 지금까지 종교적인 우월성과 배타성을 주장해 온 교회와 신학이 참으로 포괄적이고 첨예하게 종교다원적 상황과 마주하는 것을 의미하고, 그런 뜻에서 오늘의 세속사회에서 기독교가 점점 더 그 실행력과 의미를 잃어 가는 때에 자기 자신을 개혁하고 갱신할 수 있는 좋은 기회로 삼을 수 있다.

지금까지 유교의 종교성에 대한 논란은 끊이지 않고 제기되어 왔다. 마테오 리치(Matteo Ricci)를 포함한 예수회 전교사들이 명나라 말기의 중국 내륙에 첫발을 내딛었던 1583년의 상황에서도 리치 일행은 중국의 유교보다도 불교에 대해서 더 많이 알고 있었고, 그래서 처음에는 자신들을 불교 승려처럼 꾸미고 중국에 들어갔다고 한다. 하지만 곧 중국 문명의 존엄과 고유성이 유교 전통 안에 있다는 것을 발견하였고, 『논어』를 위시한 중국 경전들을 공부하면서 유교가 어떻게 경천(敬天)의 사상을 순수하게 지켜 왔고, 그 일자(上帝 또는 天)의 존숭에 근거한 인간 덕의 신앙을 구현해 왔는지를 보게 되었다. 그리하여 리치는 '하느님'(Deus)을 공경하고 지성을 중시하는 기독교가 오히려 "우상숭배적인 불교"보다도 유교와 더 잘 만날 수 있음을 보았다.[12] 그렇게 두 종교 전통의 만남을 위해 일생을 바친 리치에게 중국 조정은 "모의입언"(慕義立言, 義를 숭모하고 말씀을 세운 사람)이라는 송덕문을 내렸고, 1603년 『천주실의』를 출간하는 서문에서 그의 친구는 그를 큰 스승의 존칭에 해당하는 '리쯔'(利子)라는 유교적 이름으로 불

렀다.[13]

처음에 서방교회 선교사들의 선교 활동이 아니라 18세기 말 조선 유교 선각자들의 자발적인 진리 탐구로 촉발된 한국 교회의 시작이야말로 유교의 종교성을 잘 드러내 주는 일이라 하겠다. 한국 교회사에서 익히 알고 있듯이 1770년대 이래로 당시 성호 이익(李瀷, 1681-1763)의 문하에서 수학한 젊은 유학자들(권철신·일신 형제, 정약전·정약종·정약용 형제들, 이벽과 이승훈 등)의 유교 갱신 노력이 기독교 진리 탐구와 신앙 실천으로 이어져서 한국 교회가 시작되었는데, 이것은 바로 유교 가르침 안에 그와 같은 초월성으로의 전개를 가능하게 하는 뿌리가 놓여 있음을 시사하는 것이다. 또한 오늘날 인류의 대안적 영성으로 주목받는 동학이 바로 유교 선비 최제우(1824-1864)에 의해서 시작되었다는 것도 유교 종교성의 또 다른 좋은 증거라고 본다. 천주교보다 100여 년 늦게 시작된 한국 개신교를 보더라도 굳이 최병헌(1858-1927)이나 유영모(1890-1981), 이용도(1901-1933)나 김교신(1901-1945), 함석헌(1901-1989) 등을 들지 않더라도 1888년 조선에 들어온 선교사 게일(J.S. Gale)은 "대나무로 된 붓이 특산물"인 "학문을 숭배하는 나라" 조선에 대해서 "중국이나 인도에서 아마 천 명 가운데 한 사람이 읽을 수 있는 데 비한다면 조선에서는 읽기가 거의 보편적"이라고 했다. 그러면서 하늘이 예비한 "(지구)전반구(全半球)를 돌리기 위한 축으로 사용하고 있음이 분명하다."고 표현했다.[14] 한국 에큐메니컬 운동의 측면에서도 이미 1930년대 한국 교회에서 교파의식이 굳어지는 것을 비판하며 오직 한국을 위해 예수 정신을 가르친 이용도에 대해서 그의 "한국적 영성 속에서 에큐메니컬 의식의 전형을 만날 수" 있다고 지적한 것과 배치되지 않게, 이후 한국 에큐메니컬 운동의 선구자들도 한결같이 유교적 뿌리와 연결되어 있음을 볼 수 있다(김재준, 김관석, 길진경, 박상증, 강문규, 오재식, 안재웅 등).[15]

여기서 필자는 지금까지 특별히 주목받지 못한 측면이지만 한국 민중

신학의 거인 안병무의 신학도 유교와 기독교의 만남과 연결되어 있음을
본다. 그가 공자의 인(仁)사상과 그리스도의 사랑을 비교하는 논문으로 박
사학위를 받았다는 것이 그의 민중신학을 일구는 데 중요한 역할을 했다
고 생각한다.[16] 왜냐하면 "민중 사건이 곧 예수 사건"이라는 그의 급진적
인 성(聖)과 속(俗)의 등가화는 유교의 핵심 가르침인 '하학이상달'(下學而上
達, 낮고 쉬운 것을 배워서 높이 올라감)과 '극고명이도중용'(極高明而道中庸, 고명한 것을 밀
고 나가면서도 중용을 살아감)의 도와 일맥상통한다고 보기 때문이다.[17] 즉 그의
민중신학을 유교적 세간(世間)의 종교성이 또 다르게 토착화된 열매로 보
려는 것인데,[18] 이와 더불어 1970년 전태일의 죽음 앞에서 당시 한국 기독
교학생회(KSCM)의 간사로 있던 오재식 선생이 온갖 위험에도 불구하고 전
태일의 죽음을 "예수의 죽음"으로 역사화한 것도 같은 맥락에서 이해할
수 있겠다.[19]

오늘날 세속화 사회에서 출세간적(出世間的) 초월의 이야기는 더 이상 설
득력 있게 들리지 않는다. 그리하여 서구 근대성의 탐구가 찰스 테일러와
같은 사상가들도 이제 어떤 탈세간적 신성성의 힘으로 인간 주체성과 사
회적인 결속을 근거 지우려는 일은 설득력이 없다고 말하며 대신에 "최소
한으로 종교적이면서도"(miniaml religion) 풍성하게 영적인(spiritual but not religious)
또 다른 차원의 종교성을 찾고자 한다.[20] 필자는 '인간은 누구나 다 배움
(學)을 통해서 성인이 될 수 있다.'(學以至聖人之道)고 말하는 유교 세간적 '성
인지도'(聖人之道, To become a sage)의 종교성이야말로 이러한 포스트모던적 요
구에 어느 다른 전통보다도 훌륭하게 답을 줄 수 있다고 본다. 왜냐하면
그것은 '성'(聖, the sacred)과 '속'(俗, the profane)의 초월적 구분 대신 속 안에서
성을 보고, 가장 적게 종교적이면서도 가장 실천적으로 이 현실과 일상과
세계의 모든 일 가운데서 궁극의 의미를 실현하려고 추구하기 때문이
다.[21] 한국의 유교학자 류승국은 일찍이 "유교는 지극히 높고 밝은 천도(天

道)와 일상적인 인도(人道)의 이원성을 어떻게 조화하며, 지극히 높은 이상을 어떻게 현실화할 것이냐의 문제가 가장 중요하다."고 지적하였다.[22] 또한 이른 시기부터 유교와 기독교의 대화를 시도해 온 쥴리아 칭은 유교를 하나의 종교전통으로 보면서, 그러나 유교적 종교 전통의 특징은 이 세계와 인간 세계에서 도를 실현하려는 내면화의 길을 가는 것("lay spirituality")이라고 밝혀 주었다.[23] 이렇게 유교의 길은 일상의 삶에서 초월을 실현하려는 시도이므로 불교나 도교, 또는 기독교처럼 일상과 속을 구별하는 차원에서의 성직자 그룹을 따로 두지 않는다. 또한 삶의 모든 일 속에서 도를 실현하려는 구도이므로 '배움'의 과정이 바로 구도의 과정이고, '정치'의 일이 곧 성인이 되고자 하는 길이었다. 이렇게 학(學, 배움 또는 교육)이나 정치(사회생활 또는 직업) 등의 누구나 보편적인 삶을 의미추구의 관건으로 삼았으므로 유교 전통의 주체성 의식은 그 이전 시대와 비교하여 매우 신장되었고, 구한말 서구로부터 들어온 또 다른 주체성의 종교인 기독교(특히 개신교)와의 만남은 이러한 유교적 토대 위에서 이루어진 일임을 유의할 필요가 있다.

그러나 한국 교회는 이러한 전통을 잘 살려내지 못했다. 오히려 서구 교회보다도 더 과격하게 성과 속을 나누었으며, 교회와 교회 밖을 구분하여 두터운 벽을 쌓았고, 그런 과정에서 한국 교회의 성직자 중심주의와 교파주의, 개교회 중심주의는 끝 모르게 진행되었다. 자신들만을 그렇게 종교적으로 거룩의 존재로 구별하여 살지만 현실의 다른 삶에서는 철저히 "실질적인 무신론자"로 온갖 종류의 물질주의에 빠져 사는 것이 현재 많은 한국 그리스도인들의 모습이다. 그러므로 부산 WCC 대회를 계기로 교회가 다시 아시아 유교 영성의 세간적 종교성을 살려 내야 한다고 본다. 과거 공(公)과 사(私)의 대립에서 우선 공을 내세웠고, 의(義)와 이(利)의 대립에서 인간다운 사생취의(捨生取義, 생을 버리고 의를 취함)를 강조하였으며,

학식이나 (좁은 의미의) 종교적 비의 대신에 보편적 인격의 수양과 덕의 완성을 최고의 가치로 여긴 전통이기 때문이다. 비록 조선 말의 왜곡과 오류를 겪지 않은 것이 아니지만, 그 이상은 바로 우리 삶의 구체적인 영역(身·家·國·天下)에서 도를 이루려는 것이고, 그 일을 위해서 개개인의 실천적 수행을 큰 가치로 여기면서 평천하(平天下)의 큰 평화를 이루려는 것이었으므로 앞에서 서술한 우리 지구 집과 인간 사회의 치유를 위해서 좋은 길잡이가 될 수 있다고 본다.

앞에서 언술한 대로 지구 위의 한반도에는 지금까지 동서의 인류 가족이 서로 나뉘어서 나름대로 일구어온 핵심 종교 전통들이 모두 함께 자리하고 있다. 이 유례 없는 환경에서 어떠한 새로운 영성을 찾아내는가가 인류 가족의 미래를 위해서 큰 의미를 갖는다. 동(東)의 유불도를 모두 포괄하고 거기에 서(西)의 엑기스인 기독교를 받아들여서 일구어 낸 한국 교회와 신학의 유산 속에 이 일을 위한 쓸 만한 전통이 있는지를 더욱 찾아볼 일이다. 물론 혹자는 이렇게 반박할 수 있다. 지금 한국 교회의 상황과 정치, 경제, 문화의 정황을 돌아보라고. 그러한 모든 종교 전통에도 불구하고 세계의 웃음거리가 될 정도로 형제끼리 서로 싸워서 존재의 사실적 종말이 염려되는 상황이므로 '너나 잘 하세요' 라는 소리를 듣기 딱 좋은 현실이 아닌가라고. 그러한 한국의 종교문화 전통에서 세계 에큐메니컬 운동의 미래를 위한 지혜를 찾아보라는 것이 말이 되는가라는 반박을 예상해 볼 수 있다. 하지만 거기에 대해서 필자는 이렇게 되묻고 싶다; 19세기 말 한국이 고통과 비참에 빠져 있었을 때 하늘의 복된 소리로 기독교 신앙을 전해 준 서양 선교사들 나라와 당시 그들 교회의 모습은 어떠했는지를 말하는 것이다. 즉 그들도 당시 노예 장사와 인디언 학살을 막 끝내고 여전히 제국주의적 탐욕에 흠씬 젖어있었으며, 공산주의 혁명을 몰고 올 정도로 극심한 빈부 격차의 경제적 악이 팽배해 있었고, 유대인들을 비롯한 타자와 약자를 잔인하게 게토에 몰아넣었고, 키에르케고르의 저술을 들지 않더라도 교회는 국가교회가 되어서 특권과 부를 누리고 있었다. 그런 정황의 나라들에서 온 선교사들의 메시지를 한국은 하늘의 소리로 들었고, 그 소리가 또한 역할을 했으며, 그래서 우리는 변했고 오늘에 이르렀다. 다시 말하면 메시지의 본래와 현실의 처지를 그대로 등가화하지 말자는 것이다. 동서의 핵심 종교 전통들이 모두 한자리에 있고, 20세기 인류의 숙제(남북문제)가 아직까지 풀리지 않아서 극도로 고통받고 있는 곳, 또한 가장 빠른 시간 안에 산업화의 기적을 이루어서 지구 생태 정의의 문제가 참으로 첨예하게 제기되는 곳, 한국에서 WCC 총회를 개최한다는 것의 의미를 뒷받침해 주는 정황들이다.

필자는 한국에서 WCC 총회가 열리는 것과 관련하여 오늘의 중국도 할 수 없고, 일본도 가능하지 않으며, 유교 문명권의 나라들 중에서 그 종교·문화적 정황과 정치적 정황으로 참으로 고유한 역할을 가지고 있는 한국 교회와 신학이 새로운 신앙적 전위의 표준을 지시해 주어야 한다고 생각한다.[24] 그 일을 생각하면서 한참 앞서서는 하늘과 진심으로 대응하는 인간과 자아에 대한 이상(性卽天)에서 출발하여 가정, 사회의 개혁을 거쳐 우주 만물에 대한 책임과 배려에로 나아가는 한국 성리학 전통의 『성학집요(聖學輯要)』의 이상을 생각했고,–이 율곡의 이상은 다시 17세기 서구 스피노자의 '보편종교'(religio catholica)의 이상을 매우 생각나게 하는데–올해(2010년) 서거 100주년이 되는 안중근 의사는 물론이고 김구, 유영모, 김교신, 함석헌, 이용도 등을 생각했다. 이와 더불어 지난 30, 40년의 한국 근대화 여정 속에서 가장 낮은 삶의 현장에서 이름 없는 그리스도인으로 온 몸을 바쳐 살아오며 "한국 여성 그리스도의 도래"를 준비해 온 여성민중 기독인들을 생각했다.[25] 이러한 모든 일들이 바로 한국의 세간적 성(聖)의 종교성 전통 안에 있다고 여긴다.

3. 다중의 복수론적(複數論的) 그리스도론으로의 '탈'(脫)과 '향'(向)
: '성'(性)의 인간 이해

세계 내에서 초월의 의미를 찾는 21세기의 내재신적 영성은 전통적인 그리스도론과 부딪칠 수밖에 없다. 왜냐하면 전통적 그리스도론은 역사상의 오직 한 점에서만 그 신적 계시를 허락하기 때문이다. 인류가 18세기 이후 혹독하게 겪은 서구의 정치적 제국주의에 대해서 말하듯이 종교 제국주의에 대해서도 말할 수 있다. 오늘날은 특히 세계화가 거의 서구화나 미국화와 등가화되어 버린 상황에서 '기독교 제국주의'에 대해서 말할 수 있고, 그 우려되는 모습을 이라크 전쟁이라든가 오늘 한반도에서 긴박하게 펼쳐지는 각종 정치·사회 정황들, 거기서의 한국 교회와 극우 종교 그룹의 대응들에서 뚜렷하게 보고 있다.

필자는 이러한 모습이 지금까지 기독교 교회가 견지해 왔던 그리스도론과 깊은 관련이 있다고 생각한다. 알다시피 기독교의 그리스도론이란 역사적인 유대인 남성 '예수'를 '그리스도'로 그리는 초상화이다. 이것은 지금까지 기독교의 자기 정체성을 위한 밑그림이 되어서 모든 기독교적 실천의 근거가 되었다. 오늘날 인간 삶의 정황은 그러나 예수 삶의 때부터는 물론이고 그 후 그리스도론으로 기초화될 당시의 상황과도 근본적으로 다르게변하였다. 오늘날의 변화된 상황에서 기독교를 새롭게 이해하려는 WCC의 '신앙과 직제위원회'는 이 변화에 상응하는 새로운 신앙 신조를 구성해 내기 위해서 여러 방편으로 노력하고 있다. 하지만 여전히 고대 그리스·로마 시대에 만들어진 「사도신경」과 「니케아 신조」, 「콘스탄티노플 신조」를 그 헌장의 근간으로 삼는다면 거기서 큰 변화를 기대하기는 어렵다.[26] 그래서 "WCC는 우리 주 예수 그리스도를 하나님이며 구세주로 고백하는 교회들의 협의체"라고 정리하는데, 이러한 서술 방식은 하나님과 예수 그리스도의 관계에 대해서 여전히 오해를 불러일으키고, 그 관계를 모호하게 만들 수 있다. 여기서 대중 기독교인들에게는 예수가 '유일하게' 하나님으로 인정되면서 기독교의 독자성과 유일성이 배타적이고 본체론적으로 세워지는 것이 되고, 그래서 엄밀한 의미에서 다른 모든 종교는 우상숭배가 되기 때문이다. 예수가 어떠한 여과나 사고 없이 하나님과 동격화되는 이러한 문장들을 통해서 기독교의 우월주의와 배타주의가 퍼지고, 선포의 주체였던 예수가 선포의 대상이 됨으로써 여기서부터 시작된 기독교 절대주의와 그리스도 우상주의는 20세기 세계교회협의회의 신학 안에도 여전히 힘을 발휘할 수 있다. 세계교회협의회의 '오이쿠메네'는 그래서 여전히 기독교 세계 내에 한정되어 있고, 오늘날 기독교 문명권에 대해서 강력하게 등장하는 다른 종교 전통들에게는 의미 있는 공간을 마련해 놓고 있지 못하다. 인도의 신학자 피에리스(Aloysius Pieris)는 이미 7-80년대에 "아시아 종교성의 요단강"에 대해서 말하면서 서구 신학의 종교적 제국주의를 비판해 왔다.[27]하지만 21세기 오늘도 크게 달라지지 않은 것 같다.

그리하여 필자는 2013년 부산에서의 WCC 총회를 계기로 세계교회협의회가 다시 더 진지하게 그리스도론의 재정립에 힘을 쏟을 것을 촉구한다. 2000년 전 바울이 자신의 유대교 전통에서 나와서 그리스 로마 문명과 만나면서 변방의 한 청년 예수를 그리스도로 전파하기 위해 자신의 과거와 기득권과 자랑을 모두 버렸듯이, 이제 그동안의 시간 속에서 스스로가 다시 세계의 기득권이 된 기독교와 WCC가 그 권한과 자랑을 버려야 한다고 보는 것이다. 그럴 때만이 오늘날의 '로마 제국', 당시의 로마제국보다 더 힘이 센 물질주의와 경제 맘몬주의에 맞설 수 있다고 본다. 거기에 맞서서 지구의 모든 종교인들이 힘을 합하기 위해서는 서구적 기독교가 그 독점적 종교 제국주의를 포기해야 한다고 촉구하는 것이다. 그런

점에서 신약학자들이 중심이 되어서 올바른 예수상의 근거가 되는 '역사적 예수' (historical Jesus)의 모습을 찾아내기 위해 노력하는 일은 매우 고무적이다. 그것은 그리스도를 배타적으로 독점하려는 태도를 버리고, '예수에 대한 믿음' (Faith in Jesus)만이 아니라 '예수의 믿음' (Faith of Jesus)을 가르치는 일들을 가능하게 하기 때문이다. [28]

지금까지 축적된 기독교 신앙 신조의 역사 연구와 역사적 예수에 대한 탐구는 기독교 교회와 교리의 형성 과정에서 어떻게 우상 파괴자였던 예수가 스스로 가장 강력한 '성상' (icon)이 되었고, '하나님의 아들'에서 '아들이신 하나님'으로, 다시 '유일한 하나님'이 되면서 형이상학적인 배타성의 실체로 굳어져 갔는지를 보여 준다. 그러한 배타적 그리스도론은 교회 역사 가운데서 인간과 우주의 그리스도화와 영성화에 점점 더 걸림돌이 되고, 오늘날 이반 일리치와 같은 이는 이를 "최선이 타락하면 최악이 된다." (perversio optimi quae est pessima)고 할 정도로 행위와 실천없는 신조 뿐인 '신앙(믿음)의 율법화'가 어느 정도로 심각한지를 잘 지적해 주었다.[29] 2천 년 전 유대인 청년 예수에게서만의 유일회적인 그리스도화를 주장하는 그리스도론은 그 이후의 모든 다른 요소들을 배척하고 재단하는 억압적 기제가 되었다. 그 결과가 오늘날 서구 기독교문명의 우월주의, 예수를 인정하지 않는 유대교에 대한 배척과 이슬람과의 갈등, 예수와 동일한 성(性)이 아닌 여성에 대한 핍박과 억압 등으로 표현되고 있다. 따라서 다시 참된 하나님에 대한 신앙과 '(성)령'의 사람으로서의 예수의 본래 메시지를 회복하기 위해서는 '복수론' (複數論, plural)의 그리스도론을 주창하는 목소리에로 모아질 수밖에 없다. 필자는 '비서구' (한국) 다원주의적 여성신학자로서 이러한 복수론적 그리스도론의 의미를 앞에서 제시한 유교적 '성인지도' (聖人之道)의 종교성이 뛰어나게 드러내 준다고 본다. [30]

유교적 성인지도는 '인간은 누구나 요순처럼 될 수 있다'는 믿음에 따라 각자가 좁은 '향리의 기준'을 넘어서 '천하의 법'(天下之法)이 되고자 하고, 모두가 '천하의 도'를 실현하고자 하는 인간의 길이다. 이 유교적 성인지도와 유비되어 이해된 복수론적 그리스도론은 지금까지의 우상화된 그리스도론이 철저히 외부적인(extrinsic) 구원 방식으로 신앙의 수행적 실천과 책임의 차원을 잃어버린 것을 치유할 수 있게 한다. 펑크 같은 역사적 예수 탐구가는 이것을 "부활절 장벽을 깨뜨리는 일"과 관련시켰고, 이 일이야말로 아주 초기부터 기독교가 빠져 들었던 가현설로서의 그리스도론을 극복하는 길이라고 강조하였다.[31] 오늘날 우리는 삶의 현장에서 기독교 신앙이 강조하는 '믿음'이 어떻게 다시 율법화했고, 그 역동성을 잃었는지를 잘 보고 있다. 혹독한 로마 제국의 통치 아래서 자신의 민족적 전통인 유대교의 율법주의에 대항하여 새롭게 만난 예수의 삶과 부활을 '믿음'의 복음으로 해석해낸 바울의 신앙이 다시 강력한 율법이 된 것이다. 오늘날 "믿음으로 의롭게 하여 주심을 받는다."(롬3:28)는 바울의 가르침은 다시 "신앙 의인"으로 받아들여지고 있다. 마커스 보그와 크로산이 잘 지적한 대로 오늘날 대중적 기독교에서 '믿는다는 것'은 우리가 성취해야만 하는 새로운 요구사항이 되었으며, 그 중에서도 특히 '올바른 교리를 믿는다는 것'이 기독교인이 되는 것의 기초이며 구원의 조건으로 강조되고 있다.[32]

그러나 우리가 신약성서에서 사도행전 이후에 첫 번째로 등장하는 바울의 로마서를 잘 읽어 보면, 그가 이해하는 예수의 삶과 부활의 의미와 그의 율법에 대척해 있는 믿음의 강조는 먼저 그 믿음의 구체적인 내용과 관계되어 있기보다는 오히려 '믿음 행위 자체'에 초점이 맞추어져 있음을 알 수 있다. 바울은 믿음의 조상으로 먼저 아브라함을 든다. 아브라함이 "내가 너를 많은 민족의 조상으로 세웠다."라는 하나님의 약속을 듣고 도저히 그 약속을 믿을 수 없는 상황이 되었어도 희망을 버리지 않고 "바라면서 믿었으므로"(롬4:18) 믿음의 조상이 되었다고 설명한다. 그러면서 바울은 자신의 논의를 펼쳐 가기를 아브라함의 그와 같은 믿음의 행위는 그가 "할례를 받기 전"부터의 일임을 강조한다.(롬4:10) 즉 그는 아브라함이 믿음으로 의롭다 함을 받은 것은 그의 할례 여부에 관계없이 그의 순전한 '믿음의 체현'(강생, incarnation)으로 그렇게 된 것인데, 이것은 믿음의 대상과 내용에 대한 집중이 아니라 '믿음 행위 자체'에 대한 인정을 말하는 것이라 하겠다.

그 다음으로 바울이 그 믿음 행위의 내용과 대상은 다르지만 다윗의 예를 다시 "믿음으로 의로움을 인정받은" 증거로 제시한 것은 오늘날 기독교회가 믿음을 다시 율법화할 뿐 아니라, 그것을 특정한 교리의 인정 여부와 등가화하고 있는 일이 얼마나 원래 바울의 의도에서 멀어진 일인가를 알게 한다. 즉 바울이 구약 시대의 유대인 세계를 떠나서 보다 많은 사람들에게, 다시 말하면 "이방인"에게도 하나님의 은혜를 전파하기 위한 믿음의 내용으로 파악한 예수 그리스도 되심의 일도 그 자체가 절대적인 실체가 될 수 없으며, 그렇게 될 때는 그것이 또 다시 율법이 된다는 의미이다. 바울이 예수 그리스도의 삶과 죽음, 부활에 대한 우리의 믿음을 유대인들의 율법을 통한 의를 대신하는 하나님의 새로운 의로 제시하면서도 그 전에 믿음의 역사적 예들로 예수 사건 이전의 아브라함이나 다윗의 예를 들었다는 것은 예수 그리스도라는 내용보다도 더 근본적으로 '믿음'이라는 우리들의 '시작함'과 자유롭게 행위할 수 있는 '능력'(action) 자체가 더 관건임을 드러낸 것이라고 하겠다.[33]

물론 믿음의 행위 안에 그 대상과 내용에 대한 인식을 포함할 수밖에 없지만 오늘의 기독교가 빠져 있는 것과 같은 대상의 실체화와 고정화는 원래 바울이 믿음과 행위를 대비시킬 때의 강조점과 다르다는 것이다. 바울에게 있어서 믿음의 내용은 예수가 '그리스도'라는 것과 그가 '부활'

했다는 것이지만 앞에서 이야기한 대로 바울이 또 다른 믿음의 예로 드는 아브라함과 다윗의 경우는 그 믿음의 내용이 다른 것이므로 이 셋 모두에게 공통되는 것은 '믿음'이지 그 믿음의 '대상'이나 '내용'이 아니라는 것이다. 그것을 필자는 '믿음 행위 자체'로 표현하였다. 바울은 이제 시대와 상황이 변하였으므로, 자신은 "내 동족을 위한 큰 슬픔이 있고", "육신으로 내 동족 내 겨레를 위한 일이면 내가 저주를 받아서 그리스도에게서 끊어질지라도 달게 받겠다"(롬9:2-3)고 할 정도로 이스라엘 백성이지만, 이제 "이방인"을 위한 사도로서 그 믿음의 내용을 '이스라엘의 율법'에서 '예수 그리스도'로 바꾸는 일을 감행한다고 선언했다.

오늘 21세기 지구의 시대에, 다시 말하면 바울이 자신 사역의 첫 대상지로 삼았던 서구가 세계의 중심이 아니라 지구가 진정으로 모두의 집이 된 시대는 다시 한 번 그러한 전복이 요청되는데, 즉 우리 믿음의 대상을 이제 2000년 전 예수에게서 일어났던 하나님의 수육(incarnation)을 단 한 번의 유일무이한 사건으로 믿는 것이 아니라 오늘도 계속해서 일어나는 일, 우리 각자에게 우리의 구체적인 삶에서 계속되는 사건으로 믿는 일로 바꾸어야 한다는 것이다. 그것은 유대·기독교의 세계관과는 다른 아시아의 세계관을 서구 기독교가 진정으로 만나면서 예전 유대교의 바울이 새로운 세계의 전개를 앞에 두고 자신의 과거로부터 나와서 새로운 내용의 믿음의 세계로 들어간 것처럼 그렇게 오늘의 기독교회와 WCC가 받아들여야 하는 일이라고 본다. 필자는 현재의 WCC와 기독교회가 크게 변하지 않은 전래의 배타적인 그리스도론을 가지고, 믿음의 율법주의에 빠지기 쉬운 바울 시대의 유대교와 유사한 모습이라고 보고 다시 한 번의 급진적인 전회를 요청하는 것이다. 이 믿음의 전회 내용은 이제 교회가 복수론(複數論)적인 다중의 그리스도론을 받아들이는 일이고, 앞에서 우리가 탐구한 대로 유교적인 개념으로 이야기하면 이제 우리 모두가 '그리스

도'(聖人)가 되어야 하는(聖人之道), 그리고 될 수 있다는 믿음의 일로 불리어
졌음을 시인하는 일이다.[34] 우리의 믿음의 대상은 예수 그리스도에게서
일어난 하나님의 수육 사건에 대한 것만이 아니라 각자가 예수를 따라서
그리스도가 되어야 하고, 될 수 있음을 말하는 것이고, 그럴 때만이 바울
이 일찍이 신앙과 행위를 대조시켰을 때 "행위 없는 신앙"(faith-without-works)
을 말한 것이 아니라 "신앙 없는 행위"(works-without-faith)를 비판한 것이었는
데, 불행하게도 그 후 기독교 신앙이 왜곡되어서 실천력을 잃고 스스로가
다시 신앙의 율법주의에 빠지게 된 것을 치유하는 일이기도 하다.[35] 당시
바울이 하나님을 '유대교'로부터 해방시켰다면, 우리 시대는 다시 하나
님을 '기독교'로부터 해방시키는 일이 요청되고, 그런 뜻에서 앞으로는
바울과 같은 사람이 아시아에서 미국으로 건너가야 한다는 시인의 언술
이 의미롭다.[36] 바울이 밝혀 준 우리 믿음의 대상이 예수의 부활이었다면
앞으로는 우리 모두가 예수처럼 되어야 함을 믿는 일이어야 하는데, 이것
은 갱생(incarnation)과 부활을 끊임없이 "연장"하는 일이고, "갱생은 명멸하
는 것"이라는 사실을 받아들이는 일이다.[37] 이 일은 예수의 성육신이나
부활을 구원의 보증수표처럼 되내이면서도 실천없는 신앙의 율법주의에
빠져 지내는 일을 그만두는 일이다. 그래서 매 순간 지금·여기와 오늘에
서 영원을 살고, 성육신을 체현하며, 부활을 증명해 내는 일을 신앙으로
보는 일이다.

　오늘날 한국 교회의 보수주의와 서구 교회가 성육신을 독점하고 부활
을 실체론화하면서 얻는 특권을 포기할 때 '믿음'과 '갱생'과 '부활'의
진실성이 다시 살아나며, 그럴 때만이 오늘의 거대한 로마 제국인 맘몬주
의와 대항할 수 있다. 또한 오늘날 시시각각 더욱 더 우리의 현실―특히
미래의 세대인 청소년들의 의식―을 파고드는 상상력의 부패와 우리 "의
식의 둔화"[38] '몸'과 '역사'와 '현실'의 탈각화를 통한 "가상공간의 편재

화"의 왜곡에 대항할 수 있다.[39] 앞에서 언급한 이반 일리치는 지금까지 서구 기독교 역사는 믿음의 제도화와 사회 기구화로 인해서 참된 자유와 선(善), 은총의 감각을 잃어갔다고 진술한다. 그렇게 갱생의 믿음을 통한 의로움이라는 "최선"이 타락하여서 사랑이 제도화되고, 선한 사마리아인과 같은 갱생을 다시 사는 '이웃'을 기대할 수 없으며, 그 믿음과 갱생이 은혜라는 것을 깊이 느끼는 '기쁨'이 사라지고, 대신에 크나큰 '두려움'과 무기력, 비인격화와 폭정보다 더 잔인한 욕구가 난무하게 되었다고 지적한다. 믿음의 타락은 그리하여 단순히 악일 뿐 아니라 더 큰 어떤 것, 곧 "죄"가 되고, 그 죄란 바로 믿음을 이 세상의 권력에 복종하도록 하는 것이기 때문이라고 지적한다.[40] 여기서 더 나아가서 '선'과 '악'을 '가치'와 '비가치'로 대체하는 것은 그 "죄를 정의하는 기반을 무너뜨리는 행위"로 바로 "최악"을 말하는 것이라고 한다.

오늘날 서구는 이러한 파국의 치유를 위한 한 대안으로서 당시에는 모든 사람들로부터 무신론자로 비난받았지만 나중에는 "신에 미친 사람"이라고 불릴 정도로 이 세상 전체와 온 자연과 모든 사람들을 신의 영역으로 보고서 각각의 선민의식과 계시에 대한 독점권을 해체하며 '보편종교'(religio catholica)를 제시한 스피노자를 활발하게 돌아보고 있다. 여기에 대해서 필자는 동아시아의 지혜로운 정신적 젖줄인 맹자의 다음과 같은 언술을 상기하고자 한다; "그 마음을 다하는 자는 자신의 (본)성을 알 것이니, (자신의) 본성을 아는 일은 하늘을 아는 일이다. 그 마음을 보존하고 (본)성을 닦는 것이 하늘을 섬기는 일이요, 요절과 장수는 서로 다른 것이 아니니, 몸을 닦아 기다림은 곧 명을 세우는 일이다."[41] 이 젖줄에서 먹고 자라서 아시아적 전통에서 모든 인간에게 "신(理)의 직접성"을 선포한 왕양명의 '심즉리'(心卽理)의 심학, 퇴계의 '구인성성'(救仁成聖, 仁을 구해서 초월을 완성함)의 인간학, 율곡의 '성'(誠)의 성학(聖學)과 다산의 '효(孝)·제(弟)·자

(慈)'의 정치학은 모두 우리의 믿음을 회복하여서 다시 실천할 수 있는 인격을 키우는 동아시아적 복수론(複數論)의 그리스도론이다. 그러므로 한국 교회와 세계 교회가 특히 부산 대회를 계기로 이런 전통과의 대화에 힘을 쓴다면 선한 열매를 얻을 것임을 의심치 않는다.

4. 영(靈)을 판단하는 새로운 시금석으로서의 '성'(誠)의 영성

오늘날 한편으로는 무신성의 물질주의가 문제이지만 다른 한편에서는 '사이비' 영의 난무가 문제이다. 위에서 보편종교로서의 복수론적 그리스도론을 통해서 인간 내면의 성(性)의 판단력에 신뢰를 보냈지만 우리는 종종 사이비 영의 시험을 받는다. 그래서 영을 분별하는 문제가 중요하고, 특히 오늘날과 같은 종교 다원적 상황에서는, 다시 말하면 성부와 성자의 시대에 이은 성령의 시대에는 영의 분별이 교회의 존립과 미래를 위해서 매우 중요하다. WCC가 공통된 신앙고백을 지향하고 '한 신앙'(One Faith)과 '한 성만찬적 친교'(One Eucharistic Communion)를 목표로 하는 것도 모두 이와 같은 이유에서일 것이다. 이러한 가운데서 먼저 'filioque'(and from the Son, 그리고 성자에게서도) 논쟁에 관해서 언급하려고 한다. 주지하다시피 'filioque' 논쟁이란 서방교회가 니케아 신조의 성령에 관한 세 번째 항에서 성령이 "성부로부터 나오시며" 하는 구절에 'filioque'이라는 말을 삽입하여 "성부와 성자로부터 나오시며"라는 말로 변경함으로써 야기한 문제이다. 문제의 핵심은 삼위의 관계성 속에서 성령을 어떻게 이해할 것인가이다. 우리가 다 아는 대로 초기에 서방교회가 성령이 성자로부터 나온다는 사실을 강조해 왔던 것은 성자 예수의 신적인 지위를 더욱 분명히 하기 위해서였다. 그러나 이와 같은 입장은 성자 예수를 성부와 직접 동일시하면서 성자 예수의 배타적 유일회성과 우월성을 주장하게 만들었고, 위에서 살펴본 대로 특히 '그리스도 우상주의'의 근거가 될 수 있었다. 그리하여 이미 지난 7-80년대 '신앙과 직제 위원회'가 많은 토론을 거쳐 filioque가 삽입되지 않은 본래의 니케아 신조를 채택할 것을 권고하였고, 완전히 해결된 것은 아니지만 지난 캔버라(1991년)의 제7차 총회부터는 이 filioque가 빠져 있는 예배 의식서(리마 예식서, BEM Text)가 쓰였다고 한다.[42]

이 캔버라 대회에서 한국의 여성신학자 정현경 교수가 "오소서 성령이여–만물을 새롭게 하소서"라는 주제 아래서 획기적인 다원주의적 주제 강연을 수행하였는데, 그것이 동방정교회의 반발을 심하게 불러일으켰다. 하지만 필자는 그것이 아시아 종교 전통의 저력을 보여 준 것이라고 생각한다. 다만 거기서 더 나아가서 당시에 필자는 묻기를 "왜 꼭 세계의 눌린 영들이 기독교 '성령'의 영으로만 해방되어야 하는가?"라고 했다.[43] 필자의 시각으로는 정현경이 세계의 치유를 위해 영들에게 하는 호소는 마침내 기독교의 '성령'에 의한 것으로 마무리되고, 그런 의미에서 포괄론적 그리스도론의 한계를 벗어나지 못한 것으로 보였다. 주지하다시피 한국의 개신교회는 특히 '영성'(The Spirituality)이라는 용어보다는 '성령'(The Holy Spirit)을 강조하고 그 구별에 큰 의미를 둔다. 거기에는 자신들이 받은 영은 '거룩한' 영이고, 하나님에게서 온 영이며, 그리스도의 영이라는 것을 배타적으로 구별하려는 강한 그리스도론적 의미가 담겨 있는 경우가 많다. 그러나 원래 예수가 세례 요한의 세례 후에 받은 영도 '성령'이 아닌 '그 영'(The spirit, Τὸ πνεῦμα)이었기 때문에 우리말 성서 개역과 표준 새 번역에서 "성령"이라고 한 것은 "오역"이라는 마가복음 성서학자의 지적은 시사하는 바가 크다. 그래서 특히 여성신학자들은 그 남성 예수의 그리스도성에 집중하는 '성령'(The Holy Spirit)이라는 용어보다는 오히려 '영성'(spirituality)이라는 단어를 선호하면서 보다 더 분명하게 "성령의 보편성"

을 드러내고자 한다.

1) '공동인간성'(仁)과 '공동체성'의 신장과 회복

이상과 같이 오늘날 영성에 대한 그리스도론적인 근거의 한계를 지적하면서 한국에서 열리는 대회를 계기로 영의 판별을 위한 첫 번째 시금석으로서 필자는 '공동인간성'(仁)과 '공동체성'의 신장과 회복을 들고자 한다. 주지하다시피 공자는 "인자인야"(仁者人也)라고 했고 맹자는 "인야자인야"(仁也者人也)라고 하면서 인간 존재성 자체가 '관계성'이고 '공동인간성'이라는 것을 드러냈다. 오늘 참된 영이고 '성령'의 역사인가를 분별하는 시금석은 그 영이 얼마나 공동체를 살려 내고, 우리 존재의 공동인간성을 시인하면서 더불어 함께 함의 삶을 실천하는가에 달려 있다는 의미이다. 입으로는 계속 믿음을 말하고 영을 강조해도 결국 "각 사람은 자기를 위해서, 하나님만은 만인을 위해서"라는 삶의 태도를 보인다면 그것은 자아중심적 무신성의 표현과 다르지 않고,[44] 그리하여 그런 자기중심주의와 공동 삶에 대한 무관심과 무책임은 그 사람이 말하는 영의 진실 여부를 묻게 만든다는 것이다.

이 공동체성과 공동인간성의 신장과 회복에 오늘의 한국 교회에서 제일 걸림돌이 되는 것이 과도한 '성직자 중심주의'라고 본다. 한국 교회에서 한 사람의, 대부분의 경우 한 '남성' 목회자에로의 힘의 집중은 한국 교회의 공동체성을 훼손하고 그에 따른 부작용을 많이 낳는다. 앞에서 지적했듯이 세간적 종교성으로서 유교는 기독교나 불교와는 달리 따로 구별된 성직자 그룹을 두지 않는데, 오늘날 기독교회가 보다 열린 신앙공동체로 거듭나기 위해서 여기에서 어떤 가르침을 얻을지 탐색해 볼 일이다. 물론 과거 적장자(嫡長子)라고 하는 또 다른 구별이 있기는 했지만 '나이'

라고 하는 훨씬 더 보편적인 '인간적' 기준에 의한 것이므로 '신적' 구별에 의한 힘과 독점보다 훨씬 더 소통적일 수 있다. 이와 더불어 특히 요즈음 한국 교회도 교파의 구분 없이 점점 더 빠져드는 '개교회 중심주의'도 과거 유교 전통에서 문중의 일을 위해서 각 가정들이 서로 유기체적인 연결과 통일성 속에서 협력하고, 견제하고, 권고하는 삶을 살았듯이 그런 유교적 유기체적 통일성의 삶에서 배울 수 있다. 그것은 초대교회의 전통이기도 한데,[45] 오늘날 개인적 삶에서 철저한 자기 중심주의와 세계소외가 문제이듯이 교회 공동체 차원에서 힘있는 개교회들의 팽창주의와 영적 파행이 점점 더 심각해진다면 교회들의 유기체적 통일체를 건강하게 키워서 조정하는 방식 외에 어떤 길이 더 있겠는가 묻고 싶다. 사회적 법에 맡기는 경우의 한계와 그것으로 인한 공동체의 분열과 깨어짐을 이미 너무 많이 경험하고 있기 때문이다.

이러한 기독교회 내에서 '한국 그리스도의 교회'로의 가장 포괄적인 통합과 더불어[46] 세계의 어느 곳보다도 실질적인 다종교 상황을 경험하고 있는 한국 기독교가 더욱 진전된 동서 종교 간의 대화와 협력을 보여준다면 서양 종교들 간의 오래된 비극인 중동 문제에 대한 돌파구를 마련할 수 있다고 본다. 한국 불교의 원효는 일찍이 중국에서 들어온 열 가지의 불교종파를 '일심'(一心)과 '일미'(一味)로 화쟁하면서(十門和諍論) "득의이언"(得意而言)을 말하였다. '뜻을 살려 들으면 어느 것도 내칠 수 없고 받아들이게 된다.'는 의미로 각 종파가 가지고 있는 긍정성에 우선 집중하면서 '미운 이에게 쏠렸던 시비지심을 자신에게 돌리고 고운 사람을 향한 두둔하는 마음을 미운 남에게도 돌리는' 화쟁의 방식인데, 이것이 오늘 세계의 거대한 무신성 앞에서 인류의 각 종교들을 서로 협력하고 화합하게 하는 지혜로 지적되었다.[47] 한국의 오래된 종교적 삶에서 나온 지혜이다.

2) '몸성'과 '역사성'의 시인

영의 판단을 위한 두 번째 시금석으로서 '몸성'과 '역사성'의 시인 여부를 들고자 한다. 동아시아적 역(易)의 큰 우주관 속에서 '정역'(正易)의 시대를 예견하고 '후천개벽'을 지시한 일부 김항(一夫 金恒, 1826-1898) 선생은 그 가운데서도 "천지는 일월(日月)이 아니면 빈 껍질이요, 일월은 지극한 사람(至人)이 아니면 헛된 그림자다."(天地匪日月空殼 日月匪至人虛影)라고 하였다.[48] 이 언술은 『중용』의 '성'(誠, 성실성, 말씀이 육신이 되다)의 영성을 다시 잘 표현한 것으로 이해할 수 있는데, 아무리 광대하고 끝없이 펼쳐지는 우주(의 발견)에도 불구하고 거기에 (우리가 사는) '지구'가 없다면 아무것도 아니고, 그 지구에서는 일월(하늘 또는 하나님)의 정신(말씀)을 육화해 내는 '인간' 또는 '지극한 성실의 사람'(聖人 또는 그리스도)이 없다면 광대한 우주도 한갓 그림자에 불과하다는 이야기로 풀 수 있다. 오늘 우리 시대도 예전 바울의 시대와 마찬가지로 잘못된 영의 범람으로 위기가 크다. 당시 바울이 그에 대한 시금석으로서 예수 그리스도가 '육체'로 오신 것을 시인하는 영과 그의 신령한 '몸'의 부활을 강조했듯이, 오늘날 이 '지구'라는 인류 공동의 집과 거기서의 '인간'의 종을 무시하는 담론들에 대해서는 의심의 눈을 보내야 한다. 또한 여기·지금의 현실성(reality)과 사실성(fact)을 무시하고 왜곡하며 한없이 패러디해서 사실과 존재의 몸적 기반을 무너뜨리는 가상적(virtual) 기도의 왜곡에 대해서도 마찬가지로 경계해야 한다. 그것은 삶의 몸성과 역사성을 무시하는 태도로서 극심한 자아 중심주의 무신성의 또 다른 표현이다. 예전에 퇴계 선생은 그것을 "인물위기"(認物爲己, 세상을 온통 자기로 여기는)의 폐해로 지적하였다. 우리 몸과 삶, 역사적 실천으로 풀어내지 않는 진리와 영은 참된 것이 아니라는 자각으로 앞에서 그리스도의 '갱생'(incarnation)과 부활은 이제 기독인들의 삶에서 매번 새롭게 증거되어야 하는 일로 보았듯이, 그 일이 '몸'과 '삶', '역사'로 체현되지 않으면 참된 진리가 아니라는 시금석이다. 예수를 '그리스도'로 시인하는 영과 그가 '육체'로 오신 일과 더불어 '몸'의 부활을 놓치지 않는 기독교 신앙과 하늘의 도를 '성'(誠)으로 인식하고 '성인'(聖人)을 그 도를 지극히 체현한 사람(誠者 天之道也, 誠之者 人之道也)으로 보면서 평천하를 이루는 근본되는 기초로서 '수신'(修身)을 말하는 유교가 만난다는 것은 이제 그 갱생과 체현, 부활을 2000년 전 유대인 남성 예수 한 사람만의 일로 보지는 않지만, 그와 동시에 그에게서 이루어진 '역사'를 부인하는 것이 아님을 또한 분명히 하는 일이다.

그의 육체성과 역사성을 탈각시키려는 모든 시도에 대해서 'no'라고 하는 일은 오늘 우리 시대에서 그 육체성의 생명과 인간을 몸으로 낳는 '모성'을 보호하고, 인간됨이 가장 기초적으로 이루어지고 배려하는 '가족'과 '가정'을 살리는 일과 다른 것이 아님을 본다. 그리하여 부산 대회를 계기로 세계교회협의회가 지구 집을 살리기 위한 구체적인 행동강령으로 지금 위기 가운데 놓여 있는 모성과 인간 가족을 살려내고 유지하는 일을 위해서 어떤 일을 할 수 있는지를 구체적으로 논의할 수 있기를 바란다. 물론 이 모성과 가족의 보호를 한없이 보수적으로 시행하여 다시 여성의 몸을 희생시켜 그들을 올무에 묶는 일이 될 수 있지만, 그러한 위험은 우리 인간 공동체와 교회가 한 가지로 책임지면서 풀어 낼 수 있다. 지금까지의 가족제도에서처럼 일방적으로 여성의 희생으로 유지하는 모성과 가족제도가 아닌, 여러 대안적 가족의 모습들을 인정하고 발견해야 하는데,[49] 지구가 지금까지의 진화의 고통과 노력을 통해서 낳은 인간의 몸과 모성과 가족을 살려 내지 않고서는 이때까지의 인류의 모든 수고와 열매가 무로 돌아갈 수 있기 때문이다.

여기서 인간이 가장 실천적이고 구체적으로 '관계 맺을 수 있는 능력',

'공동인간성'(仁)을 배울 기회인 가족적 삶을 귀히 여기는 문제와 관련하여 '노인'의 삶을 돌아보고자 한다. 우리 시대에 더욱 더 소외되고 마치 "병"이나 "제2의 어린이"로 여겨지는 노인의 존재와 관련해서[50] 세계 어느 곳보다도 효의 전통이 견고했던 한국 사회가 WCC 한국 대회를 계기로 해서 효의 종교성("예수는 모름지기 효자다")을 다시 회복하기 원하고,[51] 그것을 세계로 확대키시기를 바란다.[52] 유대교 사상가 헤셸의 다음과 같은 언술은 오늘날 동서의 모든 종교인들을 깊이 자각하게 만드는데, 특히 자신의 좋은 전통을 많이 잃어버리고 노인들을 불행하게 만드는 한국 사회에 깊은 경종을 울린다:

이 거대한 인간 비극의 더미와 어마어마한 문화정신적인 손실은 그 원인이 우리의 문명이 안고 있는 쌍둥이 현상에 있다. 그것은 노인을 업신여기는 것과 늙음을 병적으로 무서워하는 것이다. 새로운 의미의 일신교(一神教)가 등장하였다. 오직 하나 바람직한 것은 젊음이다. 젊음이 우리의 신이고 젊음은 거룩하다. … 사람들을 시험해 보려면, 그들이 노인을 어떻게 대하는가를 보면 된다. 아이들을 사랑하는 것은 쉽다. 아무리 지독한 독재자도 아이들을 좋아한다는 점에서는 별로 다름이 없다. 그러나 노인들, 불치의 병을 앓고 있는 사람들, 돌봐 줄 이 없는 사람들을 사랑으로 돌보는 것이야말로 문화의 진짜 광맥이다. … 나는 말하고 싶다. 인간이 변화하고 성장하는 가능성은 우리 자신이 용납하는 것보다 훨씬 더 크고, 노인은 정지되어 있는 사람이 아니라, "내면으로 성장하는 기회를 잡은" 사람이라고. 노인은 환자 대접을 받아서는 안 된다. … 노인을 공경하는 것, 세대간에 대화하는 것은 노인들의 복된 삶을 위해서뿐만 아니라 젊은이들의 존엄성을 위해서도 중요하다. 우리는 노인을 경멸함으로써 우리 자신을 박탈한다.[53]

3) '지속성'의 덕목

이제 마지막 세 번째 영의 판단 기준으로 '지속성'(誠)의 덕목을 들고자 한다. 이것은 두 번째 '성육화'(誠)의 잣대를 또 다르게 표현한 것이라고도 하겠는데, 한 번은 공동체의 하나됨을 위해서 화해할 수 있고, 한 번은 갱생의 믿음의 행위를 실천할 수 있지만 '지속적으로', 지속력을 가지고 그 뜻이 열매를 맺을 때까지 인내하고 실현해나가기는 참으로 어렵다는 가르침이다. 그래서 영이 '이단'(異端, αίρετικος, hairesis)인지 아닌지를 판가름하는 잣대로서 이 지속력의 실천 여부를 들고자 하며, 보편적 영의 시대인 우리 시대에 "이단이란 무엇인가"의 판단 근거로서 신약 성서가 성령의 열매로 유사하게 언표한 지속성을 들고자 하는 것이다.[54]

오늘 한국 사회의 정황과 세계 상황과 연결하여 이 지속성의 영성을 살펴보았을 때 교회의 '교육적 역할'의 재발견이 중요하다는 것을 말하고자 한다. 오늘 특히 한국 사회에서 교육으로 인해서 얼마나 많은 사람들이 고통을 받고 있는지를 보고 있으면서도 교회가 거기에 대해서 아무 일도 하지 않는 것은 큰 위선이고 불의라고 생각한다. 오늘의 범세계적인 추세인 신자유주의 무한경쟁주의의 현실에 처하여 교육이 철저히 경제적 도구주의에 빠져 버린 상황에서, 교회와 종교가 오히려 거기에 편승해서, 예를 들어 대입 수능 수험생들을 위한 기도회 등을 주관하는 등 더욱 더 비인간적 경쟁을 부추기고, 그 경쟁에서 이기기 위해서 영의 힘을 비는 일 등 매우 우려할 만한 수준이다. 교육에서 '선'(善)과 '성'(聖)을 향한 추구와 지향이 사라지고, 인간 문화와 공동체의 삶에서 종교와 교육이, 그리스도인들의 삶에서 학교의 일과 신앙생활이 철저히 이분되서 수행되고 있다면 그것은 건강한 관계가 아니다.[55] '인간은 누구나 배움을 통해서 참된 인간성에 도달할 수 있다.'(學以至聖人)고 전하는 유교 종교성의 한국에서 세계교회협의회가 열리는 일을 계기로 인류는 다시 한 번 종교와 교육의 관계를 되돌아보기 바란다. 예전 서양 중세시대의 교회처럼 오늘날 '학교'(대학, 연구소 등)가 가지고 있는 막대한 힘과 권력을 어떻게 나누고 인간화할 수 있는가를 더욱 고민할 일이다. 교회가 앞장서서 취업의 현장에서 학력 철폐 운동을 벌인다든가, 더욱 직접적으로는 자신이 가지고 있는 물적·인적 자원을 통해서 대안적인 배움의 터를 제공해 주는 일, 교회 건물의 거대화를 위해서 천문학적인 돈을 들이는 일을 중지하고 대신 자신이 가진 것을 한국 사회의 고질병인 교육과 학교 현장의 치유를 위해서 내놓는 일 등을 생각해 볼 수 있다. 이미 이반 일리치가 6-70년대 '탈학교 사회'(deschooling society)의 이상 속에서 현대사회에서 범세계적으로 가장 강력하게 가치를 독점하고 있는 기구로 '학교'를 들었고, 거기에서 벗어남을 과거 중세 교회나 앙시엥 레짐으로부터의 해방과 견준 일이 생각난다. 그에 따르면 오늘날은 바로 교육 과정을 팔고 있는 학교가 "빈곤의 근대화"를 가져오는 원흉이자 "세계에서 가장 급속하게 성장하고 있는 시장"이다. 그것은 또 하나의 "새로운 세계종교"가 되었는데,[56] 교육이 "과학기술시대에 가난한 사람들에게 그들의 영혼을 구제해 줄 것으로 약속하지만" 그 약속이 결코 실현되는 일은 없을 것이라고 말한다. 그래서 그는 "배움의 균형"을 말하고, 배움이 교육의 이름으로 오용되는 것을 벗어난 "공생"(conviviality)의 탈학교 사회를 주창한다.[57] 오늘날 인간 문화의 어떠한 다른 기구보다도 더 광범히 하게, 그리고 한계를 모르고 소비사회를 재생산하는 것이 학교와 교육이므로 교회와 세계 종교가 다른 어떤 것보다도 여기에 깊이 천착해야 한다는 것을 이번 한국 대회를 계기로 자각하기를 바란다. 교육과 배움의 나라 유교 전통의 한국이 현실에서 보여 주고 있는 이율배반을 한국 교회가 더욱 숙고하여서 답을 찾을 수 있기를 바라는 것이다.[58]

5. '큰 평화의 바다(太平洋)에 그물을 던져라'

필자는 인류가 이제 태평양 시대로 이동하고 있다는 지적 속에서 열릴 2013년 부산 대회의 모토로 '큰 평화의 바다(太平洋)에 그물을 던져라' 라는 것을 생각해 보면서 에큐메니컬 운동의 미래가 더욱 더 깊고 넓은 지평으로 나가기를 바란다. 기독교는 예수의 삶과 신앙을 통해서 자신만의 독특한 세계 의미 실현의 방법을 보여 주었다. 어떠한 경우에도 포기하지 않는 예수의 하늘 부모님에 대한 믿음은 우리로 하여금 오늘도 포기하지 않고 그 하나님의 나라를 위한 갱생의 길에 우리를 던지게 만든다. 그의 십자가는 우리 삶에서 아무리 시간과 공간이 변해도 희생과 자기포기가 없이는 또 다른 생명이 피어날 수 없다는 진리를 확인시켜 주며, 그의 부활 이야기는 그 희생이 결국 생명의 밑거름이 되는 것을 가르쳐 준다. 예수를 이끌었던 성령이 우리도 이끄셔서 불가능해 보이는 이러한 일들을 가능하게 하고, 또한 예수의 부활하신 영이 우리와 함께 하셔서 그가 살았던 것처럼 우리도 그렇게 살아가도록 촉구하신다. 그러나 이러한 이야기들이 결코 기독교 진리의 배타적인 유일회성을 주장하도록 하는 것은 아니다. 오히려 복수론적 다중의 그리스도론으로 우리 모두가 그리스도처럼 되는 일에 더욱 정성과 힘을 쏟도록 우리를 이끈다. 그래서 이제는 지금까지 자신에게만 집중하고 사로잡혀 있던 유아적 폐쇄성에서 벗어나 더 큰 바다를 향해 함께 그물을 던지게 한다. 이러한 열림의 공동체를 위해서는 예수의 성(性)과 부활에 대해서 평신도들이 적나라하게 토론하도록 하고, 오늘의 세계이해와 견주어 보게 하는 것, 그의 독특성에 대한 탐구를 솔직하고 일관되게 밀고 나가는 일, 이러한 일들을 교회가 지속적으로 해야 한다. 이웃종교에 대한 공부, 적어도 오늘날 세계를 대표하는 세계종교들에 대해서는 어느 종교의 신앙인이든지 기본적인 이해를 갖도록 하는 일, 이런 것들을 특히 세계교회협의회가 앞장서서 한다면 기독교는 또 다시 한 번 큰 개혁과 풍성함을 얻을 수 있을 것이다.

지금까지의 역사 속에서 교회는 다른 것들(그리스·로마사상, 근대 계몽주의와 과학주의 등)과의 만남을 통해서 자신을 창조적으로 변화시키는 역동성을 보여 왔다. 그 기독교가 오늘날 맞이하고 있는 새로운 대화의 파트너는 아시아의 종교, 특히 이번에는 유교 전통이다. 이번의 만남은 지금까지 서방이 세계 정치를 주도해 온 이후로 처음으로 정치의 영역에서도 서방과 대등한 관계를 요구하는 그룹과의 만남이다. 그리하여 이 만남은 지금까지 서구적인 세계관 속에만 갇혀 있던 기독교가 더욱 급진적으로 그 폐쇄에서 벗어나서 자신을 새롭게 하도록 요청한다. 이러한 일들을 위해서 특히 한국 교회는 좀 더 개방적인 평신도성과 사회 실천성, 그리고 개인의 수행성을 회복하는 일을 필요로 한다. 사회 정의의 실현과 영성의 회복, 진보와 보수의 화해, 각자의 위치에서 서로의 한계를 인정하고 진정한 종교인으로 거듭나는 일이야말로 미루어 놓을 수 없는 에큐메니컬 운동의 과제이며, 오늘날 우리 모두는 이 일을 위해 초대되었다. 그러한 에큐메니컬 운동의 큰 평화의 비전이 율곡 선생의 '대동사회'(大同社會)에 대한 다음과 같은 비전으로 더 풍성해지기를 바라며 이 글을 마무리한다;

대도(大道)가 행해질 때에는 천하를 공통의 것(公有)으로 생각하여 어진 이와 능한 이를 선발하여 나라를 전수했다. 신의를 강명하고 화목하는 길을 닦았다. 그러므로 사람들은 자기 어버이만 어버이로 여기지 않고 자기 자식만 자식으로 여기지 않았으며, 노인은 여생을 잘 마칠 수 있었고, 젊은이는 쓰일 수 있으며, 어린이는 자랄 수 있고, 홀아비와 과부와 자식 없는 늙은이와 병든 자, 불구자가 모두 보살핌을 받았다. 그러므로 모략이 일어나지 않으며, 도적이 생기지 않으니 문을 열어 놓고 닫지 않았다. 이것을 대동(大同)이라 한다.[59]

A Study of Korean Women's Spirituality within the Evolving Process of Korean religious Culture focused on Confucianism and Christianity

I. Introduction : Thinking of religiosity as the core element of culture and life from a feminist viewpoint

This article is to understand Korean culture and life in its archetypal mode of identity. This would sound irrelevant, because it searches for a possible identity of Korean culture in the era of deconstruction of the 'grand narrative' like nation or nationality. In my opinion, however, the idea of nation or nationality still has its own constructive meaning in understanding contemporary Korea. So I don't want to abandon the notion of nation or nationality, rather I try to supplement it with a new perspective. Here it is a postcolonial feminist perspective.

Until recently, the subject and object of Korean historical und cultural studies have been mostly male. However, this study takes women as its main figure to perceive how they have lived their lives in the process of history, and how they have experienced joy and excitement or sorrow of life. This feminist view on the reality of history has something in common with the new micro-historical perspective which examines human history in more detailed microstories. It is also similar to the attempt to see the human reality as cultural texts.

Since Korean women have been awakened to feminist consciousness in the 20th century, they try to dig out the hidden aspects and meanings of their lives. However, we know well, Korean feminists are reluctant to have relation with their cultural traditions or religions, because traditional lives of Korean women seem to them very suppressed and discriminated by patriarchism. So their academic positions are almost one of social scientists, present-oriented, in one word, very modern. But such a modern feminist position seems to me too narrow-minded and partial, because human life can't be so totally extinct from its traditions. Swiss scholar Martina Deuchler has shown well the trace of the Confucian transformation of Korea including the lives of Korean women. However, in my view, her interpretation is narrowly sociologically oriented. Because she did not perceive more profound meanings of the course, she judged it negatively. I think it is due to her misperception of the religious and spiritual aspect of Confucianism.[1]

There has not been much development in seeing through Korean history from a religious viewpoint. It is especially hard to find attempt to understand the developmental process of Korean religiosity and culture that has been realized in the life of Korean women. In the 20th century, Ham Suk-Hun attempted to comprehend the meaning of the whole process of Korean history from Christian eschatological viewpiont. He tried to perceive the idea and telos of the evolving process of Korean history. With the accumulation of new editions, he overcame even the Christian narrow-mindedness and searched for the trace of the holy(the sacred, 聖) in Korean history.[2]

Basically, I agree with him on this position, but I want to add some feminist points to that. I think religiosity is the core concept to understand human being's lives and culture. To this degree, it will be coreless and directionless, if we don't pay attention to its religious characteristics.

Furthermore, I see a certain developmental process even in one group's religious consciousness, and we can find a certain way and direction of its development. This kind of religious view is to recognize more distinctively the enlightening and human-educational character of religion. However, education here is not the education in a general sense, but rather the one in the sense of evolving and developmental process of human life and history. In this regard, when we look at the inner part of the process of Korean women's lives, it doesn't seem so miserable as modern feminist usually think. Korean women can therefore build a new relationship with their traditions.

Now as it was in the past, religion plays important role in Korean women's lives. Women have also been the larger part of the Korean religious community in history. So it is not wise to neglect these religious elements in searching for a Korean women's possible identity. It is an important task for Korean religious studies to investigate how Korean women's lives has been mingled with 'Sinn-Sein Frage' of each religious tradition in its history. Therefore I suggest this work of mine as a study on Korean women's religious and spiritual identity, and I consider it as running from indigenous Shamanist ground, passing through Buddhism and Confucianism, to modern times of Christianity and feminism.

However, this work is not one that evaluates Korean religious legacies from modern Christian view. It is rather an effort to examine how each religious tradition has left positive or negative legacies on Korean women's lives with its own 'Sacred-Profane' system. It is very a pluralistic understanding of religion.

As we will see in the following examinations, the main religious traditions of humankind are accumulated and expressed in Korean women's religious lives. It is almost like a concentration of the whole human religious experiences and an insightful example of the encounter of the Eastern and the Western traditions. For this reason, I'd like to suggest from this work an alternative form of religiosity and spirituality which can be meaningful for all of us in this postmodern and postsecular world.[3]

II. Korean women in the traditions of Shamanism and Buddhism before the Chosun(A.D.1392-1860) period

A. Shamanistic thoughts which point constantly to the this-worldliness and bodily immediateness of being

The ancient life of human beings doesn't seem so different from that of other living beings on earth. It is namely the struggle to survive and to spread its species. To carry out this purpose, human beings have collected information and knowledge. One can imagine well that when they found important things and values in their lives, they regarded them as sacred, differentiating them from profane. They also set apart sacred groups as people who were supposed to deal with sacred things. In doing so, one can think, women or female figures could have been highly respected as sacred, because they were primarily responsible for the physical wellbeing of the species and its reproduction. In these early days, the sacred was expressed mostly in Shamanist forms and rituals, in which women played main roles. The rituals of child-bearing and child-birth were most significant events.

Even today, Shamanist thoughts are prevailing in Korean culture, especially Korean women's religious life. In this regard, today's feminists try to dig out some possible meaning for today, while they see here the trace of the matriarchal era of human history. They show the reason why women need the goddess, and they try to get some meaningful goddess-symbols from this tradition.[4] However, this point of view seems to me too naive and unrealistic. The matriarchal period which they suggest as a utopian time for women seems too much idealistically decorated by some modern feminists. And I think also that patriarchal period has its own meaning in the long run of human history, namely, the job of overcoming the tough conditions of the natural environment which required an extent amount of physical power and the divination of job for its survival.

For that reason, we can't simply go back to prepatriarchial mode of thinking. We have already experienced a big change and leap in our sacred-consciousness. Although Shamanist thoughts indicate constantly this worldliness and physical immediateness of being, humankind can't stay forever at that moment. Its mind and spirit want to transcend the limits of here and now and become a mindful being.

B. Buddhism : the power of nullifying every distinction and limitation of this worldliness

With the advent of Buddhism in the Three Kingdom's era(B.C.57-A.D.688), Korean women's consciousness of space and time went through a great leap. They could develop a more extended nationalistic view, and with the conception of 'nothingness(無)' or 'void(空)', they could have more control over this-worldly disasters and restrictions. They also could get the perceptions of 'nirvana' or of 'causality' and the sharp awareness of the sacred and the profane in relation to human sexuality.

In the Koryo era(A.D.918-1392), Buddhism flourished much more in Korean women's lives: they could become nuns, and especially in their old age, many women offered their houses as Buddhist temple and could lead their own priesthood. When we give attention to theory and principle of Buddhism only, we can acknowledge that Buddhism is the most emancipatory story for women. It can nullify every this-worldly obstacle and segregation, even sexual ones. For this reason, many of Korean modern feminists think that women of the Koryo period enjoyed much more freedom and marital equality than those of the Confucian Chosun period. They suppose that Koryo women could get a divorce more easily and remarry. However, that interpretation of Kyoro women's lives seems to ignore some real aspects of their life. In my view it can be a designation that the independent status of wife was not established at that time, and that husbands could abandon their wives so easily. Their consciousness of sexuality didn't appear to have gone through the sharp distinction. The book of 'Koyro-sa' (the History of Koryo) informs us abundantly how self-awakened nuns misled the people to fanatical practice of faith, and how males and females inter mingled in the communal life of a Buddhist temple led to sexual misconduct. It is also recognized that female learner with the goal of self-enlightenment could appeared only at the later period of Koyro. In the beginning period of Korean Buddhism, women prayed mostly for the well-being of their family members with this-worldly concerns. The fact that a Koryo husband abandoned easily his wife even for a small profit in wealth and honor tells the wife's unstable status in the Koryo period.[5] This signifies the inner discrepancies between Buddhist emancipatory theories and poor practice in reality which Western Buddhist theologian Rita Gross has already well designated.[6]

Buddhism distinguished principally the sacred from the profane and set apart the holy group of priesthood. It also regards human sexuality itself as profane and taboo. However, we realized that the humane and healthy relation with sexuality could not be achieved with this separatist manner. Korean culture had to wait until the Chosun period to experience another way of body-project which is a very sacred-profane unitary Confucian way of everyday life.

III. Korean women of Chosun period in the Confucian tradition : Confucianism as the way of sanctifying every area of life

Confucianism is the primary cultural legacy of Korea which modern feminism finds most difficult to have a positive relationship with. Korean feminists criticize it to be most responsible for today's unjust condition of women, and they say that throughout Korean history, women's status became worse, and particularly during the last Chosun period, their condition became dramatically poorer. For me, it is unlikely that the history of Korean women is so contradictory to the general development of human history. It seems to me unjust to interpret Confucian tradition in that manner from the viewpoint of sexual inequality only.[7] Because Confucianism is one of the longest enduring traditions in Korea, the complete denial of it is unrealistic and may bring self-alienation for Korean women. I believe that our understanding of Confucian tradition will become more balanced so far as we conceive it with a view of changes that took place over a long period of time.

In my view, the most fundamental reason why Chosun women's lives are understood so one-sidedly is that the religiosity of Confucian tradition has been neglected. Confucianism is mostly known as a socio-political system or as a pure ethical learning. This popular view overlooks easily the profound religious aspect of Confucianism, failing to notice the peculiar Confucian way of learning to become a sage(聖人之道). The core message of Confucianism, for me, is that every human being can become a sage through learning (學). It expresses deep Confucian humanism which is, however, not a simple secular humanism, but rooted in a profound faith in the goodness of human nature.[8] That is to say, Confucianism regards the way of human being and the goal of life as following heavenly nature and its full actualization. Politics here is none other than helping people make their circumstances convenient for that task, which is also the best way to bring peace to the whole world.

I think this way of learning to become a sage is also important for interpreting Chosun women's lives and their historical achievements. Unlike Buddhism that distinguishes sharply the sacred from the profane, Confucianism doesn't like such distinction. Instead, Confucianism attempts to realize the sacred in this profane world, and to carry out that project it suggests the principle of 'li-i fen-shu(理一分殊, The principle is one but its manifestations are many). According to this principle, everything in the world has the sacred core of being, and to realize this core in the world, Confucianism has in mind three areas, namely the state(國), the family(家), and the self(身).

Confucianism aims at making the whole world the sacred one. To accomplish this goal, however, it needed a starting point, and in my view, the male patriarch played that role in the family. So the role of a patriarch or a primogenitary descendant can be regarded as the same role of a priest(monk) in other religious traditions. Although Confucian 'li-i fen-shu' saw every person and thing in the world as equally qualified for sagehood, it required a starting point and wanted to reserve a sacred core. In this regard, we can have understanding why Confucian tradition imposed such a great weight on patriarchal lineage and kinship reservation. It is well known that this strategy has become with time degenerated into the bad 'namjon-yobi' (men are honored, women are abased) which provokes so severe criticism from modern feminists.

However, Confucianism which intends to sanctify the whole world could not abandon the area of women's lives, and it wanted to regulate every ordinary life of family with its particular orders and arts(家禮). Hollander scholar Prof. Walraven has already pointed out this process of Confucian transformation of Chosun society as 'a civilizing process' with the famous concept of Nobert Elias(1897-1990)'s "der Prozess der Zivilisation".[9] I, myself, also have indicated that this process included women's life. So we can recognize very vividly that Korean women's life in the Chosun period experienced more abundantly the refining process of life-manners, and they could cultivate the faculties of 'self-control', 'literacy' and 'sense of time', the main characteristics of civilization to a more advanced degree than in other periods of Korean history.

At this occasion, I would like to go further in interpreting this process. This is to say, it is not only the secular process of civilization but also a religious sanctifying process of sagehood. It is my view that the real religiosity of Korean Confucian women was expressed well in this struggle to make their whole life sanctified by propriety(禮). Since the later period of the Chosun dynasty there have been those women who were very conscious of their own way of sagehood, we can say that Korean Confucian women have well expressed Confucian "lay spirituality" in their job of ancestral service, sincere hospitality, child caring, and every miscellaneous thing. As excellent examples of this, two woman-sunbis, Lim Yungidang(任允摯堂, 1721-1793) and Gang Jeongildang(姜靜一堂, 1772-1832) can be named, and they are two vivid examples of how they lived their lives with clear self-consciousness of the way of sagehood. Their life was the fine unification of self-cultivation including book-reading and writing and public awareness; they were strongly convinced in the equality of men and women toward the way of sagehood. Both left their own interpretation on the human nature(Li-Chi 理氣) discussion of that time, and their historical and political thoughts were very sincere and free of private profit-seeking.[10]

IV. Modern Korean women in the flux of Christianity and modern feminism and reunification with traditions

A. Christianity as the empowering factor toward feminist ego

As we have seen above, the Confucian principle of 'Li(理)' or 'Tai-chi(太極)' was not in origin sexually comprehended : it is so universal that the whole thing in the world is comprised. However, in the practice of the past, Confucianism took another principle of yin-yang(陰陽) and applied it very sexually. Although it didn't set any distinguished group of priesthood, it established primogenitary lineage. These settings oppressed women's lives, and with the time, the situation became so unbearable that Korean women needed another turnover. It was the encounter with Western Christianity and feminism of the 20th century.

Christianity is a religion which has been developed in the soil of an anthropomorphic monotheistic godhead. This monotheistic godhead has not had to relationship with a sexually tainted godhead-consciousness, so it doesn't worship any phallic or female symbol.[11] Furthermore, its anthropomorphic son of God symbol(Christ-symbol) provides everyone with the possibility, independent of sexuality, social status or age, to have an easily relationship with the Ultimate, so at the present time Korean people over 30% of all the Korean population has at their home their own book about this Ultimate(the Bible) and access to it. They can have conversation directly with the Ultimate, reading it even in the subway. In this manner, we can imagine well, Korean women with this strengthened self-consciousness done by the Christian Ultimate, not fearing any more sexual discrimination, and even the powerful Confucian tradition has now become weakened.

In addition to this, modern feminism greatly helped Korean women find their own identity and feminist ego. As we know, modern feminism discovered not only the social gender characteristics but also sexuality as pleasure itself. So we Koreans now experience a rapid and profound deconstruction of traditional family values, and people don't know how these old and new values may be harmonized and harmoniously encountered.

B. New way of sanctifying life through the reunification with traditions

In our modern times, sex has almost become a matter of pleasure(like or dislike). For the younger generation it is no longer understandable to find a meaning or a value in their sexual activities. So sexual morality has become a simple issue of 'safety' without any specific kind of consciousness like honesty, responsibility or mutual consideration. Against this materialistic tendency of our secular age including the de-meaning of sex, Western Christian feminists try to give a new meaning of life, finding out implications in important transitory phases of life, namely, it is the re-ritualization or santification of life in a new dimension("hollowing covenant relations"). Feminist theologian R. Ruether suggests the following life-cycle ceremonies, instance, the entering into of a sexual relation as a temporary vow, and then a permanently committed relationship, a third type of covenant ceremony after the birth of a child, a fourth preparation for the coming-of-age, and the fifth form of covenant for spiritual friendship, etc.[12] All these are postmodern efforts to rediscover the meaning and value of our everyday life which we have lost in our secular modern age. It is our striving to recognize a transcendental ground of being.

However, as for Korean women, they can learn not only from this Christian suggestion, but also from their long traditions of ritualization. Confucian learning itself is a learning to ritualize the whole process of life, from early morning till night and from the birth till the time after the death. It recognizes the whole life as the way of sagehood. So, if Confucianism also learns from modern feminism that the patriarchal time has passed away in humankind's history, and if so it abandons its traditional sexual application of its principle, it can provide us with a good meaning and occasion to practice our body and mind harmoniously toward the way of sagehood. The real religiosity of Korean Confucianism is the humanization and ritualization of the whole life.

V. The Conclusion : Korean women's religiosity(spirituality) : integrity(聖), openness (性) and continual sincerity(誠)

So Korean women's spirituality can be shaped by all these traditions. From Shamanist tradition they have learned this-worldly nature of being and its physical immediateness. From Buddhism, the power of nullifying every limitation of this world, and from Confucianism they have embraced the continuous attempt to sanctify everyday life. And from the Christian view, they have earned a more self-conscious way to come into contact with a goal, the Ultimate. From all these experiences, three characteristics of Korean women's religiosity can be designated, namely, integrity(聖), openness(性) and continual sincerity(誠). In this religiosity, everything in the world comes in care and responsibility, and they are open, self-sacrificial and hospitable to accept otherness. In addition to these, their trying continues until their life is exhausted or even after that times.

Even today, Korea is a country where the major world religious traditions of humankind such as Shamanism, Buddhism, Confucianism, Taoism, and Christianity are altogether harmoniously practiced. Engaging in these multiple religious practices, Korean women could learn and develop their religiosity. I think this multidimensional form of Korean women's religiosity is unique in the world, and it is the source from which today's Korean women's spiritual leadership originates.

Today, the encounter between Confucianism and Christianity has become especially important as the intellectual ground for the positive relationship between East and West of the world. So I think Korean women's spirituality can contribute to build another form of religiosity with its bounteous spiritual strength of Great Mother and its characteristic striving to sanctify the whole space and time, to unite public and private affairs. Their religiosity does not focus much on religious mediator, but tries to make everybody be capable of God's embodiment. I think this character is a good alternative in our highly secularized and postmodern pluralistic world.

Bibliogrphy

Boudewijn Walraven, "The Confucianization of Korea as a Civilizing Process", Proceedings of the International Conference on Korean Studies, The Academy of Korean Studies 1994.

Carol Christ, Laughter of Aprodite: Reflection on a Journey to the Goddess, San Francisco: Harper&Row 1987.

Charles Taylor, A Secular Age, The Belknap Press of Harvard University Press 2007.

Julia Ching, Confucianism and Christianity-A Comparative Study, Kodansha International, Tokyo, NY and San Francisco 1977.

Ham Suk-Hun, Deuteuirobon Hangukyuksa(Korean History perceived as a developmental Process of Meaning), Seoul: Chang Press 1993.

Martina Deuchler, The Confucian Transformation of Korea-A Study of Society and Ideology, Havard-Yenching Institute Monograph Seires 1992.

Nobert Elias, Ueber den Prozess der Zivilisation, Soziogenetishe und Psyogenetische Untersuchungen, Basel: Haus zum Falken 1939.

Park Young-ok, Hangukyeosungeui Juntongsang(Traditional Korean Women), Seoul: Mineum Press 1995.

Rita M. Gross, Buddhism after Patriarchy-A Feminist History, Analysis, and Reconstruction of Buddhism, Albany: SUNY Press 1993.

Rosemary Redford Ruether, Christianity and the Making of the modern Family, Beacon Press 2000.

Tikva Frymer-Kensky, In the Wake of the Goddess-Women, Culture, and the Biblical Transformation of Pagan Myth, NY: Free Press 1992.

Un-sunn Lee, Yoogyo, Gidokgyo keurigoFfeminism(Confucianism, Christianity and Feminism), Gisiksaneupsa Press 2003.

----------, Iloebeorin Choweoleulchazaseo(To rediscover the lost transcendenz-The religiosity of Korean Confucianism and Feminism), Seoul:Mosineunsaramdeul Press 2009.

참고문헌

『국역윤지당유고』(國譯允摯堂遺稿), 원주시, 2001.

『국역정일당유고』(國譯靜一堂遺稿), 이영춘 역, 가람문학, 2002.

『대학』, 『중용』, 『맹자』, 『전습록』, 『퇴계전서』, 『율곡전서』.

『동경대전』, 주해 윤석산, 동학사, 2004.

『용담유사』, 주해 윤석산, 동학사, 1999.

『退溪集』, 장기권 역저, 명문당 2003.

『경전으로 본 세계종교』, 전통문화연구회, 2001.

〈동아일보〉 2009.2.2.

〈여성신문〉 1003호, 2008.10.24.

〈여성신문〉 1009호, 2008.12.5, 연극 '엄마열전'.

〈여성신문〉 제1054호, 2009.10.31.

〈워싱턴 중앙일보〉, 2009.10.07.

〈The Korea Times〉, April 1, 2009.

강민석 외, 『노무현-상식, 혹은 희망』, 행복한 책읽기, 2009.

강주화, 『박상증과 에큐메니컬 운동』, 삼인, 2010.

강현이, 「고국을 다시-기억하기(Re-membering Home)」, 일레인 김/최정무 편저, 박은미 옮김, 『젠더와 한국의 민족주의-위험한 여성』, 삼인 2002.

강혜경, 「유교문화 속의 여성의 자아-수용성(receptivity)과 감응성(responsiveness)을 중심으로」, 『2009年度 제3회 東Asia 문화·철학 국제학술회의, 東Asia문화의 정체성과 소통성-'自我' 개념을 중심으로-』, 2009년, 9.15-16, 성균관대학교.

고옥, 「탈속과 귀환의 중도에서 만난 아렌트」, 홍원표 외, 『한나 아렌트와 세계사랑』, 인간사랑, 2009.

고요한, 『몸과 배움의 철학』, 학지사, 2008.

고이즈미 요시유키, 이정우 옮김, 『들뢰즈의 생명철학』, 강원: 동녘, 2003.

곽신한, 「有別·禮·거룩함[聖]-'夫婦有別'의 해석을 중심으로」, 이동준 등 24인, 『동방사상과 인문정신』, 심산출판사, 2007.

구미정, 「강남형 대형교회의 세련된 여성억압에 관하여」, 한국여성신학회 엮음, 『다문화와 여성신학』, 대한기독교서회, 2008.

권영아, 『가족이야기는 어떻게 만들어지는가』, 책세상, 2000.

권진관, 「중진국 상황에서 민중신학하기: 민중론을 중심으로」, 『한국신학의 가능성과 전망』 (한국신학재단 한국신학 심포지움), 2010.4.9-10.

기독여민회 엮음, 『발로 쓴 생명의 역사, 기독여민회 20년』, 대한기독교서회, 2006.

김기명, 「스피노자 '다중' 개념의 민중신학적 함의」, 성공회대학교 신학전문대학원 석사 논문.

김남이, 「姜靜一堂의 '代夫子作'에 대한 고찰-조선후기 사족여성의 글쓰기와 학문적 토양에 관한 보고서」, 『한국고전여성문학연구』11, 2005.

김대호, 『노무현 이후 새 시대 플랫폼은 무엇인가』, 한걸음더, 2009.

김미란, 「조선후기 여성사와 임윤지당」, 원주시/원주문화원, 『임윤지당의 생애와 사상』, 2001.

김미영, 「유교 가족윤리와 '여성정체성' - '三從之道'를 중심으로」, 『철학연구』제33집, 2007.

――――, 「조선의 유교화 과정에 나타난 女德 담론 분석 (Ⅰ): 남성 사대부들이 주도한 담론을 중심으로」, 『여성학논집』, 제25집 1호, 2008.

김미현, 『여성문학을 넘어서』, 민음사, 2002.

김상일, 『동학과 신서학』, 지식산업사, 2000.

김영기 편, 『세종대왕 15세기 한국의 빛』 (국립국어연구원총서1), 신구문화사, 1997.

김영민, 「형용모순을 넘어서-두명의 조선시대 여성 성리학자」, 『철학』제83집, 2005.

――――, 「정치사상 텍스트로서 춘향전」, 한국정치학회, 『한국정치학회보』, 제41집, 2007.

김옥희, 「류한당 권씨 '언행실록'에 관한 연구」, 『한국학보』27, 일조각, 1982.

김용옥, 『도올심득 東經大全』1, 통나무, 2004.

김은실, 「세계화, 국민국가, 생명정치: 촛불, "국민", "여성들"」, (한국여성학회&비판사회학회 공동심포지엄), 중앙대학교 법학과 대강당 2008.9.26.

김지하, 『동학이야기』, 솔, 1994.

김태연, 『사람들은 나를 성공이라는 말로 표현한다』, 도서출판 밀알, 2001.

김한식, 「行狀을 통해 본 율곡의 사상 세계」, 『한국정치학회보』30(4), 21-38쪽, 1996.

김혜순, 『여성이 글을 쓴다는 것은』, 문학동네, 2002.

김호경, 「성의 자유, 성의 평화:성에 대한 바울의 종말론적 이해」, 한국여성신학회 엮음, 『性과 여성신학』, 대한기독교서회, 2001.

김흥호, 『다석일지공부』2권, 솔출판사, 2001.

김흥호 · 이정배 역, 『다석 유영모의 동양사상과 신학』, 솔, 2002.

다카하시 스스무/사토 고에스, 최재목 · 엄석인, 「원로학자를 찾아서(12)」, 『오늘의 동양사상』, 제19호 가을 · 겨울, 예문동양사상연구원, 2008.

데이비드 케일리 대담 · 엮음, 이한 · 서범석 옮김, 『이반 일리치의 유언』, 이파르, 2010.

레이먼드 윌리암스, 박만준 역, 『마르크스와 문학』, 지만지고전선집, 2008.

로버트 펑크, 김준우 옮김, 『예수에게 솔직히』, 한국기독교연구소, 1999.

로저 스크러튼, 조현진 옮김, 『스피노자』, 궁리, 2002.

루벤슈타인, 김준우 옮김, 『예수는 어떻게 하나님이 되었는가』, 한국기독교연구소, 2004.

루스 마커스 굿힐 엮음, 이현주 옮김, 『헤셀의 슬기로운 말들』, 한국기독교연구소, 2010.

류승국, 『한국사상과 현대』, 동방학술연구원, 1988.

———, 『한국사상의 연원과 역사적 전망』, 유교문화연구소 성균관대학교 출판부, 2009.

———, 『도원철학산고』(유교문화연구총서12), 유교문화연구소 성균관대학교출판부, 2010.

류승국 외, 『삶의 신학 콜로기움-생로병사 관혼상제』, 대화문화아카데미, 2007.

마이클 샌델, 이창신 옮김, 『정의란 무엇인가』, 김영사, 2010.

마커스 J.보그&존 도미닉 크로산, 김준우 옮김, 『첫 번째 바울의 복음』, 한국기독교연구소, 2010.

박맹수, 「동학과 전통종교와의 관계 - 최제우, 최시형을 중심으로」, 민족문화연구소편, 『동학사상의 새로운 조명』, 영남대학교출판부, 1998

박무영, 「여성한시 창작의 실제 상황」, 이혜순 외, 『한국고전여성작가연구』, 태학사, 1999.

박양자, 「조선시대 여성을 보는 법」. 『강원여성역사인물집-조선시대』, 강원도: 행정간행물, 2004.

박용옥, 『이조여성사』(춘추문고 018), 한국일보사, 1976.

베네딕트 데 스피노자, 김호경 옮김, 『신학-정치론』, 책세상, 2006.

―――, 김호경 옮김, 『정치론』, 갈무리, 2009.

벨 훅스, 윤은진 옮김, 『경계넘기를 가르치기』, 모티브북, 2008.

변선환, 『만일 신이 존재하지 않는다면』, (변선환 전집 5), 한국신학연구소, 1996.

―――, 『종교간 대화와 아시아신학』, (변선환 전집 1), 한국신학연구소, 1996.

빈센트 크로닌, 이기반 옮김, 『서방에서 온 현지-마테오리치의 생애와 중국 전교』, 분
　　　도출판사, 1989.

사라 러딕, 이혜정 옮김, 『모성적 사유-전쟁과 평화의 정치학』, 철학과 현실사, 2002.

표영삼, 『동학 1-수운의 삶과 생각』, 통나무, 2004.

―――, 『동학 2-해월의 고난역정』, 통나무, 2005.

샐리 맥페이그, 김준우 옮김, 『기후 변화와 신학의 재구성』, 한국기독교연구소, 2008.

성균관대학교 유교문화원 교육연구단 편, 『여성의 발견, 동아시아와 근대』, 청어람미
　　　디어, 2004.

세계교회협의회, 이형기 옮김, 『세계교회가 고백해야 할 하나의 신앙고백』, 한국장로
　　　교출판사, 1996.

손인수, 『신사임당의 생애와 교훈』, 박영문고, 1983.

송기득, 『역사의 예수』, 대한기독교서회, 2010.

수인, 「다나 해러웨이-테크노컬쳐의 새로운 배우들」, 『여/성이론』 8, 여성문화이론연
　　　구소, 2003.

신경원, 『니체 데리다 이리가레의 여성』, 소나무, 2004.

안병무, 『민중신학이야기』, 한국신학연구소, 1996.

안병주, 「유학·퇴계학이 덕과 21세기 리더십」, 『퇴계학과 21세기 리더십-제21회 퇴계
　　　학 국제학술대회』, 2007.10.26.

안토니오 네그리, 이기웅 옮김, 『전복적 스피노자』, 그린비, 2005.

안토니오 네그리/마이클 하트, 윤수종 옮김, 『제국』, 이학사, 2001.

애니 베어드, 유정순 옮김, 『따라 따라 예수 따라 가네-벽안의 선교사가 만난 조선 사
　　　람이야기』, 디모데, 2006.

N. 베르쟈에프, 이신 옮김, 『인간의 운명』, (현대사상총서), 현대사상사, 1984.

오재식, 『기독교사상』, 1971.

윤성범, 『孝』, 서울문화사, 1973.

이덕주, 『한국 토착교회 형성사 연구』, 한국기독교역사연구소, 2000.

이동수, 「한국 사회에서의 법과 정치-공화민주주의 관점에서」, 『오늘의 동양사상』제 17호, 2007가을·겨울.

이동준, 「인류의 성숙과 열린사회-동방사상의 현대적 성찰」, 『한국철학연구소 학술문 화발표』44, 성균관대학교, 2008.10.4.

이동준 등 24인, 『동방사상과 인문정신』, 심산출판사, 2007.

이반 일리치, 이한 옮김, 『성장을 멈춰라-자율적 공생을 위한 도구』, 미토, 2004.

――――, 박홍규 옮김, 『그림자 노동』, 미토, 2005.

심성보 옮김, 『학교없는 사회』, 미토, 2004.

이사벨라 버드 비숍, 이인화 옮김, 『한국과 그 이웃나라들』, 2001.

이상은, 「유가의 藝術觀과 美意識에 관한 고찰」, 이동준 등 24인, 『동방사상과 인문정 신』, 심산출판사, 2007.

이선경, 「易의 坤卦와 유교적 삶의 완성-坤卦에 깃든 유교의 종교성과 인문정신을 중 심으로」, 이동준 등 24인, 같은 책.

이선열, 「정이 聖人論의 理氣論的 해석」, 이동준 등 24인, 같은 책.

이숙인, 「유교 가족 담론의 여성주의적 재구성」, 성균관대학교 유교문화원 교육연구 단편, 『여성의 발견, 동아시아와 근대』, 청어람미디어, 2004.

이숙진, 「한국 근대 기독교와 여성의 타자화: 전도부인과 기독교 신여성을 중심으로」, 한국기독교학회 여성신학회 발표문, 2006.10.

이순형, 『한국의 명문 종가』, 서울대학교출판부, 2000.

李信, 『李信의 슐리어리즘과 靈의 신학』, 종로서적, 1992./동연, 2011.

이영노, 『해월신사법설해의』, 천법출판사, 2000

이영애, 『신사임당의 초충화 연구』, 상명여대, 1991.

이영춘, 『강정일당-한 조선여성 지식인의 삶과 학문』, 가람문학, 2002.

이우정, 『한국 기독교 여성 백년의 발자취』, 민중사, 1985.

이은상, 『사임당의 생애와 예술』, 성문각, 1962.

――――, 『사임당과 율곡』, 성문각, 1980.

――――, 『완성 사임당의 생애와 예술』, 성문각, 1994.

이은선, 「여성신학과 그리스도론」, 『포스트모던 시대의 한국 여성신학』, 분도출판사, 1997.

――――, 『한국교육철학의 새지평-聖·性·燭誠의 통합학문적 탐구』, 내일을 여는 책, 2000.

이은선, 「『대학』과 『중용』사상의 현대 교육철학적 해석과 그 의의」, 『교육학연구』제39 권 제4호, 2001.12.

─────, 「양명 공부법의 교육철학적 의의」, 『東洋哲學硏究』제24집, 2001.3.

─────, 「한국 종교문화사 전개과정에서 본 한국 여성종교성 탐색」, 『한국사상사학』제 21집, 한국사상사학회, 2003.

─────, 「한나 아렌트 사상에서 본 교육에서의 전통과 현대」, 『교육철학』제30호, 2003.

─────, 「한나 아렌트의 '인간의 조건'과 '공공성'에로의 교육」, 『교육철학』제29집, 2003.2.

─────, 『유교, 기독교 그리고 페미니즘』, 지식산업사, 2003.

─────, 「전쟁과 기독교 근본주의」, 『한국여성신학』제53호, 2003 여름.

─────, 『한국 여성조직신학 탐구-聖·性·誠의 여성신학』, 대한기독교서회, 2004.

─────, 「성과 가족, 그리고 한국 교육철학의 미래」, 『교육철학』제33집, 2005.2.

─────, 「종교성과 생태적 감수성-생명교육의 한 예시」, 한명희 외, 『종교성, 미래교육 의 새로운 패러다임』, 학지사, 2007.

─────, 「한나 아렌트의 '탄생성'(natality)의 교육학과 양명의 '치량지'(致良知)」, 『陽 明學』제18호, 2007.7.

─────, 「국제화시대 한국교육의 '무한경쟁주의' 극복을 위한 인문학적 성찰」, 『교육 철학』제41집, 2008.2.

─────, 「3개월간의 워싱턴 체류기와 촛불집회」, 『한국여성신학』제67호, 2008년 봄/여 름.

─────, 「한국 유교의 종교적 성찰-조선후기 여성 성리학자 강정일당(姜靜一堂)을 중 심으로-」, 『양명학』제20호, 한국양명학회, 2008.7.

─────, 「신자유주의와 탈학교 사회 그리고 한국 '생물(生物)여성' 영성의 교육」, 『교육 철학』제44집, 2009.2.

─────, 『잃어버린 초월을 찾아서 - 한국 유교의 종교적 성찰과 여성주의』, 도서출판 모시는사람들, 2009.

─────, 「토착화신학과 한국 '生物' 여성영성의 신학」, 새길교회신학아카데미, 2010.3. 12.

─────, 「21세기 한국 여성 리더십에 있어서의 유교와 기독교(II)」, 『동양철학연구』제 63집, 2010.8.

이정배, 『한국 개신교 전위(前衛) 토착신학 연구』, 대한기독교서회, 2003.

이정배, 「동학적 세계관과 수행론의 기독교적 이해」, 『한국 개신교 전위 토착신학연구』, 대한기독교서회, 2004.

———, 『간(間)문화 해석학과 신학적 상상력』, 감신대 출판부, 2005.

———, 『없이 계신 하느님, 덜없는 인간-多夕신학의 얼과 틀 그리고 쓰임』, 도서출판 모시는 사람들, 2009.

———, 「민족과 탈(脫)민족 논쟁의 시각에서 본 토착화신학」, 『한국신학의 가능성과 전망 - 한국신학재단 한국신학 심포지움』, 2010.4.9-10.

이정애, 「유대인의 사고를 가지고 보는 한국의 역사」, 미간행물, 2008.

이정호, 『원문대조 국역주해 정역』, 아세아문화사, 1996.

이지애, 「개화기 '배움터'의 변화와 '자아찾기'로의 일상성」, 홍선표 외, 『근대의 첫경험-개화기 일상문화를 중심으로』, 이화여대출판부, 2006.

이치석, 「성서적 입장에서 본 '조선역사'는 어떻게 쓰였을까?」, 씨알사상연구회 편, 『씨알 생명 평화』, 한길사, 2007.

이하천, 『나는 제사가 싫다』, 이프, 2000.

이한, 『탈학교의 상상력』, 삼인, 2000.

이향만, 「천주교수용과 여성의 근대의식」, 성균관대학교 유교문화원 교육연구단편, 『여성의 발견, 동아시아와 근대』, 청어람미디어, 2004.

이황, 이광호 옮김, 『성학십도』(聖學十圖), 홍익출판사, 2001.

일레인김/최정무 편저, 박은미 옮김, 『젠더와 한국의 민족주의-위험한 여성』, 삼인, 2002.

임희숙, 「근본주의 연구의 최근 동향과 그 기독교 교육적 함의」, 『신학사상』, 111집 가을호, 2002.

장경섭, 『가족, 생애, 정치경제 - 압축성 근대성의 미시적 기초』, 창비, 2009.

장병인, 「조선시대 여성사 연구의 현황과 과제」, 『여성과 역사』제6집, 2007.

장하준, 이순희 옮김, 『나쁜 사마리아인들』, 부키, 2007.

장하준, 이종태·황해선 옮김, 『다시 발전을 요구한다』, 부키, 2008.

전신애, 『뚝심 좋은 마산색시 미국장관 10년 해 보니』, 조선일보사, 1996.

전현식, 「에코페미니즘에서 바라본 죄와 악」, 변선환아키브/동서종교신학연구소 편, 『생태신학 강의』, 크리스천헤럴드, 2006.

전혜성, 『섬기는 부모가 자녀를 큰 사람으로 키운다』, 랜덤하우스중앙, 2006.

전혜성, 『여성야망사전』, 중앙books, 2007.

정이현,『너는 모른다』, 문학동네, 2009.

정지영,「70년대 '이조여인'의 탄생: '조국근대화'와 '민족주체성'의 타자들」,『여성학 논집』, 2007, 제24집 2호.

제16대 대통령비서실 짓고 엮음,『노무현과 함께 만든 대한민국』, 지식공작소, 2009.

J.S. 게일, 심현녀 옮김,『선구자-한국 근대 교인들의 이야기』, 대한기독교서회, 1993.

J.S. 게일, 신복룡 역주,『전환기의 조선』, 집문당, 1999.

조병옥,『라인강변에 꽃상여가네』, 한울, 2006.

존 쉘비 스퐁 감독, 김준우 옮김,『기독교, 변하지 않으면 죽는다』, 한국기독교연구소, 2001.

존 스튜어트 밀, 김형철 옮김,『자유론』, 서광사, 1992.

질 들뢰즈, 박기순 옮김,『스피노자의 철학』(이데아 총서 63), 민음사, 1999.

찰스 테일러, 이상길 옮김,『근대의 사회적 상상』, 이음, 2010.

찰스 테일러, 송영배 옮김,『불안한 현대 사회』, 이학사, 2009.

최민자,『삶의 지문』, 도서출판 모시는사람들, 2008.

최영실,「민중여성과 함께, 민중여성이 되어」,『발로 쓴 생명의 역사, 기독여민회 20년』, 기독여민회 엮음, 2006.

최준식,『한국의 종교, 문화로 읽는다』2, 사계절, 1998.

최중석,「인간의 주체적 진실성과 퇴계학의 과제」, 이동준 등 24인, 같은 책.

츠츠미 미카, 고정아 옮김,『르포 빈곤대국 아메리카』, 문학수첩, 2008.

칼 야스퍼스, 신옥희 역,『철학적 신앙』, 이화여대출판부, 1987.

칼 폴라니, 홍기빈 옮김,『거대한 전환-우리시대의 정치·경제적 기원』, 도서출판 길, 2009.

크리스 메르코글리아노, 공양희 옮김,『두려움과 배움은 함께 춤출 수 없다』, 민들레, 2002.

태혜숙,『탈식민주의 페미니즘』도서출판 여이연, 2001.

―――,『한국의 식민지 근대와 여성공간』, 도서출판 여이연, 2004.

한국기독교협의회 신학연구위원회 편,『에큐메니칼 신학과 운동-한국교회를 중심으로』, 한국기독교협의회, 1999.

한국여성신학회 엮음,『다문화와 여성신학』, 대한기독교서회, 2008.

한국여신학자협의회 엮음,『여성신학의 새로운 지평』, 여성신학사, 2005.

한국여신학자협의회,「특집: 한국교회와 성폭력 극복을 위하여」,『한국여성신학』,

2007 여름 제65호.

한나 아렌트, 이진우 · 태정호 역, 『인간의 조건』, 한길사, 2001.

──────, 서유경 옮김, 『과거와 미래사이』, 푸른숲, 2005.

──────, 김선욱 옮김, 『예루살렘의 아이히만』, 한길사, 2006.

──────, 이진우 · 박미애 옮김, 『전체주의의 기원』 1, 한길사, 2006.

한명희 외, 『종교성, 미래교육의 새로운 패러다임』, 학지사, 2007.

한상권, 『차미리사 평전-일제 강점기 여성해방운동의 선구자』, 푸른역사, 2008.

한스 큉/쥴리아 칭, 이낙선 역, 『중국종교와 그리스도교』, 분도출판사, 1994.

함석헌, 『뜻으로 본 한국역사』(함석헌 전집 1), 한길사, 1986.

홍선표 외, 『근대의 첫경험-개화기 일상문화를 중심으로』, 이화여대출판부, 2006.

후레드릭 W. 모오트, 권미숙 옮김, 『중국 문명의 철학적 기초』, 인간사랑, 1991.

후쿠오카 신이치, 김소연 옮김, 『생물과 무생물사이』, 은행나무, 2008.

Braidotti, Rosi, "Toward a New Nomadism: Feminist Deleuzian Tracks or Methaphysics and Metabolism", 오수원 옮김, 「새로운 노마디즘을 위하여: 페미니즘의 들리즈적 궤적 혹은 형이상학과 신진대사」, 『문화과학』 15, 1994.

Braidotti, Rosi, "Teratologies", in: Buchanan I. & Colebrook C. (eds), *Deleuze and Feminist Theory*, Edinburgh: Edinburgh Univ Press, 2000.

Carolyn B. Stegman, *Women of Achievement in Maryland History*, Library of Congress Cataloging-in-Publication Data, Anaconda Press, Inc. 2002.

Charles Taylor, *A Secular Age*, The Belknap Press of Harvard University Press, 2007.

──────────, *Modern Social Imaginaries*, Duke University Press, 2002.

Chungmoo Choi, "Resentment, Forgiveness, and Redemption in North East Asia", ⟨2009 Global Forum Civilization and Peace⟩, 한국학중앙연구원 주최, 2009.12.2-12.3.

Cixous Hélène, *Le rire de la méduse/Sorties*, 박혜영 옮김, 『메두사의 웃음/출구』, 동문선, 1997.

Dorothy Ko · Jahyun Kim Haboush · Joan R. Piggott (eds.), *Women and Confucian Cultures-in Premodern China, Korea and Japan*, University of California Press 2003.

Edward Taehan Chang, "Community in Transition: Korean American Empowerment in the 21st Century", ⟨2009 Global Forum Civilization and Peace 자료집⟩, 한

국학중앙연구원주최, 2009.12.2-3.

Elisabeth Schuessler Fiorenza, *Jesus Miriam's Child, Sophia's Prophet*, NY, 1995.

F. Schleiermacher, *Ueber die Religion-Reden an die Gebildeten unter ihren Veraechtern*, Vandenhoeck and Ruprecht in goettingen, 1967.

Gayatri Spivak, "Can the subaltern Spead?", in: Cary Nelson/Larence Grossburg(eds.), *Maxism and the Interpretation of Culture*, Macmillan, 1988.

Grace G. Burford, "Issues of Inclusion and Exclusion in Feminist Theology", in: "Roundtable: Feminist Theology and religious Diversity", *Journal of Feminist Studies in Religion*, Vol.16, No.2, Fall, 2000.

Hannah Arendt, "What is authority?", *Between Past and Future*, NY: Penguine Book, 1968.

----------, *Men in Dark Times*, A Harvest Book, 1968.

----------, *Rahel van hagen-The Life of a Jewish Woman*, A Harvest/ HBJ Book, 1974.

----------, The Origins of Totalitarianism, A Harvest/HBJ Book, NY and London, 1983.

----------, *Between Past and Future*, Penguin Book, NY, 1993.

Haraway D.J., Simians, Cyborgs, and Women, 민경육 옮김, 『유인원 사이보그 그리고 여자』, 동문선, 2002.

Hekmann, S. J.(ed.), *Feminist Interpretations of Michel Foucault*, Pennsylvania State Univ. Press, 1996.

Jacob Neusner, *The Babylonian Talmud: A Translation and Commentary, Hendrickson Publishers*, 2005.

Jeannine Hill Fletcher, "Shifting Identity-The Contribution of Feminist Thought to Theologies of Religious Pluralism", *Journal of Feminist Studies in Religion*, Vol.19, No.2, Fall, 2003.

Joseph DiNoia, *The Diversity of Religions: A Christian Perspective*, Washington D.C.: Catholic University of America Press, 1992.

Julia Ching, *Confucianism and Christianity*, Kodansha International, 1977.

Ken Wilber, *The History of Everything*; 켄 윌버, 조효남 옮김, 『모든 것의 역사』, 대원출판, 2004.

Kim Jung ha, *Bridgemakers and Crossbears: Korean American Woman and the Church*, Atlanta Scholar Press, 1997.

Kim, Ai Ra, *Women struggling for a New life: the role of religion in the cultural Passage from Korea to America*, SUNY, 1996.

Kim-Renaud Young-key(ed.), *Creative women of Korea - The Fifteenth Through the Twentieth Centuries*, An East Gate Book, M. E. Sharpe, 2004.

Luce Irigary, "On Old an New Tablets", trans. by Heidi Bostic, Morny Joy, Kathleen O'Grady and Judith L. Poxon(ed.), *Religion in French Feminist Thought-Critical Perspective*, Routledge, 2003.

Mary Daly, *Beyond God the Father*, Peacon Press, 1973.

Roundtable: Feminist Theology and religious Diversity, *Journal of Feminist Studies in Religion*, Vol.16, No.2, Fall, 2000.

Simone Weil, *Aufmerksamkeit fuer das Alltaegliche*, hrg. von O.Betz, Koesel Muenchen, 1987.

Susan J. Hekmann, *Feminist Interpretations of Michel Foucault,* Pennsylvania State Univ. Press, 1996.

Teilhard de Chardin, *L' activtion de l' energie*, Paris, 1963.

----------, *Testimonies of the Life, Character, Revelations, and Doctrines of Mother An Lee*, 1816.

----------, *Testimonies concerning the Character and Ministry of Mother Ann Lee*, 1827.

----------, Teilhard de Chardin, *Le Milieu divin*, Paris: Editions du Seuil, 1957.

Tisa J. Wenger, "Female Christ and Feminist Foremother-The Many Lives of Ann Lee", *Journal of feminist Studies in Religion*, Vol.18, No.2, Fall, 2002.

종교문화적 다원성과 한국 여성신학

1 칼 야스퍼스, 신옥희 역, 『철학적 신앙』, 이화여대출판부, 1987.

2 Joseph DiNoia, *The Diversity of Religions: A Christian Perspective*, Washington D.C.: Catholic University of America Press, 1992.

3 Grace G. Burford, "Issues of Inclusion and Exclusion in Feminist Theology", in: "Roundtable: Feminist Theology and religious Diversity", *Journal of Feminist Studies in Religion*, Vol.16, No.2, Fall, 2000, p.84-90.

4 이은선, 「한국 여성신학에서의 여성의 경험에 대한 해석학적 이해」, 『포스트모던 시대의 한국 여성신학』, 분도출판사, 1997, 160쪽 이하.

5 *Hannah Arendt, Rahel Varnhagen-The Life of a Jewish Woman*, A Harvest/HBJ Book 1974. 20세기 유대인 여성 정치철학자 한나 아렌트는 18-19세기에 걸쳐서 유럽 사회의 유대인 동화(assimilation) 정책 시대의 한 여인의 삶을 통해서 히틀러 시대 이전의 유대인 아이덴티티의 문제를 잘 보여 주었다. 개개의 유대인들이 개인적으로 재산과 교육과 사회적 성공과 교양 등으로 유럽 사회인으로 동화하려고 해도 그것은 결국 자기기만과 자기가식의 삶이 되고, 마치 졸부처럼, 명품족처럼, 그리고 뜨내기와 같은 존재의 삶이 될 뿐이라는 것을 보여 주었다. 이것은 오늘날 서구 이민사회에서의 한인들의 정체성 문제를 위해서도 좋은 시사가 된다고 본다. 그녀에 따르면 개개의 성공한 유대인들이 유대인 공동체에 대한 관심을 저버리고, 자기 혼자만 성공해서 동화되었다 해도 자기 민족이 위기에 처했을 때 공동으로 목소리를 낼 수 있는 정치적 공동체로 성장하지 않는 한 그 민족에게 닥친 재앙을 그도 피할 수 없다고 보는 것이다. Holocaust 대재난 앞에서의 그들의 공동 운명을 말한다.

6 이은선, 「유교적 몸의 수행과 페미니즘」, 『유교, 기독교 그리고 페미니즘』, 지식산업사, 2003, 209쪽.

7 Jeannine Hill Fletcher, "Shifting Identity-The Contribution of Feminist Thought to Theologies of Religious Pluralism", *Journal of Feminist Studies in Religion*, Vol.19, No.2, Fall 2003, p.18.

8 *Ibid.*, p.22ff.

9 후쿠오카 신이치, 김소연 옮김, 『생물과 무생물사이』, 은행나무, 2008, 133쪽 이하.

10 존 스튜어트 밀, 김형철 옮김, 『자유론』, 서광사, 1992, 58쪽 이하.

11 Ken Wilber, *The History of Everything.*

12 한나 아렌트, 김선욱 옮김, 『예루살렘의 아이히만』, 한길사, 2006.

13 Teilhard de Chardin, *Le Milieu divin*, Paris: Editions du Seuil 1957, 이은선, 「진화론과 신학 그리고 새로운 우주적 그리스도론」, 『한국 여성조직신학 탐구-聖·性·誠의 여성신학』, 대한기독교서회 2004, 91쪽 이하.

14 로버트 펑크, 『예수에게 솔직히』, 김준우 옮김, 서울: 한국기독교연구소 1999; 이은선, 「페미니즘 몸담론과 역사적 예수 그리고 다원주의적 여성 그리스도론」, 『한국 여성조직신학 탐구』, 121쪽 이하.

15 Charles Taylor, *A sesular Age*, The Belknap Press of Harvard University Press, 2007.

16 이선경, 「역의 곤괘와 유교적 삶의 완성-곤괘에 깃든 유교의 종교성과 인문정신을 중심으로」, 이동준 등 24인, 『동방사상과 인문정신』, 심산출판사, 2007, 448쪽 이하.

17 Daphne Hampson and Rosemary Ruether, "Is there a Place for Feminist in a Christian Church?"; 이은선, 「페미니즘 몸담론과 역사적 예수 그리고 다원주의적 여성 그리스도론」, 126쪽.

18 로버트 펑크, 앞의 책, 460쪽.

19 Luce Irigary, "On Old an New Tablets", trans. by Heidi Bostic, Morny Joy, Kathleen O' Grady and Judith L. Poxon(ed.), *Religion in French Feminist Thought - Critical Perspective*, Routledge 2003, p.1.

20 *Ibid.*, p.5.

21 Roundtable: Feminist Theology and religious Diversity, *Journal of Feminist Studies in Religion*, Vol.16, No.2, Fall, 2000, pp.73-131.

22 *Ibid.*, p.126ff.

23 Roundtable: Feminist theology and religious Diversity, p.109.

24 이은선, 「삶의 신학의 한 주제로서의 죽음, 죽음에 대한 종교다원적 성찰」, 류승국 외, 『삶의 신학 콜로기움-생로병사 관혼상제』, 대화문화아카데미 2007, 188쪽 이하.

25 Tisa J. Wenger, "Female Christ and Feminist Foremother-The Many Lives of Ann Lee", *Journal of Feminist Studies in Religion*, Vol.18, No.2, Fall 2002, pp.5-32.

26 *Ibid.*, p.5.

27 *Ibid.*, p.12.

28 Testimonies of the Life, Character, Revelations, and Doctrines of Mother An

Lee(1816); Testimonies concerning the Character and Ministry of Mother Ann Lee(1827), in: Ibid., p.14.

29 *Ibid.*, p.18.

30 *Ibid.*, p.28.

31 이은선, 『잃어버린 초월을 찾아서 - 한국 유교의 종교적 성찰과 여성주의』, 도서출판 모시는 사람들, 2009.

32 Charles Taylor, *op.cit.*, p.194ff.

한국 토착화 신학과 여성주의

1 심광섭, 「변선환 박사의 그리스도론 연구 - 신중심적 비규범적 그리스도론」, 변선환 아키브 편집, 『변선환 종교신학』, 한국신학연구소 발행, 1996, 193쪽 이하.

2 변선환, 변선환 아키브 편집, 『한국적 신학의 모색』 (변선환 전집 3), 한국신학연구소, 1997, 254쪽.

3 심광섭, 앞의 글, 210쪽.

4 변선환 전집 3, 82쪽, 180쪽.

5 변선환, 변선환 아키브 편집, 『종교간 대화와 아시아신학』 (변선환 전집 1), 한국신학연구소, 1996, 313쪽 이하.

6 이은선, 「한나 아렌트의 '인간의 조건' 과 '공공성' 에로의 교육」, 『教育哲學』 제29집, 교육철학회, 2003, 45-73쪽.

7 Rudolf Bultmann, "Neues Testament und Mythologie", *Kerygma und Mythos*, erste Auflage 1948, p.50, 변선환 전집5, 15쪽에서 재인용.

8 *Ibid.*, p.47, 48.

9 R. Bultmann, *Das Verhaeltnis der urchristbottlichen Christusbotschaft zum historischen Jesus*, 1960, p. 27, 변선환전집 5, 18쪽에서 재인용.

10 변선환 전집 3, 242쪽.

11 같은 책, 250쪽.

12 이은선, 「책임과 대화의 신학자, 후리츠부리 교수의 서거를 추모하며」, 『한국여성조직신학 탐구 - 聖 · 性 · 誠의 여성신학』, 대한기독교서회, 2004, 273쪽.

12 변선환, 「야기 세이이찌의 장소적 기독론」(변선환 전집 5), 152쪽 이하.

13 같은 글, 156쪽.

14 같은 글, 175쪽.

15 같은 글, 176쪽.

16 같은 글, 177쪽.

17 같은 글, 180쪽.

18 같은 글, 182쪽.

19 Ebeling, *Wort und Glaube*, J.C.B. Mohr(Paul Siebeck) Tuebingen 1960, p.300ff. 변선환 전집 5, 40쪽.

20 Herbert Brauen, *Jesus der Mann aus Nazareth und seine Zeit*, Stuttgart: Kreuz Verlag 1969; 변선환 전집 5, 45쪽.

21 변선환 전집 5, 47쪽.

22 이은선, 『유교, 기독교 그리고 페미니즘』, 지식산업사, 2003, 26쪽 이하.

23 변선환 전집 1, 123쪽.

24 Daphne Hampson, *Theology and Feminism*, Basil Blackwell: Cambridge 1990, p.163ff.; 이은선, 「여성신학과 기독론」, 『포스트모던 시대의 한국 여성신학』, 분도출판사, 1997, 98쪽.

25 Elisabeth Schuessler Fiorenza, *Jesus Miriam's Child, Sophia's Prophet*, New York 1995, p.47; 이은선, 「페미니즘 몸담론과 역사적 예수 그리고 다원주의적 여성기독론」, 『조직신학논총』 제6집 2001, 61쪽.

26 E. S. Fiorenza, *op. cit.*, p.123.

27 변선환, 「예수의 부활과 현대신학」(변선환 전집 5), 9쪽 이하.

28 같은 글, 80쪽.

29 같은 글, 100쪽.

30 같은 글, 103쪽.

31 같은 글, 126쪽.

32 같은 글, 135쪽.

33 같은 글, 147쪽.

34 변선환, 「이용도와 마이스터 에크하르트」(변선환 전집 3), 320쪽, 329쪽.

35 같은 글, 318쪽.

36 같은 글, 340쪽.

37 같은 글, 349쪽, 357쪽.

38 같은 글, 357쪽.

39 변선환, 「동양적 예수의 문학적 개척」(변선환 전집 5), 187쪽.

40 같은 글, 192쪽.

41 같은 글, 195쪽.

42 같은 글, 205쪽.

43 같은 글, 205쪽.

44 같은 글, 205쪽.

45 같은 글, 207쪽.

46 변선환, 「해천(海天) 윤성범 학장님을 추모함」(변선환 전집 5), 376쪽.

47 변선환 전집 1, 46쪽.

48 변선환, 「타종교와 신학」, 변선환 전집 1, 208쪽.

49 변선환, 「비서구화와 제3세계 신학-특히 스리랑카의 알로이시우스 피에리스 신부
   를 중심으로」, 변선환 전집 1, 239쪽.

50 같은 글, 239쪽.

51 같은 글, 241쪽.

52 같은 글, 241쪽.

53 윤성범, 『한국적 신학-誠의 解釋學』, 宣明문화사, 1972, 20쪽.

54 변선환 전집 3, 364쪽.

55 변선환, 「만일 신이 존재하지 않는다면」(변선환 전집 5), 272쪽.

56 같은 글, 319쪽.

57 같은 글, 287쪽.

58 같은 글, 299쪽.

59 같은 글, 299쪽.

60 같은 글, 300쪽.

61 같은 글, 305쪽.

62 같은 글, 307쪽.

63 같은 글, 308쪽.

64 같은 글, 306쪽.

65 한나 아렌트, 이진우·태정호 역, 『인간의 조건』, 한길사, 2001, 300쪽.

66 같은 글, 311쪽.

67 같은 글, 330쪽.

68 같은 글, 312쪽.

69 같은 글, 330쪽.

70 같은 글, 346쪽.

71 같은 글, 346쪽.

72 같은 글, 351쪽.

한국 페미니스트 그리스도론과 오늘의 기독교

1 이황, 이광호 옮김, 『성학십도(聖學十圖)』, 홍익출판사, 2001, 171쪽.

2 한나 아렌트, 『인간의 조건』. 이진우·태정호 역, 한길사, 2001, 102쪽 이하.

3 같은 책, 99쪽.

4 Hannah Arendt, *Rahel Varnhagen*, 한나 아렌트, 『전체주의의 기원』1, 이진우·박미애 옮김, 한길사, 172-180쪽; 이은선, 「오늘을 살면서 영원을 살기-유영모와 노무현 그리고 한나 아렌트의 예」, 『한국기독교학회 제38차 정기학술대회 자료집』(하), 2009.10.16 - 17쪽, 537 - 554쪽.

5 Hannah Arendt, *Men in Dark Times*, A Harvest Book 1968, p.viii.

6 *Ibid*, Men in Dark Times,. p.viii.

7 이은선, 「'박쥐'와 '졸부'의 나라와 하나님 나라」, 『배우며 성장하는 여성교회-여성교회 창립 20주년 기념 설교 자료집』, 여성교회, 2009, 97-110쪽.

8 존 스튜어트 밀, 김형철 옮김, 『자유론』, 1992, 58쪽; 이은선, 「전쟁과 기독교 근본주의」, 『한국여성신학』 제53호, 2003여름, 24쪽.

9 임희숙, 「근본주의 연구의 최근 동향과 그 기독교 교육적 함의」, 『신학사상』111집 가을호, 2002, 225쪽 참조.

10 Mary Daly, *Beyond God the Father*, Peacon Press 1973, p.69.

11 마커스J. 보그/ J.D.크로산, 김준우 옮김, 『첫 번째 바울의 복음』, 한국기독교연구소 2010, 120쪽 이하.

12 루벤슈타인, 김준우 옮김, 『예수는 어떻게 하나님이 되었는가』, 한국기독교연구소 2004, 299쪽.

13 마커스J. 보그/ J.D.크로산, 앞의 책 참조.

14 이 질문은 필자의 아들이 초등학교 학생일 때 한 질문인데, 아이들의 눈에도 예수와 자신의 관계가 모호하게 느껴졌던 것 같다.

15 한나 아렌트, 앞의 『인간의 조건』, 234쪽 참조.

16 데이비드 케일리(대담 엮음), 이한 옮김, 『이반 일리치의 유언』, 이파르, 2010, 73쪽.

17 같은책, 101쪽.

18 마커스J.보그&존 도미닉 크로산, 같은책, 213쪽.

19 이은선, 「종교문화적 다원성과 한국 여성신학」, 한국여성신학회 엮음, 『다문화와

여성신학』, 대한기독교서회, 2008, 60쪽 이하.

20 존 쉘비 스퐁 감독, 김준우 옮김, 『기독교 변하지 않으면 죽는다』, 한국기독교연구
    소, 2001, 54쪽 이하.

21 로버트 펑크, 김준우 옮김, 『예수에게 솔직히』, 한국기독교연구소, 1999, 460쪽.

22 이은선, 『유교, 기독교 그리고 페미니즘』, 지식산업사, 2003, 24쪽.

23 김호경, 「성의 자유, 성의 평화:성에 대한 바울의 종말론적 이해」, 한국여성신학회
    엮음, 『性과 여성신학』, 대한기독교서회, 2001, 784쪽 이하 참조.

24 Hannah Arendt, "What is authority?", *Between Past and Future*, NY: Penguin Book
    1968, p.121-122; 한나 아렌트, 「권위란 무엇인가」, 서유경 옮김, 『과거와 미래사
    이』, 푸른숲 2005, 168쪽.

25 Elisabeth Schuessler Fiorenza, *Jesus Miriam's Child, Sophia's Prophet*, NY 1995,
    p.86-87; 이은선, 「페미니즘 몸담론과 역사적 예수 그리고 다원주의적 여성기독
    론」, 『한국여성조직신학-聖·性·誠의 여성신학』, 대한기독교서회, 2004, 128쪽.

26 *Ibid.*, p.87.

27 李信, 이은선·이경 엮음, 『슐리얼리즘과 영靈의 신학』, 동연, 2011, 253쪽 이하.

28 찰스 테일러, 이상길 옮김, 『근대의 사회적 상상』, 이음, 2010, 231쪽 이하.

29 Charles Taylor, *A Secular Age*, the Belknap Press of Harvard University Press 2007,
    p.535; 이은선, 『잃어버린 초월을 찾아서-한국 유교의 종교적 성찰과 여성주의』,
    도서출판 모시는사람들, 2010.

30 후레드릭 W. 모오트, 권미숙 옮김, 『중국 문명의 철학적 기초』, 인간사랑 1991, 78쪽.

31 이은선, 「삶의 신학의 한 주제로서의 죽음, 죽음에 대한 종교다원적 성찰」, 류승국
    외, 『삶의 신학 콜로키움 - 생로병사 관혼상제』, 대화문화아카데미, 2007, 187쪽.

32 이은선, 「유교적 몸의 수행과 페미니즘」, 『유교, 기독교 그리고 페미니즘』, 210쪽
    이하.

33 김호경, 같은 글, 86쪽 참조.

34 후쿠오카 신이치, 김소연 옮김, 『생물과 무생물 사이』, 은행나무, 2007, 146쪽.

35 존 쉘비 스퐁 감독, 『기독교 변하지 않으면 죽는다』, 79쪽 참조.

36 N. 베르쟈에프, 이신 옮김, 『인간의 운명』, 현대사상총서, 1984, 135쪽.

37 같은 책, 29쪽.

38 같은 책, 47쪽.

39 같은 책, 20쪽.

40 같은 책, 19쪽.

41 같은 책, 59쪽.

42 같은 책, 34쪽.

43 같은 책, 178쪽.

44 같은 책, 322쪽.

45 이황, 같은 책, 50쪽; 최중석, 「인간의 주체적 진실성과 퇴계심학의 과제」, 이동준 등 24인, 『동방사상과 인문정신』, 심산출판사, 2007, 369쪽 참조.

46 이황, 같은 책, 83쪽.

47 N.베르쟈에프, 같은 책, 310쪽.

48 한나 아렌트, 『인간의 조건』, 109쪽.

49 Hannah Arendt, *Men in Dark Times*, p.71-74.

50 *Ibid.*, p.73.

51 *Ibid.*, p.73.

52 *Ibid.*, p.85.

53 *Ibid.*, p.12, p.25.

54 *Ibid.*, p.8.

55 *Ibid.*, p.30.

56 *Ibid.*, p.26.

57 *Ibid.*, p.49.

58 최영실, 「민중 여성과 함께, 민중여성이 되어」, 기독여민회 엮음, 『발로 쓴 생명의 역사, 기독여민회 20년』, 대한기독교서회, 2006, 155 - 196쪽 ; 이은선, 「한국 여성 그리스도의 도래를 감지하며」, 같은 책, 75-118쪽.

59 송기득, 『역사의 예수』, 대한기독교서회, 2010, 444쪽 참조; 권진관, 「중진국 상황에서 민중신학하기: 민중론을 중심으로」, 『한국신학의 가능성과 전망-한국신학재단 한국신학 심포지움』, 2010.4.9-10, 157쪽 이하; 이정배, 「민족과 탈(脫)민족 논쟁의 시각에서 본 토착화신학」, 같은 자료, 87쪽 이하 참조.

60 이은선, 「3개월간의 워싱턴 체류와 촛불집회」, 『한국여성신학』제67호, 2008 봄여름 102-104쪽.

61 이은선, 『잃어버린 초월을 찾아서』, 도서출판 모시는사람들, 2009.

62 N.베르쟈에프, 앞의 책, 30쪽.

63 이은선, 「한국 유교의 종교적 성찰-조선후기 여성성리학자 강정일당(姜靜一堂)을 중심으로」, 『양명학』제20호, 2008.7, 70쪽.

64 이치석, 「성서적 입장에서 본 '조선역사'는 어떻게 쓰였을까?」, 씨알사상연구회 편,

『씨알 생명 평화』, 한길사, 2007, 398쪽.

65 같은 글, 78쪽에서 재인용.

66 마이클 샌델, 이창신 옮김,『정의란 무엇인가』, 김영사, 2010.

67 전혜성,『여성야망사전』, 중앙books, 2007, 124-125쪽; 이은선,「21세기 한국 여성 리더십에 있어서의 유교와 기독교(II)」,『동양철학연구』제63집, 2010.8.

68 퇴계, 장기근 역저,『退溪集』, 명문당, 2003, 118-164쪽.

69 한국여신학자협의회,「특집: 한국교회와 성폭력 극복을 위하여」,『한국여성신학』 2007 여름 제65호, 9-40쪽.

페미니즘 시대에 신사임당 새로 보기

1 『맹자』,「公孫丑上」8, "子路, 人告之以有過則喜. 禹聞善言則拜. 大舜有大焉, 善與人同. 舍己從人, 樂取於人以爲善."

2 이은선,「조선후기 여성 성리학자의 생애와 학문에 나타난 유교 종교성 탐구-임윤지당과 강정일당을 중심으로」, 성균관대학교 한국철학전공 박사학위 논문, 2007.4.

3 이선경,「易의 坤卦와 유교적 삶의 완성-坤卦에 깃든 유교의 종교성과 인문정신을 중심으로」, 이동준 등 24인,『동방사상과 인문정신』, 심산출판사, 2007, 448쪽 이하.

4 같은 글, 455쪽 이하.

5 이은상,『사임당의 생애와 예술』, 성문각 1962, 273쪽.

6 곽신한,「有別 · 禮 · 거룩함[聖] - '夫婦有別'의 해석을 중심으로」, 이동준 등 24인, 앞의 책, 395쪽 이하.

7 이은상, 같은 책, 286쪽.

8 시몬 느 드 봐르, 趙洪植 옮김『第2의 性』下, 을유문화사, 1992, 588쪽 이하; 태혜숙,『탈식민주의 페미니즘』, 여미연 2001, 98쪽.

9 헬렌 시수, 박혜영 옮김,『메두시의 웃음/출구』, 동문선, 1997, 181쪽.

10 손인수,『신사임당의 생애와 교훈』, 박영문고, 1983, 62쪽.

11 같은 책, 99쪽.

12 헬렌 시수, 같은 책, 36쪽.

13 같은 책, 46쪽.

14 태혜숙, 같은 책, 195쪽.

15 이상은,「유가의 藝術觀과 美意識에 관한 고찰」, 이동준 외 24인, 앞의 책, 621쪽.

16 이영애,『신사임당의 초충화 연구』, 상명여대 학위논문, 1991.

17　이은상, 같은 책, 133, 174쪽.

18　퇴계,『성학십도』, '인설도'.

19　같은 글.

20　이은선,『잃어버린 초월을 찾아서 - 한국 유교의 종교적 성찰과 여성주의』, 도서출
판 모시는사람들, 2009, 83쪽.

21　유홍준,「동아시아에서 한국문화의 새로운 위상」,『우리길벗』, 2006.7/8호, 20-29쪽.

22　이은상,『사임당과 율곡』, 성문각, 1980, 108쪽.

23　이은상,『완성 사임당의 생애와 예술』, 성문각, 1994, 335쪽.

24　같은 책, 334쪽.

25　이은상,『사임당의 생애와 예술』, 156쪽.

한국 페미니스트 신학자의 동학 읽기

1　김상일,『동학과 신서학』, 지식산업사, 2000, 333쪽.

2　이은선,「한국 종교문화사 전개과정에서 본 한국 여성종교성 탐색」,『한국사상사
학』제21집, 한국사상사학회, 2003, 573쪽.

3　김용옥,『도올심득　東經大全』1, 통나무, 2004, 147-159쪽;
삼암 표영삼,『동학 1-수운의 삶과 생각』, 통나무, 2004, 108-113쪽.

4　김용옥, 같은 책, 153쪽.

5　같은 책, 152쪽.

6　이은선,『유교, 기독교 그리고 페미니즘』, 지식산업사, 2003.

7　김상일, 같은 책, 96쪽.

8　최준식,『한국의 종교, 문화로 읽는다』2, 사계절, 1998, 308쪽.

9　이정배,「동학적 세계관과 수행론의 기독교적 이해」,『한국 개신교 전위 토착신학연
구』, 대한기독교서회, 2004, 394쪽 이하.

10　김용옥, 같은 책, 196쪽.

11　윤석산 주해,『동경대전』, 동학사, 2004, 15쪽.

12　『동경대전』, 71쪽.

13　박맹수,「동학과 전통종교와의 관계-최제우, 최시형을 중심으로」, 민족문화 연구
소편,『동학사상의 새로운 조명』, 영남대학교출판부, 1998, 131쪽.

14　『동경대전』, 79쪽.

15　같은 책, 26쪽.

16 같은 책, 80쪽.

17 이정배, 앞의 글, 411쪽.

18 김상일, 앞의 책, 339쪽.

19 『경전으로 본 세계 종교』, 전통문화연구회 2001, 329쪽.

20 엘리자베드 존슨, 함세웅 역, 『하나님의 열한번째 이름』; 이은선, 「여성신학과 그리스도론」, 『포스트모던 시대의 한국 여성신학』, 분도출판사, 1997, 84쪽.

21 『경전으로 본 세계종교』, 359쪽.

22 같은 책, 380-381쪽.

23 같은 책, 351쪽.

24 『동경대전』, 212쪽.

25 『경전으로 본 세계종교』, 331쪽.

26 같은 책, 388쪽.

27 최준식, 같은 책, 393쪽.

28 삼암 표영삼, 『동학2 - 해월의 고난역정』, 통나무, 2005, 149쪽.

29 『경전으로 본 세계종교』, 371쪽.

30 같은 책, 374쪽.

31 김지하, 『동학이야기』, 솔, 1994.

32 이하천, 『나는 제사가 싫다』, 이프, 2000.

33 최준식, 같은 책, 425-426쪽.

34   전현식, 「에코페미니즘에서 바라본 죄와 악」, 변선환아키브/동서종교신학연구소 편, 『생태신학 강의』, 크리스천헤럴드, 2006, 54쪽.

35 삼암 표영삼, 『동학2』, 182쪽.

36 『경전으로 본 세계종교』, 379쪽.

37 같은 책, 393쪽.

38 재인용, 최준식, 앞의 책, 408쪽.

39 삼암 표영삼, 앞의 책, 193쪽 이하.

40 김상일, 앞의 책, 4쪽.

한국 여성민중(생명)영성과 여성 그리스도의 도래

1 이 글은 2006년 기독교여성민중회 창립 20주년을 맞이해서 쓰여졌다.

2 안수경, 「기독여민회 10년의 역사」, 『예수 · 여성 · 민중과 함께 한 기독여민회 10년

의 역사-기독여민회 창립 10주년 기념자료집』, 기독여민회 1996, 19쪽.

3 李信, 이은선·이경 엮음, 『슐리어리즘과 영靈의 신학』, 동연 2011, 300쪽 이하.

4 기여민연구위원회, 「“자발적 가난의 영성” 과 기독여민회」, 『기쁜소식』 2002 여름, 14쪽에서 재인용.

5 성정희, 「화끈한 기독여민회가 되기를」, 『바닥을 일구어가는 여성들』, 기독여민회 15주년 기념, 2001, 11쪽.

6 최순옥, 「빈민여성들을 위한 지지기반으로서의 기독여민회」, 같은 책, 160쪽.

7 기여민연구위원회, 「“자발적 가난의 영성” 과 기독여민회」, 9쪽.

8 권미경, 「여성민중사회선교와 생명살리기」, 『기독여민회 제6회 종교개혁기념토론회 자료집』, 1998.10.27, 6쪽 이하.

9 배영미, 오늘의 「기쁜 소식」이 만들어지기까지」, 『기쁜 소식』, 2002 겨울, 38~42쪽. 이글에서 배영미는 기여민이 1986년 7월 창립되면서 『여민』이라는 회지로부터 시작하여 『기독여성』, 『일하는 여성의 기쁜 소식』 다시 『기독여성』, 그러다가 또다시 1996년 4월에 『기쁜 소식』지로 복간된 역사를 살펴보고 있다. 이렇게 이름이 여러 번 바뀌면서 정간과 복간을 반복한 것을 보면 기여민이 자신의 정체성 물음을 끊질기게 해 온 것을 알 수 있고, 그 조직변화에 따라 운동의 중심점이 변화해 온 것을 알 수 있다.

10 남미영, 「나를 있게 한 어머니들」, 『바닥을 일구어가는 여성들』, 31쪽.

11 유미란, 「하늘아래 첫 동네 하월곡동 이야기 - 여성과 함께」, 같은 책, 76쪽.

12 조해정, 「따사로운 햇살 같은 여자를 꿈꾸는 기질 센 여자」, 같은 책, 90쪽.

13 배영미, 「영혼이 자유로운 햇살 같은 큰언니」, 『제10회 종교개혁기념토론회 자료집』, 2002, 56쪽.

14 정태효, 「소리없는 혁명을 꿈꾼다」, 『바닥을 일구어가는 여성들』, 120쪽.

15 2003.3.22에 정태효 회원이 카페에 올린 글, 배영미, 「더불어 살아가는 생명, 생명신학」, 『제10회 종교개혁기념토론회 자료집』, 2002, 6쪽에서 재인용.

16 여혜숙, 「신명나는 통일의 춤을 다시 추어볼까나」, 『바닥을 일구어가는 여성들』, 38쪽.

17 엘렌 식수, 박혜영 옮김, 『메두사의 웃음/출구』, 동문선, 1997, 36쪽.

18 이은선, 「페미니즘 시대에 신사임당 새로 보기」, 『동양철학연구』 제43집, 2005.8, 217-254쪽.

19 권미경, 「공동체성 회복과 대안적 삶의 방식 모색 - 96년 이후의 기독여민회 활동」, 『바닥을 일구어가는 여성들』, 57쪽 이하.

20 같은 글, 62쪽.

21 박노숙, 「당신이 내 삶을 알아요?」, 같은 책, 127쪽.

22 이웅걸, 「가난의 역설」, 『기쁜소식』 2002 겨울, 54쪽.

23 전유희, 「우리시대의 변혁은?」, 『기독여민회 창립 10주년 자료집』, 175쪽.

24 같은 글, 175쪽.

25 같은 글, 177쪽. 이 글을 쓰면서 이러한 혜안적인 선언을 한 전유희씨를 꼭 만나고 싶다는 생각을 했다. 그러나 2003년 여름의 『기쁜소식』을 보면 그녀는 2003년에 캐나다로 이민을 가면서 우리나라를 떠난 것으로 나오는데, 한국 사회운동에 대한 실망 때문이었을까 아니면 어떤 이유에서였을까를 상상해 본다.

26 김숙임, 「기독여민회의 15주년을 함께 기뻐하며」, 『바닥을 일구어가는 여성들』, 12쪽.

27 박재순, 「생명살리기에 대한 신학적 고찰」, 『기독여민회 제6회 종교개혁기념토론회 자료집』, 1998.10.27, 42쪽.

28 최만자, 「기여민운동은 생명신학 실천이었다」, 『기독여민회 제10회 종교개혁기념토론회 자료집』, 2002, 22쪽.

29 배영미, 「더불어 살아나는 생명, 생명신학」, 같은 책, 10-11쪽.

30 같은 글.

31 안수경, 「여성해방적 대답찾기의 여정을 회상하며-성서연구와 새날예배」, 『바닥을 일구어가는 여성들』, 42쪽.

32 같은 글, 46쪽.

33 기독여민회 신학위원회, 『기독여민회 창립 10주년 기념자료집』, 167-168쪽.

34 김정수, 「민중성·여성성·평등성·사회성을 드러낸 자기성찰의 장-종교개혁제」, 『바닥을 일구어가는 여성들』, 48쪽.

35 선순화, 「종교개혁정신과 여성의 입장에서 본 한국교회 개혁전망」, 『기독여민회 창립 10주년 기념자료집』, 135-143쪽.

36 같은 글, 142쪽.

37 박노숙, 「당신이 내 삶을 알아요?」, 같은책, 128-130쪽.

38 고애신 (좌담회), 「기여민회의 회고와 전망」, 『기독여민회 창립 10주년 기념자료집』, 46쪽.

39 권미경, 「공동체성 회복과 대안적 삶의 방식모색-96년 이후의 기독여민회 활동」, 61쪽.

40 손은하, 「생명공동체를 일구어가는 삶의 길목에서」, 『바닥을 일구어가는 여성들』,

104-110쪽.

41 박후임, 「교회공동체 세우기 진단과 전망-여성목회자의 입장에서」, 『기독여민회 창립 10주년 기념자료집』, 233쪽.

42 같은 글, 233쪽.

43 박후임, 「교회개혁과 여성민중목회」, 같은 책, 164쪽.

44 박후임, 「교회공동체 세우기 진단과 전망 - 여성목회자의 입장에서」, 235쪽.

45 선순화, 같은 글, 141쪽.

46 기여민연구위원회, 「자발적 가난의 영성과 기여민회」, 『기쁜소식』 2002년 여름, 25쪽.

47 김은옥, 「텅빈 마음의 풍요」, 『기쁜소식』 2002년 겨울, 22쪽.

48 기여민연구위원회, 「"자발적 가난의 영성"과 기여민회」, 11쪽.

49 같은 글, 25쪽.

50 같은 글, 25쪽.

51 김유애, 「가난의 의미」, 『기쁜소식』 2002년 겨울, 14-18쪽.

52 같은 글, 18쪽.

53 『기독여민회 제20차 정기총회 자료집』, 2006.1.19, 54쪽.

54 박은봉, 「여성노동자들의 터전 "참터"를 찾아서」, 『기쁜소식』 2004년 봄, 56쪽.

55 김경아, 「당당한 목회자로 서기 위해서」, 『기독여성』74호, 1995.3.4, 『기독여민회창립 10주년 기념자료집』, 75쪽.

56 「총신대원 여동문회 호소문」, 『기쁜소식』 2004년 봄, 74쪽.

57 메리 데일리, 『교회와 제2의 성』, 황혜숙 옮김, 여성 신문사, 1977.

58 『기독여민회 제20차 정기총회 자료집』, 2006.1.19, 32 ; 이은선, 「여성으로 신학하기」, 한국여신학자협의회 교육위원회 엮음, 『여성신학의 새로운 지평』, 여성신학사, 2006.12.

59 선순화, 앞의 글, 146쪽.

60 「자발적 가난의 영성과 기독여민회」, 『기쁜소식』 2002년 여름, 26쪽.

61 『기독여민회 제20차 정기총회 자료집』, 2006.1.19, 50쪽.

62 같은 글, 18쪽.

63 이은선, 「페미니즘 몸담론과 역사적 예수 그리고 다원주의적 여성 그리스도론」, 『한국 여성조직신학 탐구-聖 · 性 · 誠의 여성신학』, 대한기독교서회 2004, 101-140쪽.

1 조영래,『전태일평전』, 돌베개, 2001, 31쪽.

2 필자가 2009년 5월 27일 거리에서 보았던 방영물은 〈다큐멘터리 5부작 참여정부 5년기록〉이라는 국정홍보처의 자료라고 한다. 보다 많은 보급을 위해서 인터넷상에 올리면 원인 모르게 자꾸 삭제된다고 당시 방영자는 말하였다. 그는 '이명박 탄핵을 위한 범국민운동본부'의 일원으로 일하고 있다고 자신을 밝혔다.

3 강민석 외,『노무현 상식, 혹은 희망』, 행복한 책읽기, 2009, 191쪽.

4 노무현,「내가 선택한 길을 내 뜻대로 걸었다」, 같은 책, 137쪽.

5 노무현,『여보, 나 좀 도와 줘』, 새터, 2005, 87쪽.

6 앞의 〈다큐멘터리 5부작 참여정부 5년 기록〉의 방영물.

7 인터뷰,「인간 노무현, 흔들리지 않는 게임의 법칙」, 강민석 외, 같은 책, 55쪽.

8 같은 글, 53쪽.

9 같은 글, 69쪽.

10 제16대 대통령비서실 짓고 엮음,『노무현과 함께 만든 대한민국』, 지식공장소, 2009, xxxix쪽.

11 「편집자글」, 같은 책.

12 노무현,「저는 그냥 제가 할 도리를 다한 것입니다」, 같은 책, xi쪽.

13 같은 글, xi쪽.

14 이정애 기자, 〈한겨레신문〉 2009.5.26.

15 노무현,「저는 그냥 제가 할 도리를 다한 것입니다」, ii쪽.

16 같은 글, x쪽.

17 같은 글, vii쪽.

18 노무현,『여보, 나 좀 도와 줘』, 119쪽.

19 바른교회아카데미,「노무현 전 대통령의 서거를 맞이하여 한국교회에 드리는 목회적 권고문」 2009.5.30, 3쪽(www.goodchurch.re.kr)

20 같은 글.

21 김종철,「민주주의의 생물학적 뿌리」,『시사IN』2009.6.13, 80쪽.

22 막스 쉘러, 이을상 옮김,『우주에서의 인간의 위치』, 지만지고전철줄, 2008.

23 노건호,「지극히 평범한, 그러나 평범하지 않은 - 아들이 본 노무현」, 강민석 외, 같은 책, 108쪽.

24 노무현, 『여보, 나 좀 도와줘』, 134쪽.

25 같은 책, 31쪽,

26 이은선, 「'졸부'(parvenu)와 '의식적인 이방인'(conscious pariah) 사이에서」, 2008.12.17 변선환 아키브 발표문; Hannah Arendt, *Rahel Varnhagen-The Life of a Jewish Woman*, A Harvest/HBJ Book, 1974 참조.

27 노무현, 「내가 선택한 길을 내 뜻대로 걸었다」, 강민석 외, 같은 책, 127쪽.

28 같은 글, 128쪽.

29 노무현, 「저는 그냥 제가 할 도리를 다한 것입니다」, v쪽.

30 이은선, 「한나 아렌트 사상에서 본 교육에서의 전통과 현대」, 『교육철학』 제30집, 139-159쪽.

31 우희종, 「당당한 대통령을 기다리며」, 〈한겨레신문〉, 2009.6.3.

32 노무현, 「저는 그냥 제가 할 도리를 다한 것입니다」, xiii쪽.

33 같은 글, xiv쪽.

34 인터뷰, 「인간 노무현, 흔들리지 않는 게임의 법칙」, 강민석 외, 앞의 책, 50쪽.

35 Charles Taylor, *A Secular Age*, The Belknap Press of Harvard University Press 2007, 535; 이은선, 『잃어버린 초월을 찾아서』, 도서출판 모시는사람들, 2009.

36 노무현, 「저는 그냥 제가 할 도리를 다한 것입니다」, iv쪽.

37 조영래, 같은 책, 241쪽.

38 베네딕트 데 스피노자, 김호경 옮김, 『신학-정치론』, 책세상, 2006, 131쪽.

39 같은 책, 8쪽.

40 한국의 중견 여성성서신학자 김호경 교수가 스피노자의 『신학-정치론』에 이어서 『정치론』을 번역해 낸 것도 큰 의미를 지닌다고 생각한다. 두 책에서 그녀는 모두 해박하고 뛰어난 번역자 해제에서 어떻게 우리 시대에 스피노자가 의미를 주며, 특히 신학과 철학, 종교와 정치 등의 관계가 오늘 한국 사회에서처럼 뒤틀려져 있는 상황에서 어떠한 길을 가야 하는지를 잘 지적해 주고 있다. 『정치론』, 아우토노미아총서 17, 갈무리, 2009.

41 이정우, 「그리운 학자 노무현」, 〈한겨레신문〉, 2009.5.28.

42 인터뷰, 「인간 노무현, 흔들리지 않는 게임의 법칙」, 강민석 외, 같은 책, 73쪽.

43 노무현, 「저는 그냥 제가 할 도리를 다한 것입니다」, xxvii쪽.

44 Aaron Olds, "Worthy of Respect and Goodwill", 〈The Korea Times〉, Tuesday, May 26, 2009.

45 이근, 「노무현, 한국 민주주의와 정치지도자의 표준」, http;//memolog.blog.naver.

com/「이 문화적 지각변동을 집권세력은 읽고 있나?/함께 쓰는 게시판」, 2009.6.2.

21세기 한국 여성 리더십에 있어서의 유교와 기독교

1 〈여성신문〉 제1054호, 2009.10.31-11.6.

2 〈동아일보〉 2009년 2월 2일.

3 지난 벤쿠버 세계 동계 올림픽에서 피겨스케이팅 금 메달리스트인 김연아 선수를 이야기할 때도 그 어머니에 대한 이야기가 항상 같이 등장하는데, 그것은 김연아의 성취에 있어서 어머니가 어떤 역할을 했는지를 잘 드러내 주는 일이다. 요즈음 신경숙이나 공지영 등의 여성작가들에 의해서 섬세하게 그려져서 전 세계적으로 주목 받고 있는 한국 여성적 힘도 모두 한국적 여성리더십의 특징을 드러내는 일이라고 볼 수 있다.

4 이은선, 「한국 종교문화사 전개과정에서 본 한국 여성종교성 탐색」, 『韓國思想史學』 제21집, 한국사상사학회, 2003.12, 549-583쪽.

5 이은선, 『잃어버린 초월을 찾아서-한국 유교의 종교적 성찰과 여성주의』, 도서출판 모시는사람들, 2009, 187쪽 이하.

6 안병주, 「유학·퇴계학의 덕과 21세기 리더십」, 『퇴계학과 21세기 리더십-제21회 퇴계학 국제학술대회』 2007년 10월 26일, 성균관대학교, 22쪽.

7 태혜숙, 「한국의 식민지 근대 체험과 여성공간」, 태혜숙·임옥희, 『한국의 식민지 근대와 여성공간』, 도서출판 여이연, 2004, 29쪽 이하 참조.

8 여기서 '유교 종교성'을 말함으로써 필자는 유교 전통을 특히 하나의 '종교적 전통'으로 보려는 입장을 드러낸다. 유교가 과연 종교냐 아니냐의 논쟁은 끊임없이 있어 왔지만 필자는 유교를 '성인지도'(聖人之道, to become a sage)와 '내성외왕'(內聖外王, inwardly sageness, outwardly kingness)의 종교적 추구로 보고 그것이 오늘날의 세속화 시대에 주는 의미가 크다고 본다. 이것에 대한 더 자세한 논의는 III장에서 이루어진다.

9 이덕주, 『한국 토착교회 형성사 연구』, 한국기독교역사연구소, 2000, 51쪽 이하.

10 J.S. 게일, 신복룡 역주, 『전환기의 조선』, 집문당, 1999, 31쪽.

11 같은 책, 40쪽.

12 J.S. 게일, 심현녀 옮김, 『선구자-한국 근대 교인들의 이야기』, 대한기독교서회, 1993, 125쪽.

13 애니 베어드, 유정순 옮김, 『따라 따라 예수 따라 가네-벽안의 선교사가 만난 조선 사람이야기』, 디모데 2006, 114쪽.

14 J.S. 게일, 『선구자』, 70쪽.

15 같은 책, 48쪽.

16 애니 베어드, 같은 책, 119쪽.

17 J.S. 게일, 『전환기의 조선』, 79쪽.

18 애니 베어드, 같은 책, 185쪽.

19 J.S 게일, 『전환기의 조선』79쪽 재인용.

20 애니 베어드, 같은 책, 136쪽.

21 J.S. 게일, 『전환기의 조선』, 72쪽 이하.

22 이덕주, 같은 책, 98쪽 이하.

23 J.S 게일, 『전환기의 조선』, 159쪽.

24 이은선, 같은 글, 572쪽 이하.

25 이덕주, 같은 책, 146쪽 이하.

26 같은 책, 154쪽.

27 게일은 1906년 의료 선교사 샤록스Alpred M. Sharroks: 1809-1919의 보고, "초창기부터 한국인들은 복음 전파와 교회의 성장이 우리의 일이라기보다는 그들 자신의 일이라고 믿었다." 또는 "미국인들이 1달러를 낼 때마다 우리 한국인 신도들은 10달러 62센트를 헌금하고 있다."라는 기록들을 들어서 한국인들이 서구의 기독교 선교에 어떻게 적극적이고 구체적으로 응답했는지를 보여 주고 있다. J.S 게일, 같은 책, 149쪽.

28 이우정, 『한국 기독교 여성 백년의 발자취』, 민중사, 1985, 79쪽.

29 J.S 게일, 『전환기의 조선』, 145-146쪽 재인용.

30 이우정, 같은 책, 98쪽.

31 J.S 게일, 『전환기의 조선』. 112쪽.

32 J.S 게일, 같은 책, 127쪽.

33 이우정, 같은 책, 224쪽.

34 임우경, 『식민지 여성과 민족/국가 상상』, 태혜숙 · 임옥희, 같은 책, 65쪽.

35 이덕주, 같은 책, 89쪽.

36 강현이, 「고국을 다시-기억하기(Re-membering Home)」, 일레인 김 · 최정무 편저, 박은미 옮김, 『젠더와 한국의 민족주의-위험한 여성』, 삼인 2002, 301쪽 이하.

37 Chungmoo Choi, "Resentment, Forgiveness, and Redemption in North East Asia", 『2009 Global Forum Civilization and Peace』, 한국학중앙연구원 주최, 2009.12.2-12.3, 192쪽 이하.

38 이은선, 「3개월간의 워싱턴 체류기와 촛불집회」, 『한국여성신학』제67호, 2008년 봄여름, 99쪽 이하.

39 Kim, Ai Ra, *Women struggling for a Newlife: the role of religion in the cultural Passage from Korea to America*, SUNY 1996, p.182ff.

40 이우정, 같은 책, 70-71쪽.

41 구미정, 「강남형 대형교회의 세련된 여성억압에 관하여」, 한국여성신학회 엮음, 『다문화와 여성신학』, 대한기독교서회 2008, 325쪽.

42 장병인, 「조선시대 여성사 연구의 현황과 과제」, 『여성과 역사』제6집, 2007, 26쪽.

43 김미영, 「조선의 유교화 과정에 나타난 女德담론분석 (Ⅰ): 남성사대부들이 주도한 담론을 중심으로」, 『여성학논집』2008 제25집 1호, 5쪽.

44 정지영, 「70년대 '이조여인'의 탄생: '조국근대화'와 '민족주체성'의 타자들」, 『여성학논집』, 2007 제24집 2호, 41-78쪽 이하.

45 homi k. bhabha, *the location of culture, London and NY 1994*, p.123ff.; 태혜숙, 같은 글, 22쪽, 29쪽.

46 발터 벤야민·레이먼드 윌리암스, 박만준 역, 『마르크스와 문학』, 지만지고전선집 2008; 태혜숙, 같은 글, 30쪽.

47 Gayatri Spivak, "Can the subaltern Spead?", in: Cary Nelson/Larence Grossburg(eds.), *Maxism and the Interpretation of Culture*, Macmillan 1988.

48 이은선, 『유교, 기독교 그리고 페미니즘』, 지식산업사, 2003.

49 임우경, 「식민지 여성과 민족/국가 상상」, 태혜숙·임옥희, 같은 책, 76쪽.

50 태혜숙, 앞의 책, 38쪽.

51 Charles Taylor, *A Secular Age*, The Belknap Press of Harvard University Press, 2007.

52 이은선, 『잃어버린 초월을 찾아서』, 도서출판 모시는사람들, 2009; 이선열, 「정이 聖人論의 理氣論的 해석」, 이동준 등 24인, 『동방사상과 인문정신』, 심산, 2007, 267쪽.

53 이은선, 「한국 종교문화사 전개과정에서 본 한국 유교종교성 탐색」, 562쪽.

54 이숙인, 「유교 가족 담론의 여성주의적 재구성」, 성균관대학교 유교문화원 교육·연구단 편, 『여성의 발견, 동아시아와 근대』, 청어람미디어, 2004, 132쪽.

55 같은 글, 134-135쪽. 더 나아가서 바로 오늘 우리 시대가 더욱 긴급하게 요청하는 차원을 놓치지 않으면서도 이와 함께 우리 시대가 절실히 요구하는 間주관성의 차원을 여느 다른 종교 전통보다도 핵심적으로 가르치기 때문이다.

56 박용옥, 『이조여성사』(춘추문고 018), 한국일보사 1976, 167쪽.

57 이은선,「임윤지당의 성리사상과 유교종교성」, 이동준 등 24인, 같은 책, 501쪽; 김영민,「정치사상 텍스트로서 춘향전」, 한국정치학회, 『한국정치학회보』, 제41집, 2007, 27-46쪽; 김미영, 같은 글, 3-30쪽.

58 이향만,「천주교수용과 여성의 근대의식」, 성균관대학교 동아시아 유교문화원 교육·연구단 편, 같은 책, 90쪽.

59 같은 글, 92쪽.

60 金玉嬉,「柳閑堂 權氏「言行實錄」에 관한 研究」,『韓國學報』(27), 일조각, 1982, 362쪽; 이향만, 같은 글, 93쪽.

61 같은 글, 96쪽.

62 같은 글, 101쪽.

63 J.S 게일, 신복룡 역주,『전환기의 조선』, 집문당 1999, 46쪽.

64 같은 책, 108쪽.

65 같은 책, 110쪽.

66 같은 책, 119쪽.

67 같은 책, 90쪽.

68 같은 책, 53쪽.

69 같은 책, 115쪽.

70 같은 책, 104쪽.

71 같은 책, 65쪽.

72 이사벨라 버드 비숍, 이인화 옮김,『한국과 그 이웃나라들』, 2001.

73 이순형,『한국의 명문 종가』, 서울대학교출판부, 2000, 105쪽; 이은선,『잃어버린 초월을 찾아서』, 185쪽 재인용.

74 『맹자』,「公孫丑上」8, "子路, 人告之以有過則喜. 禹聞善言則拜. 大舜有大焉, 善與人同. 舍己從人, 樂取於人以爲善"; 이동준,「유가의 인도정신과 문화교류의 방향」, 이동준 외 24인, 같은 책, 31쪽 재인용.

75 최종석,「人間의 主體的 眞實性과 退溪學의 과제」, 이동준 외 24인, 같은 책, 366쪽 이하.

76 『聖學十道』「西銘圖」.

77 장병인, 같은 글, 45쪽.

78 김미영,「유교가족윤리와 '여성정체성' - '三從之道'를 중심으로-」,『철학연구』제33집, 2007, 68쪽.

79 이은선,「한국유교의 종교성-조선후기 여성성리학자 강정일당(姜靜一堂)을 중심으

로」,『양명학』제20호, 2008, 7, 61쪽 이하. 필자는 조선 후기 여성성리학자 임윤지
당과 강정일당에 대한 연구를 통해서 어떻게 조선 후기로 들어오면서 유교적 도의
식이 여성들에게도 능동적이고 주체적으로 표현되었는지를 살펴보았다. 비록 그
수가 많은 것은 아니지만 이러한 예들은 현대 여성들이 보통 조선 유교 여성들에
대해서 가지는 부정적인 선입견을 재고하게 만들고, 본 논문의 가설에 대한 실천
적인 근거를 마련해 준다고 여긴다.

80 강혜경,「유교문화속의 여성의 자아-수용성(receptivity)과 감응성(responsiveness)을
중심으로」,『2009年度 제3회 東Asia 문화·철학 국제학술회의 - 東Asia문화의 정체
성과 소통성- '自我' 개념을 중심으로-』2009년, 9.15-16, 성균관대학교, 360-361쪽.

81 이향만, 같은 글, 92쪽.

82 한상권,『차미리사 평전-일제 강점기 여성해방운동의 선구자』, 푸른역사, 2008; 이
지애, 홍선표 외,「개화기 '배움터'의 변화와 '자아찾기'로의 일상성」『근대의 첫
경험-개화기 일상문화를 중심으로』, 이화여대출판부, 2006, 153쪽.

83 정미옥,「식민지 여성과 이상의 공간」, 태혜숙·임옥희, 같은 책, 341-373쪽.

84 이은선,「신자유주의와 탈학교 사회 그리고 한국 '생물(生物)여성' 영성의 교육」,
『교육철학』, 제44집 2009.2, 100쪽.

85 Edward Taehan Chang, "Community in Transition: Korean American Empowerment
in the 21st Century",『2009 Global Forum Civilization and Peace 자료집』, 2009, 12.2-
3, 한국학중앙연구원주최, 114-115쪽 이하.

86 Kim Jung ha, *Bridgemakers and Crossbears: Korean American Woman and the
Church*, Atlanta Scholar Press, 1997, 7쪽 재인용.

87 Ai Ra KIM, *Women Struggling for A New Life*, SUNY Press 1996, p.81.

88 *Ibid*, p, 74.

89 *Ibid*, p, 182.

90 전혜성,『섬기는 부모가 자녀를 큰 사람으로 키운다』, 랜덤하우스중앙, 2006, 158쪽
이하.

91 같은 책, 65쪽 이하.

92 같은 책, 90쪽 이하.

93 본인이 김영기 교수를 인터뷰한 날짜는 2008년 4월 10일(목)이고, 워싱턴 DC조지
워싱턴대학 그녀의 연구실에서 이루어졌다.

94 예를 들어 결혼을 위한 준비 과정에서 그녀의 시부모들은 프랑스에서 제일 좋은 종
이를 구입해서 자신의 아들과의 결혼을 허해 달라는 편지를 한국 신부 측의 부모

님에게 보냈다고 한다.

95 그녀는 이렇게 인류 문명의 보편성에 주목하고, 유사한 맥락에서 한국 인문학 (Korean humanities)에 주목하여 신사임당이나 허난설헌, 황진이, 혜경궁 홍씨, 김일 엽과 한무숙 등에 관한 연구들을 『한국의 창조적 여성들Creative Women of Korea』이 라는 제목 아래 편찬해 냈는데, 거기서 그녀는 한국의 전통 여성들이 그들 나름의 "진정성"(authenticity)을 가지고 결코 당시 사회가 여성에게 부과한 규율에 수동적이 거나 비관적으로 억눌려 있었던 것이 아니라 가정과 사회라는 분명한 공간에서 강 하게 살아왔다고 지적한다.

96 본인이 고 이정애 원장을 인터뷰한 것은 2008년 4월 11일(금)이고, 워싱턴 근교의 애난데일 그녀의 한의원에서 였다.

97 이정애, 「유대인의 사고를 가지고 보는 한국의 역사」, 2008, 미간행물.

98 Carolyn B. Stegman, *Women of Achevement in Maryland History*, Library of Congress *Cataloging-in-Publication Data*, Anaconda Press, Inc. 2002, p.336.

99 *Ibid.*, p.336.

100 이 인터뷰는 2008년 4월 30일 애난데일의 팔레스 식당에서 이루어졌다.

101 *Ibid.*, p.337.

102 이 인터뷰는 2008년 5월 2일 워싱턴 D.C.의 IMF 빌딩의 레스토랑에서 이루어졌다.

103 이은선, 「국제화시대 한국교육의 '무한경쟁주의' 극복을 위한 인문학적 성찰」, 『교육철학』제41집, 2008, 213쪽 이하.

104 전신애, 『뚝심좋은 마산색시 미국장관 10년 해보니』, 조선일보사, 1996, 56쪽.

105 같은 책, 123쪽.

106 Ai Ra KIM, *Ibid.*, p.24

107 이은선, 『잃어버린 초월을 찾아서-한국 유교의 종교적 성찰과 여성주의』, 77쪽 이 하.

108 장경섭, 『가족, 생애, 정치경제-압축성 근대성의 미시적 기초』, 창비, 2009, 15쪽 이하.

109 전혜성, 『섬기는 부모가 자녀를 큰 사람으로 키운다』, 53쪽.

110 김태연, 『사람들은 나를 성공이라는 말로 표현한다』, 도서출판 밀알, 2001; 이은 선, 『잃어버린 초월을 찾아서-한국 유교의 종교적 성찰과 여성주의』, 195쪽.

111 권영아, 『가족이야기는 어떻게 만들어지는가』, 책세상, 2000, 62쪽.

112 장병인, 같은 글, 44쪽.

113 이은선, 『잃어버린 초월을 찾아서-한국유교의 종교적 성찰과 여성주의』, 174쪽

이하.

114 장경섭, 앞의 책, 78쪽.

115 이 인터뷰는 2008년 5월 9일 애난데일의 한 커피숍에서 이루어졌다.

116 이은선, 「한국 유교의 종교적 성찰-조선후기 여성 성리학자 강정일당(姜靜一堂) 을 중심으로-」, 77쪽.

117 전혜성, 『엘리트보다는 사람이 되어라』, 중앙북스, 2009, 317쪽.

118 전혜성, 『여자야망사전』, 중앙books, 2007, 088쪽.

119 같은 책, 066, 082쪽.

120 같은 책, 095쪽.

121 전혜성, 『섬기는 부모가 자녀를 큰 사람으로 키운다』, 210쪽.

122 같은 책, 106-107쪽, 250쪽.

123 전혜성, 『여자야망사전』, 128쪽 이하.

124 같은 책, 092쪽.

125 김영기 편, 『세종대왕 15세기 한국의 빛』(국립국어연구원총서1), 신구문화사 1997, 3쪽.

126 〈여성신문〉 1003호, 2008.10.24.

127 Jacob Neusner, *The Babylonian Talmud: A Translation and Commentary*, Hendrickson Publishers 2005.

128 〈워싱턴 중앙일보〉, 2009.10.07.

129 전신애, 앞의 책, 209-210쪽.

130 「원로학자를 찾아서(12)」, 다카하시 스스무 · 사토 고에스, 최재목 · 엄석인, 『오늘 의 동양사상』, 예문동양사상연구원, 제19호 2008 가을 · 겨울, 35쪽.

131 Luce Irigary, "On Old and New Tablets", trans. by Heidi Bosti etc,(ed.), *Religion in French Feminist Thought-Critical Perspective*, Routledge 2001, p.1-5; 이은선, 「종 교문화적 다원성과 한국여성신학」, 『다문화와 여성신학』, 대한기독교서회, 2008, 65쪽.

132 같은 글, 65쪽 이하.

133 함석헌, 『뜻으로 본 한국역사』(함석헌 전집 1), 한길사, 1986, 340쪽.

134 이동수, 「한국 사회에서의 법과 정치-공화민주주의 관점에서」, 『오늘의 동양사상』, 제17호, 2007 가을, 194쪽.

135 이은선, 「성과 가족, 그리고 한국 교육철학의 미래」, 『교육철학』 제33집, 2005, 126 쪽 이하.

136 정이현,『너는 모른다』, 문학동네, 2009.

137 Simone Weil, *Aufmerksamkeit fuer das Alltaegliche*, hrg. von O.Betz, Koesel Muenchen 1987, p.161

138 이동수, 같은 글, 196쪽.

139 〈The Korea Times〉, April 1, 2009, "the 10 Most Wonderful Things about Korea-Women over 60 Epitomize Korean Transformation"

140 〈여성신문〉1009호, 2008년 12.5, 연극 '엄마열전'의 작가 윌 컨.

141 전혜성,『여자야망사전』, 124-125쪽.

142 이은선,「한국유교의 종교적 성찰-조선후기 여성 성리학자 강정일당을 중심으로」, 78쪽.

졸부와 불신의 한국 사회에서의 종교와 정치 그리고 교육

1 칼 폴라니, 홍기빈 옮김,『거대한 전환 - 우리 시대의 정치·경제적 기원』, 도서출판 길, 2009, 602쪽 이하.

2 질 들뢰즈, 박기순 옮김,『스피노자의 철학』, 민음사이데아총서 63, 1999, 20쪽.

3 베네딕트 데 스피노자, 김호경 옮김,『신학-정치론』, 책세상, 2006, 56쪽.

4 같은 책, 24쪽.

5 같은 책, 62쪽.

6 같은 책, 62쪽, 75쪽.

7 베네딕트 데 스피노자, 김호경 옮김,『정치론』, 갈무리, 2009, 22쪽.

8 『신학-정치론』, 25쪽.

9 『정치론』, 28-29쪽, 57쪽.

10 같은 책, 87쪽.

11 같은 책, 124쪽.

12 같은 책, 214쪽.

13 안토니오 네그리, 이기웅 옮김,『전복적 스피노자』, 그린비, 2005

14 로저 스크러튼, 조현진 옮김,『스피노자』, 궁리, 2002 참조

15 베네딕트 데 스피노자,『신학-정치론』, 67쪽.

16 안토니오 네그리, 같은 책, 233쪽 이하, 제9장「스피노자와 포스트모더니스트」참조.

17 같은 책, 27쪽.

18 정양모, 「다석 유영모 선생의 신앙」, 김흥호 · 이정배 역, 『다석 유영모의 동양사상과 신학』, 솔, 2002, 83쪽.

19 베네딕트 데 스피노자, 『신학-정치론』, 83-97쪽.

20 류영모 역, 박영호 해석, 『마음길 밝히는 지혜』, 성천문화재단, 1994, 105쪽; 이은선, 「『대학』과 『중용』사상의 현대교육철학적 해석과 그 의의」, 『교육학연구』제39권 제4호, 2001, 26쪽 재인용.

21 김흥호, 「유영모, 기독교의 동양적 이해」, 김흥호 · 이정배 역, 같은 책, 27쪽.

22 장하준, 이종태 · 황해선 옮김, 『다시 발전을 요구한다』, 부키, 2008.

23 칼 폴라니, 같은 책, 241쪽.

24 같은 책, 94쪽.

25 같은 책, 94쪽.

26 같은 책, 439쪽.

27 같은 책, 244. 여기서 '사탄의 맷돌'이란 영국시인 윌리엄 브레이크의 시어인데, 19세기 초 산업혁명의 회오리 속에서 런던에서 어린이를 포함한 노동자들의 비참했던 현황뿐 아니라 나라 전체가 휩싸이게 된 시장경제의 공포를 표현하기 위해 브레이크가 쓴 개념이다. 같은 책, 164쪽.

28 같은 책, 264쪽.

29 같은 책, 588쪽.

30 같은 책, 598쪽.

31 같은 책, 604쪽.

32 강민석 외, 『노무현 상식, 혹은 희망』, 행복한 책읽기, 2009, 69쪽.

33 칼폴라니, 같은 책, 255쪽.

34 같은 책, 474쪽.

35 같은 책, 599쪽.

36 노무현, 「저는 그냥 제가 할 도리를 다한 것입니다」, 제16대 대통령비서실 짓고 엮음, 『노무현과 함께 만든 대한민국』, 지식공작소, 2009, xi 쪽.

37 김대호, 『노무현 이후 새 시대 플랫폼은 무엇인가』, 한걸음더, 2009, 56쪽.

38 같은 책, 88쪽.

39 같은 책, 142-144쪽.

40 노무현, 「저는 그냥 제가 할 도리를 다한 것입니다」, vii 쪽.

41 정수복, 「노무현의 삶과 죽음이 한국 사회에 던지는 의미」, 『기독교사상』, 2009.7, 54쪽.

42 노무현, 「저는 그냥 제가 할 도리를 다한 것입니다」, x쪽.

43 이은선, 「사람의 아들 노무현, 부활하다」, 『기독교사상』, 2009.7, 43쪽.

44 이반 일리치, 이한 옮김, 『성장을 멈춰라』, 2004, 32쪽.

45 함석헌, 『뜻으로 본 한국역사』, 한길사, 1986(제11판), 31쪽.

46 칼 폴라니, 같은 책, 600쪽.

47 한나 아렌트, 서유경 옮김, 『과거와 미래 사이』, 푸른숲, 2005, 225쪽; 고옥, 「탈속과 귀환의 중도에서 만난 아렌트」, 홍원표 외, 『한나 아렌트와 세계사랑』, 인간사랑, 2009, 423쪽.

48 Hannah Arendt, "What is Freedom?", *Between Past and Future*, NY: Penguine Books 1968, p.149. 152; 이은선, 「한나 아렌트 사상에서 본 교육에서의 전통과 현대」, 『교육철학』 제30호, 2004, 149쪽 이하.

49 한나 아렌트, 이진우·박미애 옮김, 『전체주의의 기원』1, 한길사, 2006, 268쪽.

50 같은 책, 161쪽 이하.

51 Hannah Arendt, Rahel Van Hagen-*The Life of a Jewish Woman, A Harvest/* HBJ Book 1974, p.199ff

52 *Ibid.*, p.6ff.

53 한나 아렌트, 『전체주의의 기원』1, 164쪽, 172쪽.

54 같은 책, 179쪽.

55 같은 책, 170쪽.

56 같은 책, 165쪽. 아렌트의 이러한 지적은 한국의 현대사뿐 아니라 오늘의 세계화 시대에 '무국적자' 내지는 '정치적 망명자'의 삶에서도 그대로 적용된다. 지난 박정희 정권 하에서 유럽에서 정치적 망명의 삶을 살았던 홍세화 씨나 공광덕 씨의 아내 조병옥 씨의 책을 보면 자신의 나라에서 추방된 국외자가 그 정치적 자각과 의식을 놓아 버리면 그곳에서 어떻게 한 사람의 사회적 하층민으로 전락할 수 있는지를 잘 보여 준다. 오늘 한국 사회에도 미얀마 등지에서 여러 가지 정치적 이유로 망명해 온 사람들이 있는데 그들에게도 똑같이 적용되는 것을 본다. 조병옥, 『라인강변에 꽃상여 가네』, 한울, 2006.

57 같은 책, 180쪽.

58 같은 책, 180쪽.

59 같은 책, 180쪽.

60 같은 책, 181쪽.

61 필자는 우리 사회에서 박찬욱 감독이 〈박쥐〉라는 영화를 만들었다는 것을 매우 시

사적으로 생각한다. 우리 사회의 졸부들도 박쥐처럼 자신을 햇볕에 잘 드러내려하지 않고 대신 밤에는 낮의 빛에 드러내기 어려운 반생명의 일들을 하며 살아간다. 이은선,「 '박쥐'와 '졸부'의 나라와 하나님 나라」, 2009년 5월 20일, 〈교회여성연합회 제 28차 총회 강연집〉.

62 같은 책, 172쪽.

63 같은 책, 300쪽.

64 안토니오 네그리/마이클 하트, 윤수종 옮김,『제국』, 이학사, 2001.

65 한나 아렌트,『전체주의의 기원』1, 271쪽.

66 같은 책, 288쪽.

67 같은 책, 290쪽.

68 같은 책, 291쪽.

69 같은 책, 298쪽.

70 같은 책, 298-299쪽.

71 같은 책, 304쪽.

72 한나 아렌트, 이진우 · 태정호 역,『인간의 조건』, 한길사, 2001, 54쪽.

73 한나 아렌트,『전체주의의 기원』, 317쪽.

74 같은 책, 297쪽.

75 같은 책, 299쪽.

76 같은 책, 299쪽.

77 Hannah Arendt, "The Crisis in Culture:Its social and Its Political Significance, *Between Past and Future*, NY: Penguine Books 1968, p.197ff. 한나 아렌트,『과거와 미래 사이에서』, 266쪽 이하.

78 한나 아렌트,『전체주의의 기원』1, 301쪽.

79 같은 글, 300-301쪽.

80 홍세화 칼럼,「우리는 모두 '루저'」, 〈한겨레신문〉, 11월 26일.

81 Hannah Arendt, "The Crisis in Culture:Its social and Its Political Significance, p.197ff.

82 한나 아렌트,『인간의 조건』, 312쪽.

83 이은선,「한나 아렌트 사상에서 본 교육에서의 전통과 현대」, 145쪽.

84 유영모 선생님이 페스탈로찌를 알고 읽었다는 사실을 최근에 알게 되었다. 감신대의 이정배 교수가 다석학회에서의 공부모임을 위한 준비과정에서 발견하고 알려주어서 매우 흥미를 느꼈고, 평소 본인의 생각을 확인할 수 있어서 더욱 좋았다. 앞으로 이 둘의 만남을 더욱 전개시킬 수 있기를 희망한다. 김흥호,『다석일지공부』2

권, 솔출판사, 2001, p. ; 이정배, 『없이 계신 하느님, 덜없는 인간-多夕신학의 얼과
   틀 그리고 쓰임』, 도서출판 모시는사람들, 2009.

85   이은선, 「뜨거운 영혼의 사상가, 페스탈로찌」, 『한국 교육철학의 새지평』, 내일을
   여는 책, 2009, 220쪽.

86   Hannah Arendt, The Origins of Totalitarianism, A Harvest/HBJ Book, NY and
   London 1983, p.459; 이은선, 「한나 아렌트의 '탄생성'(natality)의 교육학과 양명의
   '치량지'(致良知)」, 『양명학』 제8호, 2007.7, 58쪽.

에큐메니컬 운동의 미래와 한국적 聖·性·誠의 여성신학

1   Teilhard de Chardin, *L'activtion de l'energie*, Paris 1963.

2   류승국, 『한국사상의 연원과 역사적 전망』, 유교문화연구소 성균관대학교 출판부,
   2009, 565쪽.

3   *Ibid.*, 473 이하; 이정호, 『원문대조 국역주해 정역』, 아세아문화사, 1996, 103쪽 이
   하.

4   샐리 맥페이그, 김준우 옮김, 『기후 변화와 신학의 재구성』, 한국기독교연구소,
   2008.

5   Charles Taylor, *Modern Social Imaginaries*, Duke University Press 2002; 찰스 테일러,
   이상길 옮김, 『근대의 사회적 상상』, 이음아세아문화사, 2010.

6   찰스 테일러, 송영배 옮김, 『불안한 현대 사회』, 이학사, 2009, 13쪽.

7   한나 아렌트, 이진우·태정호 옮김, 『인간의 조건』, 한길사, 2001.

8   한나 아렌트, 서유경 옮김, 『과거와 미래 사이』, 푸른숲, 2005, 360쪽 이하.

9   이러한 주장은 오늘날의 세계정세를 어떻게 보느냐에 따라서 다른 판단을 할 수 있
   을 것인데, 필자는 오늘날 중국을 포함한 동아시아 국가들의 위상을 볼 때 지난 세기
   60년대 인도문명권과의 만남과는 확연히 다르다고 생각한다. 당시 인도에서 총회가
   열렸을 때도 종교 다원주의에 대한 자각이 있었지만 그때 인도나 아시아의 정치경
   제적 상황은 오늘날의 상황과는 매우 달랐고, 기독교의 이웃종교와의 대화도 결코
   포괄주의적 입장 이상이 되지 못했던 때였으므로 이러한 필자의 주장이 근거가 없
   지 않다고 생각한다. 오늘 매일 신문에서 보도되는 중국과 미국의 갈등 상황이 이를
   한편으로 잘 대변해 준다고 하겠다.

10   한스 큉/쥴리아 칭, 이낙선 역, 『중국종교와 그리스도교』, 분도출판사, 1994.

11   이은선, 「한국 종교문화사 전개과정에서 한국 여성종교성 탐구」, 『한국 여성조직

신학 탐구-聖·性·誠의 여성신학』, 대한기독교서회, 2004, 199쪽 이하.

12 빈센트 크로닌, 이기반 옮김, 『서방에서 온 현지-마테오리치의 생애와 중국 전교』, 분도출판사 1989, 126쪽 이하.

13 같은 책, 245쪽.

14 J.S. 게일, 신복룡 역주, 『전환기의 조선』, 집문당, 1999, 104, 110쪽.

15 강주화 지음, 『박상증과 에큐메니컬 운동』, 삼인, 2010.

16 안병무, 『민중신학이야기』, 한국신학연구소, 1996; 김기명, 「스피노자 '다중' 개념의 민중신학적 함의」, 성공회대학교 신학전문대학원 석사학위 청구논문, 100쪽 이하 참조.

17 과문한 필자가 여기서 해석하는 대로 한국의 민중신학을 유교적 토착화의 한 모습으로 보고자 하는 것이 안병무 자신의 의식으로는 어떻게 인식되었는지 잘 모르겠다. 하지만 그가 설령 그렇게 의식하지 않았고, 또한 그러한 언급을 하지 않았다 하더라도 필자의 시각에서는 충분한 내적 논리가 보인다. 그가 유물론과 대화하면서 사용하는 '物'과 '公'의 개념은 모두 유교 전통의 고유한 언어임을 부인할 수 없다는 것이 또 다른 증거라고 하겠다.

18 이은선, 『잃어버린 초월을 찾아서-한국 유교의 종교적 성찰과 여성주의』, 도서출판 모시는사람들, 2009, 8쪽 이하.

19 오재식, 「어느 예수의 죽음」, 『기독교사상』, 1971.

20 Charles Taylor, *A Secular Age*, The Belknap Press of Harvard University Press, 2007, p.535.

21 이은선, 앞의 책; 이선열, 「정이 聖人論의 理氣論的 해석」, 이동준 등 24인, 『동방사상과 인문정신』, 심산출판사, 2007, 267쪽.

22 류승국, 『한국사상과 현대』, 동방학술연구원, 1988, 149쪽.

23 Julia Ching, *Confucianism and Christianity*, Kodansha International, 1977. p.9.

24 이정배, 『한국 개신교 전위(前衛) 토착신학 연구』, 대한기독교서회, 2003.

25 기독여민회 엮음, 『발로 쓴 생명의 역사, 기독여민회 20년』, 대한기독교서회, 2006, 75-118쪽.

26 세계교회협의회, 이형기 옮김, 『세계교회가 고백해야 할 하나의 신앙고백』, 한국장로교출판사, 1996; WCC, *Confessing the One Faith : An Ecumenical Explication of the Apostolic Faith as it is Confessed in the Nicene-Constantinopolitan Creed*, 1991.

27 변선환, 『종교간 대화와 아시아신학』(변선환 전집 1), 한국신학연구소, 1996, 241; 이은선, 「변선환의 한국적 신학과 다원주의 그리고 여성주의-기독론을 중심으

로」, 변선환 아키브, 『변선환 신학 새로 보기』, 대한기독교서회, 297쪽.

28   로버트 펑크, 『예수에게 솔직히』, 김준우 옮김, 한국기독교연구소 1999; 이은선,
「페미니즘 몸담론과 역사적 예수 그리고 다원주의적 여성 그리스도론」, 『한국 여
성조직신학 탐구』, 121쪽 이하.

29   데이비드 케일리(대담 역음), 이한 · 서범석 옮김, 『이반 일리치의 유언』, 이파르,
2010, 101쪽.

30   이은선, 「종교문화적 다원성과 한국 여성신학」, 한국여성신학회 엮음, 『다문화와
여성신학』, 대한기독교서회, 2008의 60쪽 이하에 이 부분에 대한 논의가 더 세밀히
나와 있다. 여기에 그것을 옮겨서 보완했다.

31   로버트 펑크, 같은 책, 460쪽.

32   마커스 J.보그&존 도미닉 크로산, 김준우 옮김, 『첫 번째 바울의 복음』, 한국기독교
연구소, 16-17쪽.

33   한나 아렌트, 이진우 · 태정호 역, 『인간의 조건』, 한길사, 2001, 234쪽.

34   이은선, 「유교적 기독론-기독론의 수행적 지평 확대」, 『유교, 기독교 그리고 페미니
즘』, 70쪽 이하.

35   마커스 J.보그&존 도미닉 크로산, 같은 책, 213쪽.

36   김지하 시인이 대화문화아카데미 주체의 한 모임에서 한 말인데 자료의 분실로 정
확한 출처를 밝히기 어렵게 되었다.

37   데이비드 케일리(대담 · 역음), 같은 책, 66쪽, 73쪽.

38   李信, 「슐리어리즘의 신학」(I,II), 『슐리어리즘과 영靈의 신학』, 동연 2011, 156-170
쪽.

39   데이비드 케일리(대담 · 엮음), 같은 책, 102쪽, 171쪽.

40   같은 책, 193쪽.

41   『맹자』 「진심상」 1: "孟子曰 盡其心者 知其性也. 知基性 則知天矣. 存其心 養其性
所以事天也. 夭壽不貳 修身以俊之 所以立命也."

42   세계교회협의회, 같은 책, 역자의 서문 7쪽.

43   이은선, 「여성신학과 그리스도론」, 『기독교사상』, 1991년 5월호.

44   변선환, 「만일 신이 존재하지 않는다면」(변선환 전집5), 308쪽.

45   李信, 「한국 그리스도의 교회 환원 운동의 전개」, 『슐리어리즘과 영靈의 신학』,
274-275쪽.

46   같은 책.

47   이정배, 「에큐메니칼 신학의 비전-원효의 화쟁론과 토대적 성령론의 대화」, 『간

(間)문화 해석학과 신학적 상상력』, 감신대출판부 2005, 217-220쪽.

48 류승국, 『도원철학산고』(유교문화연구총서 12), 유교문화연구소 성균관대학교 출판부, 2010, 24쪽 재인용.

49 장경섭, 『가족정치경제-압축적 근대성의 미시적 기초』, 창비, 2009, 314쪽 이하.

50 루스 마커스 굿힐 엮음, 이현주 옮김, 『헤셸의 슬기로운 말들』, 한국기독교연구소, 2010, 48쪽.

51 윤성범, 『孝』, 서울문화사, 1973; 이은선, 「효와 교육-동양의 효윤리 · 서양의 책임윤리의 비교연구와 그 교육적 종합」, 『포스트모던 시대의 한국 여성신학』, 분도출판사 1997, 273쪽 이하.

52 필자는 오늘날 한국 정치 현실에서 자주 보여지는 어르신들의 잘못된 시위 행위가 바로 그들이 진심으로 삶에서 존경 받지 못해서 야기되는 슬픔이라고 생각한다. 정신적 성숙을 체현한 지혜의 모습이 아니라 삶의 연륜을 앞세워서 거침없는 행동과 힘으로 희화화되어 있는 모습은 우리의 매우 슬픈 현실이다.

53 루스 마커스 굿힐 엮음, 같은 책 책, 47-51쪽.

54 이신, 「이단이란 무엇인가」, 같은 책, 252 - 259쪽.

55 이은선, 「슐라이에르마허의 종교교육론-한국 사회와 교육을 위한 의미와 시사」, 『한국교육철학의 새지평』, 내일을 여는 책, 2010, 88-111쪽.

56 이은선, 「신자유주의와 탈학교 사회 그리고 한국 '생물(生物)여성' 영성의 교육」, 『교육철학』제44집, 2009.2, 90쪽 이하; 이반 일리치, 심성보 옮김, 『학교 없는 사회』, 미토, 2004, 79-83쪽 이하.

57 이반 일리치, 이한 옮김, 『성장을 멈춰라-자율적 공생을 위한 도구』, 미토, 2004.

58 이은선, 「국제화시대 한국교육의 '무한경쟁주의' 극복을 위한 인문학적 성찰」, 『교육철학』제41집, 2007.2, 203-223쪽.

59 『율곡전서』26, 「성학집요」위정공효 4; 이동준, 「인류의 성숙과 열린사회-동방사상의 현대적 성찰」, 한국철학연구소 학술문화발표 44, 2008.10.4. 성균관대학교 참조.

A Study of Korean Women's Spirituality within the Evolving Process of Korean religious Culture focused on Confucianism and Christianity

1 Martina Deuchler, *The Confucian Transformation of Korea-A Study of Society and Ideology*, Havard-Yenching Institute Monograph Seires 1992.

2   Ham Suk-Hun, *Deuteuirobon Hangukyuksa*(Korean History perceived as a developmental Process of Meaning), Seoul: Chang Press 1993.

3 Charles Taylor, *A Secular Age*, The Belknap Press of Harvard University Press 2007.

4 Carol Christ, *Laughter of Aprodite: Reflection on a Journey to the Goddess*, San Francisco: Harper&Row 1987.

5 『*Koryosa*』(The History of Koryo) 134Bd.

6 Rita M. Gross, *Buddhism after Patriarchy-A Feminist History, Analysis, and Reconstruction of Buddhism*, Albany: SUNY Press 1993, p.5.

7 Park Young-ok, *Hangukyeosungeui Juntongsang(Traditional Korean Women)*, Seoul: Mineum Press 1995, p.150.

8 Julia Ching, *Confucianism and Christianity-A Comparative Study*, Kodansha International, Tokyo, NY and San Francisco 1977, p.9.

9 Boudewijn Walraven, "The Confucianization of Korea as a Civilizing Process", Proceedings of the International Conference on Korean Studies, The Academy of Korean Studies 1994, pp.535-556; Nobert Elias, *Ueber den Prozess der Zivilisation, Soziogenetishe und Psyogenetische Untersuchungen*, Basel: Haus zum Falken 1939.

10   Un-sunn Lee, *Iloebeorin Choweoleulchazaseo(To rediscover the lost transcendenz-The religiosity of Korean Confucianism and Feminism)*, Seoul:Mosineunsaramdeul Press 2009.

11 Tikva Frymer-Kensky, *In the Wake of the Goddess-Women, Culture, and the Biblical Transformation of Pagan Myth*, NY: Free Press 1992, p.188, 220.

12   Rosemary Redford Ruether, *Christianity and the Making of the modern Family*, Beacon Press 2000, pp. 214-223.

한국 생물生物 여성영성의 신학

등 록 1994.7.1 제1-1071
1쇄 발행 2011년 11월 15일

지은이 이은선
펴낸이 박길수
편집인 소경희
마케팅 김문선
디자인 이주향
펴낸곳 도서출판 모시는사람들
      110-775 서울시 종로구 경운동 88번지 수운회관 1207호
전 화 02-735-7173, 02-737-7173 / 팩스 02-730-7173

출 력 삼영그래픽스(02-2277-1694)
인 쇄 (주)상지사P&B(031-955-3636)
배 본 문화유통북스(031-937-6100)
홈페이지 http://blog.daum.net/donghak21

값은 뒤표지에 있습니다.
ISBN 978-89-90699-03-9

* 잘못된 책은 바꿔드립니다.
* 이 책의 전부 또는 일부 내용을 재사용하려면 사전에 저작권자와 도서출판
  모시는사람들의 동의를 받아야 합니다.

이 도서의 국립중앙도서관 출판시도서목록(CIP)은 e-CIP 홈페이지
(http://www.nl.go.kr/ecip)에서 이용하실 수 있습니다.
(CIP제어번호: 2011004441)